业财一体信息化应用实务

（用友新道U8+V15.0）

唐伟云　赵　轩　林　斌／主　编
叶圣凡　陈　非／副主编

立信会计出版社
LIXIN ACCOUNTING PUBLISHING HOUSE

图书在版编目(CIP)数据

业财一体信息化应用实务：用友新道 U8＋V15.0 / 唐伟云，赵轩，林斌主编. —上海：立信会计出版社，2024.7

ISBN 978-7-5429-7618-5

Ⅰ.①业… Ⅱ.①唐… ②赵… ③林… Ⅲ.①会计信息－财务管理系统 Ⅳ.①F232

中国国家版本馆 CIP 数据核字(2024)第 088998 号

策划编辑　　陈　旻
责任编辑　　陈　旻
美术编辑　　吴博闻

业财一体信息化应用实务（用友新道 U8＋V15.0）
YECAI YITI XINXIHUA YINGYONG SHIWU

出版发行	立信会计出版社
地　　址	上海市中山西路 2230 号　　邮政编码　200235
电　　话	(021)64411389　　传　真　(021)64411325
网　　址	www.lixinaph.com　　电子邮箱　lixinaph2019@126.com
网上书店	http://lixin.jd.com　　http://lxkjcbs.tmall.com
经　　销	各地新华书店
印　　刷	常熟市人民印刷有限公司
开　　本	787 毫米×1092 毫米　1/16
印　　张	22.5
字　　数	548 千字
版　　次	2024 年 7 月第 1 版
印　　次	2024 年 7 月第 1 次
书　　号	ISBN 978-7-5429-7618-5/F
定　　价	49.00 元

如有印订差错，请与本社联系调换

前　　言

在当今瞬息万变的商业环境中,对企业管理系统的深刻理解和灵活应用变得愈发重要。本书的编写目标是帮助读者充分利用用友新道U8+V15.0系统,提高其在业务财务一体化管理方面的专业水平。

党的二十大报告中提出要"推进教育数字化"。高职教育应适应产业发展信息化、数字化、智能化的新趋势,以工匠精神为引领,推动经济发展质量变革、效率变革,教育引导学生立志成为高素质技术技能人才、大国工匠,为建成技能型社会,实现科技强国奠定坚实的后备力量。

本书立足实际,以制造业经济业务为背景,通过典型业务,为读者详尽阐述用友新道U8+V15.0版本在业财一体信息化上的具体应用。本书共设计了九个项目,分别涉及系统管理、企业应用平台、总账系统、薪资管理系统、固定资产系统、供应链系统初始化、采购与应付业务、销售与应收业务,以及月末结账与UFO报表等关键领域。每个项目都以真实业务场景为基础,由浅入深地将理论知识与实际操作相结合,使读者在学习过程中能够更加深入地理解和掌握相关内容。

本书具有如下特点:

(1) 覆盖全面:全面涵盖从财务链到供应链的业务,涉及用友新道U8+V15.0版本的关键业务领域。每个项目以实务操作为导向,使读者能够深刻理解并熟练运用系统的各项功能。

(2) 实战导向:实验资料更贴近现实业务场景,本书使用大量原始凭证,使学习不再是抽象的知识积累,使读者能够迅速掌握应对实际挑战的实用技能。

(3) 课证融通:参考"1+X"业财一体信息化应用证书考试大纲,结合企业实际岗位的具体工作内容编写,既可以作为普通高等院校财经类专业所开设的信息化课程用书,又可以作为企业岗位培训的参考资料。

(4) 资源丰富:配套教学资源丰富,为每个项目提供详细的操作步骤和操作截图,并且配备了实验账套、操作视频、教学课件和教学大纲等参考资料。

（5）数智财务：依据最新的财税政策及会计准则编写，将会计信息化、会计数智化最新研究成果纳入教材，以便更好地为读者提供全面的财务知识，使其在实际工作中能够更加敏锐地应对复杂的财务环境，更好地推动企业的发展。

本书由上海城建职业学院唐伟云、赵轩以及新道科技股份有限公司林斌担任主编，叶圣凡和陈非担任副主编，师天良、曹鸿涛、吴莉昀、汤向玲、夏范社、蒋钟华、蔡诗婕和王佳杰参与编写。在编写过程中我们还得到了新道科技股份有限公司的大力支持，在此表示衷心感谢。

书中若有不妥之处，恳请读者批评指正，以便我们在修订时加以完善。请将建议或意见发送至邮箱213618100@qq.com，谢谢。

编者

2024年7月

目　录

企业背景资料 ··· 001

项目一　系统管理 ··· 004
　　任务一　增加用户 ··· 005
　　任务二　建立账套 ··· 008
　　任务三　分配权限 ··· 013
　　任务四　修改账套 ··· 014
　　任务五　输出账套 ··· 015
　　任务六　引入账套 ··· 017
　　任务七　设置备份计划 ··· 018
　　【项目实验】 ··· 020
　　思政小课堂 ·· 021

项目二　企业应用平台 ··· 022
　　任务一　启用系统 ··· 023
　　任务二　部门档案 ··· 024
　　任务三　人员档案设置 ··· 025
　　任务四　客户档案设置 ··· 028
　　任务五　供应商档案设置 ·· 031
　　任务六　存货档案设置 ··· 034
　　任务七　凭证类别 ··· 039
　　任务八　外币设置 ··· 041
　　任务九　结算方式 ··· 042
　　【项目实验】 ··· 043
　　思政小课堂 ·· 048

项目三　总账系统·······049
任务一　总账系统初始化·······050
任务二　总账系统日常业务·······064
任务三　总账系统期末业务·······087
【项目实验】·······099
思政小课堂·······105

项目四　薪资管理系统·······106
任务一　薪资管理系统初始化·······106
任务二　薪资管理系统日常业务·······125
任务三　薪资管理系统期末业务·······136
【项目实验】·······138
思政小课堂·······143

项目五　固定资产系统·······144
任务一　固定资产系统初始化·······145
任务二　固定资产系统日常业务·······157
任务三　固定资产系统期末业务·······173
【项目实验】·······174
思政小课堂·······177

项目六　供应链系统初始化·······178
任务一　供应链基础设置·······179
任务二　应收款管理系统初始化·······188
任务三　应付款管理系统初始化·······195
任务四　采购管理系统初始化·······200
任务五　销售管理系统初始化·······203
任务六　库存管理系统初始化·······206
任务七　存货核算系统初始化·······209
【项目实验】·······214
思政小课堂·······222

项目七　采购与应付业务·······223
任务一　普通采购业务·······224

任务二　预付货款并现结采购业务 ·· 239
　　任务三　发生合理损耗且享受现金折扣采购业务 ····························· 249
　　任务四　分期到货且承担运费采购业务 ·· 257
　　任务五　暂估单到回冲业务 ·· 263
　　任务六　采购退货业务 ·· 265
　　任务七　暂估入库业务 ·· 272
　　【项目实验】 ·· 273
　　思政小课堂 ··· 275

项目八　销售与应收业务 ··· 277
　　任务一　先发货后开票的普通销售业务 ·· 278
　　任务二　预收货款并现结销售业务 ·· 290
　　任务三　分期发货且分次开票销售业务 ·· 297
　　任务四　开票后直接发货且代垫运费销售业务 ······························· 303
　　任务五　销售退货业务 ·· 308
　　任务六　委托代销业务 ·· 314
　　任务七　分期收款业务 ·· 319
　　任务八　直运业务 ··· 324
　　【项目实验】 ·· 329
　　思政小课堂 ··· 332

项目九　月末结账与 UFO 报表 ··· 333
　　任务一　月末结账 ··· 333
　　任务二　自定义报表 ··· 339
　　任务三　利用报表模板生成报表 ·· 345
　　【项目实验】 ·· 347
　　思政小课堂 ··· 349

参考文献 ·· 350

企业背景资料

一、企业基本情况

上海维亚家电有限公司(简称上海维亚),是专门从事家电生产、批发及零售的工业企业,主要销售的产品是电视机、冰箱、电饭煲和吹风机等,公司法定代表人是林秀。

开户银行:中国工商银行上海建国路支行
银行账号:6222011003158 22123
税号:911101056000411537
地址:上海市长宁区建国路82号
电话:021-85725691
邮箱:shwy@163.com

公司设立行政部、财务部、销售部、采购部、仓储部、生产部和售后服务部。

二、企业会计制度

1. 企业执行《企业会计准则》(2007年)

2. 账套基础设置要求

启用会计期间:2024年1月

客户往来辅助核算:应收票据、应收账款和预收账款。

供应商往来辅助核算:应付票据、应付账款和预付账款。

个人往来辅助核算:其他应收款。

项目辅助核算:原材料、库存商品、主营业务收入、主营业务成本和生产成本。

数量辅助核算:库存商品、主营业务收入和主营业务成本。

3. 会计凭证的基本规定

公司所有新增业务按发生日期逐笔记录,暂估业务除外。

凭证格式采用收、付、转记账凭证。系统自动生成的记账凭证需要进行人工校验。人工编制的记账凭证和系统生成的记账凭证均需要进行审核后才能记账。

4. 结算方式

公司采用的结算方式如表1所示,在系统中没有对应结算方式的,其结算方式为"其他"。

表 1　结算方式

结算方式编码	结算方式名称	是否票据管理	对应票据类型
1	现金收支		
2	银行收支		
3	支票收支		
301	现金支票	是	现金支票
302	转账支票	是	转账支票
4	微信收支		
5	支付宝收支		
6	电汇		
7	委托收款		
8	商业汇票		
801	银行承兑汇票		
802	商业承兑汇票		
9	其他		

5. 薪酬业务的处理

由公司承担并缴纳的养老保险、医疗保险、失业保险、工伤保险和住房公积金分别按 16%、9.8%、0.5%、0.2% 和 12% 的比例计算;由职工个人承担的养老保险、医疗保险、失业保险和住房公积金分别按 8%、2%、0.5% 和 12% 的比例计算。各类社会保险金当月计提,次月缴纳。按照国家有关规定,公司代扣代缴个人所得税。

6. 固定资产业务的处理

公司固定资产包括房屋建筑、办公家具、运输工具和电子设备等,均为在用状态;固定资产折旧按平均年限法计算,房屋建筑物折旧年限为 30 年,办公家具折旧年限为 5 年,运输工具折旧年限为 5 年,电子设备折旧年限为 4 年。新增固定资产卡片编码采用连续编号方式。

7. 存货业务的处理

公司各类存货按照实际成本计价,采用永续盘存制;原材料成本采用月末一次加权平均法核算,产成品成本采用先进先出法核算。同一批出库或入库业务生成一张记账凭证;采购、销售业务订单号自动生成;暂估方式为单到回冲;销售成本按销售出库单核算。

8. 税费的处理

(1) 公司为增值税一般纳税人,本月收到的增值税专用发票均已查验并认证,并报税务审核无误。

(2) 企业所得税税率为 25%。企业所得税按季预计,按季预缴,全年汇算清缴。

(3) 公司销售商品增值税税率为 13%,按月缴纳增值税。

(4) 城市维护建设税、教育费附加和地方教育附加,分别按流转税的 7%、3% 和 2% 计算,按月缴纳。

(5) 个人所得税按照 2019 年 1 月 1 日开始实施的《中华人民共和国个人所得税法实施条例》计算。

(6) 每个资产负债表日应当将未交增值税转出,通过"应交税费——应交增值税(转出未交增值税)"账户核算。

缴纳税款和各类社会保险按银行开具的原始凭证编制记账凭证。

9. 坏账损失的处理

除了应收账款,其他的应收款项不计提坏账准备。每年年末,按应收账款余额百分比法计提坏账准备,提取比例为 0.5%。

10. 损益类账户的结转

(1) 费用类账户出现贷方发生额,登记在借方,用红字表示;收入类账户出现借方发生额,登记在贷方,用红字表示。

(2) 月末将各损益类账户余额转入"本年利润"账户。

(3) 年末"本年利润"账户无余额。

11. 利润及其分配

(1) 公司利润的结转采用账结法,每年年末按弥补以前年度亏损后的税后利润提取法定盈余公积,提取比例为 10%。

(2) 年末根据当年可向投资者分配的利润,由股东会决定利润分配比例,投资者按出资比例分配。

 温馨提示

(1) 票据整理岗员工收到公司送来的 2024 年 1 月份票据,其中,成本费用类的专用发票已认证,抵扣联另行保管,不做附件。

(2) 会计核算中非自动生成的凭证或填制的单据需保留小数的,计算按全部小数位数参与计算,填制按四舍五入保留两位小数位数填写。

项目一 系统管理

项目概述

用友新道 U8+ 软件由多个产品组成,各个产品之间相互联系、数据共享,完全实现财务业务一体化的管理。它为企业资金流、物流和信息流的统一管理提供了有效的方法和工具。系统管理包括新建账套、新建账套库、账套修改和删除、账套备份、建立角色、新建操作员和权限的分配等功能。系统管理的使用者是企业的信息管理人员,包括系统管理员(admin)、安全管理员(Sadmin)、管理员用户和账套主管。

系统管理操作流程,如图 1-1 所示。

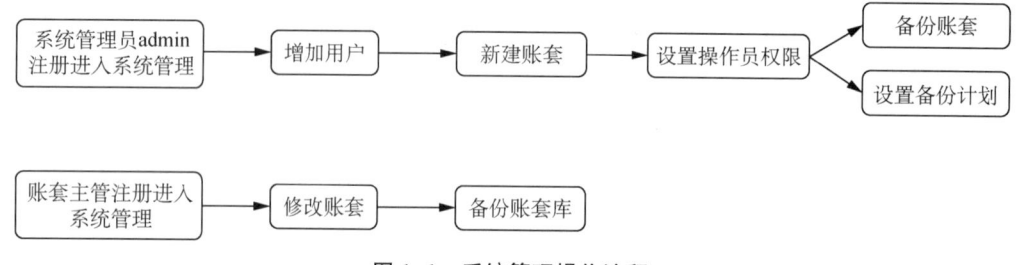

图 1-1　系统管理操作流程

系统管理模块主要能够实现如下功能:
◇ 对账套的统一管理,包括建立、修改、引入和输出(恢复备份和备份)。
◇ 对操作员及其功能权限实行统一管理,设立统一的安全机制,包括用户、角色和权限设置。
◇ 允许设置自动备份计划,系统根据这些设置定期进行自动备份处理,实现账套的自动备份。
◇ 对账套库的管理,包括建立、引入、输出、备份账套库,重新初始化,清空账套库数据。
◇ 对系统任务的管理,包括查看当前运行任务、清除指定任务和清退站点等。

任务一 增加用户

【实验资料】

上海维亚家电有限公司用户（财务人员）信息，如表 1-1 所示。

表 1-1 用户（财务人员）信息

编号	姓名	口令	部门	角色
001	李媚	1	财务部	账套主管
002	黄文	2	财务部	财务会计（AC）
003	杨英	3	财务部	出纳（CA）

【操作步骤】

（1）以［admin］系统管理员身份登录系统管理。执行"开始→所有程序→新道 U8＋→系统服务→系统管理"命令，打开"用友 U8［系统管理］"窗口。在该窗口中，选择"系统→注册"命令，打开"登录"对话框，点击"登录"按钮，进入"系统管理"窗口，如图 1-2 所示。

图 1-2 系统管理

(2) 增加用户。

① 在"系统管理"窗口,点击"权限"菜单下的"用户"命令,打开"用户管理"窗口。

② 点击工具栏的"增加"按钮,打开"操作员详细情况"对话框,根据实验资料,输入[001]李媚的相关信息,结果如图 1-3 所示,点击"增加"按钮,保存该操作员。

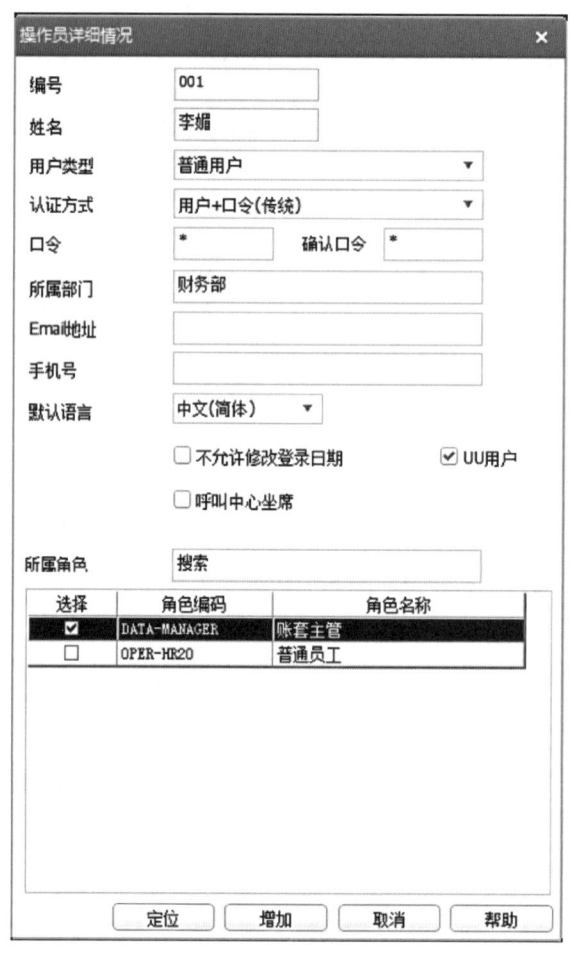

图 1-3　操作员详细情况

③ 按上述方法继续增加其他操作员。增加完毕,关闭"操作员详细情况"对话框并返回"用户管理"窗口,点击"退出"按钮。

(3) 增加角色。

① 在系统管理窗口,点击"权限"菜单下的"角色"命令,打开"角色管理"窗口。

② 点击工具栏的"增加"按钮,打开"角色详细情况"对话框,根据实验资料录入,"角色编码"为"AC","角色名称"为"财务会计",在"备选用户列表"中勾选"黄文",点击"添加"按钮,结果如图 1-4 所示。

③ 继续点击"增加"按钮,增加"出纳"角色,增加完毕后,退出"角色详细情况"对话框并返回"角色管理"窗口,点击"退出"按钮。

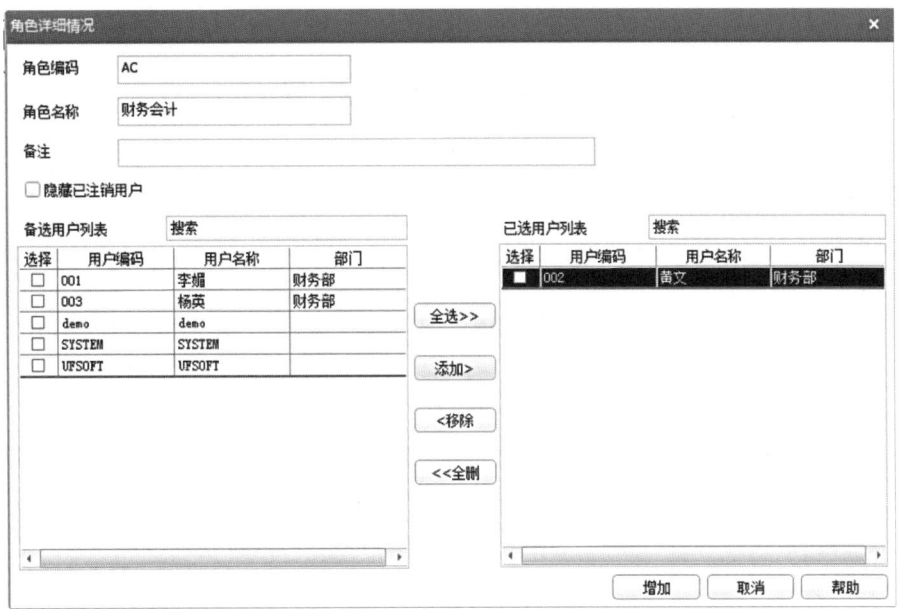

图1-4 角色详细情况

【栏目说明】

(1) 编号、姓名：必须输入，不能为空，最大不能超过20位字符，不能输入数字、字母和汉字之外的非法字符。

(2) 口令：可以为空，最长不能超过20位字符，输入时以隐含符号"＊"代替输入信息。

(3) 所属部门、手机号：可以为空，最大不能超过20位字符，不能输入非法字符。

(4) 不允许修改登录日期：设置用户登录门户时是否可以修改登录日期。勾选此项后，该用户登录门户时不能修改日期，强制要求操作员以正常时间处理业务，从而规避一些风险，如通过滞后制单享受已过期的价格优惠。

> 温馨提示
>
> (1) 用户和角色设置不分先后顺序，用户可以根据自己的需要设置先后。但对于自动传递权限来说，应该先设定角色，然后分配权限，最后进行用户的设置。这样在设置用户的时候，如果选择其归属的角色，则用户将自动具有该角色的权限。
> (2) 一个角色可以拥有多个用户，一个用户也可以分属于多个不同的角色。
> (3) 若角色已经设置过，系统则会将所有的角色名称自动显示在角色设置中的所属角色名称的列表中。用户自动拥有所属角色所拥有的所有权限，还可以额外增加角色中没有包含的权限。
> (4) 若修改了用户的所属角色，则该用户对应的权限也随着角色的改变而相应改变。
> (5) 对于已经登录门户、正在使用产品的用户，不能删除，也不能修改任何信息。
> (6) 系统管理员或有权限的管理员用户可以进行本功能的设置。

任务二　建立账套

【实验资料】

上海维亚家电有限公司账套信息如下：

（1）账套信息。

账套号：111；账套名称：上海维亚家电有限公司；采用默认账套路径；启用会计期：2024年1月；会计期间：默认。

（2）单位信息。

单位名称：上海维亚家电有限公司；单位简称：上海维亚；单位地址：上海市长宁区建国路82号；法人代表：林秀；邮政编码：200051；联系电话：021-85725691；邮箱：shwy@163.com；税号：911101056000411537。

（3）核算类型。

企业记账本位币：人民币（RMB）；企业类型：工业；行业性质：2007年新会计准则科目；账套主管：[001]李媚；按行业性质预设科目。

（4）基础信息。

企业需要对存货、客户、供应商进行分类，无外币核算业务。

（5）编码方案。

科目编码级次：4222；客户分类编码级次：12；供应商分类编码级次：12；存货分类编码级次：22；部门编码级次：12；结算方式编码级次：12；其余使用默认值。

（6）数据精度。

企业需要的数据精度均为2。

（7）系统启用。

不进行系统启用设置。

【操作步骤】

（1）以[admin]系统管理员的身份登录系统管理，在系统管理窗口，点击"账套"菜单下的"建立"命令，打开"创建账套-建账方式"对话框，如图1-5所示。

（2）点击"下一步"按钮，打开"创建账套-账套信息"对话框，输入"账套号"为111，"账套名称"为"上海维亚家电有限公司"，"启用会计期"输入"2024年1月"，其他项默认，如图1-6所示。

（3）输入完成后，点击"下一步"按钮，打开"创建账套-单位信息"对话框，根据实验资料输入本单位的基本信息，结果如图1-7所示。

（4）输入完成后，点击"下一步"按钮，打开"创建账套-核算类型"对话框，"企业类型"选择"工业"，"账套主管"选择"[001]李媚"，其他项默认，如图1-8所示。

（5）选择完成后，点击"下一步"按钮，打开"创建账套-基础信息"对话框，勾选"存货是否分类""客户是否分类""供应商是否分类"前的复选框，如图1-9所示。

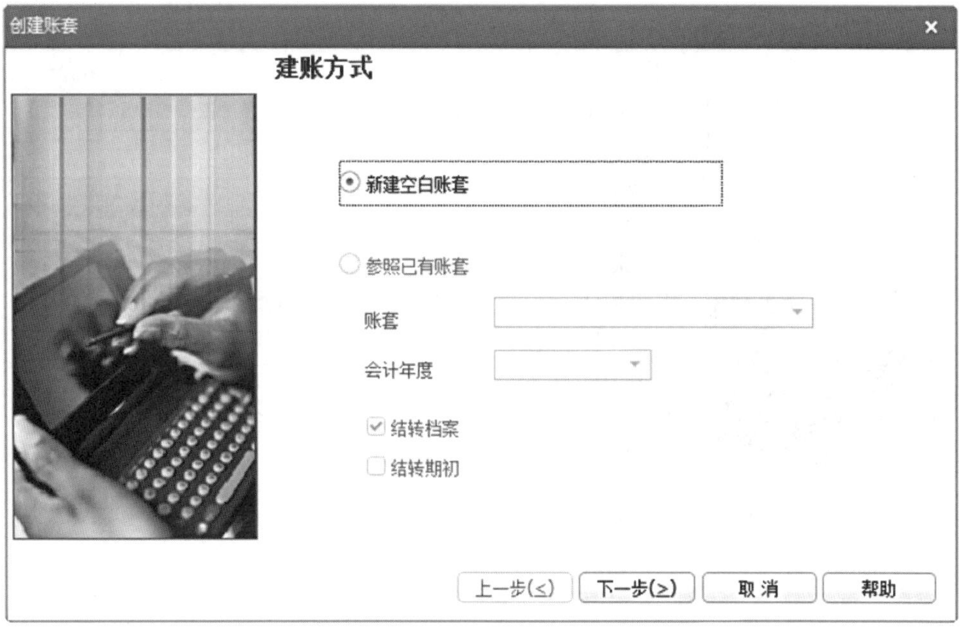

图 1-5　创建账套-建账方式

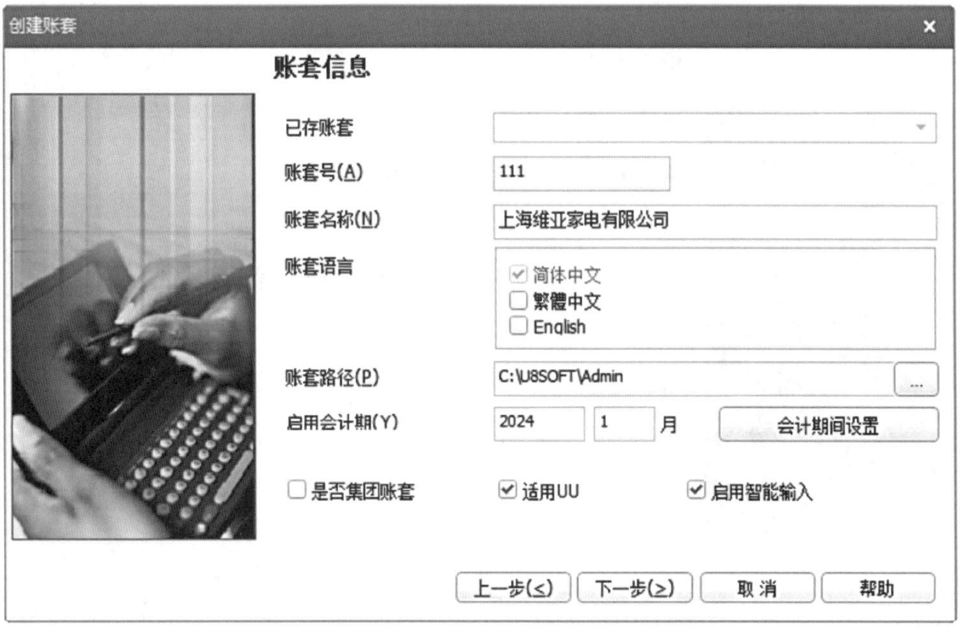

图 1-6　创建账套-账套信息

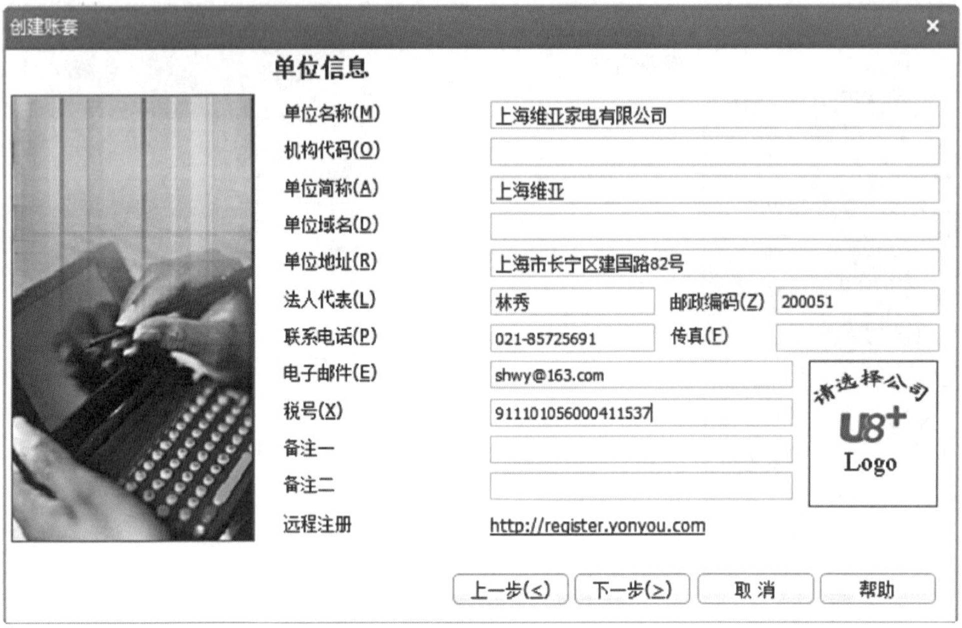

图 1-7　创建账套-单位信息

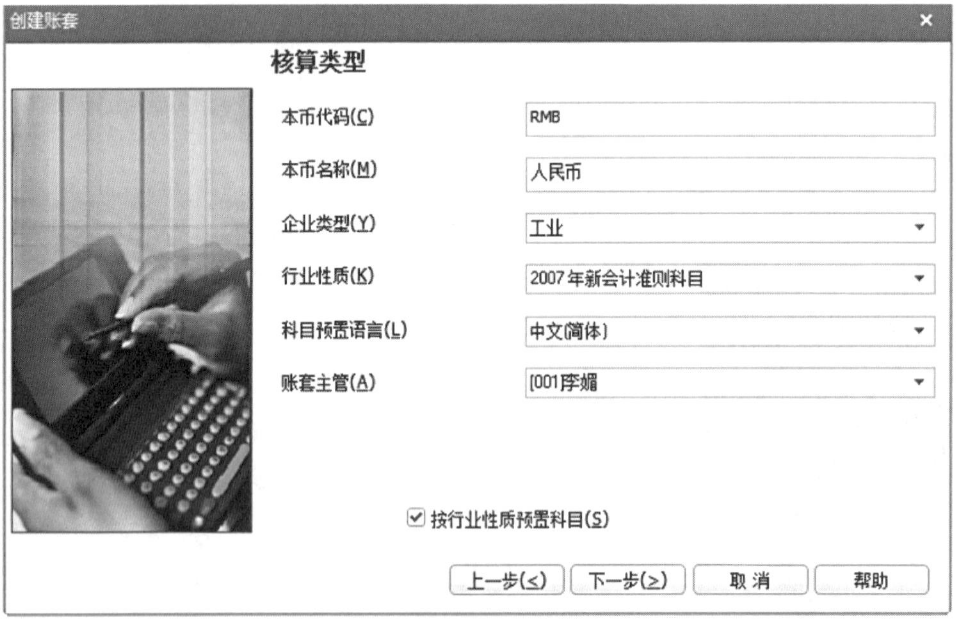

图 1-8　创建账套-核算类型

图1-9 创建账套-基础信息

(6) 点击"下一步"按钮,打开"创建账套-开始"对话框,点击"完成"按钮,系统提示"可以创建账套了么?",点击"是"按钮,系统依次进行初始化环境、创建新账套库、更新账套库和配置账套信息等工作,所以需要一段时间才能完成,必须耐心等待。

(7) 建账结束,弹出"编码方案"对话框,根据资料调整相关编码级次,其他项默认,结果如图1-10所示,点击"确定"按钮,再点击"取消"按钮,弹出"数据精度"对话框,各项目均设置为2,如图1-11所示,点击"确定"按钮。

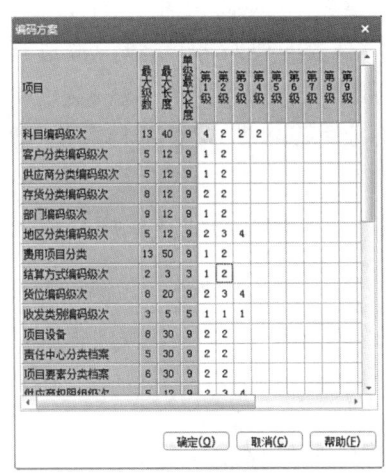

图1-10 编码方案

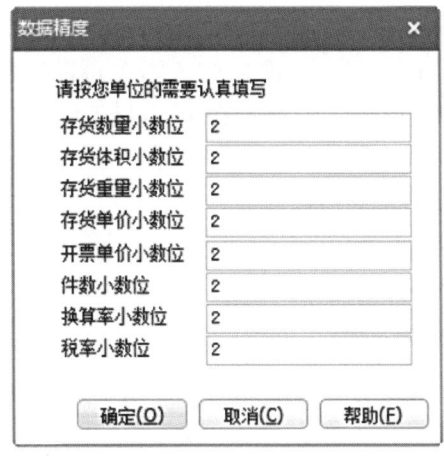

图1-11 数据精度

(8) 数据精度设置完毕,弹出"创建账套"对话框,如图1-12所示,提示"[111]建账成功……现在进行系统启用的设置?",点击"否"按钮,弹出"请进入企业应用平台进行业务操作!"对话框,点击"确定"按钮返回"创建账套-开始"对话框。再点击"退出"按钮,完成全部建账工作。

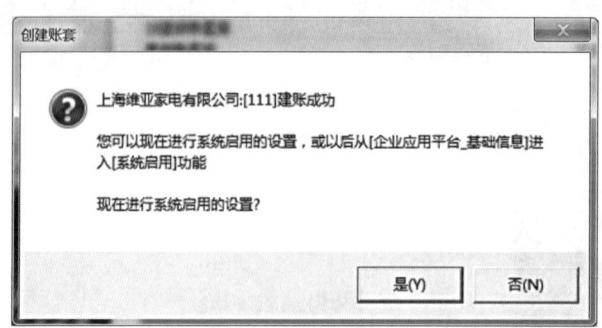

图 1-12　创建账套

【栏目说明】

(1) 已存账套：系统将现有的账套以下拉框的形式在此栏目中表示出来，用户只能查看，而不能输入或修改。其作用是在建立新账套时可以明晰已经存在的账套，避免在新建账套时重复建立。

(2) 账套号：用来输入新建账套的编号，用户必须输入，可输入 3 个字符（只能是 001～999 之间的数字，而且不能是已存账套中的账套号）。

(3) 启用会计期：用来输入新建账套将被启用的时间，具体到"月"，用户必须输入。

(4) 存货是否分类：如果单位的存货较多，且类别繁多，可以在存货是否分类选项前打勾，表明要对存货进行分类管理；如果单位的存货较少且类别单一，也可以选择不进行存货分类。注意，如果选择了存货要分类，那么在进行基础信息设置时，必须先设置存货分类，然后才能设置存货档案。

(5) 客户是否分类、供应商是否分类：如果单位的客户、供应商较多，且希望进行分类管理，可以在客户是否分类、供应商是否分类选项前打勾，表明要对客户、供应商进行分类管理；如果单位的客户、供应商较少，也可以选择不进行客户、供应商分类。注意，如果选择了客户、供应商要分类，那么在进行基础信息设置时，必须先设置客户、供应商分类，然后才能设置客户、供应商档案。

(6) 有无外币核算：如果单位有外币业务，如用外币进行交易业务或用外币发放工资等，可以在此选项前打勾。

> 温馨提示
>
> (1) 只有系统管理员用户才有权限创建新账套。
> (2) 在用友新道 U8＋软件中，账套和账套库是有一定的区别的，具体体现在以下方面：
> ① 账套是账套库的上一级，账套由一个或多个账套库组成，一个账套库含有 1 年或多年使用数据。一个账套对应一个经营实体或核算单位，账套中的某个账套库对应这个经营实体的某年度区间内的业务数据。
> ② 拥有多个核算单位的客户可以拥有多个账套（最多可以拥有 999 个账套）。

任务三 分配权限

【实验资料】

上海维亚家电有限公司用户(财务人员)权限,如表1-2所示。

表1-2 用户(财务人员)权限

编号	姓名	角色	权限设置
001	李媚	账套主管	具有新道U8+系统中所有账套的操作权限
002	黄文	财务会计	具有基本信息、总账(出纳签字除外)系统的全部权限
003	杨英	出纳	具有总账中出纳签字,查询凭证及出纳的全部权限

【操作步骤】

(1) 以[admin]系统管理员的身份登录系统管理,在"系统管理"窗口,点击"权限"菜单下的"权限"命令,打开"操作员权限"窗口。

(2) 选择要分配权限的111账套及对应年度区间(即2024年),左边显示本账套内的所有角色和用户名。

(3) 选择操作员"002 黄文",点击工具栏的"修改"按钮,勾选"基本信息"前的复选框,点击"财务会计"前的"+"标记,勾选"总账"前的复选框,再依次展开"总账""凭证"前的"+"号标记,点击取消"出纳签字"前的复选框,点击工具栏的"保存"按钮,授权结果,如图1-13所示。

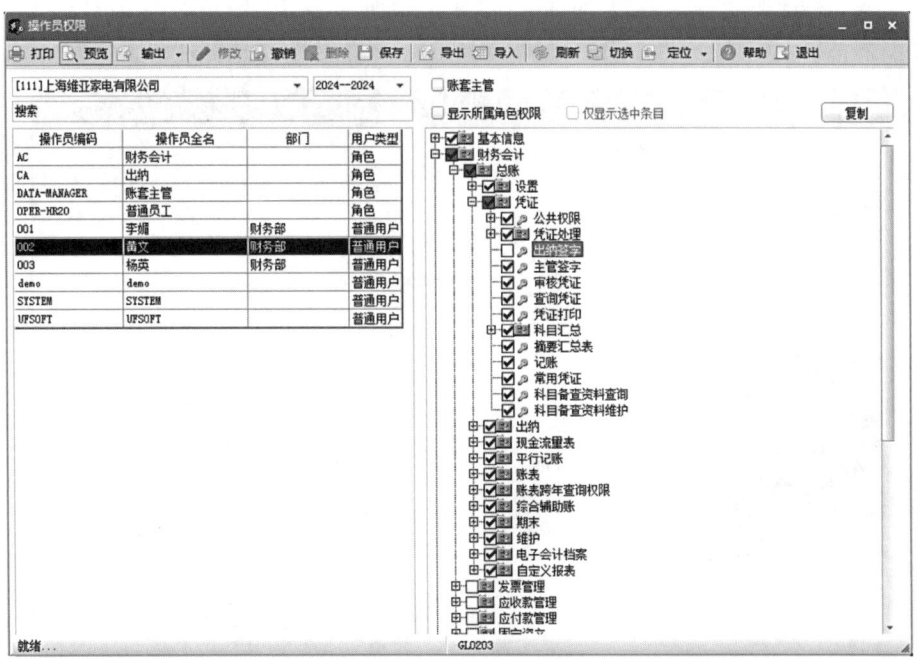

图1-13 授权结果

(4)按照上述方法根据实验资料对"003 杨英"进行授权。

> **温馨提示**
>
> (1)"修改"功能是对操作员进行权限的分配。
> (2)"删除"功能是将该操作员自身的所有权限删除。
> (3)对于"账套主管"的分配,只需勾选"账套主管"即可。只有以系统管理员或有权限的管理员用户的身份登录才能进行账套主管的权限分配。如果以账套主管的身份注册,只能分配具体功能的权限。但需要注意的是,系统一次只能对一个账套的某一个账套库进行分配,一个账套可以有多个账套主管。
> (4)如果对某角色分配了权限,在增加新的用户时(该用户属于此角色),该用户自动拥有此角色具有的权限。

任务四 修改账套

【实验资料】

考虑到可能的海外市场,公司希望设置该账套时有外币核算业务。由账套主管修改账套信息,增加"有外币核算"基础信息设置。

【操作步骤】

(1)以账套主管[001]李媚身份登录系统管理,登录时间为 2024 年 1 月 1 日。在"系统管理"窗口,点击"账套"菜单下的"修改"命令。

(2)打开"修改账套-账套信息"对话框,如图 1-14 所示,点击"下一步"按钮,打开"修改账套-单位信息"对话框,点击"下一步"按钮,打开"修改账套-核算类型"对话框,再点击"下一步"按钮。

图 1-14 修改账套-账套信息

（3）打开"修改账套-基础信息"，勾选"有无外币核算"复选框，如图1-15所示，点击"完成"按钮，提示"确认修改账套了么？"，点击"是"按钮，弹出"编码方案"对话框，点击"取消"按钮，弹出"数据精度"对话框，点击"取消"按钮，弹出提示"修改账套成功"，再点击"确定"按钮，完成账套修改。

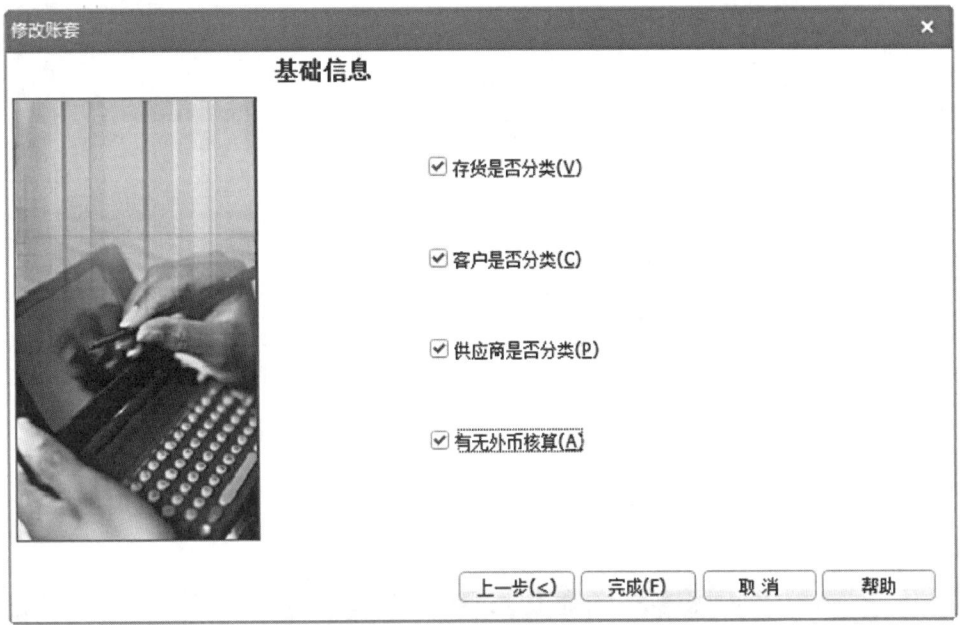

图 1-15　修改账套-基础信息

 温馨提示

只有账套管理员用户才有权限修改相应的账套。

任务五　输出账套

【实验资料】

在 D 盘中新建"账套备份"文件夹，将账套输出至该文件夹中。

【操作步骤】

（1）以［admin］系统管理员的身份登录系统管理，在"系统管理"窗口，点击"账套"菜单下的"输出"命令，打开"请选择账套备份路径"对话框，选中 D 盘，点击"新建文件夹"按钮，输入新建的文件夹名称为"账套备份"，点击"确定"按钮，结果如图 1-16 所示，再点击"确定"按钮。

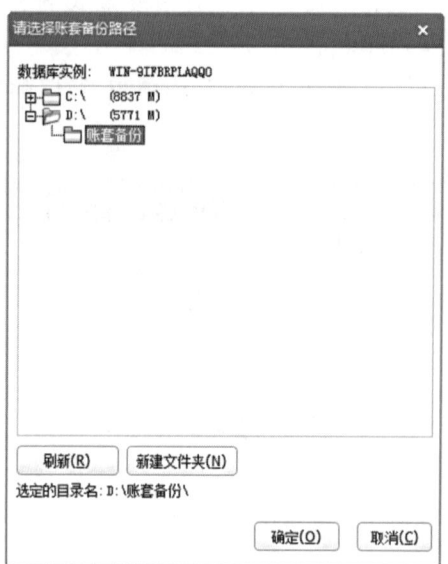

图 1-16　选择账套备份路径

（2）勾选"111"账套前的复选框，点击"确认"按钮，进行账套备份。备份好后，弹出提示"输出成功"，如图 1-17 所示，点击"确定"按钮，完成账套输出。

图 1-17　输出成功

项目一　系统管理

温馨提示

(1) 只有系统管理员有权限进行账套输出。
(2) 如果将"删除当前输出的账套"同时选中,在输出完成后系统会确认是否将数据源从当前系统中删除。

任务六　引入账套

【实验资料】

把"D:\账套备份"文件夹中的账套引入新道 U8＋系统。

【操作步骤】

(1) 以[admin]系统管理员的身份登录系统管理,在"系统管理"窗口,点击"账套"菜单下的"引入"命令,打开"账套引入"对话框,点击"选择备份文件"按钮,弹出"请选择账套备份文件"对话框,依次展开"D:\""账套备份""ZT111"前的"＋"号标记,点击选中"UfErpAct.Lst"文件,如图 1-18 所示,点击"确定"按钮,弹出"请选择账套引入的目录"对话框,再点击"确定"按钮,打开"请选择账套引入的目录"对话框,点击"确定"按钮。

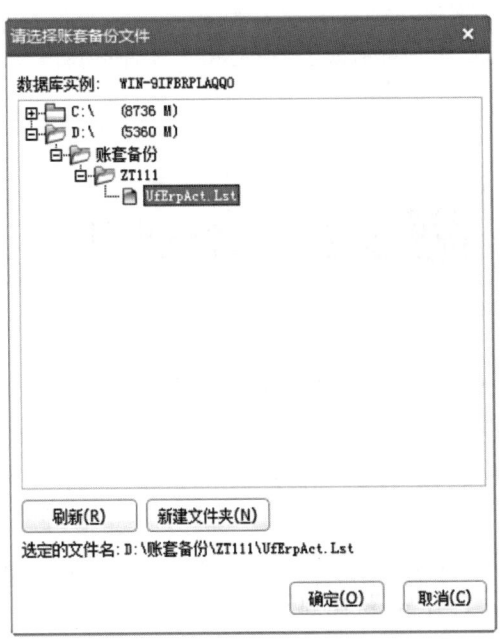

图 1-18　请选择账套备份文件

(2) 弹出"此项操作将覆盖[111]账套当前的所有信息,继续吗?",点击"是"按钮,再点击"确认"按钮后,弹出提示"引入成功",如图 1-19 所示,点击"确定"按钮,完成账套引入。

图 1-19 引入成功

 温馨提示

引入以前的账套或自动备份的账套,应先使用文件解压缩功能,将所需账套解压缩后再引入。

任务七 设置备份计划

【实验资料】

每周日,上海维亚家电有限公司对账套进行自动备份,并且永不删除备份。计划编号:1;计划名称:上海维亚家电有限公司;备份类型:账套备份;发生频率:每周;发生天数:1;开始时间:18:00:00;有效触发2小时;保留份数:0;备份路径:D:\111账套自动备份。

【操作步骤】

(1)以[admin]系统管理员的身份登录系统管理,在"系统管理"窗口,点击"系统"菜单下的"设置备份计划"命令,打开"备份计划设置"窗口。

(2)点击工具栏的"增加"按钮,打开"备份计划详细情况"对话框,根据实验资料,输入备份计划的相关信息,结果如图1-20所示。

(3)点击"增加"按钮,完成备份计划的设置,退出"备份计划详细情况"对话框返回"备份计划设置"窗口,点击"退出"按钮。

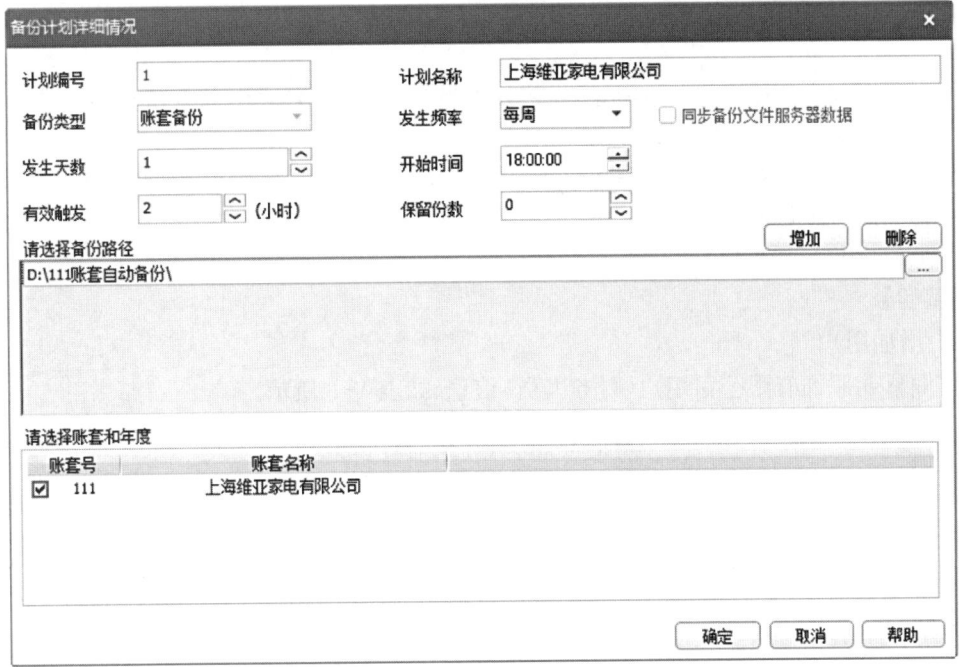

图 1-20　备份计划详细情况

【栏目说明】

(1) 发生天数：系统根据发生频率，确认执行备份计划的确切天数。

① 选择"每天"为周期的设置，系统不允许选择发生天数。

② 选择"每周"为周期的设置，系统允许选择的天数为"1～7"之间的数字(1 代表星期日，2 代表星期一，3 代表星期二，4 代表星期三，5 代表星期四，6 代表星期五，7 代表星期六)。

③ 选择"每月"为周期的设置，系统运行选择的天数为"1～31"之间的数字，如果其中某月的天数不足设置的天数，系统则按最后一天进行备份。例如，设置为 30，但在 2 月份不足 30 天时，系统会在 2 月的最后一天进行备份。

(2) 开始时间：在设置的发生频率中的发生天数内开始进行备份的具体时间。例如，选择每周六 00：00：00 进行备份，就在发生频率中选择"每周"，在"发生天数"选择 7，在开始时间选择 00：00：00 即可以。

(3) 有效触发：在备份开始时间后的单位小时以内，每隔一定时间进行一次触发检查，直到成功为止。

(4) 保留份数：系统可以自动删除多于指定数值的备份文件数量，当数值为 0 时系统认为永不删除备份。例如，设置为 2，则系统始终保留 2 份备份数据，一旦有新的备份数据产生，则删除时间较早的多余备份文件。

> **温馨提示**
>
> (1) 系统输出路径可以是本地磁盘,也可以是可连通的网络路径,但要保证第一个路径是本地路径,后面的网络路径才有效。
>
> (2) 发生天数可以按规定范围进行选择,如果手工输入超过规定数值,则在增加、修改和保存时系统会提示有效范围。

【项目实验】

1. 增加用户

广州盛菲服饰有限公司用户(财务人员)信息,如表1-3所示。

表1-3 用户(财务人员)信息

编号	姓名	口令	部门	角色
701	孙辉	1	财务部	账套主管
702	马文	2	财务部	财务会计(AC)
703	林竣威	3	财务部	出纳(CA)

2. 建立账套

广州盛菲服饰有限公司账套信息如下:

(1) 账套信息。

账套号:777;账套名称:广州盛菲服饰有限公司;采用默认账套路径;启用会计期:2024年1月;会计期间:默认。

(2) 单位信息。

单位名称:广州盛菲服饰有限公司;单位简称:广州盛菲;单位地址:广州天河区元朗路480号;法人代表:易盛菲;邮政编码:510630;联系电话:020-56918572;邮箱:gzsf@163.com;税号:91440106M703767914。

(3) 核算类型。

企业记账本位币:人民币(RMB);企业类型:工业;行业性质:2007年新会计准则科目;账套主管:[701]孙辉;按行业性质预设科目。

(4) 基础信息。

企业需要对存货和客户进行分类,无外币核算业务。

(5) 编码方案。

科目编码级次:4222;客户分类编码级次:22;供应商分类编码级次:22;存货分类编码级次:22;结算方式编码级次:22;其余使用默认值。

(6) 数据精度。

企业需要的数据精度均为2。

(7) 系统启用。

不进行系统启用设置。

3. 权限分配

广州盛菲服饰有限公司用户(财务人员)权限,如表 1-4 所示。

表 1-4 用户(财务人员)权限

编号	姓名	角色	权限设置
701	孙辉	账套主管	具有新道 U8+系统中所有账套的操作权限
702	马文	财务会计	具有基本信息、总账(出纳签字除外)系统的全部权限
703	林竣威	出纳	具有总账中出纳签字、查询凭证及出纳的全部权限

4. 修改账套

考虑到对供应商选择的增加,公司希望在设置该账套时,可以对供应商进行分类。由账套主管修改账套信息,增加"供应商分类"基础信息设置。

5. 设置备份计划

每周五,广州盛菲服饰有限公司对账套进行自动备份,并且永不删除备份。计划编号:1;计划名称:广州盛菲服饰有限公司;备份类型:账套备份;发生频率:每周;发生天数:6;开始时间:18:00:00;有效触发 2 小时;保留份数:0;备份路径:D:\777 账套自动备份。

6. 输出账套

在 D 盘中新建"账套备份"文件夹,将账套输出至该文件夹中。

思政小课堂

企业应当加强对内部权力的制约,特别是对于权力集中的部门和岗位,应当实行分事行权、分岗设权、分级授权、定期轮岗,强化内部流程控制,防止权力滥用。企业对财务人员实行权限分配,有利于完善企业的权责清单制度,加快推进企业机构、职能、权限、程序、责任法定化、透明化,同时起到对权力的制约和监督作用。

项目二

企业应用平台

 项目概述

用友应用系统包括多个子系统,它们之间存在很多共性,如都需要进行登录注册和设置系统基础档案信息等。为此,用友新道 U8+V15.0 系统提供了企业应用平台功能,用户可以通过"企业应用平台"注册进入企业应用平台,取得无需再次验证进入任何一个子系统的"通行证"。这充分体现了数据共享和系统集成的优势。企业员工通过企业应用平台,可以通过单一的访问入口访问企业的各种信息,定义自己的业务工作,并设计自己的工作流程。

企业应用平台操作流程,如图 2-1 所示。

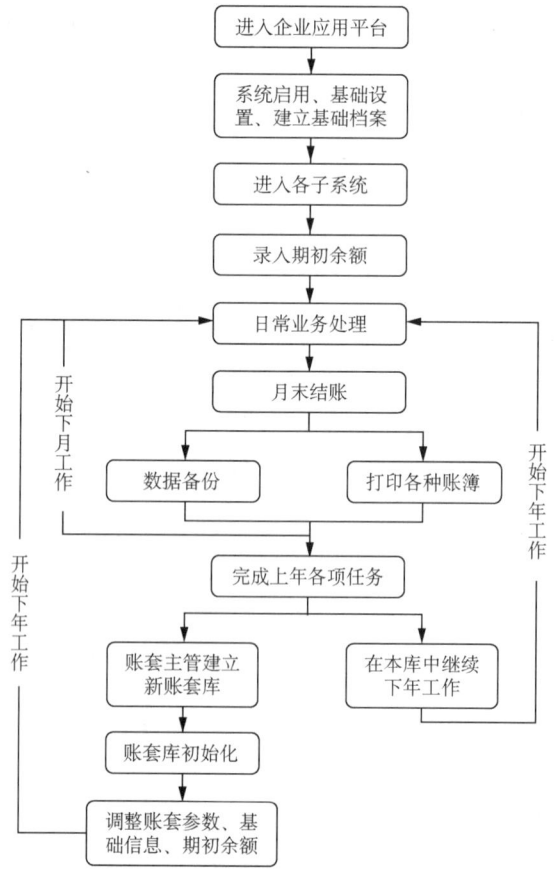

图 2-1 企业应用平台操作流程

任务一　启用系统

【实验资料】

以账套主管[001]李媚的身份登录企业应用平台,登录时间为2024年1月1日。

启用总账系统,启用日期为2024年1月1日。

【操作步骤】

(1)以账套主管[001]李媚身份登录新道U8+企业应用平台,登录时间为2024年1月1日。执行"开始→所有程序→新道U8+→企业应用平台"命令,打开"登录"对话框。

(2)输入"操作员"为"001","密码"为"1",点击"账套"栏下的三角按钮,选择"[111]127.0.0.1上海维亚家电有限公司",将"操作日期"改为"2024-01-01",如图2-2所示。点击"登录"按钮,进入企业应用平台。

图2-2　企业应用平台登录界面

(3)在新道U8+企业应用平台,点击"业务导航"按钮,在"基础设置"下拉菜单中,执行"基础信息→系统启用"命令,打开"系统启用"对话框,勾选"总账"前的复选框,打开"日历"对话框,启用日期选择"2024-01-01",如图2-3所示,点击"确定"按钮,弹出"确定要启用当前系统吗?"对话框,点击"是"按钮,再点击"退出"按钮。

图 2-3 日历

 温馨提示

(1) 所有系统进入时都要判断系统是否已经启用。未启用的系统不能登录。
(2) 各系统的启用日期必须大于或等于账套的启用日期。

任务二　部门档案

【实验资料】

部门档案设置,如表 2-1 所示。

表 2-1　部门档案

部门编码	部门名称
1	行政部
2	财务部
3	销售部
4	采购部
5	仓储部
6	生产部
601	生产管理部
602	生产车间
7	售后服务部

【操作步骤】

(1) 在新道 U8+企业应用平台，点击"业务导航"按钮，在"基础设置"下拉菜单中，执行"基础档案→机构人员→机构→部门档案"命令，打开"部门档案"窗口。

(2) 点击"增加"按钮，根据实验资料，输入"部门编码"为"1"，"部门名称"为"行政部"，点击"保存"按钮。按此方法继续增加其他部门档案。设置完成的部门档案，如图 2-4 所示。增加完毕关闭该窗口。

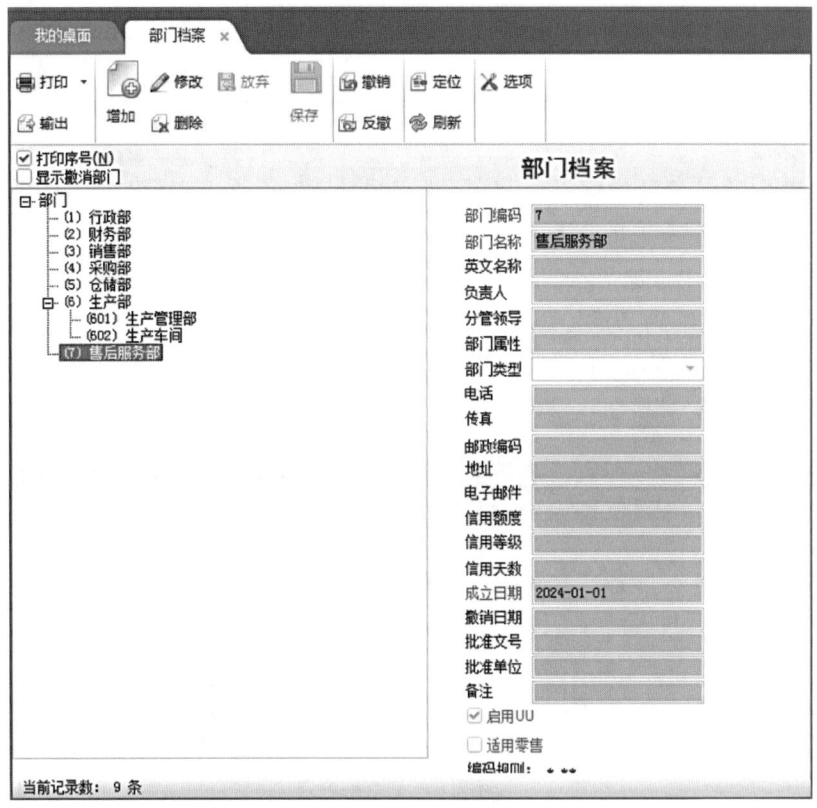

图 2-4　部门档案

【栏目说明】

(1) 部门编号：符合编码级次原则。必须录入，必须唯一。

(2) 部门名称：必须录入，部门名称可以重复命名。

任务三　人员档案设置

1. 人员类别

【实验资料】

人员类别设置，如表 2-2 所示。

表 2-2　人员类别

人员类别编码	人员类别名称
1011	企业管理人员
1012	销售人员
1013	采购人员
1014	仓管人员
1015	生产管理人员
1016	生产工人

【操作步骤】

(1) 在新道 U8＋企业应用平台,点击"业务导航"按钮,在"基础设置"下拉菜单中,执行"基础档案→机构人员→人员→人员类别"命令,打开"人员类别"窗口。

(2) 在左侧列表中点击"正式工",再点击"增加"按钮,弹出"增加档案项"对话框,根据实验资料,输入"档案编码"为"1011","档案名称"为"企业管理人员",点击"确定"按钮。按此方法继续增加其他人员类别,设置完成后,点击"取消"按钮,返回"人员类别"窗口,结果如图 2-5 所示,点击"退出"按钮。

图 2-5　人员类别

【栏目说明】

(1) 档案编码:人员类别编码不能为空,不能重复,同级档案编码长度相同。

(2) 档案名称:人员类别名称不能为空,不能重复。

 温馨提示

(1) 查询/定位人员时,可以选择中间类别,显示结果包含该类别下的各子类别人员。

(2) 新增/修改人员信息时,只能选择末级的人员类别。

2. 人员档案录入

【实验资料】

人员档案录入,如表 2-3 所示。

表 2-3 人员档案

编码	姓名	性别	人员类别	部门	雇佣状态	操作员	业务员
1001	林秀	女	企业管理人员	行政部	在职	是	是
1002	梁金	男	企业管理人员	行政部	在职		是
2001	李媚	女	企业管理人员	财务部	在职	是	是
2002	黄文	男	企业管理人员	财务部	在职	是	是
2003	杨英	男	企业管理人员	财务部	在职	是	是
3001	林以修	男	销售人员	销售部	在职		是
3002	何华	女	销售人员	销售部	在职		是
3003	陈诚	男	销售人员	销售部	在职		是
4001	李欣怡	女	采购人员	采购部	在职		是
4002	张浩然	男	采购人员	采购部	在职		是
4003	周大伟	男	采购人员	采购部	在职		是
5001	赵雄	男	仓管人员	仓储部	在职		是
5002	陈帅	女	仓管人员	仓储部	在职		是
5003	肖云	女	仓管人员	仓储部	在职		是
6001	孙姿	女	生产管理人员	生产管理部	在职		
6002	徐婷	男	生产工人	生产车间	在职		
6003	朱笑玮	男	生产工人	生产车间	在职		
7001	唐杰	男	销售人员	售后服务部	在职		是
7002	孙兰	女	销售人员	售后服务部	在职		是

【操作步骤】

(1) 在新道 U8＋企业应用平台,点击"业务导航"按钮,在"基础设置"下拉菜单中,执行"基础档案→机构人员→人员→人员档案"命令,打开"人员列表"窗口。

(2) 点击"增加"按钮,打开"人员档案"窗口,根据实验资料,输入林秀的档案信息,结果如图 2-6 所示,点击"保存"按钮。按此方法继续增加其他人员档案,增加完毕关闭该窗口。

【栏目说明】

(1) 人员编号、姓名、性别、雇佣状态和人员类别:必须录入,姓名可以重复。

(2) 是否业务员:此人员是否可操作新道 U8＋其他的业务产品,如总账和库存等。

(3) 是否操作员:此人员是否可操作新道 U8＋产品,可以将本人作为操作员,也可与已有的操作员做对应关系。

图 2-6　人员档案

> **温馨提示**
>
> 若该人员已在系统管理中设置为操作员,则弹出"保存失败!(操作员名称已经存在,不可重复)"对话框,点击"确定"按钮,点击"操作员名称"后的""按钮,点击"全部"按钮,选择相对应的操作员,点击"确定"按钮,再点击"保存"按钮,弹出"人员信息已改,是否同步修改操作员的相关信息?"对话框,点击"是"按钮。

任务四　客户档案设置

1. 客户分类

【实验资料】

客户分类设置,如表 2-4 所示。

表 2-4　客户分类

分类编码	分类名称
1	本地
2	长三角

（续表）

分类编码	分类名称
3	京津冀
4	粤港澳大湾区
5	其他地区

【操作步骤】

（1）在新道 U8＋企业应用平台，点击"业务导航"按钮，在"基础设置"下拉菜单中，执行"基础档案→客商信息→客户分类"命令，打开"客户分类"窗口。

（2）点击"增加"按钮，输入"分类编码"为"1"，"分类名称"为"本地"，点击"保存"按钮。按此方法继续增加其他客户分类，设置完成的客户分类，如图 2-7 所示，点击"退出"按钮。

图 2-7　客户分类

【栏目说明】

（1）类别编码：客户的类别编码是系统识别不同客户的唯一标志，因此，编码必须唯一，不能重复或修改。

（2）类别名称：客户的类别名称是用户对客户的信息描述，可以是汉字或英文字母，不能为空。

2. 客户档案录入

【实验资料】

客户档案录入，如表 2-5 所示。

表 2-5　客户档案

编码	客户名称	简称	分类	税号	开户银行	银行账号	默认值
01	上海新途电器有限公司	新途	1	91310105M860455873	工行兴虹路支行	5067038088997110841	是
02	南京成玛设备有限公司	成玛	2	91130101M693562121	工行迪园路支行	3309200573287399558	是

(续表)

编码	客户名称	简称	分类	税号	开户银行	银行账号	默认值
03	北京伟易电器有限公司	伟易	3	91110108M227670766	工行晟林路支行	9540376918082306090	是
04	天津鑫泽电器有限公司	鑫泽	3	91120101M529082932	工行卓朗路支行	2564409671628239823	是
05	广州森道文化用品有限公司	森道	4	91110102M079269130	工行钧威路支行	7055271656403034629	是
06	重庆汽车销售有限公司	汽销	5	91110101M613913355	工行登帆路支行	3492613700965307296	是

【操作步骤】

(1) 在新道 U8+企业应用平台，点击"业务导航"按钮，在"基础设置"下拉菜单中，执行"基础档案→客商信息→客户档案"命令，打开"客户档案"窗口。

(2) 点击"增加"按钮，打开"增加客户档案"窗口，根据实验资料，在"基本"选项卡输入"客户编码"为"01"，"客户名称"为"上海新途电器有限公司"，"客户简称"为"新途"，"所属分类"为"1"，"税号"为"91310105M860455873"，如图 2-8 所示。

图 2-8 增加客户档案

(3) 点击"银行"按钮，弹出"客户银行档案"窗口，点击"增加"按钮，输入"所属银行"为"中国工商银行"，"开户银行"为"工行兴虹路支行"，"银行账号"为"50670380088997110841"，"默认值"为"是"，点击"保存"按钮，如图 2-9 所示，点击"退出"按钮。

图 2-9　客户银行档案

（4）返回"增加客户档案"窗口，点击"保存并新增"按钮，继续增加其他客户档案。设置完成的客户档案，如图 2-10 所示，增加完毕关闭该窗口。

图 2-10　客户档案

【栏目说明】

（1）"基本"选项卡：该选项卡内包含客户的主要信息，其中，蓝色字体的项目必须录入。

（2）对应供应商：当客户同时也是本单位供应商时，在客户档案里设置对应供应商信息。对应供应商只能参照供应商档案里已有的记录。

（3）"联系"选项卡：设置"分管部门"和"专管业务员"后，在填制销售发票时，系统自动根据客户信息带出部门及业务员信息。

任务五　供应商档案设置

1. 供应商分类

【实验资料】

供应商分类设置，如表 2-6 所示。

表 2-6 供应商分类

分类编码	分类名称
1	本地
2	外地

【操作步骤】

(1) 在新道 U8+企业应用平台，点击"业务导航"按钮，在"基础设置"下拉菜单中，执行"基础档案→客商信息→供应商分类"命令，打开"供应商分类"窗口。

(2) 点击"增加"按钮，输入"分类编码"为"1"，"分类名称"为"本地"，点击"保存"按钮。按此方法继续增加其他供应商分类，设置完成的供应商分类，如图 2-11 所示，点击"退出"按钮。

图 2-11 供应商分类

【栏目说明】

(1) 类别编码：供应商的类别编码是系统识别不同供应商的唯一标志，所以编码必须唯一，不能重复或修改。

(2) 类别名称：供应商的类别名称是用户对供应商的信息描述，可以是汉字或英文字母，不能为空。

2. 供应商档案录入

【实验资料】

供应商档案录入，如表 2-7 所示。

表 2-7 供应商档案

编码	供应商名称	简称	分类	税号	开户银行	银行账号
01	上海普爱电子有限公司	普爱	1	91310112M845539475	工行亿玉路支行	5818974010444873139
02	北京赛园工贸有限公司	赛园	2	91110115M657207202	工行鑫旭路支行	3936552377977667158

(续表)

编码	供应商名称	简称	分类	税号	开户银行	银行账号
03	天津钧威电子有限公司	钧威	2	91120104M920776956	工行科为路支行	2956148810316962778
04	上海瑞致广告有限公司	瑞致	1	91110106M077723762	工行森发路支行	7030706971870061046
05	上海自来水有限公司	自来水	1	91110105M484517106	工行登阳路支行	1118651314350828364
06	上海电力有限公司	电力	1	91110105M207645075	工行赛唯路支行	9339020002846755611

【操作步骤】

(1) 在新道 U8+企业应用平台,点击"业务导航"按钮,在"基础设置"下拉菜单中,执行"基础档案→客商信息→供应商档案"命令,打开"供应商档案"窗口。

(2) 点击"增加"按钮,打开"增加供应商档案"窗口,根据实验资料,在"基本"选项卡输入"供应商编码"为"01","供应商名称"为"上海普爱电子有限公司","供应商简称"为"普爱","所属分类"为"1","税号"为"91310112M845539475","开户银行"为"工行亿玉路支行","银行账号"为"5818974010444873139","所属银行"为"中国工商银行",如图 2-12 所示。

图 2-12 增加供应商档案

(3) 点击"保存并新增"按钮,继续增加其他供应商档案。设置完成的供应商档案,如图 2-13 所示,增加完毕关闭该窗口。

图 2-13 供应商档案

【栏目说明】

(1)"基本"选项卡:该选项卡内包含供应商的主要信息,其中,蓝色字体的项目必须录入。

(2)对应客户:当供应商同时也是本单位客户时,在供应商档案里设置对应客户信息。对应客户只能参照客户档案里已有的记录。

(3)"联系"选项卡:设置"分管部门"和"专管业务员",可以在填制采购发票时,系统自动根据供应商信息带出部门及业务员信息。

(4)银行账号:输入供应商在其开户银行中的账号,可输入 50 位数字或字符。银行账号应对应于开户银行栏目所填写的内容。如果供应商在某开户银行中银行账号有多个,在此处输入该企业同用户之间发生业务往来最常用的银行账号。

任务六 存货档案设置

1. 存货分类

【实验资料】

存货分类设置,如表 2-8 所示。

表 2-8 存货分类

存货分类编码	存货分类名称
01	原材料
02	库存商品
03	应税劳务

【操作步骤】

(1)在新道 U8+企业应用平台,点击"业务导航"按钮,在"基础设置"下拉菜单中,执行

"基础档案→存货→存货分类"命令,打开"存货分类"窗口。

(2)点击"增加"按钮,输入"分类编码"为"01","分类名称"为"原材料",点击"保存"按钮。按此方法继续增加其他存货分类,设置完成的存货分类,如图 2-14 所示,点击"退出"按钮。

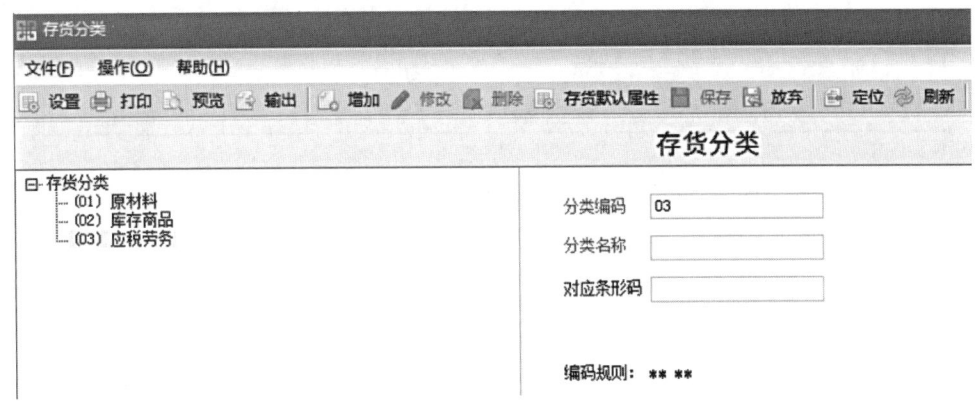

图 2-14 存货分类

【栏目说明】

(1)分类编码:必须唯一,必须按其级次的先后次序建立。

(2)分类名称:必须输入。

2. 计量单位

【实验资料】

计量单位设置,如表 2-9 所示。

表 2-9 计量单位

计量单位组编码	计量单位组名称	计量单位编码	计量单位名称
01	基本计量单位 (无换算率)	1	台
		2	个
		3	块
		4	公里①

【操作步骤】

(1)在新道 U8+企业应用平台,点击"业务导航"按钮,在"基础设置"下拉菜单中,执行"基础档案→存货→计量单位"命令,打开"计量单位"窗口。

(2)点击"分组"按钮,打开"计量单位组"对话框,点击"增加"按钮,输入"计量单位组编码"为"01","计量单位组名称"为"基本计量单位","计量单位组类别"选择"无换算率",如图 2-15 所示,点击"保存"按钮,保存该计量单位组,点击"退出"按钮,返回"计量

---

① 1公里=1千米。

单位"窗口。

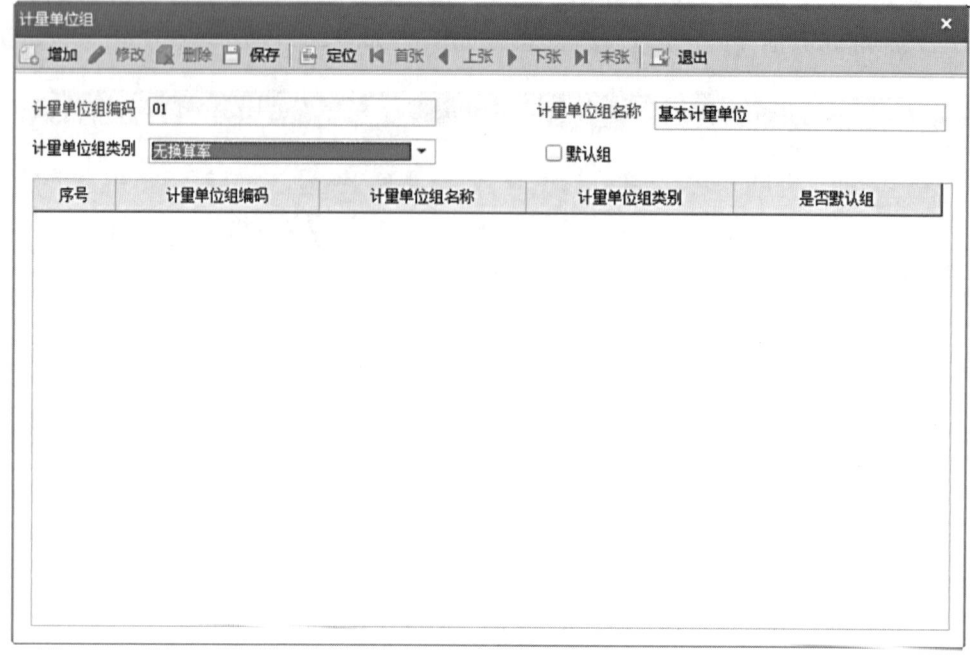

图 2-15 计量单位组

（3）点击"单位"按钮，打开"计量单位"窗口，点击"增加"按钮，输入"计量单位编码"为"1"，"计量单位名称"为"台"，点击"保存"按钮。按此方法继续增加其他计量单位，设置完成的计量单位，如图 2-16 所示，点击"退出"按钮。

图 2-16 计量单位

【栏目说明】

（1）计量单位组类别：单选，选择内容为无换算、固定换算和浮动换算。

① 无换算计量单位组：该组下的计量单位都以单独形式存在，即相互之间不需要输入换算率，而且全部缺省为主计量单位。

② 固定换算的计量单位组：包括多个计量单位，即一个主计量单位和多个辅计量单位。

③ 浮动换算的计量单位组：只能包括两个计量单位，即一个主计量单位和一个辅计量单位。

④ 存货档案中每一存货只能选择一个计量单位组。
⑤ 计量单位组保存后不可修改。

(2) 换算率:录入辅计量单位和主计量单位之间的换算比,如1箱啤酒为24听,则24就是辅计量单位"箱"和主计量单位"听"之间的换算比。

① 主计量单位的换算率自动置为1。
② 无换算计量单位组中不可输入换算率。
③ 固定换算的计量单位组,辅单位的换算率必须录入。
④ 浮动换算的计量单位组,可以录入,可以为空。
⑤ 数量(按主计量单位计量)=件数(按辅计量单位计量)×换算率。

(3) 主计量单位标志:打勾选择,不可修改。

① 无换算计量单位组下的计量单位全部缺省为主计量单位,不可修改。
② 固定、浮动计量单位组:对应每一个计量单位组必须且只能设置一个主计量单位,默认值为该组下增加的第一个计量单位。
③ 每个辅计量单位都是和主计量单位进行换算。

3. 存货档案录入

【实验资料】

存货档案录入,如表2-10所示。

表2-10 存货档案

编码	存货名称	规格	计量单位	存货分类	税率	存货属性
1001	屏幕65	65英寸	块	01	13%	采购、生产耗用
1002	屏幕75	75英寸	块	01	13%	采购、生产耗用
1003	主板		个	01	13%	内销、采购、生产耗用
1004	遥控器		个	01	13%	采购、生产耗用
2001	美轮电视机	65英寸	台	02	13%	内销、自制
2002	美奂电视机	75英寸	台	02	13%	内销、自制
3001	运输费		公里	03	9%	内销、采购、应税劳务

【操作步骤】

(1) 在新道U8+企业应用平台,点击"业务导航"按钮,在"基础设置"下拉菜单中,执行"基础档案→存货→存货档案"命令,打开"存货档案"窗口。

(2) 点击"增加"按钮,打开"增加存货档案"窗口,根据实验资料,在"基本"选项卡输入"存货编码"为"1001","存货名称"为"屏幕65","存货分类"为"01-原材料","规格型号"为"65英寸","计量单位组"为"01-基本计量单位","主计量单位"为"3-块",勾选"存货属性"中"采购""生产耗用"前的复选框,如图2-17所示。

图 2-17 增加存货档案

（3）点击"价格成本"选项卡，把"进项税率%"和"销项税率%"修改为"13.00"，点击"保存并新增"按钮，继续增加其他存货档案。设置完成的存货档案，如图 2-18 所示，增加完毕关闭该窗口。

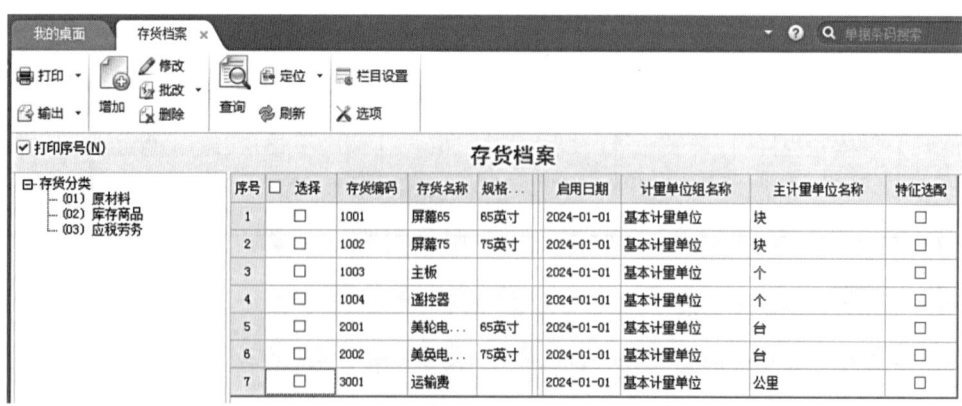

图 2-18 存货档案

【栏目说明】

（1）"基本"选项卡：该选项卡内包含存货的主要信息，其中，蓝色字体的项目必须录入。

（2）存货属性：系统为存货设置了多种属性。同一存货可以设置多个属性。

① 内销：具有该属性的存货可用于销售。发货单、发票和销售出库单等与销售有关的单据参照存货时，参照的都是具有销售属性的存货。开在发货单或发票上的应税劳务，也应设置为销售属性，否则开发货单或发票时无法参照。

② 采购：具有该属性的存货可用于采购。到货单、采购发票和采购入库单等与采购有关的单据参照存货时，参照的都是具有外购属性的存货。开在采购专用发票、普通发票和运费发票等票据上的采购费用，也应设置为采购属性，否则开具采购发票时无法参照。

③ 自制：具有该属性的存货可由企业生产自制。例如，工业企业生产的产成品和半成品等存货。具有该属性的存货可用于产成品或半成品的入库，产成品入库单参照存货时，参照的都是具有自制属性的存货。

④ 受托代销：商业账套中的存货可以选择该属性；勾选后则该存货（已设置为外购属性）可以进行受托代销业务。

⑤ 生产耗用：具有该属性的存货可用于生产耗用。例如，生产产品耗用的原材料和辅助材料等。具有该属性的存货可用于材料的领用，材料出库单参照存货时，参照的都是具有生产耗用属性的存货。

⑥ 应税劳务：是指开具在采购发票上的运费费用和包装费等采购费用或开具在销售发票或发货单上的应税劳务。"应税劳务"属性应与"自制""在制""生产耗用""备件""服务配件""服务产品"和"特征选配"属性互斥。

（3）"价格成本"选项卡：该页签中各种属性主要用于在进行存货的成本核算过程中提供价格计算的基础依据。

（4）计价方式：当存货成本核算方式为"按存货核算"时，该属性必须设置且起到控制作用，核算过程中将严格按照用户设置的计价方式进行成本的确认，该属性可以取的值如下：

① 每种存货只能选择一种计价方式，最多可输入20位数字或字符。

② 行业类型为工业时，提供如下选项：计划价、全月平均、移动平均、先进先出、后进先出和个别计价。

③ 行业类型为商业时，提供如下选项：售价、全月平均、移动平均、先进先出、后进先出和个别计价。

④ 注意：在存货核算系统选择存货核算时，必须对每一个存货记录设置一个计价方式，缺省选择全月平均，若前面已经有新增记录，则计价方式与前面新增记录相同。当存货核算系统中已经使用该存货时，年中不能修改该计价方式，只有每年期初时，恢复期初记账，才可以修改计价方式。

任务七　凭证类别

【实验资料】

凭证类别设置，如表2-11所示。

表 2-11 凭证类别

类别字	类别名称	限制类型	限制科目
收	收款凭证	借方必有	1001,1002
付	付款凭证	贷方必有	1001,1002
转	转账凭证	凭证必无	1001,1002

【操作步骤】

(1) 在新道 U8+企业应用平台,点击"业务导航"按钮,在"基础设置"下拉菜单中,执行"基础档案→财务→凭证类别"命令,打开"凭证类别预置"对话框,根据实验资料,选择"收款凭证 付款凭证 转账凭证",如图 2-19 所示。

(2) 点击"确定"按钮,弹出"凭证类别"对话框,点击"修改"按钮,选择"限制类型"并输入"限制科目",结果如图 2-20 所示,设置完成后,点击"退出"按钮。

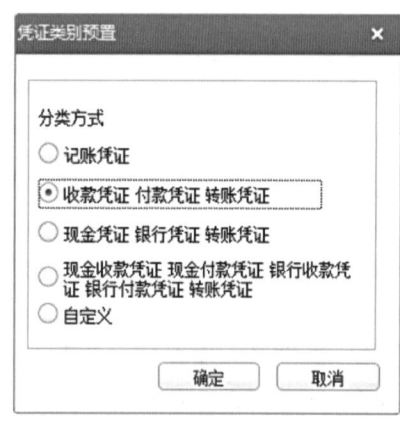

图 2-19 凭证类别预置

图 2-20 凭证类别

【栏目说明】

在制单时,某些类别的凭证对科目有一定限制,这里,系统有七种限制类型供选择:

① 借方必有:制单时,此类凭证借方至少有一个限制科目有金额变动发生。

② 贷方必有:制单时,此类凭证贷方至少有一个限制科目有金额变动发生。

③ 凭证必有:制单时,此类凭证无论借方还是贷方至少有一个限制科目有金额变动发生。

④ 凭证必无:制单时,此类凭证无论借方还是贷方不可有一个限制科目有金额变动发生。

⑤ 无限制:制单时,此类凭证可使用所有合法的科目限制。科目由用户输入,可以是任意级次的科目,科目之间用逗号分隔,数量不限,也可参照输入,但不能重复录入。

⑥ 借方必无:即金额发生在借方的科目集必须不包含借方必无科目。可在保存凭证时检查。

⑦ 贷方必无:即金额发生在贷方的科目集必须不包含贷方必无科目。可在保存凭证时检查。

温馨提示

(1) 已使用的凭证类别不能删除,也不能修改类别字。
(2) 若选有科目限制(即"限制类型"不是"无限制"),则至少要输入一个限制科目。若限制类型选"无限制",则不能输入限制科目。
(3) 若限制科目为非末级科目,则在制单时,其所有下级科目都将受到同样的限制。
(4) 表格右侧的上下箭头按钮可以调整凭证类别的前后顺序,它将决定明细账中凭证的排列顺序。例如,凭证类别设置中,凭证类别的排列顺序为收、付、转,那么,在查询明细账和日记账时,同一日的凭证,将按照收、付、转的顺序进行排列。

任务八 外币设置

【实验资料】

外币设置,如表 2-12 所示。

表 2-12 外币

币符	币名	汇率小数位	汇率方式	记账汇率
USD	美元	5	固定汇率	7.168 5

【操作步骤】

(1) 在新道 U8+企业应用平台,点击"业务导航"按钮,在"基础设置"下拉菜单中,执行"基础档案→财务→外币设置"命令,打开"外币设置"对话框。

(2) 根据实验资料,选择"固定汇率",输入"币符"为"USD","币名"为"美元","汇率小数位"为"5",点击"确认"按钮,在 2024.01 的"记账汇率"里输入"7.168 5",如图 2-21 所示。设置完成后点击"退出"按钮,弹出"是否退出?"对话框,点击"是"按钮。

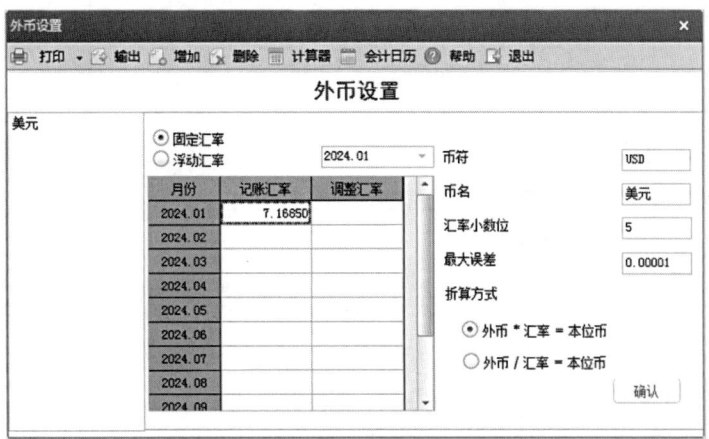

图 2-21 外币设置

【栏目说明】

（1）折算方式：分为直接汇率与间接汇率两种，用户可以根据外币的使用情况选定汇率的折算方式。直接汇率即"外币×汇率＝本位币"，间接汇率即"外币÷汇率＝本位币"。

（2）固定汇率与浮动汇率：选"固定汇率"即可录入各月的月初汇率，选"浮动汇率"即可录入所选月份的各日汇率。

（3）记账汇率：在平时制单时，系统自动显示此汇率，如果用户使用固定汇率（月初汇率），则记账汇率必须输入，否则制单时汇率为0。

（4）调整汇率：即月末汇率，期末计算汇兑损益时使用，平时可为空。期末输入调整汇率，用于计算汇兑损益，本汇率不作其他用途。

 温馨提示

此处仅供用户录入固定汇率与浮动汇率，制单时使用固定汇率还是浮动汇率，应在"总账→设置→选项→其他→汇率方式"中设置。

任务九　结算方式

【实验资料】

结算方式设置，如表2-13所示。

表 2-13　结算方式

结算方式编码	结算方式名称	是否票据管理	对应票据类型
1	现金收支		
2	银行收支		
3	支票收支		
301	现金支票	是	现金支票
302	转账支票	是	转账支票
4	微信收支		
5	支付宝收支		
6	电汇		
7	委托收款		
8	商业汇票		
801	银行承兑汇票		
802	商业承兑汇票		
9	其他		

【操作步骤】

（1）在新道 U8+企业应用平台，点击"业务导航"按钮，在"基础设置"下拉菜单中，执行"基础档案→收付结算→结算方式"命令，打开"结算方式"窗口。

（2）点击"增加"按钮，输入"结算方式编码"为"1"，"结算方式名称"为"现金收支"，点击"保存"按钮。按此方法继续增加其他结算方式，设置完成的结算方式，如图 2-22 所示，点击"退出"按钮。

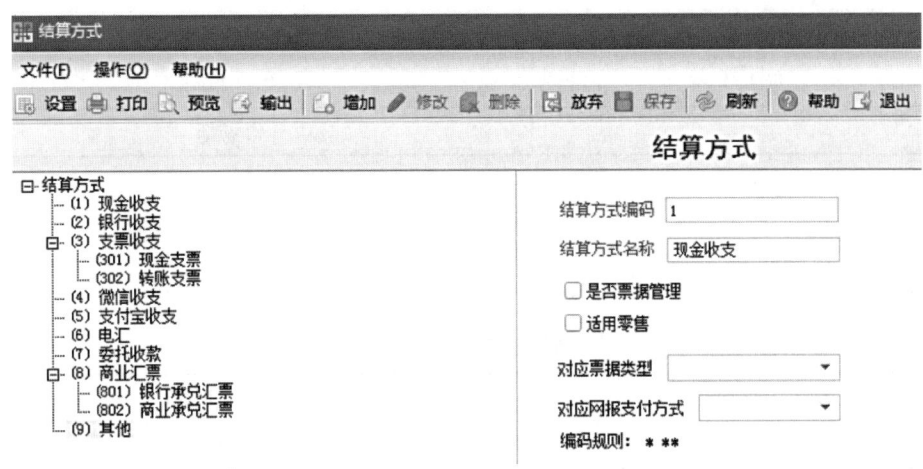

图 2-22 结算方式

【栏目说明】

（1）结算方式编码：用以标识某结算方式。用户必须按照结算方式编码级次的先后顺序来进行录入，录入值必须唯一。

（2）结算方式名称：用户根据企业的实际情况，必须录入所用结算方式的名称，录入值必须唯一。

（3）票据管理标志：用户可根据实际情况，通过点击复选框来选择该结算方式下的票据是否要进行票据管理。

【项目实验】

1. 启用系统

以账套主管[701]孙辉的身份登录企业应用平台，登录时间为 2024 年 1 月 1 日。

启用总账系统，启用日期为 2024 年 1 月 1 日。

2. 部门档案

部门档案设置，如表 2-14 所示。

表 2-14 部门档案

部门编码	部门名称
1	总经理办公室
2	财务部

(续表)

部门编码	部门名称
3	销售部
4	采购部
5	仓储部
6	生产部
601	车间管理部
602	生产车间
7	市场部

3. 人员档案设置

1）人员类别

人员类别设置，如表 2-15 所示。

表 2-15 人员类别

人员类别编码	人员类别名称
1011	企业管理人员
1012	销售人员
1013	采购人员
1014	仓管人员
1015	车间管理人员
1016	生产工人

2）人员档案录入

人员档案录入，如表 2-16 所示。

表 2-16 人员档案

编码	姓名	性别	人员类别	部门	雇佣状态	操作员	业务员
1001	易盛菲	女	企业管理人员	总经理办公室	在职	是	是
1002	吴子涵	女	企业管理人员	总经理办公室	在职		是
2001	孙辉	男	企业管理人员	财务部	在职	是	是
2002	马文	男	企业管理人员	财务部	在职	是	是
2003	林竣威	男	企业管理人员	财务部	在职	是	是
3001	李明杰	男	销售人员	销售部	在职		是
3002	蔡欣怡	女	销售人员	销售部	在职		是
4001	李国芳	女	采购人员	采购部	在职		是

(续表)

编码	姓名	性别	人员类别	部门	雇佣状态	操作员	业务员
4002	郑赫	男	采购人员	采购部	在职		是
5001	李梓涵	男	仓管人员	仓储部	在职		是
5002	黄蓉	女	仓管人员	仓储部	在职		是
6001	康薇	女	车间管理人员	车间管理部	在职		
6002	刘大力	男	生产工人	生产车间	在职		
6003	郑明月	女	生产工人	生产车间	在职		
7001	孙晓刚	男	销售人员	市场部	在职		是
7002	袁华	女	销售人员	市场部	在职		是

4. 客户档案设置

1) 客户分类

客户分类设置，如表 2-17 所示。

表 2-17 客户分类

分类编码	分类名称
01	省内
02	省外

2) 客户档案录入

客户档案录入，如表 2-18 所示。

表 2-18 客户档案

编码	客户名称	简称	分类	税号	开户银行	银行账号	默认值
01	广州雅泽商贸有限公司	雅泽	01	91440114M336719467	农行鑫旭路支行	0630774927080453744	是
02	珠海美志服饰有限公司	美志	01	91440402M601740889	农行泰泽路支行	3470078146520840156	是
03	南宁聚帅服饰有限公司	聚帅	02	91450105M916184132	农行百巨路支行	6424311585075083564	是
04	北京诗骏商贸有限公司	诗骏	02	91110108M245150704	农行隆伦路支行	9714187393353108566	是

5. 供应商档案设置

1) 供应商分类

供应商分类设置，如表 2-19 所示。

表 2-19 供应商分类

分类编码	分类名称
01	省内
02	省外

2）供应商档案录入

供应商档案录入，如表 2-20 所示。

表 2-20 供应商档案

编码	供应商名称	简称	分类	税号	开户银行	银行账号
01	广州蓝致纺织有限公司	蓝致	01	91440111M080864992	农行达芬路支行	7161229273248822719
02	深圳菲际贸易有限公司	菲际	01	91440304M394265070	农行格文路支行	0205220059644910169
03	上海欣立贸易有限公司	欣立	02	91310113M570103851	农行思玛路支行	8340316865203005821
04	莆田锐平纺织有限公司	锐平	02	91350304M712824655	农行华丹路支行	4591826811750316555

6. 存货档案设置

1）存货分类

存货分类设置，如表 2-21 所示。

表 2-21 存货分类

存货分类编码	存货分类名称
01	原材料
02	库存商品
03	应税劳务

2）计量单位

计量单位设置，如表 2-22 所示。

表 2-22 计量单位

计量单位组编码	计量单位组名称	计量单位编码	计量单位名称
01	基本计量单位（无换算率）	1	件
		2	米
		3	条
		4	粒
		5	千米

3) 存货档案录入

存货档案录入,如表2-23所示。

表2-23 存货档案

编码	存货名称	计量单位	所属分类	税率	存货属性
1001	棉布	米	01	13%	采购、生产耗用
1002	涤纶布	米	01	13%	采购、生产耗用
1003	拉链	条	01	13%	内销、采购、生产耗用
1004	纽扣	粒	01	13%	采购、生产耗用
2001	卫衣	件	02	13%	内销、自制
2002	衬衫	件	02	13%	内销、自制
3001	运输费	千米	03	9%	内销、采购、应税劳务

7. 凭证类别

凭证类别设置,如表2-24所示。

表2-24 凭证类别

类别字	类别名称	限制类型	限制科目
收	收款凭证	借方必有	1001,1002
付	付款凭证	贷方必有	1001,1002
转	转账凭证	凭证必无	1001,1002

8. 结算方式

结算方式设置,如表2-25所示。

表2-25 结算方式

结算方式编码	结算方式名称	是否票据管理	对应票据类型
1	现金收支		
2	银行收支		
3	支票收支		
301	现金支票	是	现金支票
302	转账支票	是	转账支票
4	电汇		
5	商业汇票		
501	银行承兑汇票		
502	商业承兑汇票		
6	其他		

 思政小课堂

机关、团体、企事业单位和其他组织应当加强档案信息化建设,积极推进电子档案管理信息系统建设。机关、群团组织、国有企事业单位应当将档案信息化建设纳入本单位信息化建设规划,加强办公自动化系统、业务系统归档功能建设,并与电子档案管理信息系统相互衔接,实现对电子档案的全过程管理。

项目三

总 账 系 统

项目概述

总账系统是用友新道 U8+软件应用系统中最重要的一个子系统,属于财务管理系统的一部分,而财务系统与其他系统成并行关系。总账系统既可独立运行,又可同其他系统协同运转,与其他系统的关系,如图 3-1 所示。

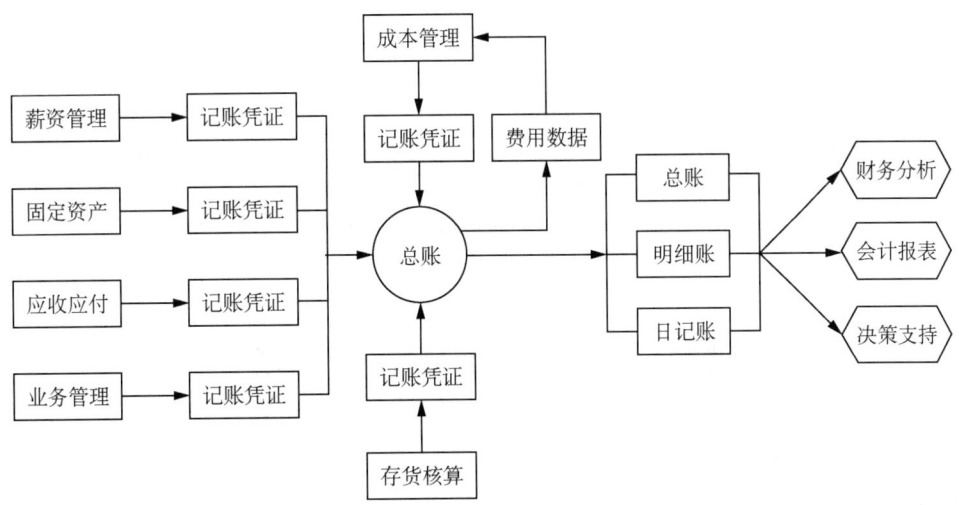

图 3-1 总账系统与其他系统的关系

总账系统适用于各类企事业单位进行凭证管理、账簿处理、个人往来款管理、部门管理、项目核算和出纳管理等。总账系统主要能够实现如下功能:

◇ 用户可根据需要增加、删除或修改会计科目或选用行业标准科目。
◇ 通过严密的制单控制,保证填制凭证的正确性,提供资金赤字控制、支票控制、预算控制、外币折算误差控制以及查看科目最新余额等功能,及时管理和控制发生的经济业务。制单赤字控制可控制出纳科目、个人往来科目、客户往来科目、供应商往来科目。
◇ 凭证填制权限可控制到科目,凭证审核权限可控制到操作员。
◇ 为出纳人员提供一个集成办公环境,加强对现金及银行存款的管理。提供支票登记簿功能,用来登记支票的领用情况;并可完成银行日记账和现金日记账,随时出最新资金日报表,余额调节表以及进行银行对账。

◇ 自动完成月末分摊、计提、对应转账、销售成本、汇兑损益和期间损益结转等业务。
◇ 进行试算平衡、对账、结账和生成月末工作报告。

总账系统操作流程,如图 3-2 所示。

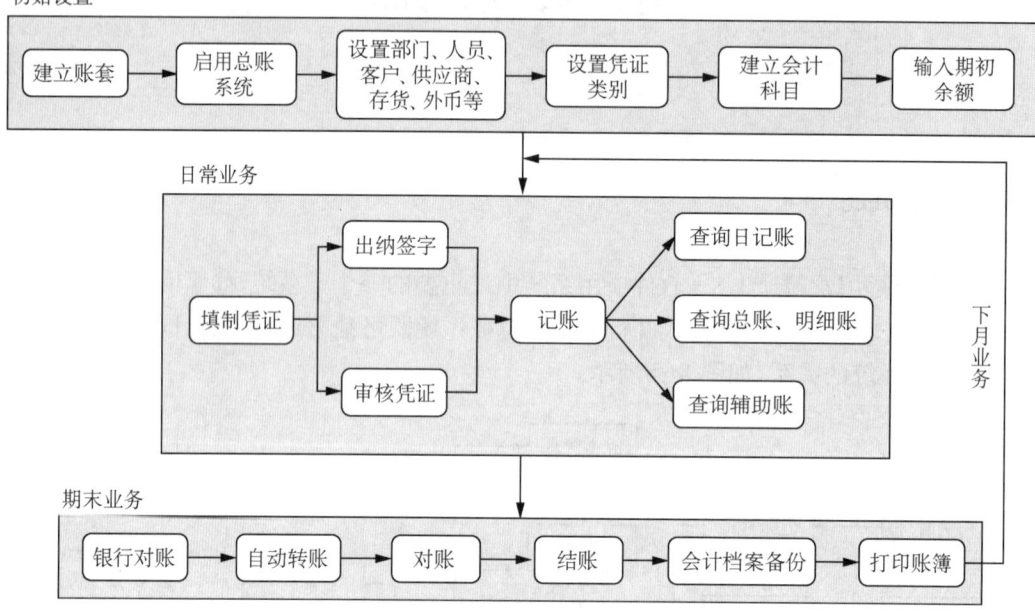

图 3-2 总账系统操作流程

任务一 总账系统初始化

1. 设置总账参数

【实验资料】

以账套主管[001]李媚的身份登录企业应用平台,登录时间为 2024 年 1 月 1 日。

凭证选项卡:取消"制单序时控制",可以使用应收受控科目,可以使用应付受控科目,取消"现金流量科目必录现金流量项目";权限选项卡:出纳凭证必须经由出纳签字,不允许修改、作废他人填制的凭证;其他选项卡:部门、个人和项目按编码方式排序;其余使用默认值。

【操作步骤】

(1)以账套主管[001]李媚身份登录新道 U8+企业应用平台,登录时间为 2024 年 1 月 1 日。

(2)在新道 U8+企业应用平台,点击"业务导航"按钮,在"财务会计"下拉菜单中,执行"总账→设置→选项"命令,打开"选项"对话框,点击"编辑"按钮,在"凭证"选项卡中取消勾选"制单序时控制"前的复选框。

(3)勾选"可以使用应收受控科目"前的复选框,弹出提示"受控科目被其他系统使用时,会造成应收系统与总账对账不平",点击"确定"按钮。用同样方法勾选"可以使用应付受控科目"前的复选框。

（4）取消勾选"现金流量科目必录现金流量项目"前的复选框。设置结果，如图 3-3 所示。

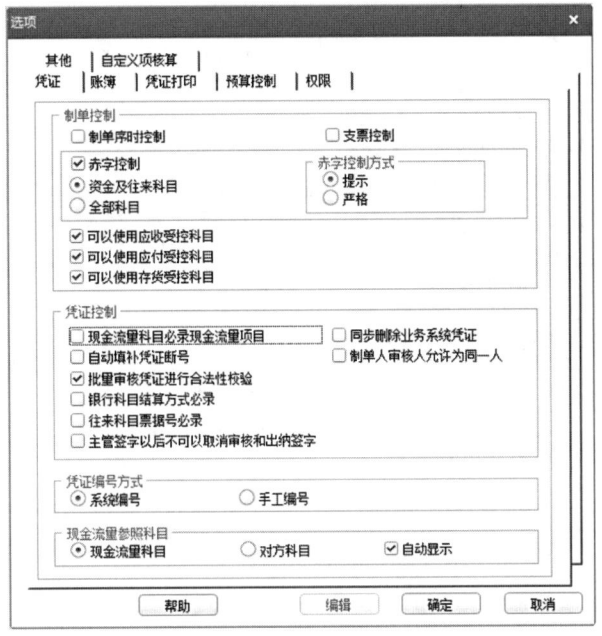

图 3-3 选项-凭证

（5）根据实验资料完成"权限"选项卡和"其他"选项卡的设置，结果如图 3-4 和图 3-5 所示。设置完成，点击"确定"按钮保存。

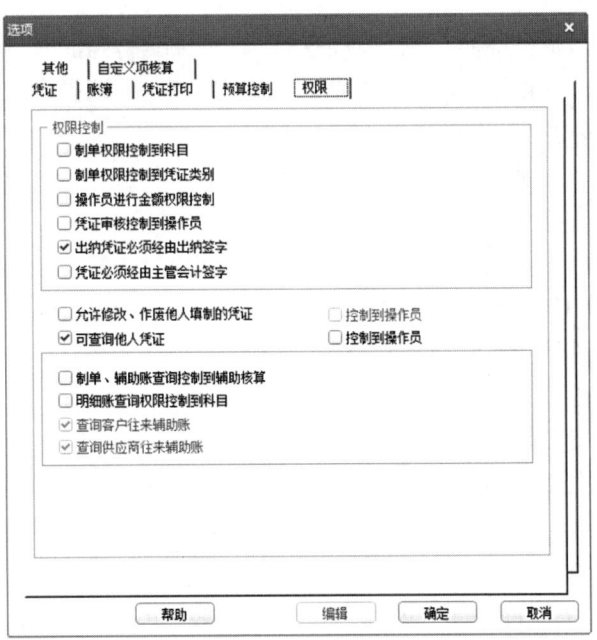

图 3-4 凭证-权限

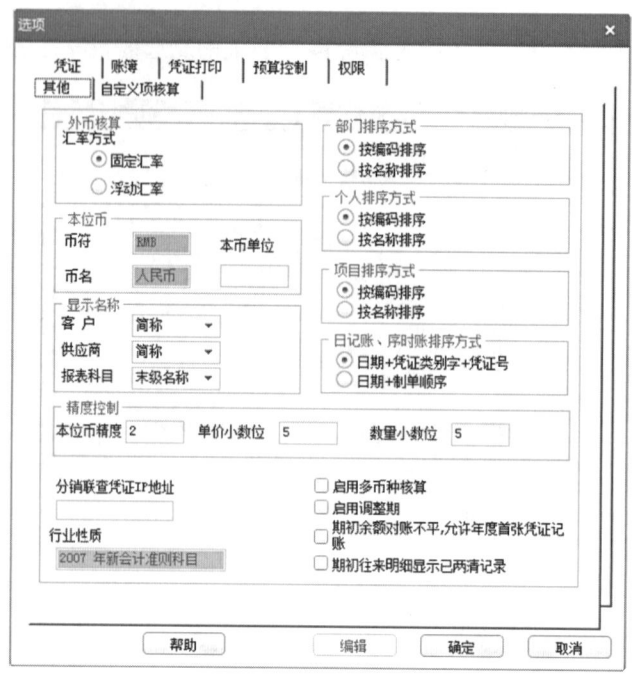

图 3-5　凭证-其他

【栏目说明】

（1）制单序时控制：此项和"系统编号"选项联用，制单时凭证编号必须按日期顺序排列，比如1月5日编制到26号凭证，则1月6日只能从27号凭证开始编制，即制单序时。

（2）支票控制：若选择此项，在制单时使用银行科目编制凭证时，系统针对票据管理的结算方式进行登记，如果录入支票号在支票登记簿中已存，系统提供登记支票报销的功能；否则，系统提供登记支票登记簿的功能。

（3）现金流量科目必录现金流量项目：选择此项后，在录入凭证时如果使用现金流量科目则必须输入现金流量项目及金额。

（4）可以使用应收/应付受控科目：若科目为应收/应付款管理系统的受控科目，为了防止重复制单，只允许应收/应付系统使用此科目进行制单，总账系统不能使用此科目制单。如果希望在总账系统中也能使用这些科目填制凭证，则应选择此项。注意：总账和其他业务系统使用了受控科目会引起应收/应付系统与总账对账不平。

（5）可以使用存货受控科目：若科目为存货核算系统的受控科目，为了防止重复制单，只允许存货核算系统使用此科目进行制单，总账系统是不能使用此科目制单的。所以，如果希望在总账系统中也能使用这些科目填制凭证，则应选择此项。注意：总账和其他业务系统使用了受控科目会引起应付系统与总账对账不平。

（6）制单人、审核人允许为同一人：选中此项后，进行审核操作时，允许审核人和制单人为同一人；否则，审核人不能与制单人相同。

（7）允许修改、作废他人填制的凭证：若选择了此项，在制单时，可修改或作废别人填制的凭证，否则不能修改。如选择"控制到操作员"，则要在系统管理的"数据权限"设置中设置用户权限，再选择此项，权限设置有效。选择此项，则在填制凭证时，操作员只能对相应人员的凭证进行修改或作废。

（8）可查询他人凭证：如允许操作员查询他人凭证，则选择"可查询他人凭证"。如选择"控制到操作员"，则要在系统管理的"数据权限"设置中设置用户权限，再选择此项，权限设置有效。选择此项，则在凭证查询时，操作员只能查询具有相应人员的凭证查询权限。

2. 会计科目

1）指定会计科目

【实验资料】

指定"1001 库存现金"为现金总账科目，"1002 银行存款"为银行总账科目。

【操作步骤】

（1）在新道 U8＋企业应用平台，点击"业务导航"按钮，在"基础设置"下拉菜单中，执行"基础档案→财务→会计科目"命令，打开"会计科目"窗口，点击工具栏的"指定科目"按钮，打开"指定科目"窗口，点击选中"现金科目"，从"待选科目"列表框中选择"1001 库存现金"科目，点击"＞"按钮，将"1001 库存现金"科目添加到"已选科目"列表框中，结果如图 3-6 所示。

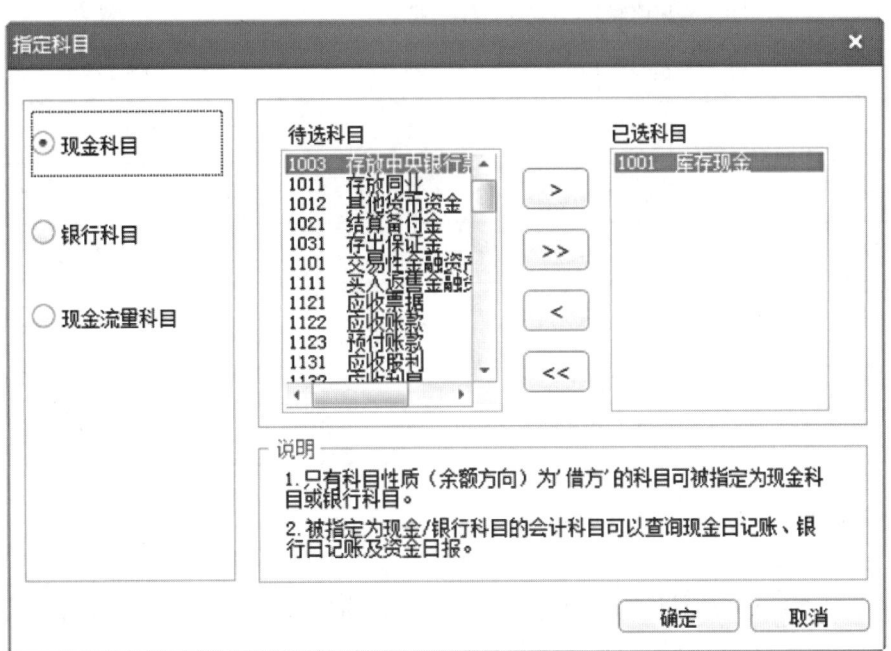

图 3-6 指定科目

（2）用同样方法将"1002 银行存款"设置为银行总账科目，点击"确定"按钮保存。

温馨提示

(1) 此处指定的"库存现金""银行存款"科目供出纳管理使用,所以,在查询现金、银行存款日记账前,必须设置指定科目。

(2) 如果本科目已被制过单或已录入期初余额,则不能删除、修改该科目。如要修改该科目必须先删除有该科目的凭证,并将该科目及其下级科目余额清零,再行修改,修改完毕后要将余额及凭证补上。

(3) 已使用末级的会计科目不能再增加下级科目。非末级科目及已使用的末级科目不能再修改科目编码。

2) 修改会计科目

【实验资料】

修改会计科目,如表 3-1 所示。

表 3-1 修改会计科目

科目编码	科目名称	方向	辅助核算
1121	应收票据	借	客户往来
1122	应收账款	借	客户往来
1123	预付账款	借	供应商往来
1221	其他应收款	借	个人往来
1405	库存商品	借	项目核算,数量核算(台)
2201	应付票据	贷	供应商往来
2203	预收账款	贷	客户往来
6001	主营业务收入	贷	项目核算,数量核算(台)
6401	主营业务成本	借	项目核算,数量核算(台)

【操作步骤】

(1) 在新道 U8+企业应用平台,点击"业务导航"按钮,在"基础设置"下拉菜单中,执行"基础档案→财务→会计科目"命令,打开"会计科目"窗口,选中"1121 应收票据",点击工具栏的"修改"按钮,打开"会计科目_修改"对话框。

(2) 点击"修改"按钮,勾选"辅助核算"中"客户往来"前的复选框,如图 3-7 所示,点击"确定"按钮保存。

(3) 根据实验资料,继续完成其他会计科目的修改。

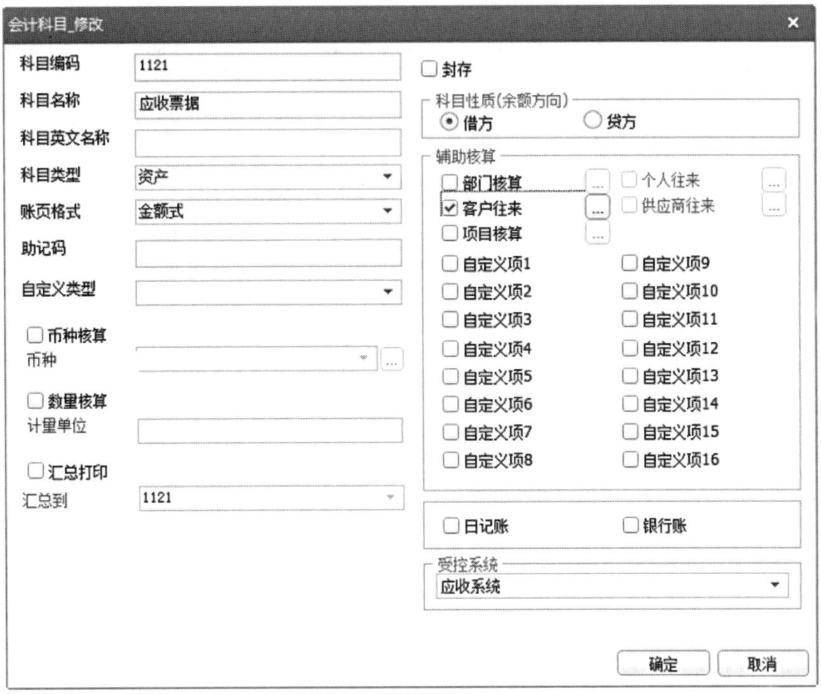

项目三 总账系统

图 3-7 会计科目_修改

> **温馨提示**
>
> (1) 在科目设置中定义的客户、供应商核算的科目,将自动被设置成应收应付系统的受控科目,此时可根据需要自由修改是否受控。
> (2) 为了加强各系统间的相互联系与控制,在定义会计科目时引入受控系统概念。即设置某科目为受控科目,受控于某一系统,则该受控系统只能使用受控科目制单。例如,"应收账款"是应收系统的受控科目,则应收系统只能使用"应收账款"科目制单。

3) 新增会计科目

【实验资料】

新增会计科目,如表 3-2 所示。

表 3-2 新增会计科目

上级科目	科目编码	科目名称	方向	辅助核算
1002 银行存款	100201	中国工商银行	借	日记账,银行账
2202 应付账款	220201	一般应付款	贷	供应商往来
	220202	暂估应付款	贷	供应商往来

(续表)

上级科目	科目编码	科目名称	方向	辅助核算
2211 应付职工薪酬	221101	职工工资	贷	
	221102	福利费	贷	
	221103	各类基本社会保障性缴款	贷	
	221104	住房公积金	贷	
	221105	工会经费	贷	
	221106	职工教育经费	贷	
	221108	其他	贷	
2221 应交税费	222101	应交增值税	贷	
	22210101	进项税额	贷	
	22210106	转出未交增值税	贷	
	22210107	销项税额	贷	
	222102	未交增值税	贷	
	222124	应交所得税	贷	
	222126	应交城市维护建设税	贷	
	222127	应交教育费附加	贷	
	222131	应交个人所得税	贷	
	222133	应交地方教育附加	贷	
4104 利润分配	410411	未分配利润	贷	
5001 生产成本	500101	直接材料	借	项目核算
	500102	直接人工	借	项目核算
	500103	制造费用	借	项目核算
	500104	结转生产成本	借	项目核算
6601 销售费用	660101	职工薪酬	借	部门核算
	660102	业务招待费	借	部门核算
	660103	广告费和业务宣传费	借	部门核算
	660104	佣金和手续费	借	部门核算
	660105	资产折旧摊销费	借	部门核算
	660106	办公费	借	部门核算
	660107	差旅费	借	部门核算
	660108	其他	借	

(续表)

上级科目	科目编码	科目名称	方向	辅助核算
6602 管理费用	660201	职工薪酬	借	部门核算
	660202	业务招待费	借	部门核算
	660203	广告费和业务宣传费	借	部门核算
	660204	佣金和手续费	借	部门核算
	660205	资产折旧摊销费	借	部门核算
	660206	办公费	借	部门核算
	660207	差旅费	借	部门核算
	660208	其他	借	
6702 信用减值损失	—	—	借	

【操作步骤】

(1) 在新道 U8+企业应用平台，点击"业务导航"按钮，在"基础设置"下拉菜单中，执行"基础档案→财务→会计科目"命令，打开"会计科目"窗口，点击工具栏的"增加"按钮，打开"新增会计科目"对话框。

(2) 输入"科目编码"为"100201"，"科目名称"为"中国工商银行"，如图 3-8 所示，点击"确定"按钮保存。

图 3-8 新增会计科目

(3) 根据实验资料,继续完成其他会计科目的增加。

> **温馨提示**
>
> 在新增会计科目过程中,如果遇到新增会计科目的下级科目与一个已设置好的科目的下级明细科目类似,在这种情况下,可以使用成批复制下级明细科目的功能。操作方法如下:点击工具栏"复制"→"成批复制",打开"成批复制"对话框,如图 3-9 所示。例如,该企业的 6601 销售费用和 6602 管理费用的下级明细科目基本相同,那么在设置"管理费用"科目时,只需将销售费用的所有下级科目复制为管理费用的下级即可,如果需要复制携带辅助核算、外币核算和数量核算的,在三个辅助核算前打勾即可。
>
>
>
> 图 3-9 成批复制

3. 项目设置

1) 项目大类

【实验资料】

新增项目大类,如表 3-3 所示。

表 3-3 新增项目大类

新增项目大类名称	产品(属于普通项目)
定义项目级次	1-2
定义项目栏目	默认
核算科目	1405 库存商品,500101 直接材料,500102 直接人工,500103 制造费用,500104 结转生产成本,6001 主营业务收入,6401 主营业务成本

【操作步骤】

(1) 在新道 U8+企业应用平台,点击"业务导航"按钮,在"基础设置"下拉菜单中,执行"基础档案→财务→项目大类"命令,打开"项目大类"窗口,点击工具栏的"增加"按钮,打开"项目大类定义_增加"对话框。输入"新项目大类名称"为"产品",如图 3-10 所示。

(2) 点击"下一步"按钮,定义项目级次,"一级"为"1","二级"为"2"。

(3) 点击"下一步"按钮,定义项目栏目,本处采用默认设置。点击"完成"按钮。

(4) 选择"项目大类"为"产品",点击">>"按钮,将所有"待选科目"添加到"已选科目"列表框中,如图 3-11 所示,点击"保存"按钮。

项目三 总账系统

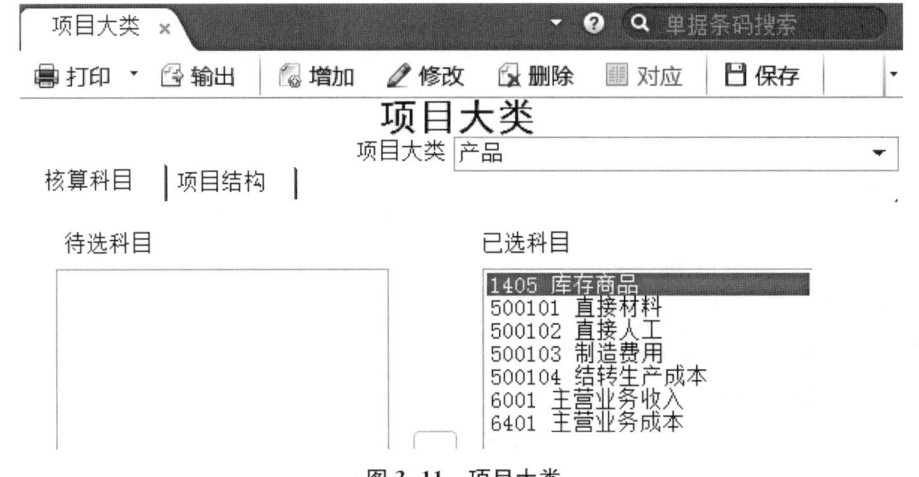

图 3-10 项目大类定义_增加

图 3-11 项目大类

2）项目分类

【实验资料】

项目分类设置,如表 3-4 所示。

表 3-4 项目分类

分类编码	分类名称
1	电视机
2	配件

【操作步骤】

（1）在新道 U8＋企业应用平台，点击"业务导航"按钮，在"基础设置"下拉菜单中，执行"基础档案→财务→项目分类"命令，打开"项目分类"窗口，选择"项目大类"为"产品"。

（2）输入"分类编码"为"1"，"分类名称"为"电视机"，点击"保存"按钮。继续输入"分类编码"为"2"，"分类名称"为"配件"，设置完成如图 3-12 所示。

图 3-12　项目分类

3）项目目录

【实验资料】

项目目录，如表 3-5 所示。

表 3-5　项目目录

项目编号	项目名称	是否结算	所属分类码
01	美轮电视机	否	1
02	美奂电视机	否	1

【操作步骤】

（1）在新道 U8＋企业应用平台，点击"业务导航"按钮，在"基础设置"下拉菜单中，执行"基础档案→财务→项目目录"命令，打开"项目目录"对话框，选择"项目大类"为"产品"，点击"确定"按钮。

（2）打开"项目目录"窗口，点击"增加"按钮，输入"项目编号"为"01"，"项目名称"为"美轮电视机"，点击"增加"按钮。继续输入"项目编号"为"02"，"项目名称"为"美奂电视机"，设置完成如图 3-13 所示。

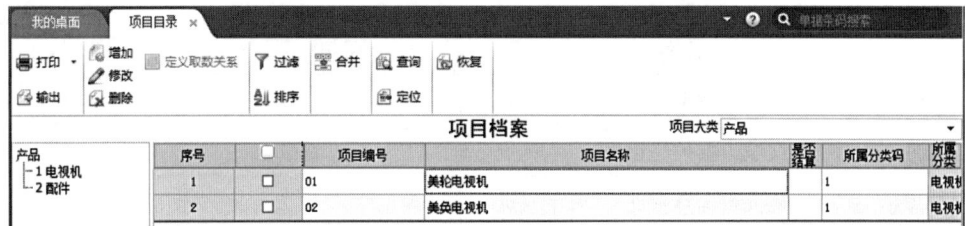

图 3-13　项目目录

4. 期初余额

【实验资料】

（1）期初余额录入，如表 3-6 所示。

表 3-6　期初余额

科目编码	科目名称	方向	期初数量	期初余额
1001	库存现金	借		36 468.00
1002	银行存款	借		1 155 907.08
100201	中国工商银行	借		1 155 907.08
1405	库存商品	借	美轮 1 360 台	1 360 000.00
1405	库存商品	借	美奂 900 台	1 665 000.00
1601	固定资产	借		2 214 000.00
1602	累计折旧	贷		597 953.75
2202	应付账款	贷		85 980.00
220201	一般应付款	贷		81 925.00
220202	暂估应付款	贷		4 055.00
2211	应付职工薪酬	贷		137 864.84
221101	职工工资	贷		110 684.04
221102	福利费	贷		
221103	各类基本社会保障性缴款	贷		22 726.40
221104	住房公积金	贷		4 454.40
221105	工会经费	贷		
221106	职工教育经费	贷		
221108	其他	贷		
2221	应交税费	贷		298 942.01
222102	未交增值税	贷		125 000.00

(续表)

科目编码	科目名称	方向	期初数量	期初余额
222124	应交所得税	贷		156 585.25
222126	应交城市维护建设税	贷		8 750.00
222127	应交教育费附加	贷		3 750.00
222131	应交个人所得税	贷		2 356.76
222133	应交地方教育附加	贷		2 500.00
2241	其他应付款	贷		13 459.20
4001	实收资本	贷		3 200 000.00
4101	盈余公积	贷		210 365.30
4104	利润分配	贷		1 886 809.98
410411	未分配利润	贷		1 886 809.98

(2) 应付账款辅助账期初明细,如表 3-7 和表 3-8 所示。

表 3-7 应付账款——一般应付款辅助账期初明细

日期	凭证号	供应商	业务员	摘要	借贷方向	期初余额
2023-12-05	转-18	普爱	张浩然	购买原材料	贷	27 685.00
2023-12-20	转-82	赛园	周大伟	购买原材料	贷	54 240.00
				合计	贷	81 925.00

表 3-8 应付账款——暂估应付款辅助账期初明细

日期	凭证号	供应商	业务员	摘要	借贷方向	期初余额
2023-12-31	转-175	钧威	周大伟	购买原材料	贷	4 055.00
				合计	贷	4 055.00

(3) 试算平衡。进行试算,确保试算结果平衡。

【操作步骤】

(1) 在新道 U8+企业应用平台,点击"业务导航"按钮,在"财务会计"下拉菜单中,执行"总账→期初→期初余额"命令,打开"期初余额录入"窗口。

① 屏幕显示白色单元格可直接输入期初数据,对应科目为末级科目。

② 屏幕显示灰色单元格不需要录入,对应的科目设有明细科目,明细科目输入完成后,期初余额自动汇总。

③ 屏幕显示黄色单元格需要补充录入对应科目的辅助核算。

(2) 双击"一般应付款"期初余额所在列的单元格,打开"辅助期初余额"窗口,点击工具栏的"往来明细"按钮,打开"期初往来明细"窗口,点击工具栏的"增行"按钮,根据实验资料输入期初明细,输入完成,如图 3-14 所示。

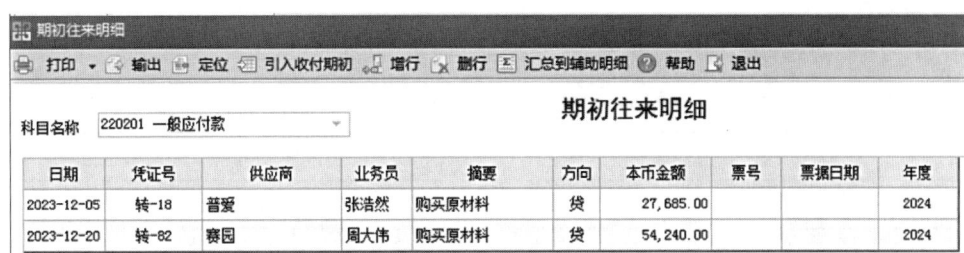

图 3-14　期初往来明细(一般应付款)

(3)点击工具栏的"汇总到辅助明细"按钮,弹出"完成了往来明细到辅助期初表的汇总!"对话框,点击"确定"按钮,再点击"退出"按钮。

(4)用同样方式输入"暂估应付款"的期初余额。

(5)点击工具栏的"试算"按钮,系统进行试算平衡,结果如图 3-15 所示。点击"确定"按钮,再点击"退出"按钮。

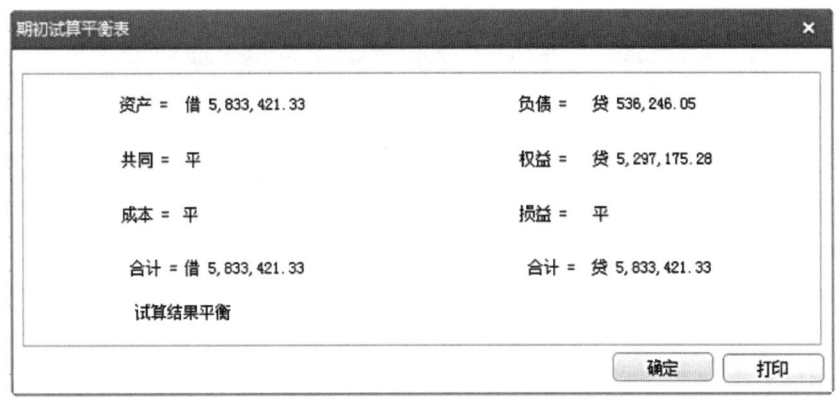

图 3-15　期初试算平衡表

 温馨提示

(1)每个科目的余额方向由科目性质确定,占用类科目余额方向为借,来源类科目余额方向为贷。按"方向"按钮可修改科目的余额方向(即科目性质)。

(2)只能调整一级科目的余额方向,且该科目及其下级科目尚未录入期初余额。当一级科目方向调整后,其下级科目也随一级科目相应调整方向。

(3)若期初余额试算不平衡,那么将不能记账,但可以填制凭证。

(4)若已经使用本系统记过账,则不能再录入、修改期初余额。

(5)应收/应付系统启用后,可以将应收/应付系统的期初余额引入总账的对应科目余额中。

5. 常用摘要

【实验资料】

增加常用摘要,如表 3-9 所示。

表 3-9 常用摘要

摘要编号	摘要内容
1	从银行提现金
2	报销差旅费
3	销售商品

【操作步骤】

在新道 U8+企业应用平台,点击"业务导航"按钮,在"基础设置"下拉菜单中,执行"基础档案→其他→常用摘要"命令,打开"常用摘要"对话框,点击"增加"按钮,输入"摘要编号"为"1","摘要内容"为"从银行提现金"。点击"增加"按钮,根据实验资料,继续添加其他常用摘要,设置完成,如图 3-16 所示,点击"退出"按钮。

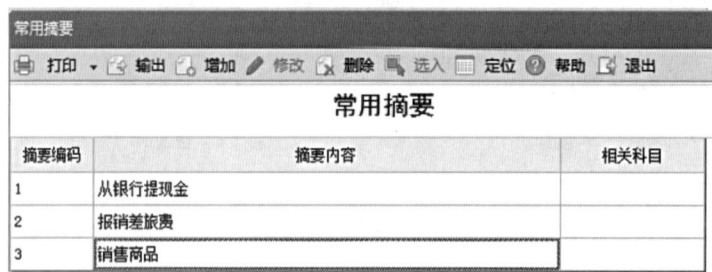

图 3-16 常用摘要

【栏目说明】

(1) 常用摘要编码:用以标识某常用摘要。在制单中录入摘要时,用户只要在摘要区输入该常用摘要的编码,系统即自动调入该摘要正文和相关科目(如果有的话)。

(2) 常用摘要正文:结合本单位的实际情况,输入常用摘要的正文。

(3) 相关科目:如果某条常用摘要对应某科目,则可以在此输入,在调用常用摘要的同时,也将被一同调入,以提高录入速度。

任务二 总账系统日常业务

1. 填制凭证

【实验资料】

以财务会计[002]黄文的身份登录企业应用平台,登录时间为 2024 年 1 月 31 日。

(1) 1 月 1 日,公司从开户行借入短期借款,凭证如图 3-17 和图 3-18 所示。

借款合同

合同编号：93433117

经 ___上海维亚家电有限公司___（以下简称贷款方）与 ___中国工商银行上海建国路支行___（以下简称借款方）充分协商，签订本合同，共同遵守。

第一、由贷款方提供贷款人民币大写 ___壹佰贰拾万元整___（¥1,200,000.00）给借方，贷款期限自 2024 年 01 月 01 日至 2024 年 09 月 30 日。

第二、贷款方应按期、按额向借款方提供贷款本息，否则，按违约数额和延期天数，付给借款方违约金。违约金数额的计算，与逾期贷款罚息相同，即为 ___65250___ 。

第三、贷款月利率为银行同期年月利率 ___0.3625%___，每月 ___月末___ 号结息，如遇调整，按调整的新利率和计息办法执行。利息支付方式为 ___按月计息，到期一次还本付息___ 。

第四、借款方应按协议使用贷款，不得转移用途。否则，贷款方有权停止发放新贷款，直至收回已发放的贷款。

第五、借款方保证按借款契约所订期限归还贷款本息。如需延期，借款方最迟在贷款到期前 ___15___ 天，提出延期申请，经贷款方同意，办理延期手续。但延期最长不得超过原订期限的一半。贷款方未同意延期或未办理延期手续的逾期贷款，加收罚息。

第六、贷款到期后 ___1___ 个月，如借款方不归还贷款，贷款方有权依照法律程序处理借款方作为贷款抵押的的物资和财产，抵还借款本息。

第七、本协议书一式 ___2___ 份，借贷款双方各执正本 ___1___ 份。自双方签字起即生效。

......

第十一、合同争议的解决方式

本合同在履行过程中发生的争议，由借贷双方协商解决；协商不成的依法向人民法院提起诉讼。

贷款方：上海维亚家电有限公司
法定代表人：楚秀
签订日期：2024 年 01 月 01 日

借款方：中国工商银行上海建国路支行
法定代表人：徐一凡
签订日期：2024 年 01 月 01 日

图 3-17　借款合同

中国工商银行

凭证

业务回单（收款）

日期：2024 年 01 月 01 日　　回单编号：16696475603

付款人户名	中国工商银行上海建国路支行	付款人开户行	
付款人账号(卡号)			
收款人户名	上海维亚家电有限公司	收款人开户行	中国工商银行上海建国路支行
收款人账号(卡号)	6222011003158 22123		
金额	壹佰贰拾万元整	小写	¥1,200,000.00 元
业务(产品)种类		凭证种类	0174049142	凭证号码	43060672114135946
摘要		用途		币种	人民币
交易机构	3811579893	记账柜员	70435	交易代码	65479	渠道	
6222011003158 22123			

本回单为第 1 次打印，注意重复　　打印日期：2024 年 01 月 01 日　　打印柜员：0　　验证码：928431028504

图 3-18　银行回单(收款)

借：银行存款——中国工商银行　　1 200 000.00

　　贷：短期借款　　1 200 000.00

(2) 1 月 5 日，缴纳增值税，凭证如图 3-19 所示。

中国工商银行　　凭证　教学专用

电子缴税付款凭证

缴税日期：2024 年 01 月 05 日　　凭证字号：20200010

纳税人全称及纳税人识别号：上海维亚家电有限公司　911101056000411537

付款人全称：上海维亚家电有限公司

付款人账号：622201100315822123　　征收机关名称：国家税务总局上海市税务局

付款人开户行：中国工商银行上海建国路支行　　收款国库（银行）名称：国家金库上海市支库

小写（合计）金额：¥125,000.00　　缴款书交易流水号：14616819

大写（合计）金额：人民币壹拾贰万伍仟元整　　税票号码：560450905747424605

税（费）种名称	所属日期	实缴金额（单位：元）
增值税	2023.12.01 - 2023.12.31	125,000.00

中国工商银行上海建国路支行 电子回单专用章

第　次打印　　打印时间：2024 年 01 月 05 日

客户回单联　　验证码：833002　　复核：　　记账：

图 3-19　银行回单(付款)

借：应交税费——未交增值税　　125 000.00

　　贷：银行存款——中国工商银行　　125 000.00

(3) 1 月 10 日，采购部李欣怡报销差旅费，凭证如图 3-20 至图 3-24 所示。

银行付讫　　**差旅费报销单**　　教学专用

部门　采购部　　2024 年 01 月 10 日

出差人	李欣怡										出差事由	洽谈采购			
出发				到达				交通工具	交通费		出差补贴		其他费用		
月	日	时	地点	月	日	时	地点		单据张数	金额	天数	金额	项目	单据张数	金额
01	05		上海	01	05		北京	飞机	1	720.00	5	500.00	住宿费	1	1,332.00
01	09		北京	01	09		上海	飞机	1	800.00			市内车费		
													邮电费		
													办公用品费		
													不买卧铺补贴		
													其他		
合计									2	¥1,520.00		¥500.00		1	¥1,332.00
报销总额	人民币（大写）	叁仟叁佰伍拾贰元整							预借金额				补领金额	¥3,352.00	
													退还金额		

附件 3 张

主管 李媚　　审核 李媚　　出纳 杨英　　领款人 李欣怡

图 3-20　差旅费报销单

图 3-21　航空运输电子客票行程单(1)

图 3-22　航空运输电子客票行程单(2)

图 3-23　增值税普通发票

中国工商银行

凭 证 用

业务回单（付款）

日期：2024 年 01 月 10 日　　回单编号：61379807685

付款人户名：　上海维亚家电有限公司　　　　付款人开户行：中国工商银行上海建国路支行
付款人账号(卡号)：6222011003158 22123
收款人户名：　李欣怡　　　　　　　　　　收款人开户行：中国工商银行上海建国路支行
收款人账号(卡号)：6222011005436 88732
金额：叁仟叁佰伍拾贰元整　　　　　　　　　　　　小写：　¥3,352.00　　　无
业务(产品)种类：　　　　凭证种类：0369908836　　凭证号码：98733004186033280
摘要：报销款　　　　　　　用途：　　　　　　　　　币种：人民币
交易机构：3006328577　　记账柜员：25008　　　交易代码：67437　　　渠道：
6222011005436 88732

本回单为第 1 次打印，注意重复　　打印日期：2024 年 01 月 10 日　打印柜员：5　　验证码：938927897946

图 3-24　银行回单(付款)

借：管理费用——差旅费　　　　　　　　　　　　　　　　　　　　3 234.75
　　应交税费——应交增值税——进项税额　　　　　　　　　　　　 117.25
　　贷：银行存款——中国工商银行　　　　　　　　　　　　　　　 3 352.00

（4）1 月 14 日,报销办公费,凭证如图 3-25 和图 3-26 所示。

借：管理费用——办公费　　　　　　　　　　　　　　　　　　　　743.50
　　贷：库存现金　　　　　　　　　　　　　　　　　　　　　　　 743.50

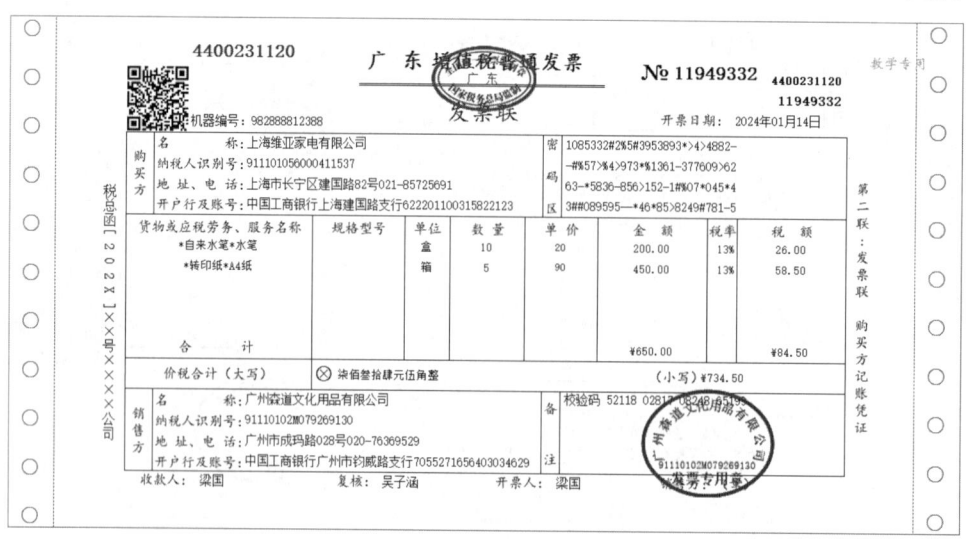

图 3-25　增值税普通发票

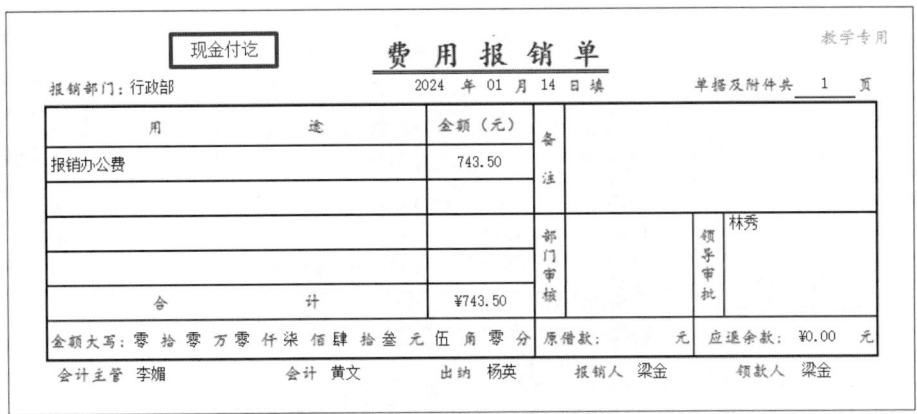

图 3-26　费用报销单

（5）1月24日，企业上缴物业费，凭证如图3-27至图3-29所示。

图 3-27　增值税专用发票

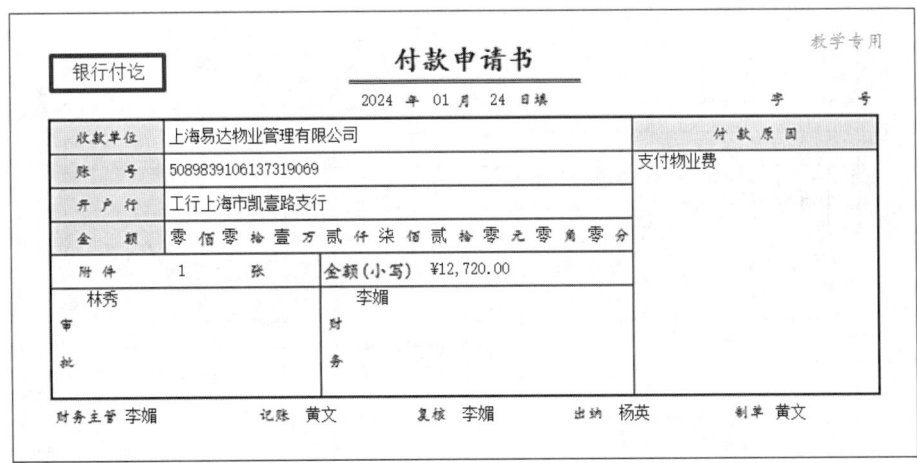

图 3-28　付款申请书

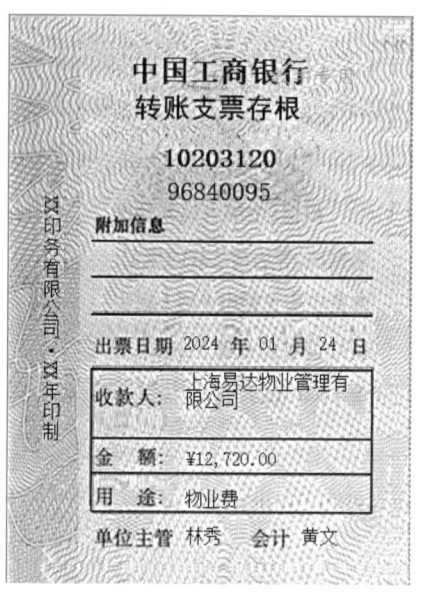

图 3-29 转账支票存根

借：管理费用——其他 12 000.00
　　应交税费——应交增值税——进项税额 720.00
　贷：银行存款——中国工商银行 12 720.00

（6）1月26日，报销业务招待费，凭证如图3-30至图3-32所示。

图 3-30 增值税普通发票

费用报销单

报销部门：销售部　　银行付讫　　2024年01月26日填　　单据及附件共 1 页　　教学专用

用途	金额（元）
客户招待费用	954.00
合计	¥954.00

备注：

部门审核：林以修　　领导审批：林秀

金额大写：零拾零万零仟玖佰伍拾肆元零角零分　　原借款：　元　　应退余款：¥954.00 元

会计主管　李媚　　会计　黄文　　出纳　杨英　　报销人　何华　　领款人　何华

图 3-31　费用报销单

中国工商银行
业务回单（付款）

凭学证用

日期：2024 年 01 月 26 日　　回单编号：56804464575

付款人户名：上海维亚家电有限公司　　付款人开户行：中国工商银行上海建国路支行
付款人账号(卡号)：6222201100315822123
收款人户名：何华　　收款人开户行：中国工商银行上海建国路支行
收款人账号(卡号)：6222011000822212127
金额：玖佰伍拾肆元整　　　　　　　　小写：¥954.00　元
业务(产品)种类：　　　　凭证种类：9812464525　　凭证号码：82278761085018522
摘要：报销　　　　　　　用途：　　　　　　　　　币种：人民币
交易机构：2459884266　　记账柜员：19633　　交易代码：51963　　渠道：
6222011000822212127

本回单为第 1 次打印，注意重复　打印日期：2024 年 01 月 26 日　打印柜员：4　验证码：883273466845

图 3-32　银行回单(付款)

借：销售费用——业务招待费　　　　　　　　　　　　　　　954.00
　　贷：银行存款——中国工商银行　　　　　　　　　　　　　　954.00

（7）1月31日，分配并支付本月水电费(生成2张凭证)，凭证如图3-33至图3-39所示。

部门	项目	耗用量
行政部	水费	50 吨
	电费	350 千瓦时
财务部	水费	30 吨
	电费	300 千瓦时
销售部	水费	40 吨
	电费	120 千瓦时
采购部	水费	40 吨
	电费	150 千瓦时
仓储部	水费	50 吨
	电费	450 千瓦时
售后服务部	水费	30 吨
	电费	400 千瓦时

图 3-33　水电费分配表

图 3-34　增值税专用发票(水费)

图 3-35　增值税专用发票(电费)

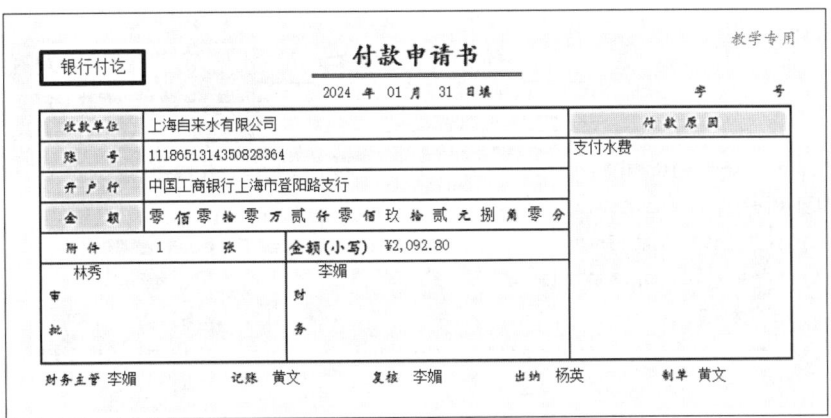

图 3-36　付款申请书(水费)

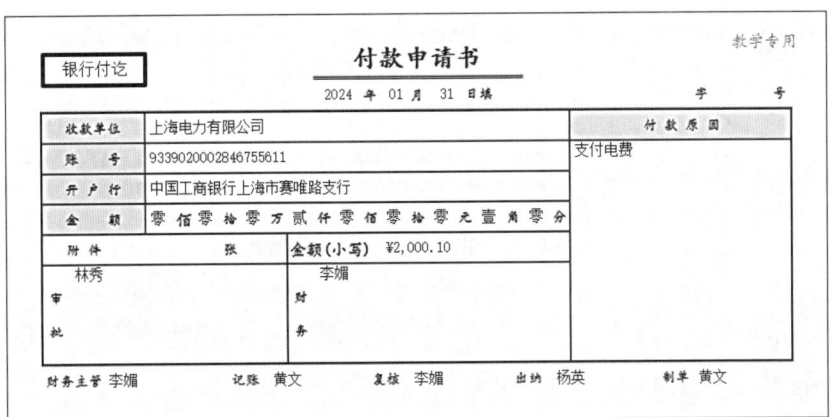

图 3-37　付款申请书(电费)

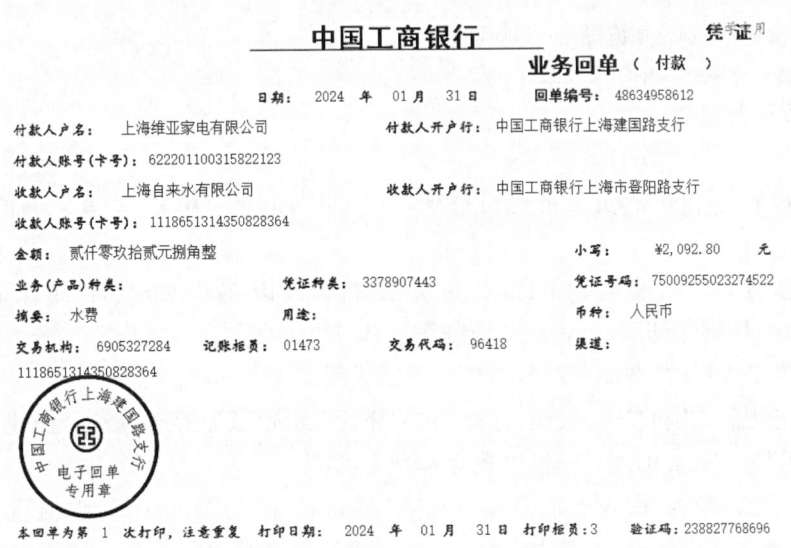

图 3-38　银行回单(付款,水费)

图 3-39　银行回单(付款,电费)

借：管理费用——办公费　　　　　　　　　　　　　　　1 360.00
　　销售费用——办公费　　　　　　　　　　　　　　　　560.00
　　应交税费——应交增值税——进项税额　　　　　　　172.80
　　贷：银行存款——中国工商银行　　　　　　　　　　　　　2 092.80
借：管理费用——办公费　　　　　　　　　　　　　　　1 250.00
　　销售费用——办公费　　　　　　　　　　　　　　　　520.00
　　应交税费——应交增值税——进项税额　　　　　　　230.10
　　贷：银行存款——中国工商银行　　　　　　　　　　　　　2 000.10

【操作步骤】

业务(1)：

(1) 以财务会计[002]黄文的身份登录新道 U8＋企业应用平台,登录时间为 2024 年 1 月 31 日。

(2) 在新道 U8＋企业应用平台,点击"业务导航"按钮,在"财务会计"下拉菜单中,执行"总账→凭证→填制凭证"命令,打开"填制凭证"窗口。

(3) 点击工具栏的"增加"按钮,增加一张新凭证。

(4) 点击凭证类别的"…"按钮,选择"收款凭证"类别(或直接输入凭证类别字"收");输入"制单日期"为"2024.01.01";输入"附单据数"为"2"。

(5) 输入"摘要"为"借入短期借款";输入"科目名称"为"100201",弹出"辅助项"对话框,输入"结算方式"为"2","票号"为"16696475603","发生日期"为"2024-01-01",如图 3-40 所示,点击"确定"按钮。

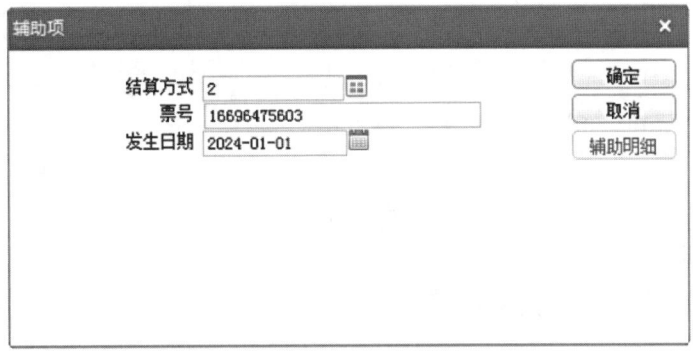

图 3-40 辅助项

(6) 输入"借方金额"为"1200000",按回车键,摘要自动代入下一行,输入"科目名称"为"2001","贷方金额"为"1200000"(或按"="键,系统将自动借贷平衡),点击工具栏的"保存"按钮,系统弹出"凭证已保存成功!"对话框,点击"确定"按钮,如图 3-41 所示。

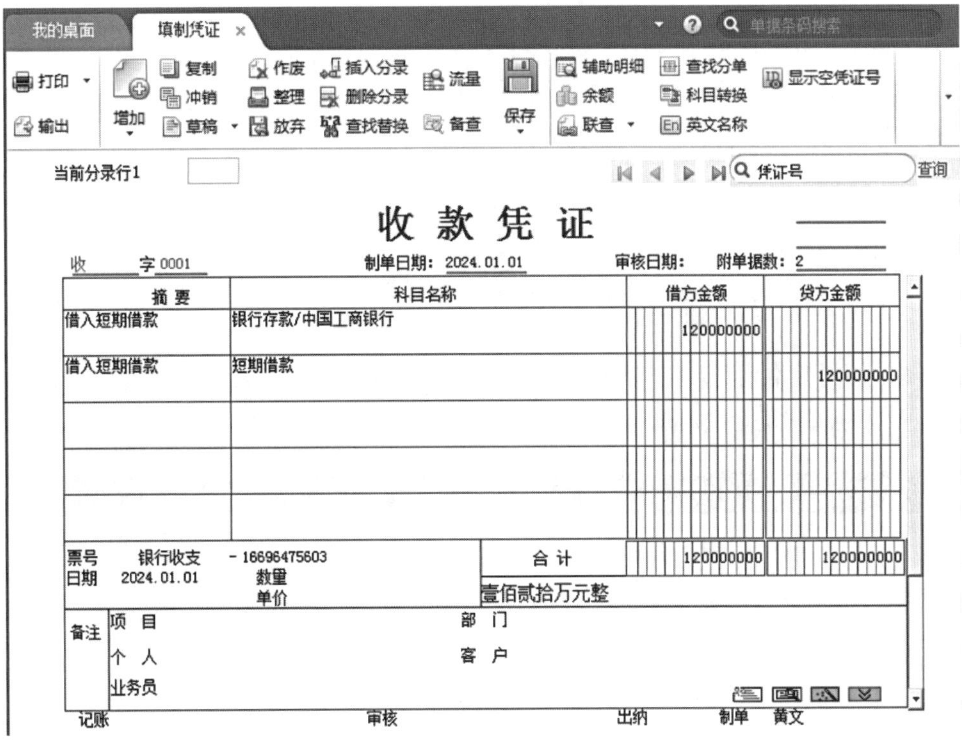

图 3-41 借入短期借款凭证

业务(2):填制凭证过程略,凭证如图 3-42 所示。

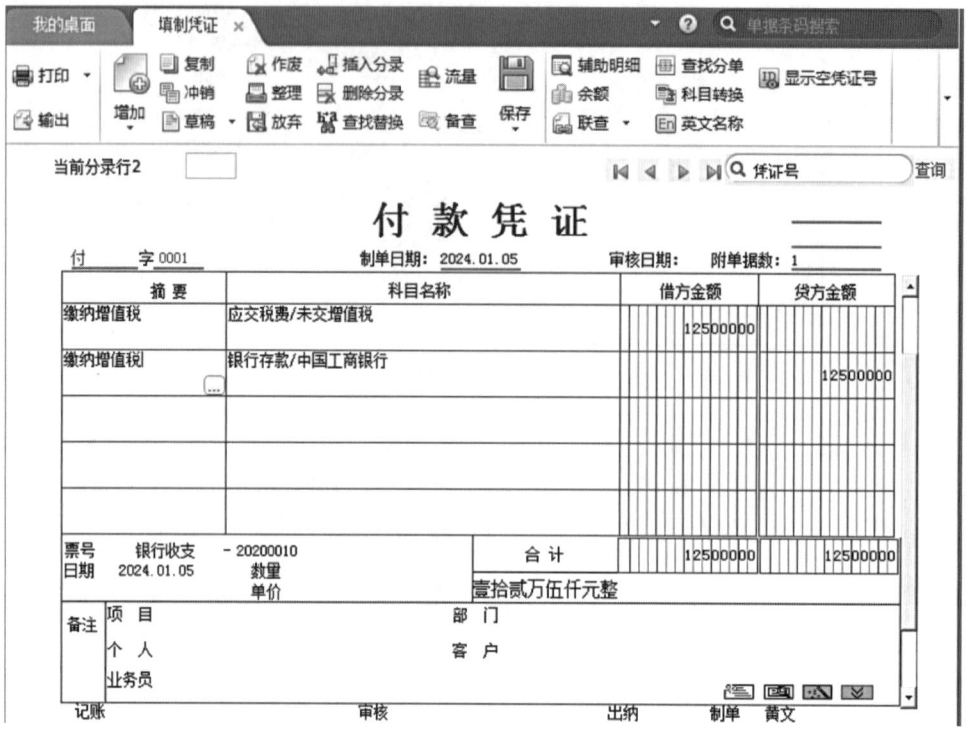

图 3-42　缴纳增值税凭证

业务（3）：

（1）输入"摘要"为"2"，或点击"摘要"输入框，按"F2"键调出常用摘要，选择"报销差旅费"。

（2）输入"科目名称"为"660207"，弹出"辅助项"对话框，选择"部门"为"采购部"，如图 3-43 所示，点击"确定"按钮。

图 3-43　辅助项

（3）输入"借方金额"为"3234.75"，按回车键，摘要自动代入下一行，输入"科目名称"为"22210101"，"借方金额"为"117.25"[（670+750）÷（1+9%）×9%]，回车，输入"科目名称"为"100201"，"贷方金额"为"3352"，点击工具栏的"保存"按钮，系统弹出"凭证已保存成功！"对话框，点击"确定"按钮，如图 3-44 所示。

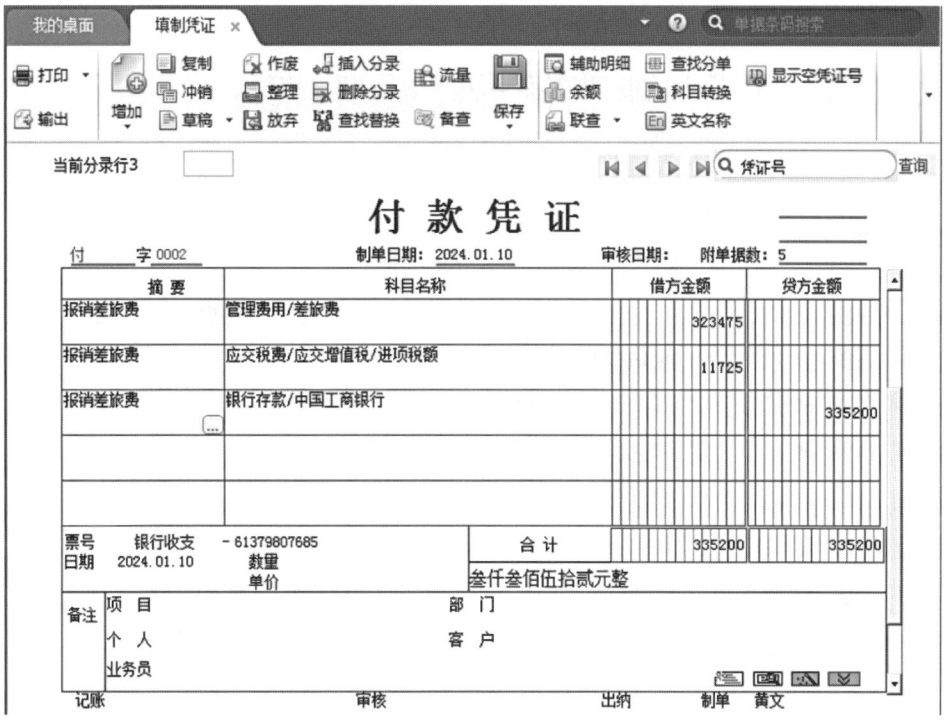

图 3-44　报销差旅费凭证

业务(4)：填制凭证过程略，凭证如图 3-45 所示。

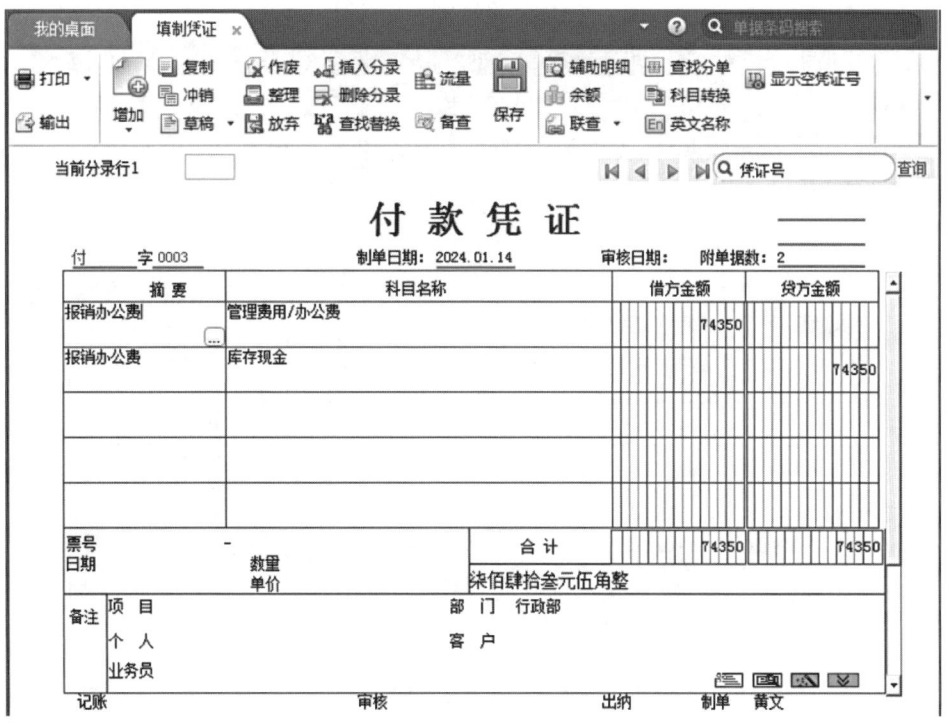

图 3-45　报销办公费凭证

业务(5)：填制凭证过程略，凭证如图 3-46 所示。

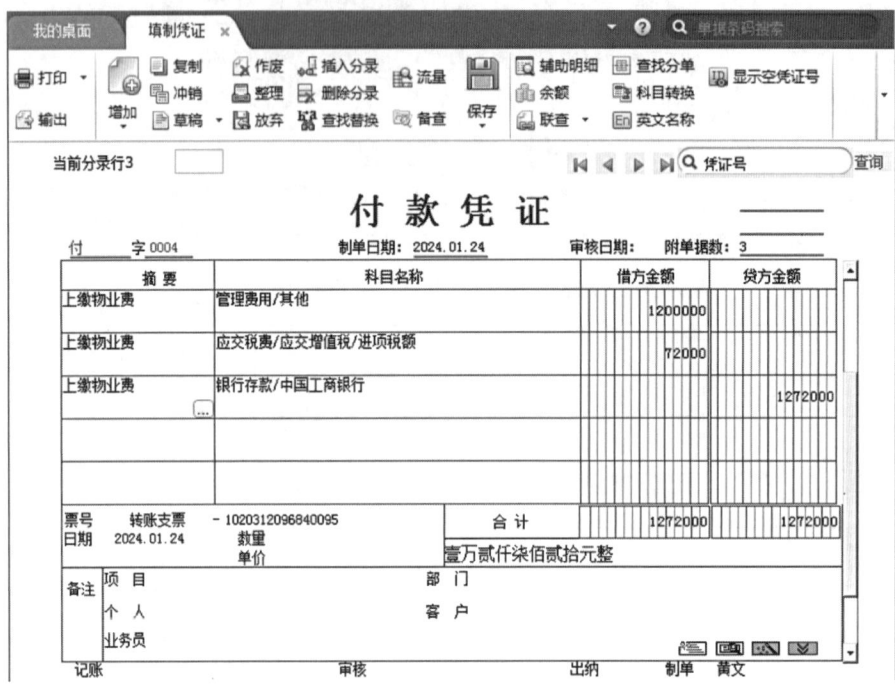

图 3-46　上缴物业费凭证

业务(6)：填制凭证过程略，凭证如图 3-47 所示。

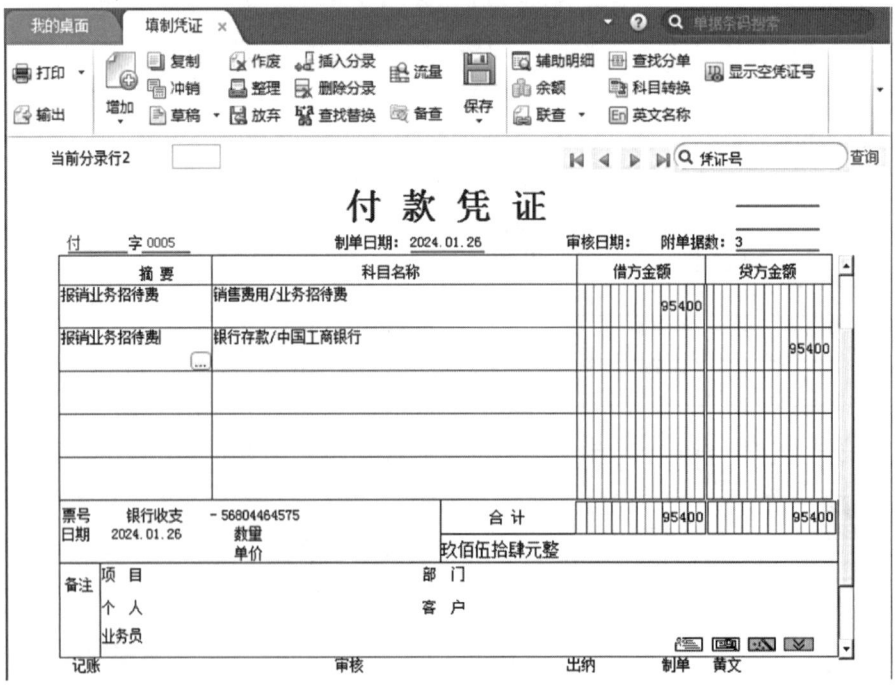

图 3-47　报销业务招待费凭证

业务(7):填制凭证过程略,凭证如图3-48至图3-51所示。

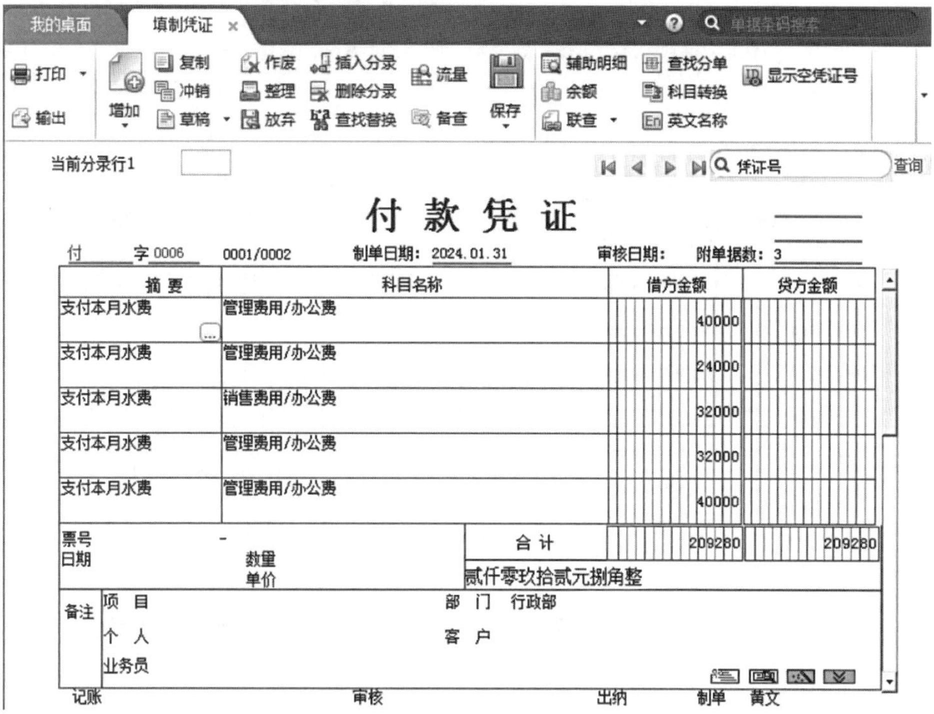

图 3-48　支付本月水费凭证 1/2

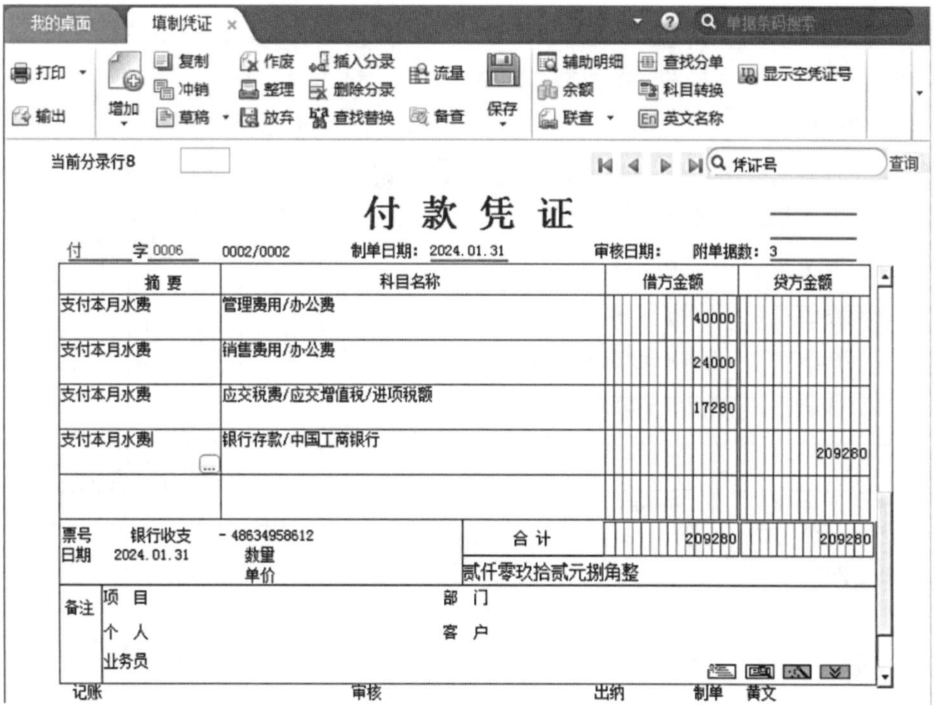

图 3-49　支付本月水费凭证 2/2

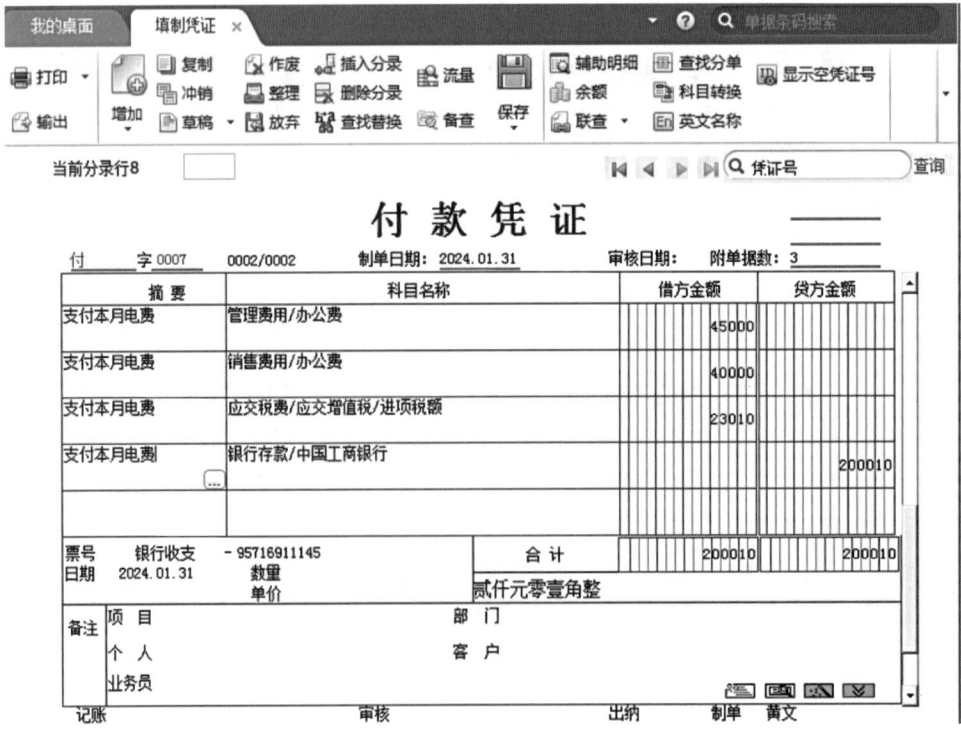

图 3-50　支付本月电费凭证 1/2

图 3-51　支付本月电费凭证 2/2

温馨提示

(1) 当需要对所录入的辅助项进行修改时,可双击所要修改的辅助项,系统显示辅助信息录入窗,可进行修改。

(2) 如果在"选项"中,设置了"制单权限控制到科目"选项,那么在制单时不能使用无权限的科目进行制单。

(3) 在录入辅助明细时,对于同一个往来单位来说,名称要前后一致(如不能有时用"用友公司",有时又用"用友集团公司"),否则,系统会将其当作两个单位。

(4) 项目核算的科目必须先在项目定义中设置相应的项目大类,才能在制单中使用。

(5) 科目所属项目大类中必须已定义了项目,且此处只能输入项目,不能输入项目分类。

(6) 在系统编号时,凭证一旦保存,其凭证类别和凭证编号将不能再修改;在手工编号时,凭证一旦保存,其凭证类别不能再修改,而凭证编号可修改。

(7) 在录入辅助明细时,当数量、单价和金额三项都有数据时,系统提供反算功能,改变数量或单价反算金额,改变金额反算单价。

2. 修改和删除凭证

1) 修改凭证

【实验资料】

经查,1月14日,报销办公费时,费用报销单金额填制错误,需要修改为734.50元,原费用报销单作废,新费用报销单,如图3-52所示。

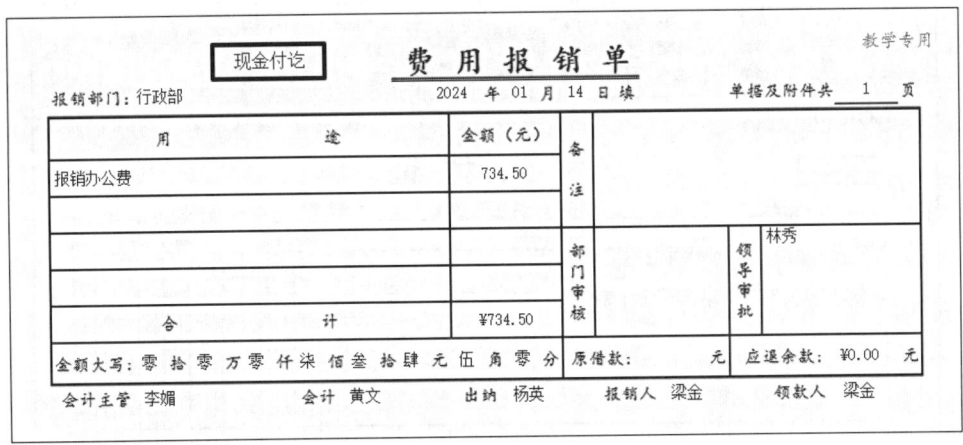

图3-52 费用报销单

【操作步骤】

(1) 在新道U8+企业应用平台,点击"业务导航"按钮,在"财务会计"下拉菜单中,执行"总账→凭证→查询凭证"命令,打开"查询凭证"对话框,点击"确定"按钮。

(2) 打开"查询凭证列表"窗口,双击打开"付-0003"号凭证,点击工具栏中的"修改"按钮,修改"借方金额"和"贷方金额"为"734.5",点击工具栏的"保存"按钮,完成修改。

> **温馨提示**
>
> (1) 若在"选项"中设置了"制单序时"选项,那么,在修改制单日期时,不能将日期改在上一编号凭证的制单日期之前。同样,制单日期不能跨月修改。
> (2) 若在"选项"中设置了"不允许修改、作废他人填制的凭证",则不能修改他人填制的凭证。
> (3) 如果某笔涉及银行科目的分录中已录入支票信息,并对该支票做过报销处理,修改该分录,将不影响"支票登记簿"中的内容。
> (4) 外部系统传过来的凭证不能在总账系统中进行修改,只能在生成该凭证的系统中进行修改。

2) 删除凭证

【实验资料】

经查,1月26日,销售部报销的业务招待费,属于个人消费行为,不允许报销。

【操作步骤】

(1) 执行"总账→凭证→填制凭证"命令,打开"填制凭证"窗口,点击"◀"按钮,找到要作废的凭证,点击工具栏的"作废"按钮,作废凭证的左上角会出现红色"作废"标志,如图3-53所示,表示该凭证已作废。

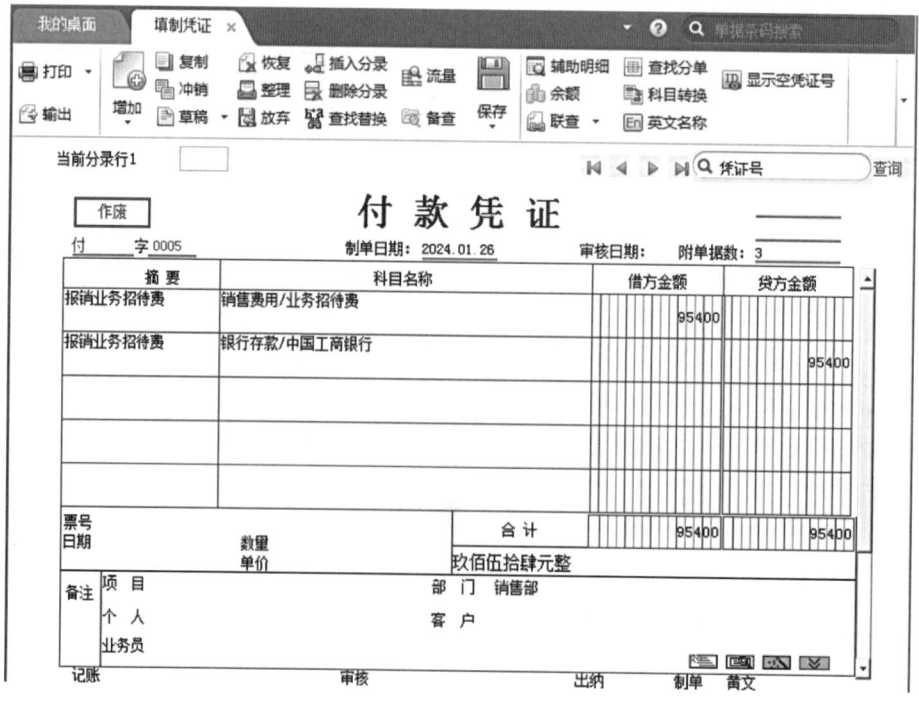

图3-53 作废凭证

(2) 点击工具栏的"整理"按钮,打开"凭证期间选择"对话框,选择凭证期间为"2024.01",点击"确定"按钮,打开"作废凭证表"对话框,如图3-54所示,在"删除?"栏双击,会显示"Y"。

图3-54　作废凭证表

(3) 点击"确定"按钮,打开"提示"对话框,选择"按凭证号重排",点击"是"按钮,弹出提示"是否还需整理凭证断号",点击"是"按钮,剩余凭证的凭证号将进行重新排列。

 温馨提示

(1) 若本月有已记账凭证,则该已记账凭证之前的所有凭证将不能作凭证整理,只能对其后的未记账凭证作凭证整理。若想对已记账凭证作凭证整理,应先在"恢复记账前状态"功能中将其恢复到本月月初的记账前状态,再作凭证整理。
(2) 若由于手工编制凭证号造成凭证断号,也可通过此功能进行整理。方法是选择好凭证号重排方式之后不选作废凭证,直接按"是"按钮即可。系统编号时,删除凭证后,系统提示是否整理空号凭证,若选择"是",则将作废凭证删除并重新排列凭证编号。

3. 出纳签字、审核凭证和记账

1) 出纳签字

【实验资料】

以出纳[003]杨英的身份登录企业应用平台,登录时间为2024年1月31日,进行出纳签字。

【操作步骤】

(1) 以出纳[003]杨英的身份登录企业应用平台,登录时间为2024年1月31日。

(2) 在新道U8+企业应用平台,点击"业务导航"按钮,在"财务会计"下拉菜单中,执行"总账→凭证→出纳签字"命令,打开"出纳签字"对话框,点击"确定"按钮。

(3) 打开"出纳签字列表"窗口,双击打开第一张待签字的凭证,点击工具栏的"签字"按钮,凭证下方"出纳"右侧会显示出纳杨英的名字,如图3-55所示。

(4) 点击工具栏的"签字→成批出纳签字"按钮,如图3-56所示,弹出提示"本次签字成功的凭证有[6]张",点击"确定"按钮,提示"是否重新刷新凭证列表数据",点击"是"按钮,完成成批出纳签字。

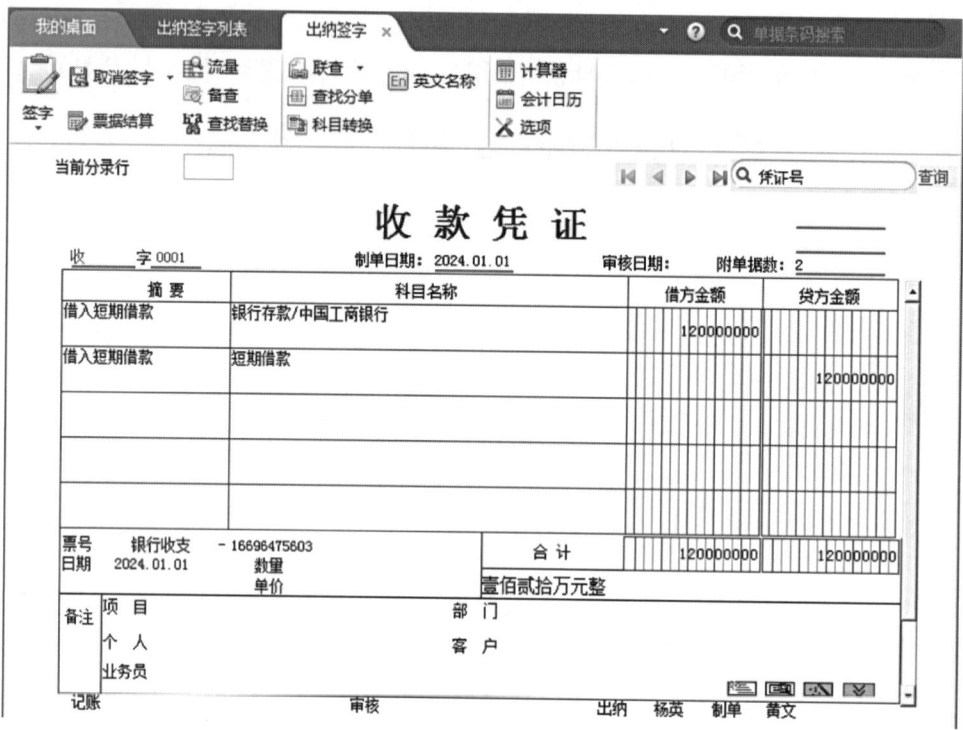

图 3-55 出纳签字

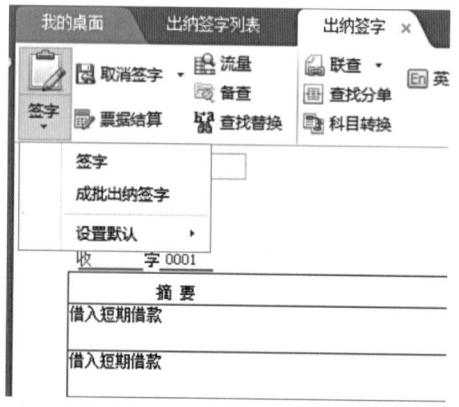

图 3-56 成批出纳签字

 温馨提示

(1) 已签字的凭证,只有在取消签字后,才能删除。
(2) 取消签字只能由出纳进行。
(3) 企业可根据实际需要决定是否要对出纳凭证进行出纳签字管理,若不需要此功能,可在"选项"中取消"出纳凭证必须经由出纳签字"的设置。

2)审核凭证

【实验资料】

以账套主管[001]李媚的身份登录企业应用平台,登录时间为2024年1月31日,进行凭证审核。

【操作步骤】

(1) 以账套主管[001]李媚的身份登录企业应用平台,登录时间为2024年1月31日。

(2) 在新道U8+企业应用平台,点击"业务导航"按钮,在"财务会计"下拉菜单中,执行"总账→凭证→审核凭证"命令,打开"凭证审核"对话框,点击"确定"按钮。

(3) 打开"凭证审核列表"窗口,双击打开第一张待审核的凭证,点击工具栏的"审核"按钮,凭证下方"审核"右侧将显示审核人李媚的名字。

(4) 点击工具栏的"审核→成批审核凭证"按钮,弹出提示"本次审核成功的凭证有[6]张",点击"确定"按钮,提示"是否重新刷新凭证列表数据",点击"是"按钮,完成成批审核。

温馨提示

(1) 审核人和制单人不能是同一个人。

(2) 若想对已审核的凭证取消审核,点击工具栏"取消"按钮即可。取消审核签字只能由原审核人进行。

(3) 凭证一经审核,就不能被修改或删除。若要修改和删除,应先取消审核签字。

(4) 审核人除了要具有审核权,还需要具有对待审核凭证制单人所制凭证的审核权,这个权限在"基础设置"的"数据权限"中设置。

(5) 作废凭证不能被审核,也不能被标错。

(6) 已标错的凭证可以直接修改或作废,但不能被审核,若想审核,需先取消标错。已审核的凭证不能标错。

3)记账

【实验资料】

以账套主管[001]李媚的身份,进行凭证记账。

【操作步骤】

(1) 在新道U8+企业应用平台,点击"业务导航"按钮,在"财务会计"下拉菜单中,执行"总账→凭证→记账"命令,打开"记账"对话框,点击"全选"按钮,如图3-57所示,再点击"记账"按钮。

(2) 打开"期初试算平衡表"对话框,如图3-58所示,点击"确定"按钮,系统进行自动记账。记账完成后,弹出提示"记账完毕"对话框,点击"确定"按钮,再点击"退出"按钮,完成记账。

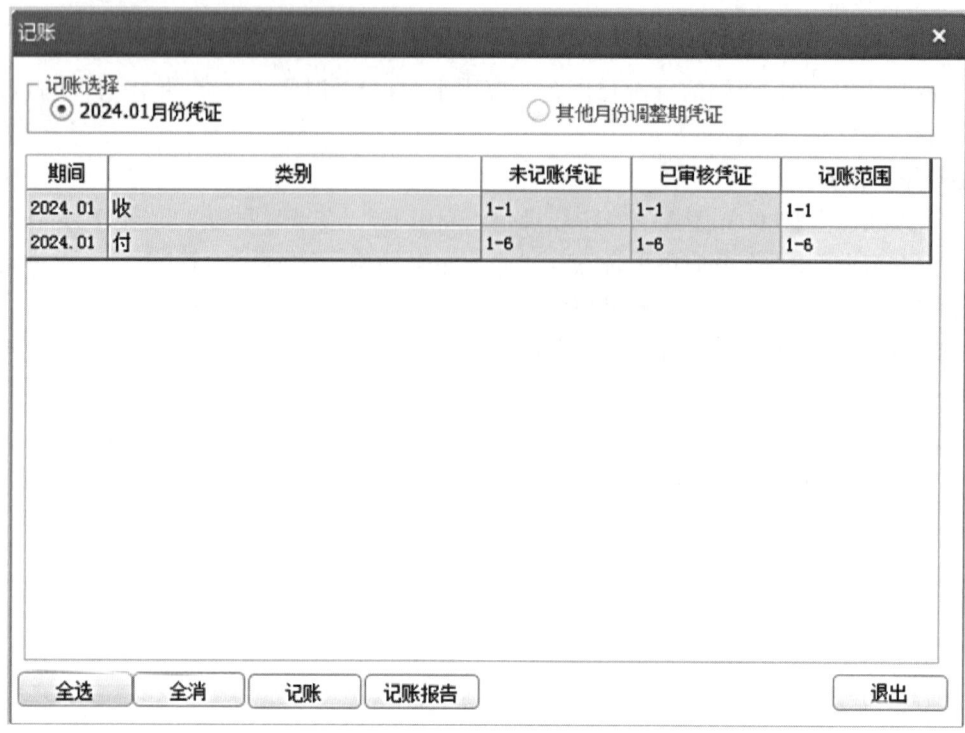

图 3-57 记账

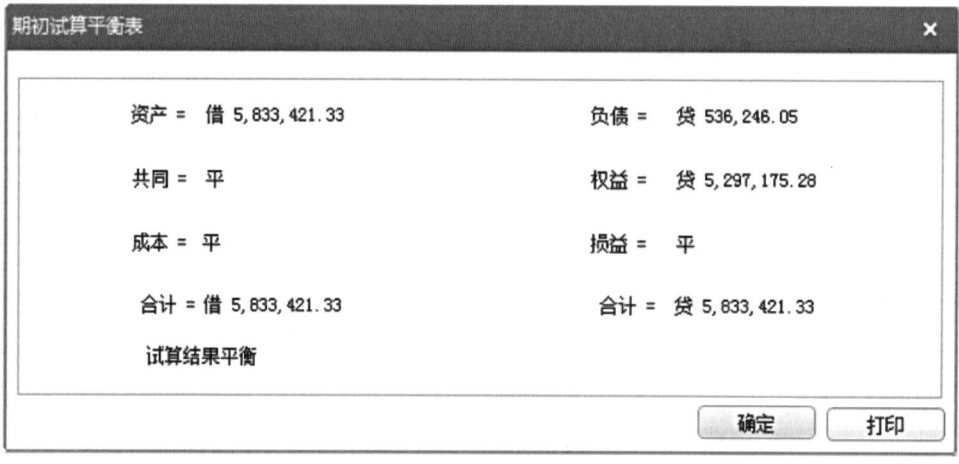

图 3-58 期初试算平衡表

 温馨提示

记账凭证只有经审核签字后,才可用来登记总账和明细账、日记账、部门账、往来账、项目账以及备查账等。

4. 账簿查询
【实验资料】

以账套主管[001]李媚的身份登录：

(1) 查询现金日记账和银行存款日记账。

(2) 查询"6602 管理费用"总账，并联查明细账和凭证。

(3) 查询发生额及余额表。

(4) 查询辅助账，查询部门收支分析表。

【操作步骤】

(1) 以账套主管[001]李媚的身份登录企业应用平台，登录时间为 2024 年 1 月 31 日。

(2) 在新道 U8+企业应用平台，点击"业务导航"按钮，在"财务会计"下拉菜单中，执行"总账→出纳→现金日记账"命令，可查询现金日记账。

(3) 执行"总账→出纳→银行日记账"命令，可查询银行日记账。

(4) 执行"总账→账表→科目账→总账"命令，打开"总账"对话框，输入"科目"为"6602"，点击"确定"按钮。打开"管理费用总账"窗口，点击选中"当前合计"所在行，点击工具栏中的"明细"按钮，打开"管理费用明细账"窗口，双击打开"付-0002"号凭证，再关闭窗口。

(5) 执行"总账→账表→科目账→余额表"命令，可查询发生额及余额表。

(6) 执行"总账→账表→部门辅助账→部门收支分析"命令，可查询部门收支分析表。

任务三 总账系统期末业务

1. 银行对账
1) 银行对账期初录入

【实验资料】

以出纳[003]杨英的身份登录企业应用平台，登录时间为 2024 年 1 月 31 日，进行银行对账处理。

银行对账期初数据：企业银行存款日记账期初余额为 1 155 907.08 元，银行对账单期初余额为 1 160 907.08 元，有银行已收而企业未收的未达账项（2023 年 12 月 26 日）5 000 元。

【操作步骤】

(1) 以出纳[003]杨英的身份登录企业应用平台，登录时间为 2024 年 1 月 31 日。

(2) 在新道 U8+企业应用平台，点击"业务导航"按钮，在"财务会计"下拉菜单中，执行"总账→出纳→银行对账→银行对账期初录入"命令，打开"银行科目选择"对话框，选择科目为"中国工商银行(100201)"，点击"确定"按钮。

(3) 打开"银行对账期初"对话框，输入"单位日记账"的"调整前余额"为"1 155 907.08"，输入"银行对账单"的"调整前余额"为"1 160 907.08"。

(4) 点击单位日记账下方的"对账单期初未达账项"按钮，打开"银行方期初"窗口，点击工具栏的"增行"按钮，输入"日期"为"2023.12.26"，"借方金额"为"5 000"，点击工具栏的"退出"按钮，回到"银行对账期初"对话框，如图 3-59 所示，再点击"退出"按钮。

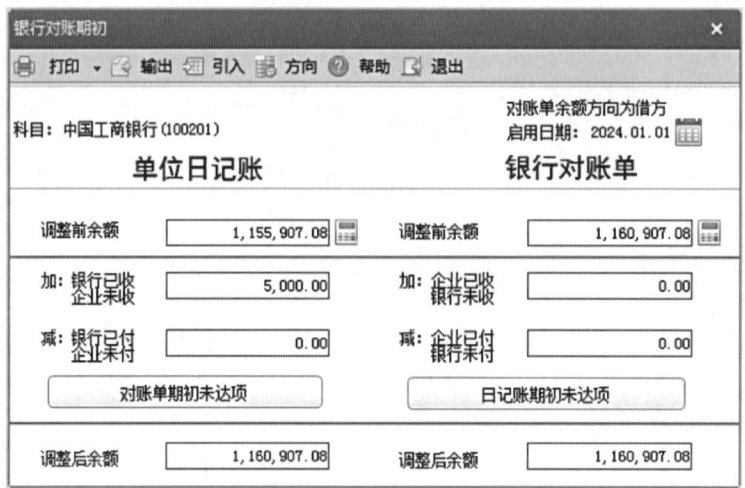

图 3-59　银行对账期初

> **温馨提示**
>
> （1）单位日记账与银行对账单的"调整前余额"应分别为启用日期时该银行科目的科目余额及银行存款余额；"期初未达项"分别为上次手工勾对截止日期到启用日期前的未达账项；"调整后余额"分别为上次手工勾对截止日期的该银行科目的科目余额及银行存款余额。若录入正确，则单位日记账与银行对账单的调整后余额应平衡。
>
> （2）录入的银行对账单、单位日记账的期初未达项的发生日期不能大于等于此银行科目的启用日期。
>
> （3）"银行对账期初"功能是用于第一次使用银行对账模块前录入日记账及对账单未达项，在开始使用银行对账后一般不再使用。
>
> （4）若某银行科目已进行过对账，在期初未达项录入中，对于已勾对或已核销的记录不能再修改。
>
> （5）银行对账单余额方向为借方时，借方发生表示银行存款增加，贷方发生表示银行存款减少；反之，借方发生表示银行存款减少，贷方发生表示银行存款增加。系统默认银行对账单余额方向为借方，按"方向"按钮可调整银行对账单余额方向。已进行过银行对账勾对的银行科目不能调整银行对账单余额方向。
>
> （6）在执行对账功能之前，应将"银行期初"中的"调整后余额"调平（即单位日记账的调整后余额＝银行对账单的调整后余额），否则，在对账后编制银行存款余额调节表时，会造成银行存款与单位银行账的账面余额不平。

2）银行对账单

【实验资料】

2024 年 1 月银行对账单，如表 3-10 所示。

表 3-10　2024 年 1 月银行对账单

日期	结算方式	票号	借方金额	贷方金额	余额(借)
2024-01-01	银行收支	16696475603	1 200 000.00		2 360 907.08
2024-01-05	银行收支	20200010		125 000.00	2 235 907.08
2024-01-10	银行收支	61379807685		3 352.00	2 232 555.08
2024-01-24	转账支票	1020312096840095		12 720.00	2 219 835.08

【操作步骤】

(1) 在新道 U8+企业应用平台,点击"业务导航"按钮,在"财务会计"下拉菜单中,执行"总账→出纳→银行对账→银行对账单"命令,打开"银行科目选择"对话框,选择科目为"中国工商银行(100201)",点击"确定"按钮。

(2) 打开"银行对账单"窗口,点击工具栏的"增行"按钮,根据实验资料输入银行对账单数据,结果如图 3-60 所示。

图 3-60　银行对账单

 温馨提示

(1) 增加一笔银行对账单,手工录入或参照日历输入银行对账单日期,选择结算方式,注意在此输入的结算方式同制单时所使用的结算方式可相同也可不同。

(2) 录入票号、备注和借、贷方金额,系统自动计算余额,并按对账单日期顺序显示。在此输入的票号应同制单时输的票号位长相同。

3）对账

【实验资料】

银行存款单位日记账与银行对账单进行对账。

【操作步骤】

（1）在新道 U8＋企业应用平台，点击"业务导航"按钮，在"财务会计"下拉菜单中，执行"总账→出纳→银行对账→银行对账"命令，打开"银行科目选择"对话框，选择科目为"中国工商银行(100201)"，点击"确定"按钮。

（2）打开"银行对账"窗口，点击工具栏的"对账"按钮，打开"自动对账"对话框，选择"截止日期"为"2024-01-31"，默认系统提供的其他对账条件，点击"确定"按钮，显示自动对账结果，如图 3-61 所示。

图 3-61　银行对账

【栏目说明】

（1）选择对账条件：系统默认的对账条件为日期相差 12 天之内，结算方式和票号相同，出纳可以根据业务需要确定自动对账条件。如果需要根据票据日期和对账单日期进行对账，可以选项"按票据日期对账"，否则系统根据凭证日期和对账单日期进行对账。

（2）对照：系统将在银行对账单区显示票号或金额和方向与单位日记账当前记录相似的银行对账单，用户可参照进行勾对。

 温馨提示

(1) 自动对账后，系统按照设定的对账条件对账，勾对上的单位日记账和银行对账单有相同的对账序号、两清标志标记"o"，且已两清的记录背景色变为黄色。

(2) 若在"银行对账期初"中定义"银行对账单余额方向"为借方，则对账条件为方向相同和金额相同的日记账与对账单进行勾对；若在"银行对账期初"中定义"银行对账单余额方向"为贷方，则对账条件为方向相反和金额相同的日记账与对账单进行勾对。

(3) 手工对账时，在单位日记账中选择要进行勾对的记录，两清标志栏自动打上"√"。同一次选择的单位日记账系统产生相同的对账序号，可手工修改。

> (4) 如果银行对账单中有与当前单位日记账相对应却未勾对上的记录,则在当前银行对账单的"两清"区双击鼠标左键,当前银行对账单两清标志栏自动打上"√"并自动产生对账序号,可修改。点"保存"按钮,保存本次手工对账结果,单位日记账和银行对账单的两清标志变更为"Y"。选择银行对账单记录,寻找单位日记账与之勾对,依上同样操作。

4) 查询银行余额调节表

【实验资料】

查询银行余额调节表。

【操作步骤】

在新道 U8+企业应用平台,点击"业务导航"按钮,在"财务会计"下拉菜单中,执行"总账→出纳→银行对账→余额调节表查询"命令,打开"银行存款余额调节表"窗口,双击"中国工商银行"栏,即可显示该银行的银行余额调节表,如图 3-62 所示。

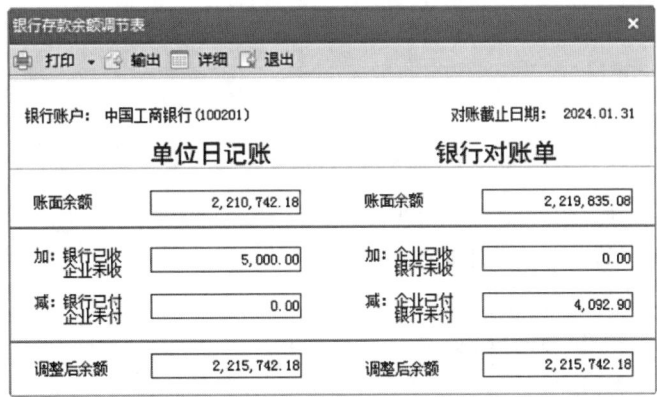

图 3-62 银行存款余额调节表

2. 期末业务

1) 自定义转账设置

【实验资料】

以财务会计[002]黄文的身份登录企业应用平台,进行自定义转账设置:按短期借款期末余额的 0.362 5%计提短期借款的月利息(转账序号:0001,转账说明:计提短期借款月利息)。

【操作步骤】

(1) 以财务会计[002]黄文的身份登录企业应用平台,登录时间为 2024 年 1 月 31 日。

(2) 在新道 U8+企业应用平台,点击"业务导航"按钮,在"财务会计"下拉菜单中,执行"总账→期末→转账定义→自定义转账"命令,打开"自定义转账设置"窗口。

(3) 点击工具栏的"增加"按钮,打开"转账目录"对话框,输入"转账序号"为"0001","转账说明"为"计提短期借款月利息","凭证类别"选择"转账凭证",点击"确定"按钮。

(4) 点击工具栏的"增行"按钮,输入"科目编码"为"6603",点击"金额公式"的" "按钮,打开"公式向导"对话框,选择"公式名称"为"期末余额",点击"下一步"按钮,打开"公式向导"对话框,输入"科目"为"2001",点击"完成"按钮,补齐金额公式为"QM(2001,月)*0.003625"。

(5) 点击工具栏的"增行"按钮,输入"科目编码"为"2231","方向"选择"贷",点击"金额公式"的" "按钮,打开"公式向导"对话框,选择"公式名称"为"取对方科目计算结果",点击"下一步"按钮,点击"完成"按钮,点击"保存"按钮,结果如图3-63所示。

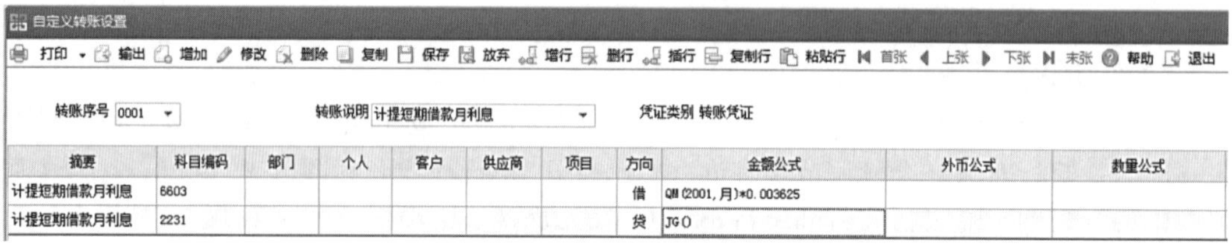

图 3-63 自定义转账设置

> **温馨提示**
>
> (1) 定义转账功能可以完成的转账业务主要包括:
>   ①"费用分配"的结转,如工资分配等。
>   ②"费用分摊"的结转,如制造费用等。
>   ③"税金计算"的结转,如增值税等。
>   ④"提取各项费用"的结转,如提取福利费等。
>   ⑤"部门核算"的结转。
>   ⑥"项目核算"的结转。
>   ⑦"个人核算"的结转。
>   ⑧"客户核算"的结转。
>   ⑨"供应商核算"的结转等。
> (2) 如果客户和供应商使用应收、应付系统管理,那么,在总账系统中,不能按客户、供应商辅助项进行结转,只能按科目总数进行结转。

2) 对应结转

【实验资料】

进行对应结转设置,将"应交税费——应交增值税——进项税额"转入"应交税费——未交增值税"(转账序号:0002,摘要:结转进项税)。

【操作步骤】

(1) 在新道U8+企业应用平台,点击"业务导航"按钮,在"财务会计"下拉菜单中,执行"总账→期末→转账定义→对应结转"命令,打开"对应结转设置"窗口。

（2）点击工具栏的"增加"按钮，输入"编号"为"0002"，"摘要"为"结转进项税"，"凭证类别"选择"转 转账凭证"，"转出科目"为"22210101"。

（3）点击"增行"按钮，输入"转入科目编码"为"222102"，"结转系数"为"1"，点击"保存"按钮，结果如图 3-64 所示。

图 3-64 对应结转设置

> 温馨提示
>
> （1）一张凭证可定义多行，转出科目及辅助项必须一致，转入科目及辅助项可不相同。
> （2）转出科目与转入科目必须有相同的科目结构，但转出辅助项与转入辅助项可不相同。
> （3）辅助项可参照科目性质，若转出科目有复合账类，系统弹出辅助项录入窗，如该科目为部门项目辅助账类，要求录入结转的项目和部门，录入完毕后，系统用逗号分隔显示在表格中。
> （4）自动生成转账凭证时，如果同一凭证转入科目有多个，并且若同一凭证的结转系数之和为 1，则最后一笔结转金额为转出科目余额减当前凭证已转出的余额。

3）生成凭证

【实验资料】

（1）生成自定义转账凭证和对应结转凭证。

（2）以账套主管[001]李媚的身份，进行凭证审核和记账。

【操作步骤】

（1）在新道 U8+企业应用平台，点击"业务导航"按钮，在"财务会计"下拉菜单中，执行"总账→期末→转账生成"命令，打开"转账生成"对话框。

（2）结转月份为"2024.01"，选中"自定义转账"，点击"全选"按钮，再点击"确定"按钮，生成转账凭证，点击工具栏的"保存"按钮，结果如图 3-65 所示。

（3）根据实验资料，继续生成"对应结转"凭证，如图 3-66 所示。

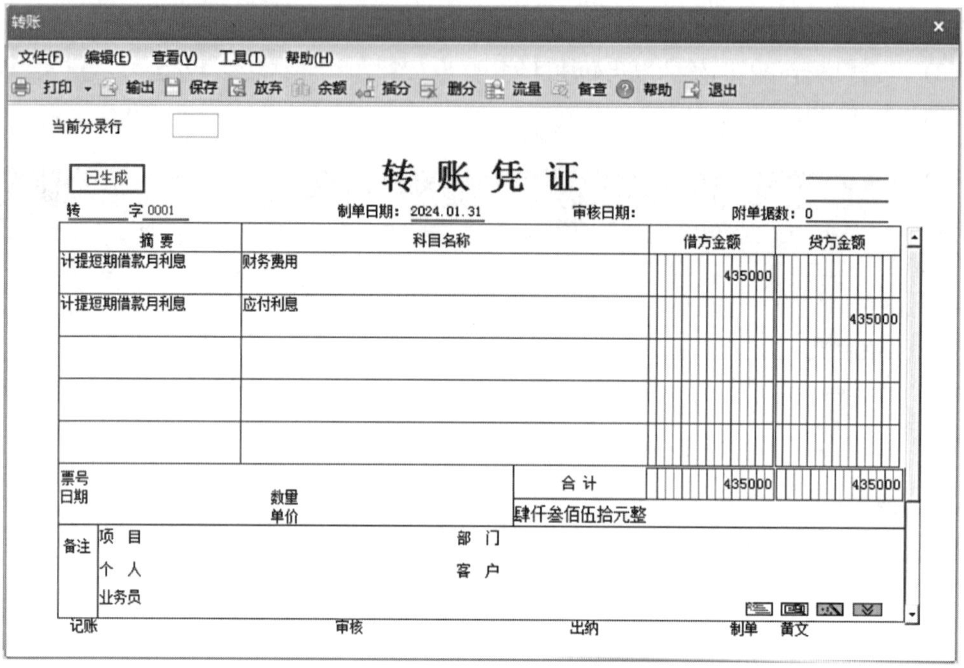

图 3-65 计提短期借款月利息凭证

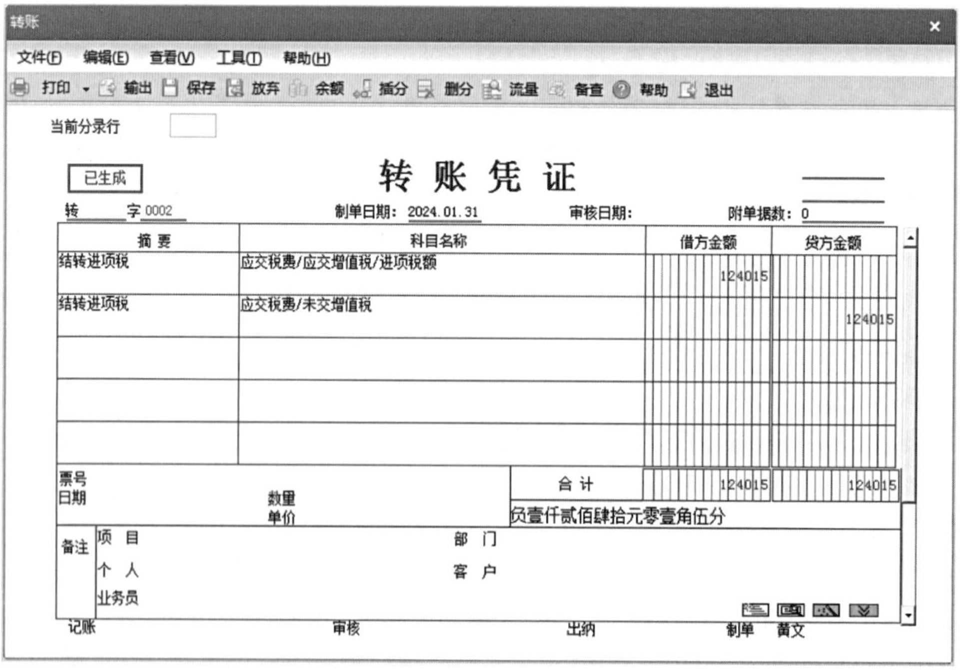

图 3-66 结转进项税凭证

(4)参考项目三/任务二/3出纳签字、审核凭证和记账的操作步骤,根据实验资料,进行凭证的审核和记账。

> **温馨提示**
> 转账是按照已记账凭证的数据进行计算的,所以,在月末转账工作之前,请先将所有未记账凭证记账,否则,生成的转账凭证数据可能有误。

4)期间损益结转设置

【实验资料】

(1)以财务会计[002]黄文的身份,进行期间损益结转设置:定义本年利润科目为"4103 本年利润",并生成期间损益结转凭证。

(2)以账套主管[001]李媚的身份,进行凭证审核和记账。

【操作步骤】

(1)以财务会计[002]黄文的身份登录企业应用平台,登录时间为 2024 年 1 月 31 日。

(2)在新道 U8+企业应用平台,点击"业务导航"按钮,在"财务会计"下拉菜单中,执行"总账→期末→转账定义→期间损益"命令,打开"期间损益结转设置"对话框。

(3)"凭证类别"选择"转账凭证",输入"本年利润科目"为"4103",结果如图 3-67 所示,点击"确定"按钮。

图 3-67 期间损益结转设置

(4) 执行"财务会计→总账→期末→转账生成"命令,打开"转账生成"对话框。

(5) 结转月份为"2024.01",选中"期间损益结转",点击"全选"按钮,再点击"确定"按钮,生成转账凭证,点击工具栏的"保存"按钮,结果如图3-68所示。

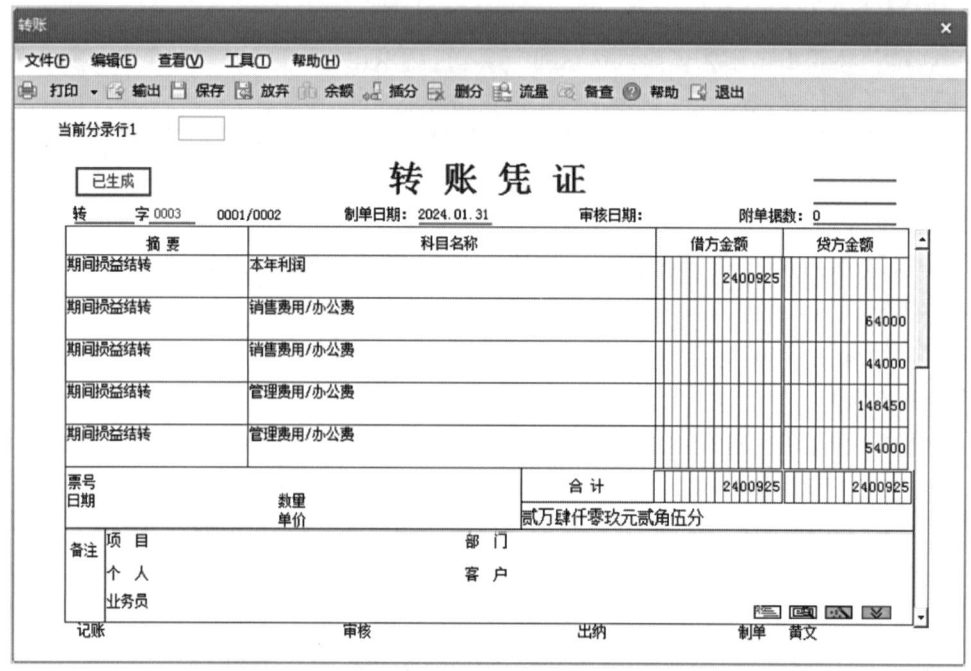

图 3-68 期间损益结转凭证

(6) 参考项目三/任务二/3出纳签字、审核凭证和记账的操作步骤,根据实验资料,进行凭证的审核和记账。

3. 期末结账

1) 对账、结账

【实验资料】

以账套主管[001]李媚的身份登录企业应用平台,进行期末对账、结账业务处理。

【操作步骤】

(1) 以账套主管[001]李媚的身份登录企业应用平台,登录时间为2024年1月31日。

(2) 在新道U8+企业应用平台,点击"业务导航"按钮,在"财务会计"下拉菜单中,执行"总账→期末→对账"命令,打开"对账"对话框,在2024.01的"是否对账"栏双击,会显示"Y",如图3-69所示。

(3) 点击"对账"按钮,系统开始自动对账,并显示对账结果。

(4) 点击"试算"按钮,可以对各科目类别余额进行试算平衡,2024.01试算平衡结果如图3-70所示,点击"确定"按钮,再点击"退出"按钮。

(5) 执行"总账→期末→结账"命令,打开"结账"对话框,如图3-71所示,点击选中要结账月份"2024.01",点击"下一步"按钮,再点击"对账"按钮,系统对结算月份的账簿进行对账。

图 3-69 对账

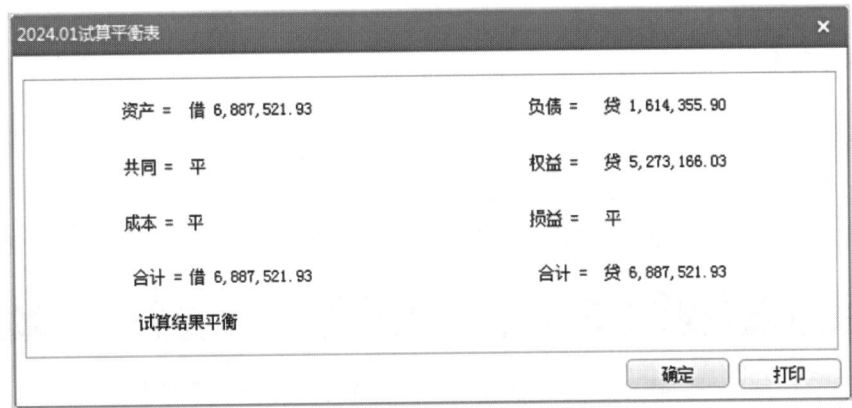

图 3-70 2024.01 试算平衡表

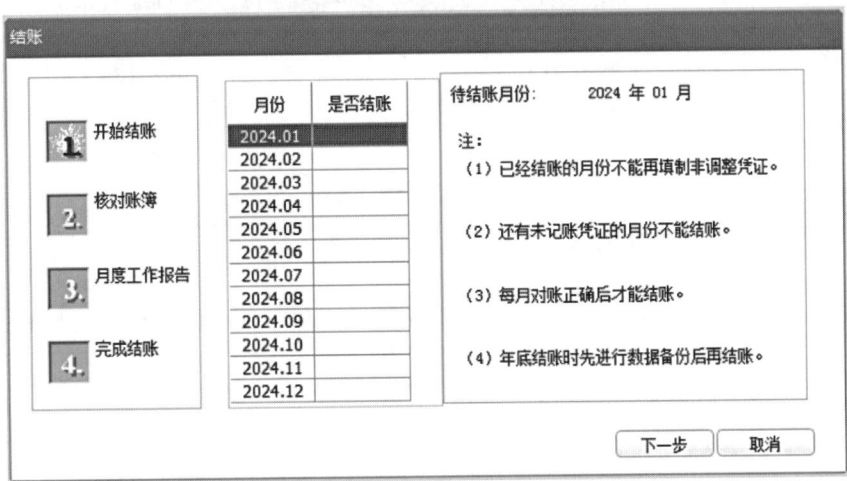

图 3-71 结账

(6) 显示"对账完毕",点击"下一步"按钮,系统显示"2024年01月工作报告"。

(7) 检查工作报告,点击"下一步",再点击"结账",完成结账处理。

 温馨提示

(1) 一般说来,只要记账凭证录入正确,计算机自动记账后各种账簿都应是正确、平衡的。但是,由于非法操作、计算机病毒或其他原因,有时可能会造成某些数据被破坏,引起账账不符,为了保证账证相符、账账相符,用户应经常使用对账功能进行对账,至少每月一次,一般可在月末结账前进行。

(2) 若对账结果为账账相符,则对账月份的对账结果处显示"正确";若对账结果为账账不符,则对账月份的对账结果处显示"错误",点击"错误"可查看引起账账不符的原因。

2) 反结账

【实验资料】

对总账系统进行反结账。

【操作步骤】

(1) 在新道U8+企业应用平台,点击"业务导航"按钮,在"财务会计"下拉菜单中,执行"总账→期末→结账"命令,打开"结账"对话框,点击选中要反结账的月份"2024.01"。

(2) 按组合键"Ctrl+Shift+F6",激活"取消结转"功能。

(3) 输入账套主管口令"1",如图3-72所示,点击"确定"按钮,点击"取消"按钮。

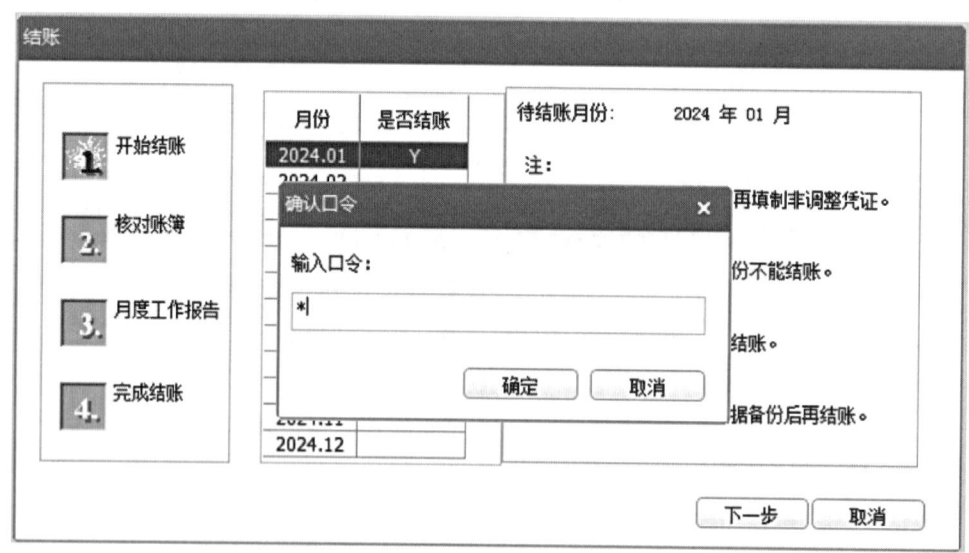

图3-72 输入口令

温馨提示

(1) 上月未结账,则本月不能记账,但可以填制、复核凭证。
(2) 如本月还有未记账凭证时,则本月不能结账。
(3) 已结账月份不能再填制凭证。
(4) 结账、反结账操作只能由有结账、反结账操作权限的人员进行。
(5) 若总账与明细账对账不符,则不能结账。

【项目实验】

1. 总账系统初始化

以账套主管[701]孙辉的身份登录企业应用平台,登录时间为2024年1月1日。

1) 设置总账参数

凭证选项卡:取消"制单序时控制",可以使用应收受控科目和应付受控科目,取消"现金流量科目必录现金流量项目"。

权限选项卡:出纳凭证必须经由出纳签字,不允许修改、作为他人填制的凭证。

其余使用默认值。

2) 会计科目

(1) 指定会计科目。

指定"1001 库存现金"为现金总账科目,"1002 银行存款"为银行总账科目。

(2) 修改会计科目,如表3-11所示。

表3-11 修改会计科目

科目编码	科目名称	方向	辅助核算
1121	应收票据	借	客户往来
1122	应收账款	借	客户往来
1123	预付账款	借	供应商往来
1221	其他应收款	借	个人往来
1405	库存商品	借	项目核算,数量核算(件)
1406	发出商品	借	项目核算,数量核算(件)
2201	应付票据	贷	供应商往来
2203	预收账款	贷	客户往来
6001	主营业务收入	贷	项目核算,数量核算(件)
6401	主营业务成本	借	项目核算,数量核算(件)

(3) 新增会计科目,如表3-12所示。

表 3-12 新增会计科目

上级科目	科目编码	科目名称	方向	辅助核算
1002 银行存款	100201	中国农业银行	借	日记账,银行账
2202 应付账款	220201	一般应付款	贷	供应商往来
	220202	暂估应付款	贷	供应商往来
2211 应付职工薪酬	221101	职工工资	贷	
	221102	福利费	贷	
	221103	其他	贷	
2221 应交税费	222101	应交增值税	贷	
	22210101	进项税额	贷	
	22210106	转出未交增值税	贷	
	22210107	销项税额	贷	
	222102	未交增值税	贷	
	222124	应交所得税	贷	
4104 利润分配	410411	未分配利润	贷	
5001 生产成本	500101	直接材料	借	项目核算
	500102	直接人工	借	项目核算
	500103	制造费用	借	项目核算
	500104	结转生产成本	借	项目核算
6601 销售费用	660101	职工薪酬	借	部门核算
	660102	业务招待费	借	部门核算
	660103	广告费和业务宣传费	借	部门核算
	660104	资产折旧摊销费	借	部门核算
	660105	差旅费	借	部门核算
	660106	其他	借	
6602 管理费用	660201	职工薪酬	借	部门核算
	660202	业务招待费	借	部门核算
	660203	资产折旧摊销费	借	部门核算
	660204	办公费	借	部门核算
	660205	差旅费	借	部门核算
	660206	其他	借	
6702 信用减值损失	—	—	借	

3）项目设置

（1）新增项目大类，如表 3-13 所示。

表 3-13　新增项目大类

新增项目大类名称	产品（属于普通项目）
定义项目级次	1-2
定义项目栏目	默认
核算科目	1405 库存商品，1406 发出商品，500101 直接材料，500102 直接人工，500103 制造费用，500104 结转生产成本，6001 主营业务收入，6401 主营业务成本

（2）项目分类，如表 3-14 所示。

表 3-14　项目分类

分类编码	分类名称
1	服装
2	配件

（3）项目目录，如表 3-15 所示。

表 3-15　项目目录

项目编号	项目名称	是否结算	所属分类码
01	卫衣	否	1
02	衬衫	否	1

4）期初余额

（1）期初余额录入，如表 3-16 所示。

表 3-16　期初余额

科目编码	科目名称	方向	期初数量	期初余额
1001	库存现金	借		21 836.64
1002	银行存款	借		1 883 303.62
100201	中国农业银行	借		1 883 303.62
1101	交易性金融资产	借		2 500 000.00
1122	应收账款	借		645 000.00
1403	原材料	借	棉布 5 000 米	450 000.00
1403	原材料	借	涤纶布 1 700 米	85 000.00

(续表)

科目编码	科目名称	方向	期初数量	期初余额
1405	库存商品	借	卫衣 10 000 件	1 350 000.00
1405	库存商品	借	衬衫 8 000 件	720 000.00
1601	固定资产	借		3 098 904.00
1602	累计折旧	贷		990 347.39
2202	应付账款	贷		180 000.00
220201	一般应付款	贷		95 000.00
220202	暂估应付款	贷		85 000.00
2211	应付职工薪酬	贷		320 407.47
221101	职工工资	贷		320 407.47
2221	应交税费	贷		91 629.36
222102	未交增值税	贷		72 615.00
222124	应交所得税	贷		19 014.36
2241	其他应付款	贷		27 289.04
4001	实收资本	贷		7 000 000.00
4101	盈余公积	贷		59 187.67
4104	利润分配	贷		2 085 183.33
410411	未分配利润	贷		2 085 183.33

(2) 应收账款辅助账期初明细,如表 3-17 所示。

表 3-17 应收账款辅助账期初明细

日期	凭证号	客户	业务员	摘要	方向	期初余额
2023-12-8	转-57	雅泽	李明杰	销售商品	贷	270 000.00
2023-12-22	转-168	聚帅	蔡欣怡	销售商品	贷	375 000.00
				合计	贷	645 000.00

(3) 应付账款辅助账期初明细,如表 3-18 和表 3-19 所示。

表 3-18 应付账款——一般应付款辅助账期初明细

日期	凭证号	供应商	业务员	摘要	方向	期初余额
2023-12-11	转-94	菲际	李国芳	购买原材料	贷	95 000.00
				合计	贷	95 000.00

表 3-19 应付账款——暂估应付款辅助账期初明细

日期	凭证号	供应商	业务员	摘要	方向	期初余额
2023-12-31	转-201	欣立	郑赫	购买原材料	贷	85 000.00
				合计	贷	85 000.00

(4) 试算平衡。进行试算,确保试算结果平衡。

5) 常用摘要

增加常用摘要,如表 3-20 所示。

表 3-20 常用摘要

摘要编号	摘要内容
1	从银行提现金
2	报销办公费
3	购买原材料

2. 总账系统日常业务

以财务会计[702]马文的身份登录企业应用平台,登录时间为 2024 年 1 月 31 日。

1) 填制凭证

(1) 1 月 1 日,公司从开户行借入短期借款 1 000 000 元,回单号 5678。

借:银行存款——中国农业银行　　　　　　　　　　　　　1 000 000.00
　　贷:短期借款　　　　　　　　　　　　　　　　　　　　　1 000 000.00

(2) 1 月 4 日,缴纳上月增值税 72 615 元,以银行转账方式支付,回单号 5679。

借:应交税费——未交增值税　　　　　　　　　　　　　　　72 615.00
　　贷:银行存款——中国农业银行　　　　　　　　　　　　　　72 615.00

(3) 1 月 8 日,销售部李明杰报销差旅费 4 500 元,其中包括可抵扣进项税 99.08 元,以银行转账方式支付,回单号 5680。

借:销售费用——差旅费　　　　　　　　　　　　　　　　　4 400.92
　　应交税费——应交增值税——进项税额　　　　　　　　　　　99.08
　　贷:银行存款——中国农业银行　　　　　　　　　　　　　　4 500.00

(4) 1 月 12 日,总经理办公室报销办公费 500 元,以现金支付。

借:管理费用——办公费　　　　　　　　　　　　　　　　　　500.00
　　贷:库存现金　　　　　　　　　　　　　　　　　　　　　　500.00

(5) 1 月 15 日,企业缴纳生产车间厂房租赁费,取得增值税专用发票,金额 1 200 元,增值税额 600 元,以转账支票方式支付,支票号 741236。

借:制造费用　　　　　　　　　　　　　　　　　　　　　　12 000.00
　　应交税费——应交增值税——进项税额　　　　　　　　　　　600.00
　　贷:银行存款——中国农业银行　　　　　　　　　　　　　　12 600.00

(6) 1 月 20 日,销售部报销业务招待费 1 980 元,以转账支票方式支付,回单号 5681。

借：销售费用——业务招待费　　　　　　　　　　　　　　　　　1 980.00
　　贷：银行存款——中国农业银行　　　　　　　　　　　　　　　　　1 980.00

2）修改和删除凭证

（1）修改凭证。经查，1月15日，缴纳租赁费时，支票号码填制错误，需要改为714 236元。

（2）删除凭证。经查，1月20日，销售部报销的业务招待费，属于个人消费行为，不允许报销。

3）出纳签字、审核凭证和记账

（1）出纳签字。以出纳［703］林竣威的身份登录企业应用平台，登录时间为2024年1月31日，进行出纳签字。

（2）审核凭证。以账套主管［701］孙辉的身份登录企业应用平台，登录时间为2024年1月31日，进行凭证审核。

（3）记账。以账套主管［701］孙辉的身份，进行凭证记账。

4）账簿查询

以账套主管［701］孙辉的身份登录：

（1）查询现金日记账和银行存款日记账。

（2）查询"6602 管理费用"总账，并联查明细账和凭证。

（3）查询发生额及余额表。

（4）查询辅助账，查询部门收支分析表。

3．总账系统期末业务

1）银行对账

以出纳［703］林竣威的身份登录企业应用平台，登录时间为2024年1月31日，进行银行对账处理。

（1）银行对账期初录入。银行对账期初数据：企业银行存款日记账期初余额为1 883 303.62元，银行对账单期初余额为1 878 303.62元，有银行已付而企业未付的未达账项（2023年12月27日）5 000元。

（2）银行对账单。2024年1月银行对账单，如表3-21所示。

表3-21　2024年1月银行对账单

日期	结算方式	票号	借方金额	贷方金额	余额
2024-1-1	银行收支	5678	1 000 000.00		2 878 303.62
2024-1-4	银行收支	5679		72 615.00	2 805 688.62
2024-1-8	银行收支	5680		4 500.00	2 801 188.62

（3）银行对账。银行存款单位日记账与银行对账单进行对账。

（4）查询银行余额调节表。

2) 期末业务

(1) 自定义转账设置。以财务会计[702]马文的身份登录企业应用平台,登录时间为2024年1月31日,进行自定义转账设置:按短期借款期末余额的0.4%计提短期借款的月利息(转账序号:0001,转账说明:计提短期借款月利息)。

(2) 对应结转。进行对应结转设置:将"应交税费——应交增值税——进项税额"转入"应交税费——未交增值税"(转账序号:0002,摘要:结转进项税)。

(3) 生成凭证。

① 生成自定义转账凭证和对应结转凭证。

② 以账套主管[701]孙辉的身份,进行凭证审核和记账。

(4) 期间损益结转设置。

① 以财务会计[702]马文的身份,进行期间损益结转设置:定义本年利润科目为"4103 本年利润",并生成期间损益结转凭证。

② 以账套主管[701]孙辉的身份,进行凭证审核和记账。

3) 期末对账

以账套主管[701]孙辉的身份登录企业应用平台,进行期末对账处理。

 思政小课堂

银行应当建立企业账务核对机制,对账频率应不低于每季度一次。企业超过对账时间未反馈或者核对结果不一致的,银行应当查明原因,并有权采取措施适当控制账户交易。对于企业来说,企业的财务人员也应当严谨细致地核对每月发生的银企往来业务,尽职尽责,严守各项法律法规,对账过程中做到账账相符、账实相符、账证相符,保障企业资金安全,防范各类风险。

项目四 薪资管理系统

项目概述

薪资管理系统适用于各类企业、行政事业单位进行工资核算、工资发放、工资费用分摊、工资统计分析和个人所得税核算等。该系统可以与总账系统集成使用，将工资凭证传递到总账中；可以与成本管理系统集成使用，为成本管理系统提供人员的费用信息。

薪资管理系统可为不同工资核算类型的企业提供解决方案，包括：所有人员统一工资核算的企业；分别对在职人员、退休人员和离休人员进行核算的企业；分别对正式工和临时工进行核算的企业；每月进行多次工资发放，月末统一核算的企业；在不同地区有分支机构，而由总管机构统一进行工资核算的企业等。

薪资管理系统操作流程，如图4-1所示。

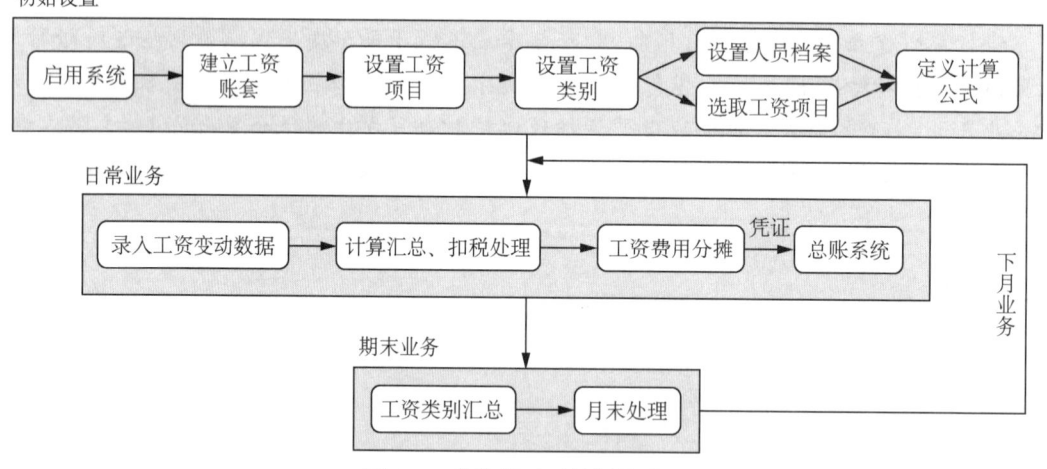

图4-1 薪资管理系统操作流程

任务一 薪资管理系统初始化

1. 启用系统

【实验资料】

以账套主管[001]李媚的身份登录企业应用平台，登录时间为2024年1月1日。

启用薪资管理系统和计件工资管理系统,启用日期为 2024 年 1 月 1 日。

【操作步骤】

(1) 以账套主管[001]李媚的身份登录新道 U8+企业应用平台,登录时间为 2024 年 1 月 1 日。

(2) 在新道 U8+企业应用平台,点击"业务导航"按钮,在"基础设置"下拉菜单中,执行"基础信息→系统启用"命令,打开"系统启用"对话框,勾选"薪资管理"前的复选框,打开"日历"对话框,启用日期选择"2024-01-01",点击"确定"按钮,弹出"确定要启用当前系统吗?"对话框,点击"是"按钮,完成薪资管理系统的启用。

(3) 根据实验资料,继续完成计件工资管理系统的启用,结果如图 4-2 所示,点击退出按钮。

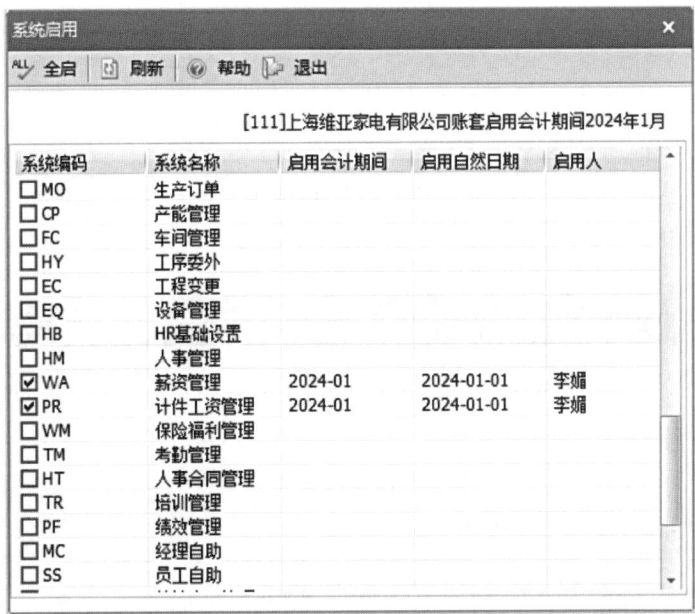

图 4-2 系统启用

2. 建立工资套

【实验资料】

薪资管理系统子账套建账日期为 2024 年 1 月 1 日,薪资管理系统工资类别为"多个",工资核算本位币为人民币,选择核算计件工资,企业从工资中代扣个人所得税,进行扣零处理且扣零至元,系统对员工进行统一编号,人员编码与公共平台的人员编码保持一致。

【操作步骤】

(1) 在新道 U8+企业应用平台,点击"业务导航"按钮,在"人力资源"下拉菜单中,执行"薪资管理→工资类别→新建工资类别"命令,打开"建立工资套"对话框。

(2) 在"1.参数设置"中,选择本账套所需处理的工资类别个数为"多个",默认币别名称为"人民币 RMB",勾选"是否核算计件工资"前的复选框,如图 4-3 所示。

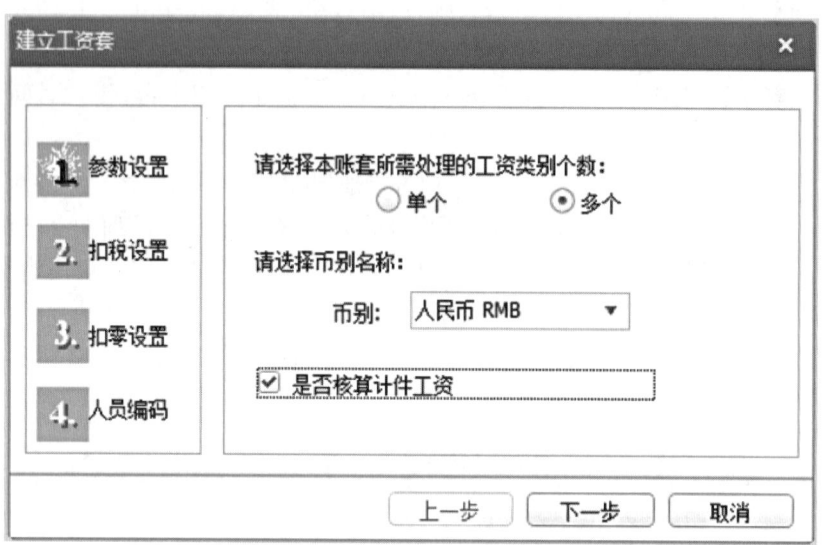

图 4-3 建立工资套-1.参数设置

(3) 点击"下一步"按钮,打开"2.扣税设置"对话框,勾选"是否从工资中代扣个人所得税"前的复选框,如图 4-4 所示。

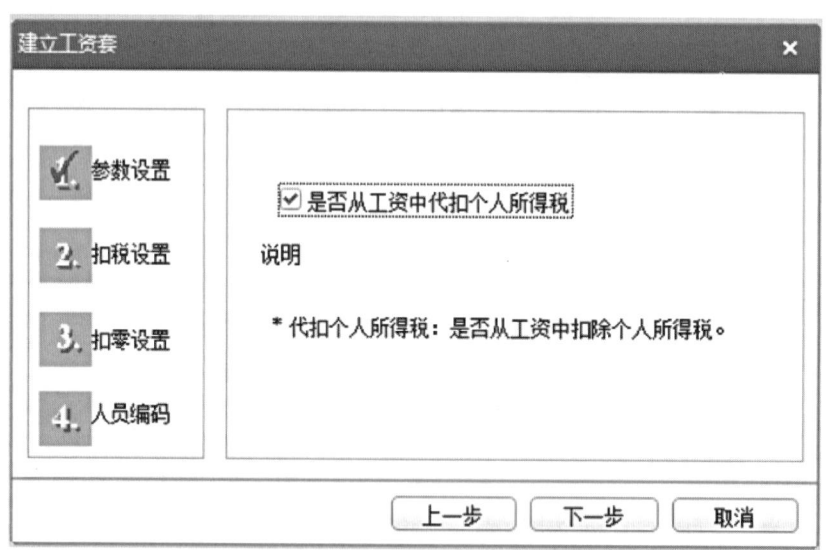

图 4-4 建立工资套-2.扣税设置

(4) 点击"下一步"按钮,打开"3.扣零设置"对话框,勾选"扣零"前的复选框,选择"扣零至元",如图 4-5 所示。

(5) 点击"下一步"按钮,打开"4.人员编码"对话框,系统要求与公共平台的人员编码保持一致。

(6) 点击"完成"按钮,完成工资账套的创建。

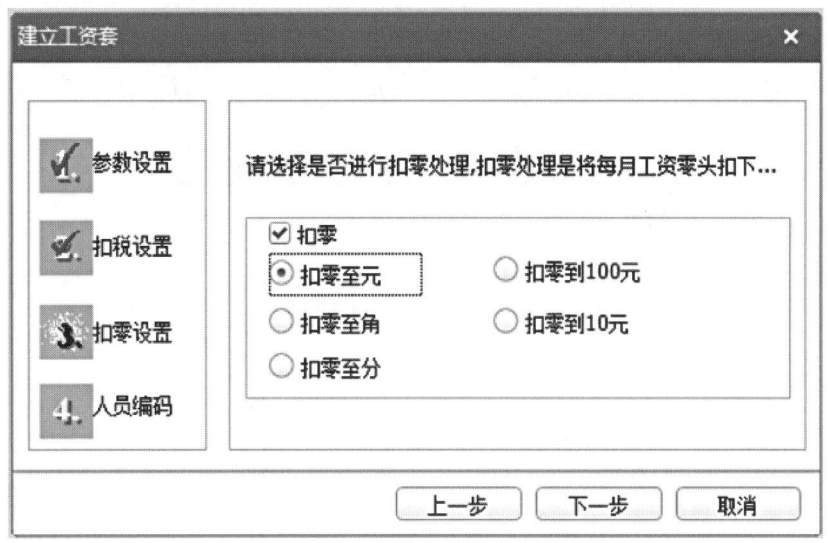

图 4-5　建立工资套-3.扣零设置

【栏目说明】

(1) 从工资中待扣个人所得税：工资核算时，系统会根据输入的税率自动计算个人所得税额。

(2) 扣零设置：确定是否进行扣零处理。若选择进行扣零处理，系统在计算工资时将依据所选择的扣零类型将零头扣下，并在积累成整时补上。扣零的计算公式将由系统自动定义，无需设置。

① 扣零至 100 元：即工资发放时不发 1 000 元以下的部分，如 2 599 元，只发放 2 000 元，599 元扣零到下月。

② 扣零至 10 元：即工资发放时不发 100 元以下的部分，如 1 299 元，只发放 1 200 元，99 元扣零到下月。

③ 扣零至元：即工资发放时不发 10 元以下的部分，包括 5 元，2 元，1 元。

④ 扣零至角：即工资发放时不发 1 元以下的部分，包括 5 角，2 角，1 角。

⑤ 扣零至分：即工资发放时不发 1 角以下的部分，包括 5 分，2 分，1 分。

 温馨提示

(1) 当启动薪资管理系统，如所选择账套为首次使用，系统将自动进入建账向导。

(2) 建账完毕后，可以通过"设置"→"选项"命令进行参数的修改。

3. 人员附加信息

【实验资料】

增加人员附加信息"学历"和"职务"。

【操作步骤】

(1) 在新道 U8＋企业应用平台，点击"业务导航"按钮，在"人力资源"下拉菜单中，执行

"薪资管理→设置→人员附加信息设置"命令,打开"人员附加信息设置"对话框。

(2) 点击"增加"按钮,选择"栏目参照"里的"学历",再点击"增加"按钮。用同样方法继续完成"职务"附加信息的增加,结果如图 4-6 所示,点击"确定"按钮退出。

图 4-6 人员附加信息设置

> 温馨提示
> (1) 除了人员基本信息,为了便于对人员进行更加有效的管理,需要一些辅助管理信息,本功能可用于增加人员附加信息,丰富人员档案的内容。
> (2) 已使用过的人员附加信息不可删除,但可以修改。
> (3) 设置了与人员基础对应关系的附加信息后,对所有工资类别及发放次数中的人员附加信息都有效。

4. 工资项目

【实验资料】

工资项目设置,如表 4-1 所示。

表 4-1 工资项目

工资项目名称	类型	长度	小数	增减项
基本工资	数字	8	2	增项
岗位津贴	数字	8	2	增项
绩效奖金	数字	8	2	增项

(续表)

工资项目名称	类型	长度	小数	增减项
餐补	数字	8	2	增项
加班天数	数字	2	0	其它
加班工资	数字	8	2	增项
缺勤天数	数字	2	0	其它
缺勤扣款	数字	8	2	减项
缴费基数	数字	8	2	其它
基本养老保险	数字	8	2	减项
基本医疗保险	数字	8	2	减项
失业保险费	数字	8	2	减项
住房公积金	数字	8	2	减项

【操作步骤】

(1) 在新道 U8+企业应用平台，点击"业务导航"按钮，在"人力资源"下拉菜单中，执行"薪资管理→设置→工资项目设置"命令，打开"工资项目设置"对话框。工资项目列表中显示了 14 个系统自动生成的工资项目，这些项目不能删除。

(2) 点击"增加"按钮，工资项目列表中增加一空行，从"名称参照"下拉列表中选择"基本工资"，类型、长度、小数和增减项使用默认值。

(3) 点击"增加"按钮，输入工资项目名称为"岗位津贴"，其他均为默认。

(4) 根据实验资料，继续完成其他工资项目的增加。可以利用右侧的"上移""下移"按钮调整工资项目的位置。完成后的工资项目设置，如图 4-7 所示。

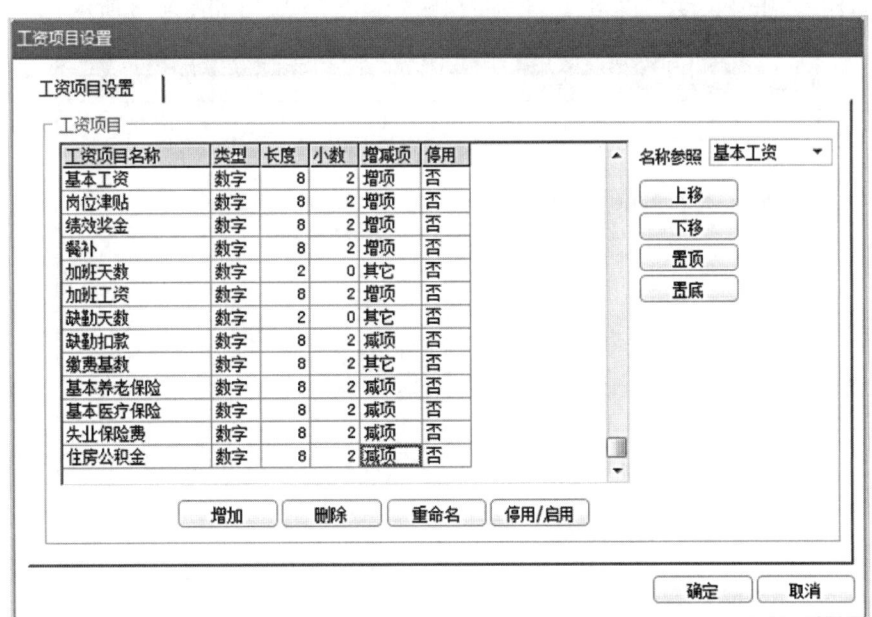

图 4-7 工资项目设置

(5)点击"确定"按钮,弹出"工资项目已经改变,请确认各工资类别的公式是否正确",点击"确定"按钮退出。

> **温馨提示**
> (1)项目名称必须唯一。
> (2)工资项目一经使用,数据类型不允许修改。
> (3)如果在"选项"设置中选择"核算计件工资",则在此界面可以看到"计件工资"项目属性。
> (4)如果在"选项"设置中选择"代扣个人所得税",则在此可以看到"扣税合计""代扣税""代付税"等预置工资项目。

5. 代发工资银行账户信息

【实验资料】

代发工资银行账户信息如下:

银行编码:01001;银行名称:中国工商银行上海建国路支行;个人账户规则:定长;账号长度:18;自动带出账号长度:9。

【操作步骤】

(1)在新道 U8+企业应用平台,点击"业务导航"按钮,在"基础设置"下拉菜单中,执行"基础档案→收付结算→银行档案"命令,打开"银行档案"窗口。

(2)点击工具栏中的"增加"按钮,打开"增加银行档案"对话框。输入"银行编码"为"01001","银行名称"为"中国工商银行上海建国路支行",在个人账户规则中,勾选"定长"前的复选框,输入"账号长度"为"18","自动带出账号长度"为"9",如图 4-8 所示。

图 4-8 增加银行档案

(3) 点击"保存"按钮,再点击"退出"按钮,返回"银行档案"窗口,点击"退出"按钮。

6. 工资类别

【实验资料】

新建"管理人员"和"生产人员"两个工资类别,其中,管理人员类别分布在生产车间以外的所有部门且不核算计件工资,生产人员类别集中在生产车间并核算计件工资。所有类别的税款所属期均为当月。

【操作步骤】

(1) 在新道 U8+企业应用平台,点击"业务导航"按钮,在"人力资源"下拉菜单中,执行"薪资管理→工资类别→新建工资类别"命令,打开"新建工资类别"对话框。

(2) 输入工资类别名称为"管理人员",点击"下一步"按钮,勾选"生产车间"以外的所有部门前的复选框,如图 4-9 所示。

(3) 点击"完成"按钮,弹出"是否以 2024-01-01 为当前工资类别的启用日期?"对话框,点击"是"按钮,此时系统会自动打开新建的工资类别。

(4) 执行"薪资管理→设置→选项"命令,打开"选项"对话框,点击"编辑"按钮,点击"参数设置"选项卡,取消勾选"是否核算计件工资"前的复选框,如图 4-10 所示,点击"扣税设置"选项卡,选择"税款所属期"为"当月",点击"确定"按钮。

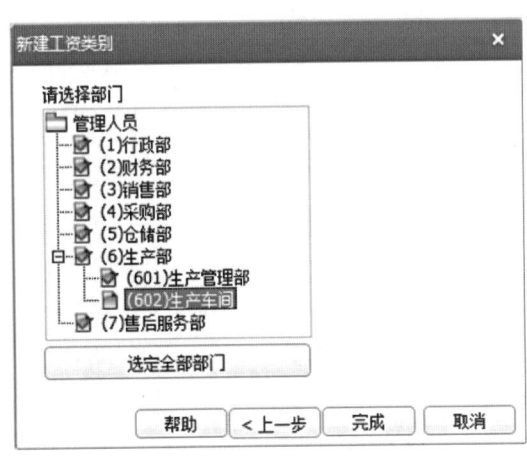

图 4-9 新建工资类别   图 4-10 选项-参数设置

(5) 执行"薪资管理→工资类别→关闭工资类别"命令,弹出"已关闭工资类别"对话框,点击"确定"按钮。

(6) 根据实验资料,继续完成"生产人员"工资类别的建立。

>  **温馨提示**
>
> 系统提供处理多个工资类别管理。新建账套时或在系统选项中选择多个工资类别,即可进入此功能。工资类别是指一套工资账中,根据不同情况而设置的工资数据管理类别。

7. 在职人员档案

【实验资料】

在职人员档案，如表4-2所示。

表4-2 在职人员档案

编码	姓名	人员类别	部门	学历	职务	银行代发账号
1001	林秀	企业管理人员	行政部	硕士	高层	6222011000082212121
1002	梁金	企业管理人员	行政部	本科	普通	6222011000082212122
2001	李媚	企业管理人员	财务部	本科	高层	6222011000082212123
2002	黄文	企业管理人员	财务部	高职	普通	6222011000082212124
2003	杨英	企业管理人员	财务部	本科	普通	6222011000082212125
3001	林以修	销售人员	销售部	本科	高层	6222011000082212126
3002	何华	销售人员	销售部	本科	普通	6222011000082212127
3003	陈诚	销售人员	销售部	高职	普通	6222011000082212128
4001	李欣怡	采购人员	采购部	本科	高层	6222011000543688729
4002	张浩然	采购人员	采购部	高职	普通	6222011000543688730
4003	周大伟	采购人员	采购部	本科	普通	6222011000543688731
5001	赵雄	仓管人员	仓储部	高职	高层	6222011000543688732
5002	陈帅	仓管人员	仓储部	高职	普通	6222011000543688733
5003	肖云	仓管人员	仓储部	高职	普通	6222011000543688734
6001	孙姿	生产管理人员	生产管理部	本科	高层	6222011000543688735
6002	徐婷	生产工人	生产车间	高职	普通	6222011000543688736
6003	朱笑玮	生产工人	生产车间	高职	普通	6222011000543688737
7001	唐杰	销售人员	售后服务部	本科	高层	6222011000543688738
7002	孙兰	销售人员	售后服务部	高职	普通	6222011000543688739

注：所有员工代发银行均为中国工商银行上海建国路支行。

【操作步骤】

（1）在新道U8+企业应用平台，点击"业务导航"按钮，在"人力资源"下拉菜单中，执行"薪资管理→工资类别→打开工资类别"命令，打开"打开工资类别"对话框，选择"管理人员"工资类别，点击"确定"按钮。

（2）执行"薪资管理→设置→人员档案"命令，打开"人员档案"窗口，点击工具栏的"批增"按钮，打开"人员批量增加"对话框。

（3）点击"查询"按钮，如图4-11所示，再点击"确定"按钮，完成人员档案的批量导入。

（4）点击工具栏的"修改"按钮，打开"人员档案明细"对话框，根据实验资料，在"基本信息"选项卡中补充录入"银行名称"和"银行账号"信息，结果如图4-12所示。

项目四 薪资管理系统

图 4-11 人员批量增加

（5）点击"附加信息"选项卡，补充录入"学历"和"职务"信息，设置完成，结果如图 4-13 所示。

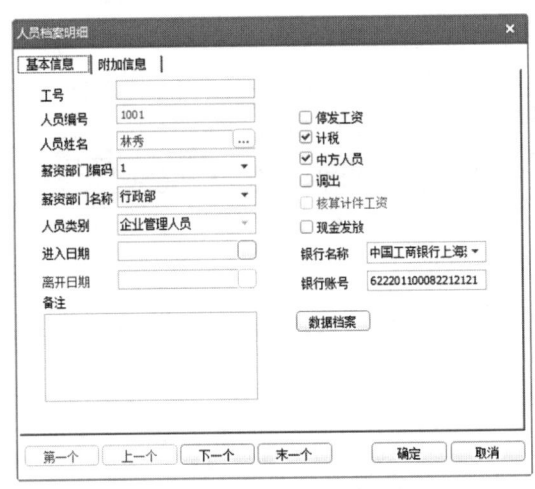

图 4-12 人员档案明细-基本信息

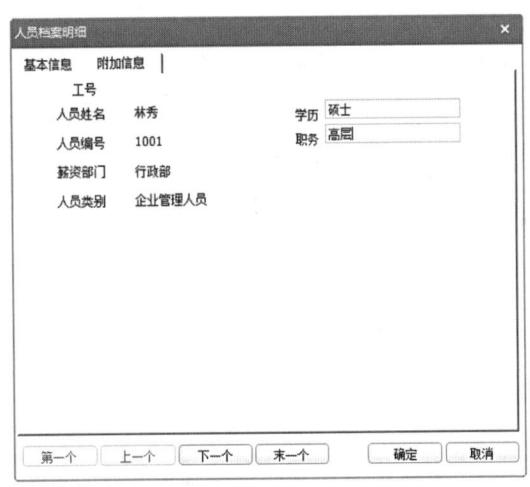

图 4-13 人员档案明细-附加信息

（6）根据实验资料，继续完成其他管理人员档案信息录入，设置完成，结果如图 4-14 所示。

115

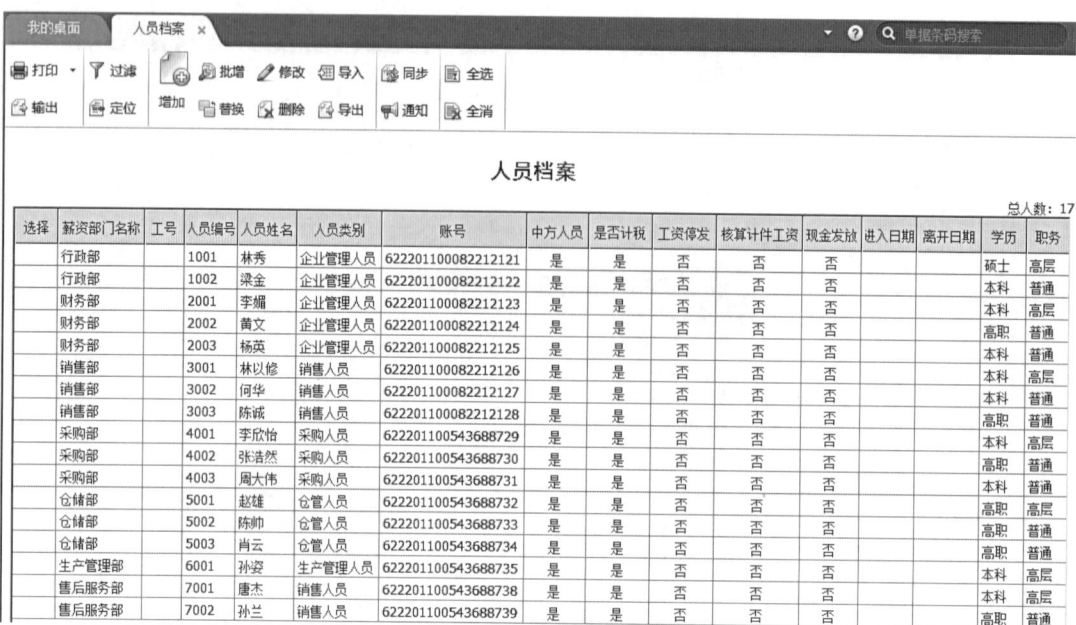

图 4-14 人员档案(管理人员)

（7）在"生产人员"工资类别中，用同样方法完成"生产人员"人员档案信息录入，结果如图 4-15 所示。

图 4-15 人员档案(生产人员)

 温馨提示

（1）人员编号、人员姓名和人员类别来源于公共平台的人员档案信息，薪资管理系统不能修改。要在公共平台中修改，系统会自动将修改信息同步到薪资管理系统。修改路径是"基础档案→机构人员→人员档案"。

（2）已做调出标志的人员，所有档案信息不可修改。调出人员调出当月即不再参与工资发放计算。

8. 工资项目

【实验资料】

（1）管理人员工资项目包括工资账套中所有工资项目，并按照如下顺序进行排序：基本工资、岗位津贴、绩效奖金、餐补、加班天数、加班工资、应发合计、缺勤天数、缺勤扣款、缴费基数、基本养老保险、基本医疗保险、失业保险费、住房公积金、代扣税、扣款合计、实发合计。

（2）生产人员工资项目包括工资账套中缺勤天数、缺勤扣款、缴费基数、基本养老保险、基本医疗保险、失业保险费和住房公积金项目，并按照如下顺序进行排序：计件工资、应发合计、缺勤天数、缺勤扣款、缴费基数、基本养老保险、基本医疗保险、失业保险费、住房公积金、代扣税、扣款合计、实发合计。

【操作步骤】

（1）在"管理人员"工资类别中，执行"薪资管理→设置→工资项目设置"命令，打开"工资项目设置"窗口。

（2）在"工资项目设置"选项卡中，点击"增加"按钮，工资项目列表中增加一空行。从"名称参照"下拉列表中选择所需的工资项目。调整顺序后，结果如图 4-16 所示，点击"确定"按钮。

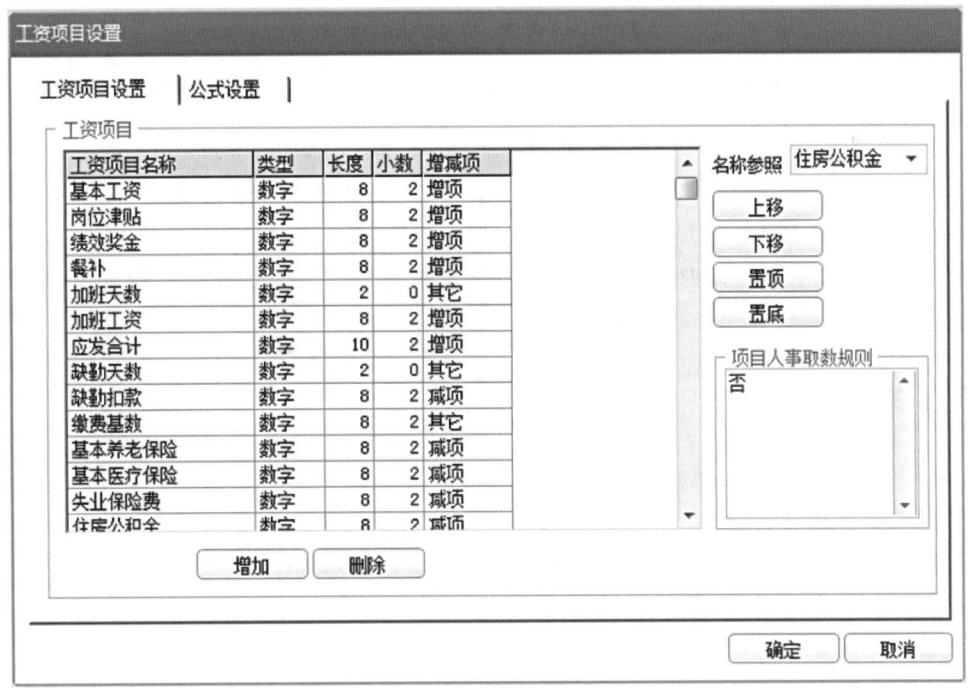

图 4-16　工资项目设置（管理人员）

（3）在"生产人员"工资类别中，用同样方法完成"生产人员"工资项目设置，结果如图 4-17 所示。

图 4-17 工资项目设置(生产人员)

 温馨提示

(1) 在未打开工资类别前,可以设置所有工资项目,打开某一工资类别后,根据该工资类别人员工资项目的需要进行选择,并调整工资项目的位置。

(2) 如果工资项目无法参照增加,则需要关闭工资类别,打开"工资项目设置",新增工资项目后,再打开工资类别进行选择。

9. 公式设置

【实验资料】

(1) 管理人员工资项目的计算公式:

加班工资＝基本工资÷21×加班天数×2

缺勤扣款＝基本工资÷21×缺勤天数

基本养老保险＝缴费基数×8%

基本医疗保险＝缴费基数×2%

失业保险费＝缴费基数×0.5%

住房公积金＝缴费基数×12%

餐补:采购人员和销售人员的餐补标准为每月 500 元,其他人员的餐补标准为每月 300 元。

缴费基数:行政部和财务部人员的缴费基数为 5 360 元,其他人员的缴费基数为

4 800元。

(2) 生产人员工资项目的计算公式：

缺勤扣款＝100×缺勤天数

基本养老保险＝缴费基数×8%

基本医疗保险＝缴费基数×2%

失业保险费＝缴费基数×0.5%

住房公积金＝缴费基数×12%

【操作步骤】

(1) 在"管理人员"工资类别中，执行"薪资管理→设置→工资项目设置"命令，打开"工资项目设置"窗口。

(2) 点击"公式设置"选项卡，点击"增加"按钮，从"工资项目"下拉列表中选择"加班工资"，点击"加班工资公式定义"区，进行公式定义，如图 4-18 所示，点击"公式确认"按钮，完成加班工资的计算公式的设置。

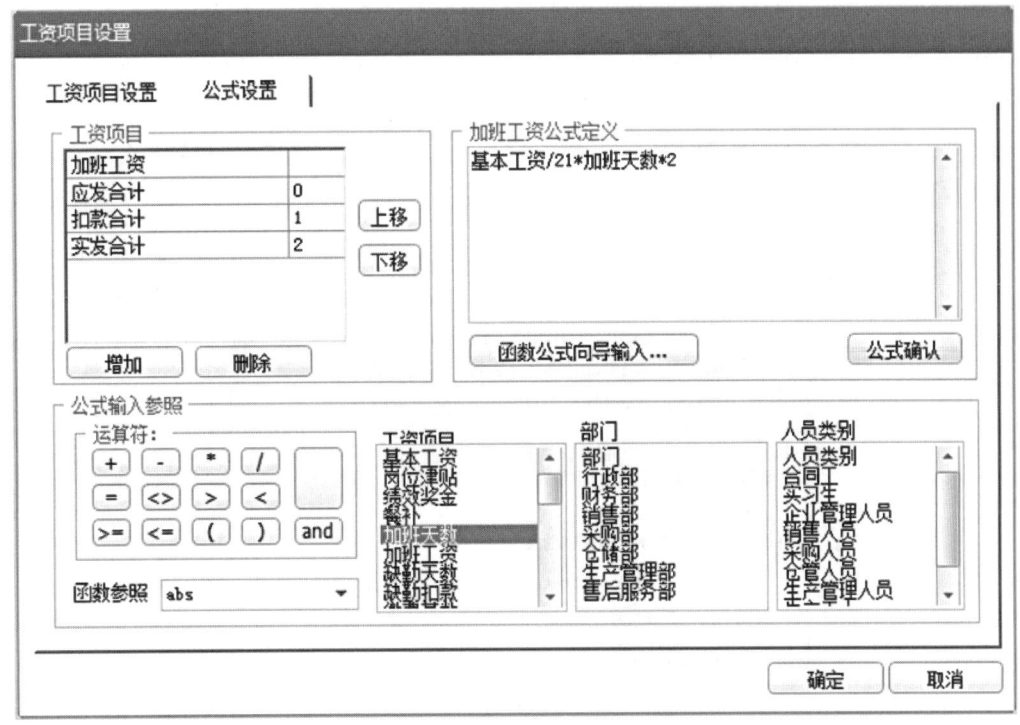

图 4-18　加班工资公式定义

(3) 用同样方法继续设置"缺勤扣款""基本养老保险""基本医疗保险""失业保险"和"住房公积金"的计算公式。

(4) 点击"增加"按钮，从"工资项目"下拉列表中选择"餐补"，点击"函数公式向导输入…"按钮，打开"函数向导——步骤之 1"对话框，选择"函数名"为"iff"，如图 4-19 所示。

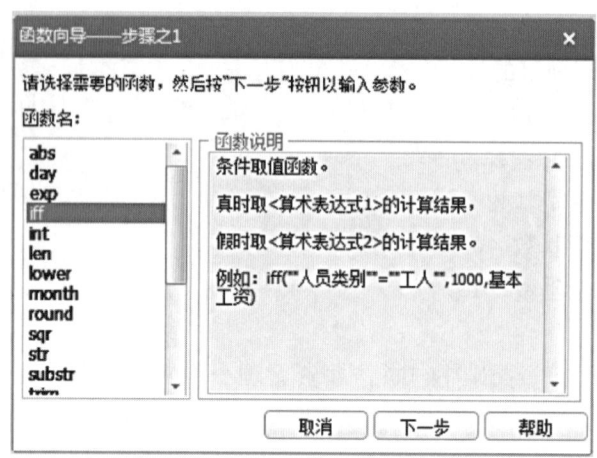

图 4-19　函数向导——步骤之 1

（5）点击"下一步"按钮，打开"函数向导——步骤之 2"对话框，点击"逻辑表达式"右侧"□"按钮，打开"参照"对话框，从"参照列表"下拉列表中选择"人员类别"，从人员类别列表中选择"采购人员"，点击"确定"按钮。

（6）返回"函数向导——步骤之 2"对话框。在"逻辑表达式"文本框中公式后输入"空格"+"or"+"空格"，再点击"逻辑表达式"右侧"□"按钮，打开"参照"对话框，从"参照列表"下拉列表中选择"人员类别"，从人员类别列表中选择"销售人员"，点击"确定"按钮，返回"函数向导——步骤之 2"对话框。

（7）输入"算术表达式 1"为"500"，"算术表达式 2"为"300"，结果如图 4-20 所示。

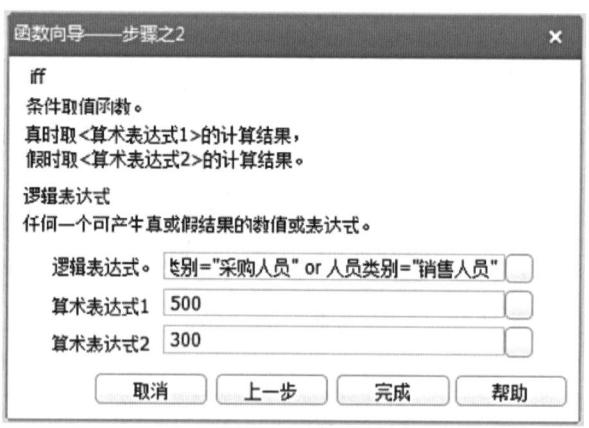

图 4-20　函数向导——步骤之 2

（8）点击"完成"按钮，返回"公式设置"选项卡，如图 4-21 所示。点击"公式确认"按钮保存公式设置。

（9）用同样方法继续设置"缴费基数"的计算公式，如图 4-22 所示。点击"公式确认"按钮保存公式设置。

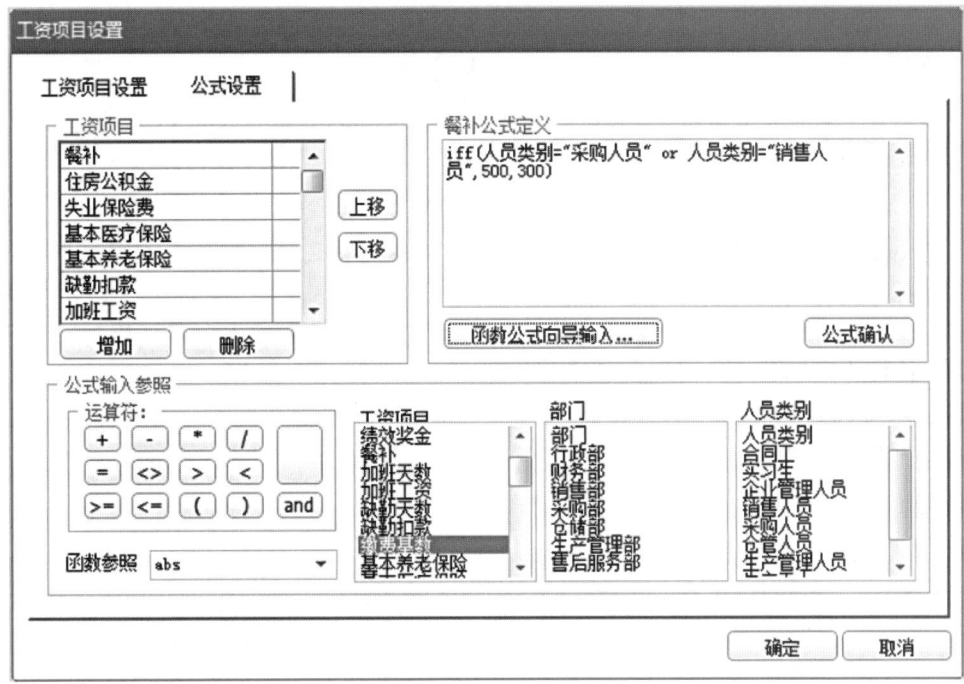

图 4-21 餐补公式定义

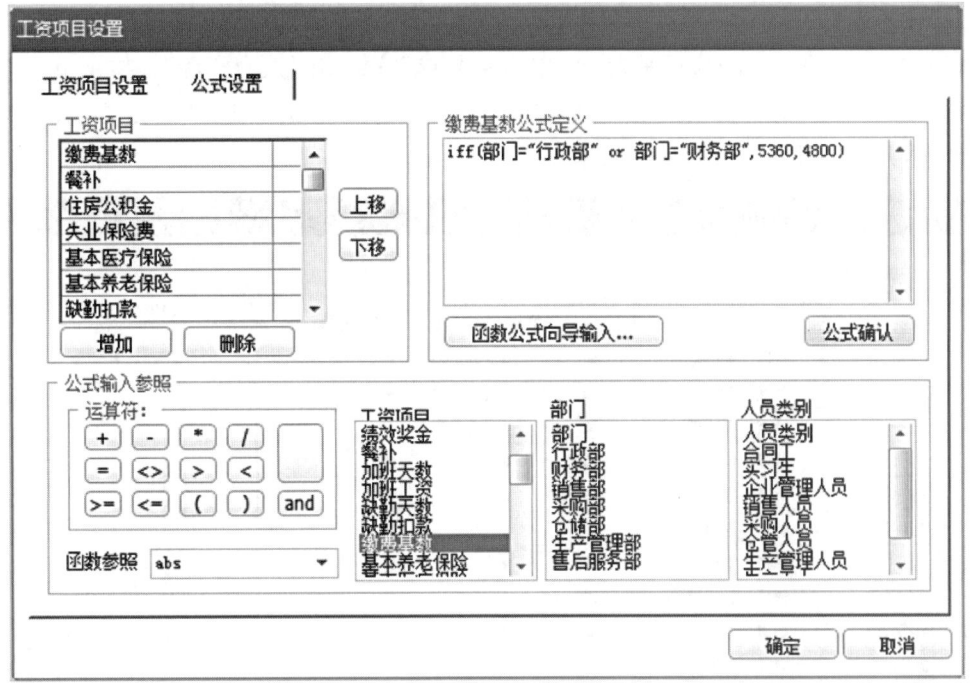

图 4-22 缴费基数公式定义

(10) 点击"确定"按钮,完成"管理人员"工资项目的计算公式设置。
(11) 在"生产人员"工资类别中,用同样方法完成"生产人员"工资项目的计算公式设置。

> **温馨提示**
>
> (1) 如果在公式中有百分号(%)，那么需要以数值方式输入，如8%输入为0.08。
> (2) 定义工资项目计算公式要符合逻辑，系统将对公式进行合法性检查。
> (3) 应发合计、扣款合计和实发合计不用设置公式。
> (4) 定义公式时要注意先后顺序，先得到的数应先设置公式。应发合计、扣款合计和实发合计的公式依次是公式定义框的最后三个公式。

10. 计件工资标准

【实验资料】

计件工资标准：工时。

计件工价，如表4-3所示。

表4-3 计件工价

工序代号	工序说明	计件工价(元/工时)
1	加工	70
2	检验	40

【操作步骤】

(1) 在新道U8+企业应用平台，点击"业务导航"按钮，在"人力资源"下拉菜单中，执行"计件工资→设置→计件要素设置"命令，打开"计件要素设置"对话框，查看是否包括"工序"计件要素，并且"启用"状态为"是"，如图4-23所示。

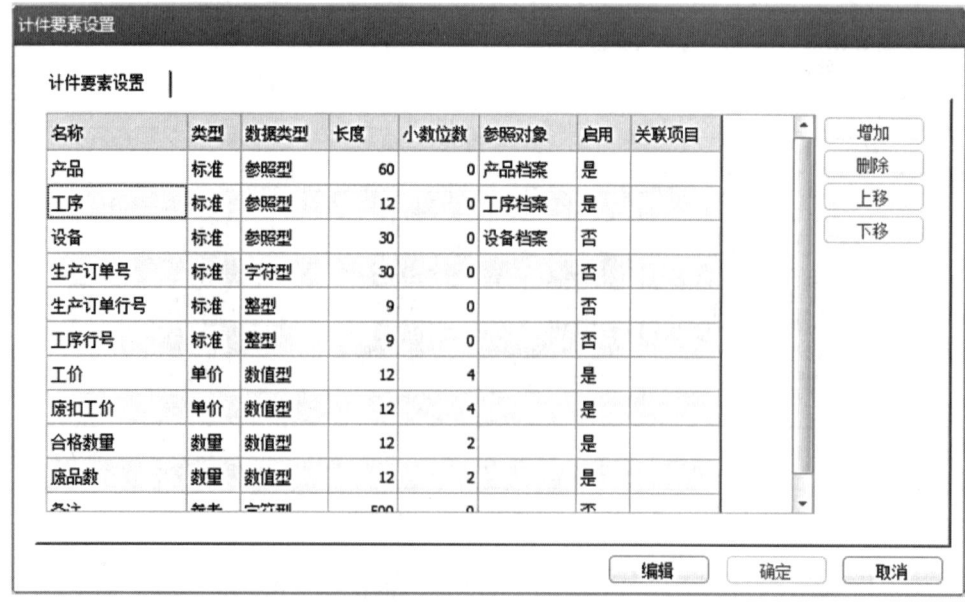

图4-23 计件要素设置

(2) 在"基础设置"下拉菜单中,执行"基础档案→生产制造→标准工序资料维护"命令,打开"标准工序资料维护"窗口,点击工具栏的"增加"按钮,输入"工序代号"为"1","工序说明"为"加工",点击工具栏的"保存"按钮。用同样方法继续增加"检验"工序说明,结果如图 4-24 所示。

图 4-24　标准工序资料维护

(3) 在"人力资源"下拉菜单中,执行"计件工资→设置→计件工价设置"命令,打开"计件工价设置"窗口,点击工具栏的"增加"按钮,选择"工序"为"加工",输入"工价"为"70"。用同样方法继续增加"检验"的"工价"。计件工价完毕,点击工具栏的"保存"按钮。

(4) 勾选需要审核的计件工价记录行,点击工具栏的"审核"按钮,弹出"确定审核选择的记录?"对话框,点击"是"按钮,审核完成后,如图 4-25 所示。

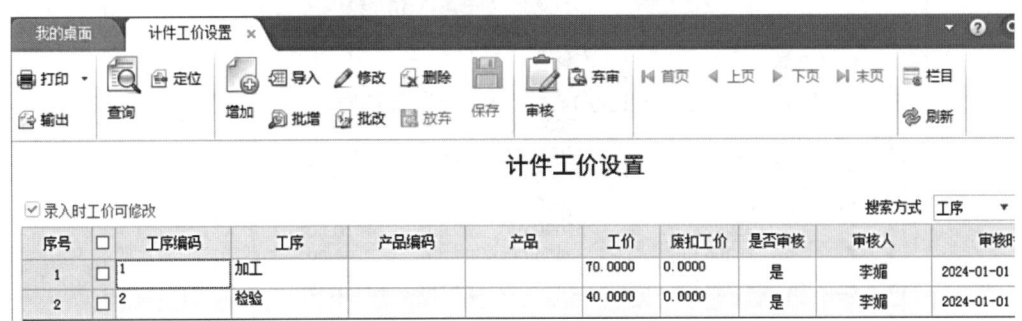

图 4-25　计件工价设置

> **温馨提示**
>
> 计件工价适用于所有工资类别,不需要对每个工资类别分别设置工价。

11. 个人所得税税率设置

【实验资料】

个人所得税免征额为5 000元,个人所得税税率表,如表4-4所示。

表4-4 个人所得税税率表

级数	全月应纳税所得额	税率	速算扣除数
1	不超过3 000元的部分	3%	0
2	超过3 000元至12 000元的部分	10%	210
3	超过12 000元至25 000元的部分	20%	1 410
4	超过25 000元至35 000元的部分	25%	2 660
5	超过35 000元至55 000元的部分	30%	4 410
6	超过55 000元至80 000元的部分	35%	7 160
7	超过80 000元的部分	45%	15 160

【操作步骤】

(1) 在"管理人员"工资类别中,执行"薪资管理→设置→选项"命令,打开"选项"对话框,点击"编辑"按钮。

(2) 点击"扣税设置"选项卡,点击"税率设置"按钮,打开"个人所得税申报表——税率表"对话框,输入"基数"为"5 000","附加费用"为"0",根据实验资料,完成"代扣税"设置,结果如图4-26所示,点击"确定"按钮,返回"选项"对话框,再点击"确定"按钮。

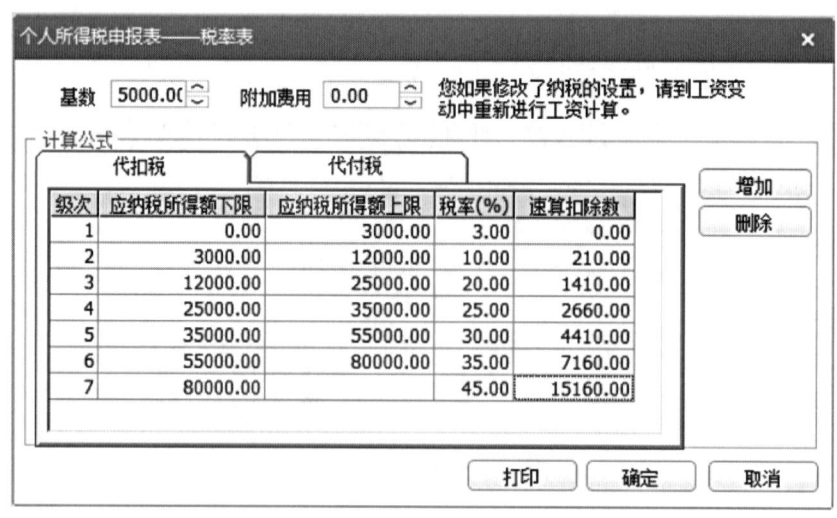

图4-26 个人所得税申报表——税率表

(3) 在"生产人员"工资类别中,用同样方法完成"生产人员"的个人所得税税率设置。

> **温馨提示**
>
> (1) 级数及下限不允许改动。
> (2) 系统设定上一级的上限与下一级的下限相同。
> (3) 用户在删除时,一定要注意不能跨级删除,必须从末级开始删除。
> (4) 税率表只剩一级时将不允许再删除。

任务二　薪资管理系统日常业务

1. 工资数据

1) 管理人员工资变动

【实验资料】

以账套主管[001]李媚的身份登录企业应用平台,登录时间为 2024 年 1 月 31 日。

(1) 管理人员工资数据,如表 4-5 所示。

表 4-5　管理人员工资

编码	姓名	基本工资(元)	岗位津贴(元)	绩效奖金(元)
1001	林秀	8 000.00	2 000.00	4 000.00
1002	梁金	3 000.00	1 000.00	2 500.00
2001	李媚	5 000.00	1 500.00	3 000.00
2002	黄文	3 000.00	1 000.00	2 500.00
2003	杨英	3 000.00	1 000.00	2 500.00
3001	林以修	5 000.00	1 500.00	3 000.00
3002	何华	3 000.00	1 000.00	2 500.00
3003	陈诚	3 000.00	1 000.00	2 500.00
4001	李欣怡	5 000.00	1 500.00	3 000.00
4002	张浩然	3 000.00	1 000.00	2 500.00
4003	周大伟	3 000.00	1 000.00	2 500.00
5001	赵雄	5 000.00	1 500.00	3 000.00
5002	陈帅	3 000.00	1 000.00	2 500.00
5003	肖云	3 000.00	1 000.00	2 500.00
6001	孙姿	5 000.00	1 500.00	3 000.00

(续表)

编码	姓名	基本工资(元)	岗位津贴(元)	绩效奖金(元)
7001	唐杰	5 000.00	1 500.00	3 000.00
7002	孙兰	3 000.00	1 000.00	2 500.00

(2) 管理人员工资变动情况。

考勤情况：何华缺勤2天，唐杰加班1天。

【操作步骤】

(1) 以账套主管[001]李媚的身份登录企业应用平台，登录时间为2024年1月31日。

(2) 在新道U8+企业应用平台，点击"业务导航"按钮，在"人力资源"下拉菜单中，执行"薪资管理→工资类别→打开工资类别"命令，打开"打开工资类别"对话框，选择"管理人员"工资类别，点击"确定"按钮。

(3) 执行"人力资源→薪资管理→业务处理→工资变动"命令，打开"工资变动"窗口，根据实验资料，录入管理人员工资数据，结果如图4-27所示。

图4-27 工资变动(管理人员)

(4) 根据实验资料，录入管理人员的考勤情况。点击工具栏上的"计算"按钮，工资变动结果如图4-28所示。

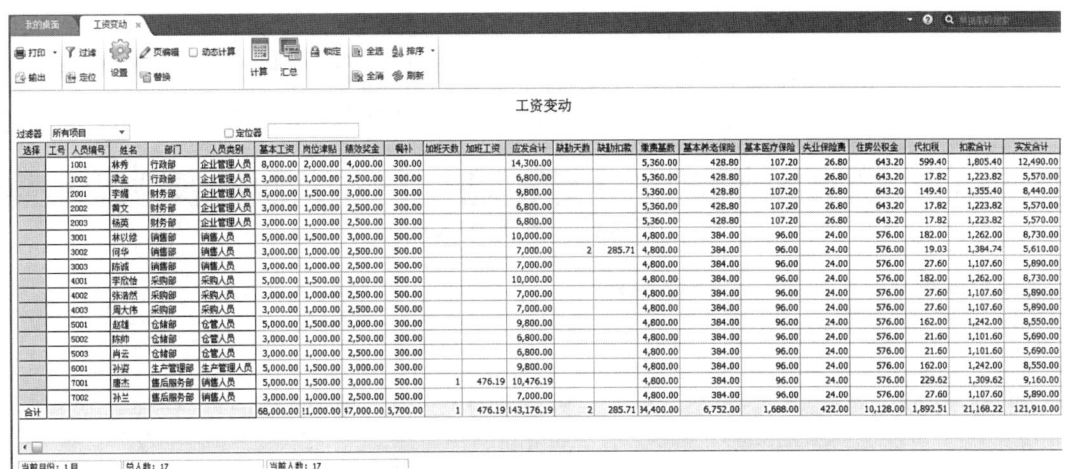

图 4-28 工资变动结果(管理人员)

(5) 点击工具栏上的"汇总"按钮,完成数据汇总,关闭窗口。

> 温馨提示
>
> (1) 若在选项中修改了"税率表"或重新选择了"收入额合计项",则在退出选项设置后,在本功能中执行重新计算功能,否则系统将保留修改个人所得税前的数据状态。
> (2) 若是引用系统预置的应发合计、扣款合计和实发合计等工资项目设置公式时,工资项目的类型应为其他型,避免重复计算造成数据错误。

2) 生产人员工资变动

【实验资料】

(1) 生产人员的工时数据,如表 4-6 所示。

表 4-6 生产人员的工时数据

编码	姓名	计件日期	工序	工时
6002	徐婷	2024-01-31	加工	170
6003	朱笑玮	2024-01-31	检验	240

(2) 生产人员工资变动情况。

缴费基数:所有生产人员的缴费基数为 5 000 元。

【操作步骤】

(1) 在新道 U8+企业应用平台,点击"业务导航"按钮,在"人力资源"下拉菜单中,执行"人力资源→薪资管理→工资类别→打开工资类别"命令,打开"打开工资类别"对话框,选择"生产人员"工资类别,点击"确定"按钮。

(2) 执行"人力资源→计件工资→个人计件→计件工资录入"命令,打开"计件工资录入"窗口,点击工具栏上的"批增→人员录入"按钮,打开"批量增加计件工资(人员)"窗口,输入“人员编码”为“6002”,选择“计件日期”为“2024-01-31”。

(3) 点击“增行”按钮,输入“工序编码”为“1”,“数量”为“170”,点击“计算”按钮,结果如图 4-29 所示,点击“确定”按钮返回。用同样方法继续录入朱笑玮的计件工资数据。

序号	工序编码	工序	产品编码	产品	工价	废扣工价	数量	废品数	计件工资	工废扣款	个人计...
1	1	加工			70.0000	0.0000	170.00	0.00	11900.00	0.00	11900.00
合计							170.00	0.00	11900.00	0.00	11900.00

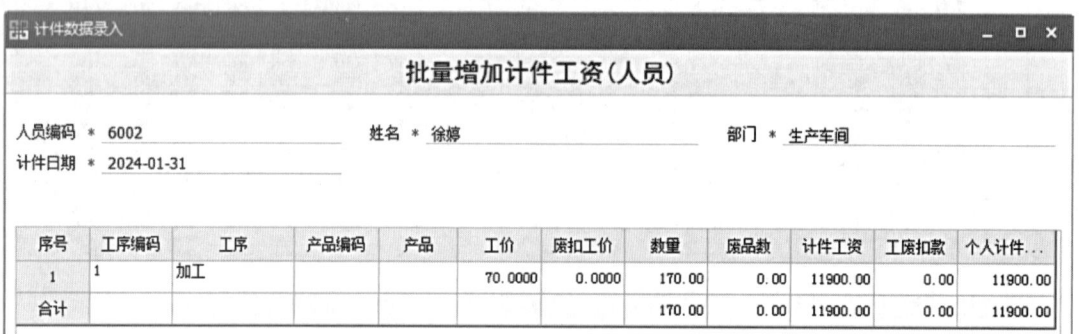

图 4-29 计价工资录入

(4) 全部录入完成后,再点击工具栏上的“审核→全部审核”,审核完成,如图 4-30 所示,关闭窗口。

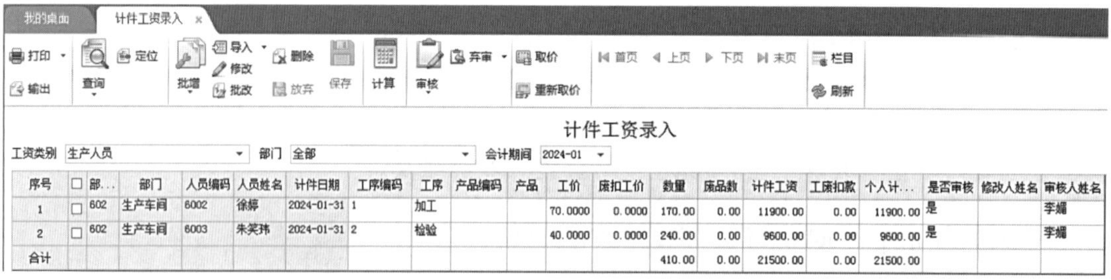

序号	□	部...	部门	人员编码	人员姓名	计件日期	工序编码	工序	产品编码	产品	工价	废扣工价	数量	废品数	计件工资	工废扣款	个人计...	是否审核	修改人姓名	审核人姓名
1	□	602	生产车间	6002	徐婷	2024-01-31	1	加工			70.0000	0.0000	170.00	0.00	11900.00	0.00	11900.00	是		李媚
2	□	602	生产车间	6003	朱笑玮	2024-01-31	2	检验			40.0000	0.0000	240.00	0.00	9600.00	0.00	9600.00	是		李媚
合计													410.00	0.00	21500.00	0.00	21500.00			

图 4-30 计价工资审核

(5) 执行“人力资源→计件工资→汇总→计件工资汇总”命令,打开“计件工资汇总”窗口,选择“工资类别”为“生产人员”,点击工具栏上的“汇总”按钮,汇总结果,如图 4-31 所示,关闭窗口。

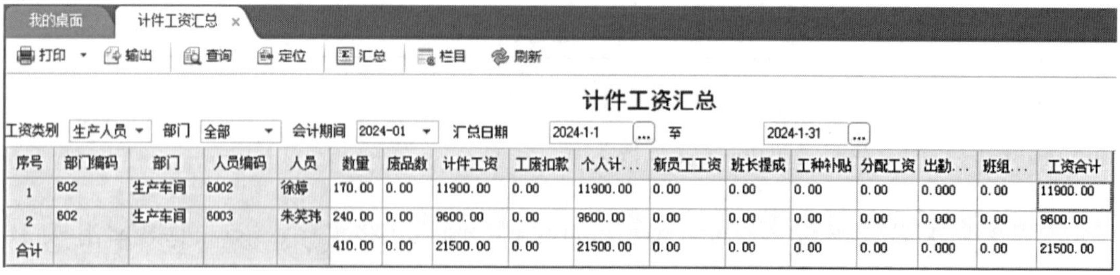

序号	部门编码	部门	人员编码	人员	数量	废品数	计件工资	工废扣款	个人计...	新员工工资	班长提成	工种补贴	分配工资	出勤...	班组...	工资合计
1	602	生产车间	6002	徐婷	170.00	0.00	11900.00	0.00	11900.00	0.00	0.00	0.00	0.00	0.000	0.00	11900.00
2	602	生产车间	6003	朱笑玮	240.00	0.00	9600.00	0.00	9600.00	0.00	0.00	0.00	0.00	0.000	0.00	9600.00
合计					410.00	0.00	21500.00	0.00	21500.00	0.00	0.00	0.00	0.00	0.000	0.00	21500.00

图 4-31 计价工资汇总

(6) 执行“人力资源→薪资管理→业务处理→工资变动”命令,打开“工资变动”窗口,点击“工具栏”的“全选”按钮,再“替换”按钮,在“将工资项目”下拉列表中选择“缴费基数”,输入"替换成"为"5 000",点击"确定"按钮,弹出"数据替换后将不可恢复"对话框,点击"是"按钮,弹出"2条记录被替换,是否重新计算?",点击"是"按钮。

(7) 点击工具栏上的"计算"按钮,再点击"汇总"按钮,完成数据汇总,工资变动结果,如图4-32所示。

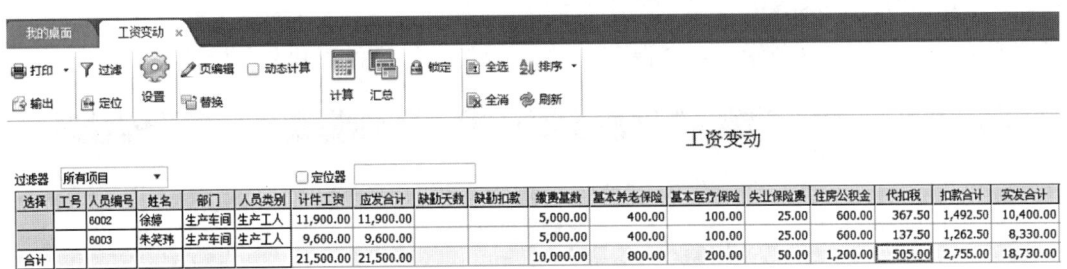

图 4-32　工资变动结果(生产人员)

2. 工资分摊

1) 工资分摊科目

【实验资料】

工资分摊科目设置,如表4-7所示。

表 4-7　工资分摊科目

部门名称	人员类别	应付工资 (分摊计提比例100%)		应付福利费 (分摊计提比例14%)	
		借方科目	贷方科目	借方科目	贷方科目
行政部、财务部	企业管理人员	660201 管理费用—— 职工薪酬	221101 应付职工 薪酬—— 职工工资	660201 管理费用—— 职工薪酬	221102 应付职工 薪酬—— 福利费
销售部、售后 服务部	销售人员	660101 销售费用—— 职工薪酬		660101 销售费用—— 职工薪酬	
采购部	采购人员	660201 管理费用—— 职工薪酬		660201 管理费用—— 职工薪酬	
仓储部	仓管人员	660201 管理费用—— 职工薪酬		660201 管理费用—— 职工薪酬	
生产管理部	生产管理人员	5101 制造费用		5101 制造费用	
生产车间	生产工人	500102 生产成本—— 直接人工 (项目:美轮 电视机)		500102 生产成本—— 直接人工 (项目:美轮 电视机)	

【操作步骤】

(1) 在"管理人员"工资类别中,执行"人力资源→薪资管理→设置→分摊类型设置"命令,打开"分摊类型设置"窗口,点击"增加"按钮,输入"分摊类型名称"为"应付工资","分摊比例%"为"100","凭证类别字"选择"转"。

(2) 双击"部门名称"栏,点击"部门名称"栏后面的"☐"按钮,根据实验资料进行设置,设置完成后,如图 4-33 所示,点击"保存"按钮。继续设置应付福利费分摊计提项目。

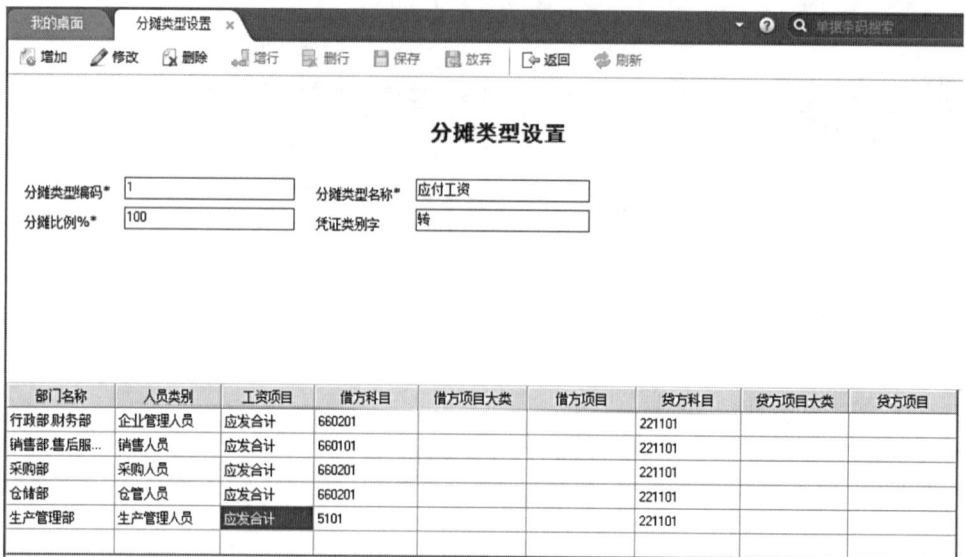

图 4-33 分摊类型设置(管理人员)

(3) 在"生产人员"工资类别中,用同样方法完成"生产人员"的工资分摊设置,如图 4-34 所示。

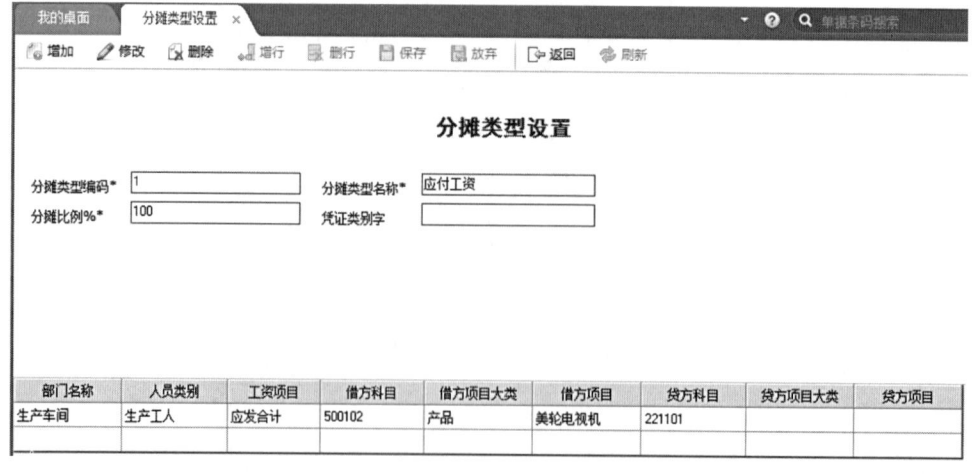

图 4-34 分摊类型设置(生产人员)

2) 生成工资分摊凭证

【实验资料】

根据工资分摊科目设置,生成工资分摊凭证。

【操作步骤】

(1) 在"管理人员"工资类别中,执行"人力资源→薪资管理→业务处理→工资分摊"命令,打开"工资分摊"对话框,勾选"应付工资"前的复选框,确定分摊计提的月份为"2024-1"。

(2) 选择核算部门为"行政部、财务部、销售部、采购部、仓储部、生产管理部、售后服务部",选择计提分配方式为"分配到部门",勾选"明细到工资项目"前的复选框,如图4-35所示,点击"确定"按钮。

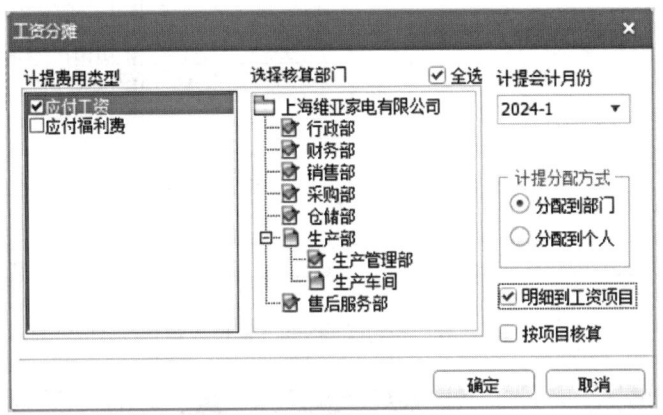

图 4-35　工资分摊(管理人员)

(3) 打开"应付工资一览表"窗口,勾选"合并科目相同、辅助项相同的分录"前的复选框,如图4-36所示,再点击工具栏上的"制单"按钮。

部门名称	人员类别	应发合计		
		分配金额	借方科目	贷方科目
行政部	企业管理人员	21100.00	660201	221101
财务部	企业管理人员	23400.00	660201	221101
销售部	销售人员	24000.00	660101	221101
采购部	采购人员	24000.00	660201	221101
仓储部	仓管人员	23400.00	660201	221101
生产管理部	生产管理人员	9800.00	5101	221101
售后服务部	销售人员	17476.19	660101	221101

图 4-36　应付工资一览表

(4) 打开"填制凭证"窗口，选择凭证类别为"转账凭证"，点击工具栏上的"保存"按钮，如图4-37所示。继续生成"应付福利费"凭证，如图4-38所示。

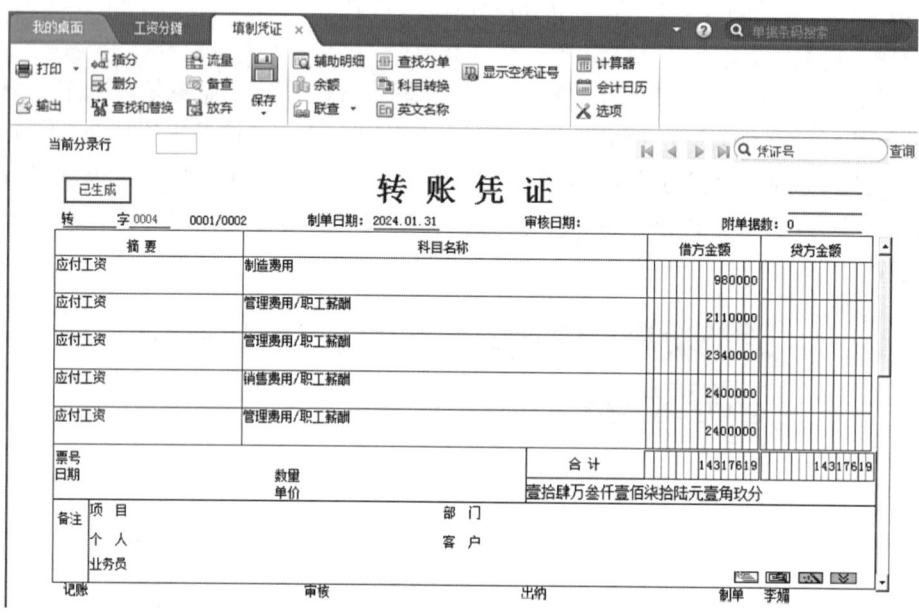

图4-37 应付工资凭证（管理人员）

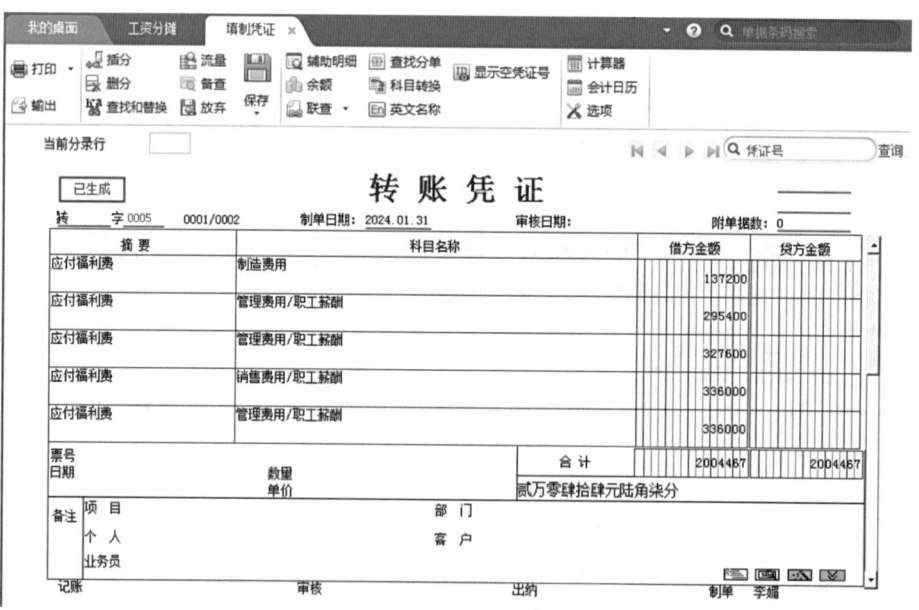

图4-38 应付福利费凭证（管理人员）

(5) 在"生产人员"工资类别中，用同样方法生成"应付工资"和"应付福利费"凭证，选中"生产成本——直接人工"科目所在行，在"项目"处双击，弹出"辅助项"对话框，选择项目名称为"美轮电视机"。凭证结果，如图4-39和图4-40所示。

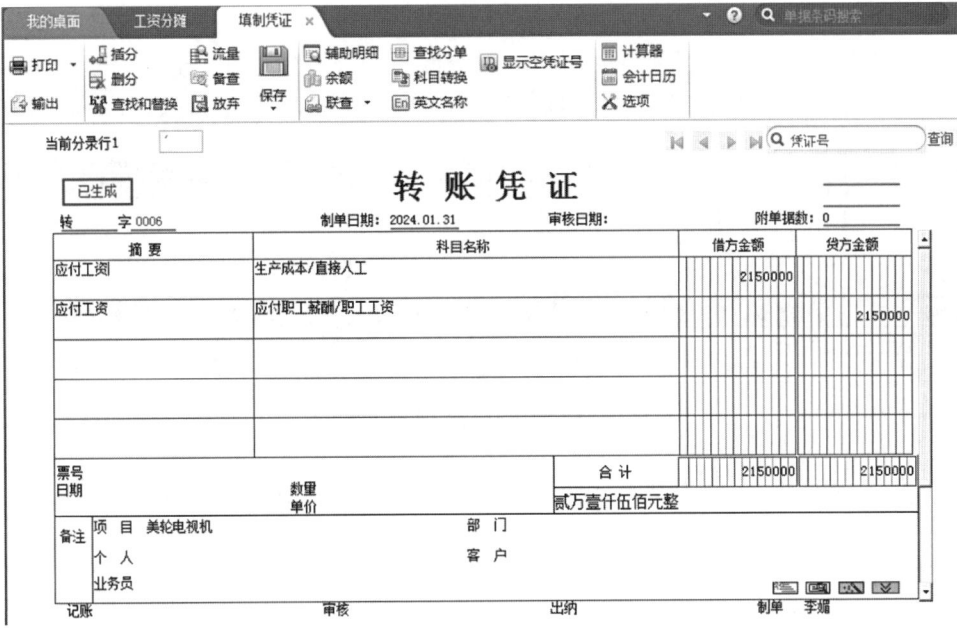

图 4-39　应付工资凭证(生产人员)

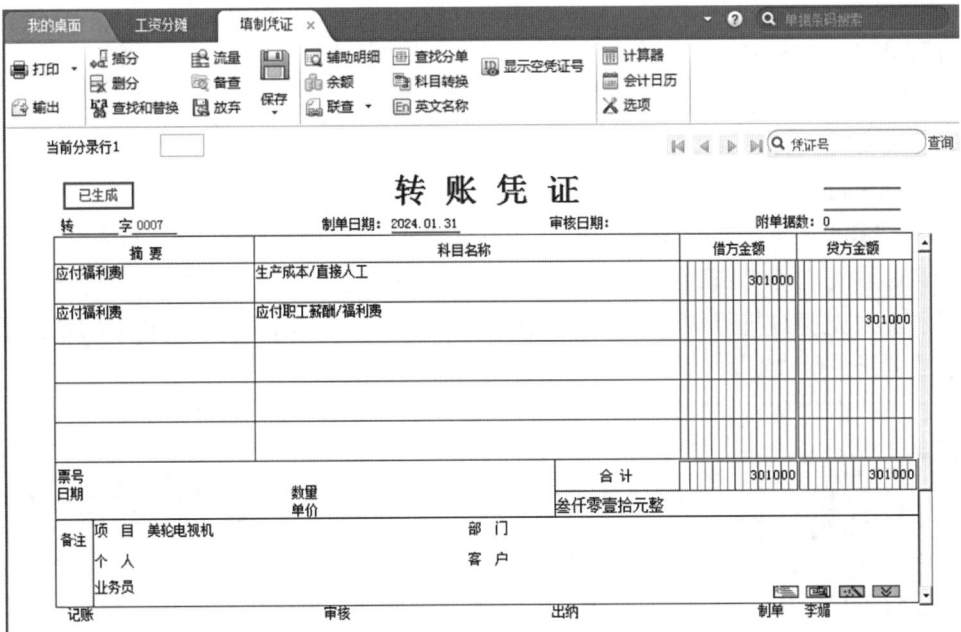

图 4-40　应付福利费凭证(生产人员)

3. 账表查询

1) 查询凭证

【实验资料】

查询薪资管理系统生成的凭证。

【操作步骤】

(1) 在"管理人员"工资类别中,执行"人力资源→薪资管理→凭证查询→凭证查询"命令,打开"凭证查询条件"对话框,点击"确定"按钮,打开"凭证查询"窗口,如图4-41所示。

图 4-41 凭证查询(管理人员)

(2) 在"生产人员"工资类别中,用同样方法查询薪资管理系统生成的凭证。

温馨提示

薪资管理系统生成的凭证可以在薪资管理系统中进行查看、修改、删除和冲销等操作,在总账系统中能查看、审核、签字和记账,但不能修改和删除。

2) 查询工资发放条

【实验资料】

查询工资发放条。

【操作步骤】

(1) 在"管理人员"工资类别中,执行"人力资源→薪资管理→账表→工资表"命令,打开"工资表"对话框,选择"工资发放条",点击"查看"按钮。

(2) 打开"选择分析部门"对话框,选中各个部门,勾选"选定下级部门"前的复选框,点击"确定"按钮,打开"工资发放条"窗口,如图4-42所示。

工资发放条
2024年01月

部门 全部　　会计月份 一月

人员编号	姓名	基本工资	岗位津贴	绩效奖金	餐补	加班天数	加班工资	应发合计	缺勤天数	缺勤扣款	缴费基数	基本养老保险	基本医疗保险	失业保险费	住房公积金	代扣税	扣款合计	实发合计
1001	林秀	8,000.00	2,000.00	4,000.00	300.00			14,300.00			5,360.00	428.80	107.20	26.80	643.20	599.40	1,805.40	12,490.00
1002	梁金	3,000.00	1,000.00	2,500.00	300.00			6,800.00			5,360.00	428.80	107.20	26.80	643.20	17.82	1,223.82	5,570.00
2001	李媚	5,000.00	1,500.00	3,000.00	300.00			9,800.00			5,360.00	428.80	107.20	26.80	643.20	149.40	1,355.40	8,440.00
2002	黄文	3,000.00	1,000.00	2,500.00	300.00			6,800.00			5,360.00	428.80	107.20	26.80	643.20	17.82	1,223.82	5,570.00
2003	杨英	3,000.00	1,000.00	2,500.00	300.00			6,800.00			5,360.00	428.80	107.20	26.80	643.20	17.82	1,223.82	5,570.00
3001	林以馆	5,000.00	1,500.00	3,000.00	500.00			10,000.00			4,800.00	384.00	96.00	24.00	576.00	182.00	1,262.00	8,730.00
3002	何华	3,000.00	1,000.00	2,500.00	500.00			7,000.00	2	285.71	4,800.00	384.00	96.00	24.00	576.00	19.03	1,384.74	5,610.00
3003	陈斌	3,000.00	1,000.00	2,500.00	500.00			7,000.00			4,800.00	384.00	96.00	24.00	576.00	27.60	1,107.60	5,890.00
4001	李欣怡	5,000.00	1,500.00	3,000.00	500.00			10,000.00			4,800.00	384.00	96.00	24.00	576.00	182.00	1,262.00	8,730.00
4002	张浩然	3,000.00	1,000.00	2,500.00	500.00			7,000.00			4,800.00	384.00	96.00	24.00	576.00	27.60	1,107.60	5,890.00
4003	周大伟	3,000.00	1,000.00	2,500.00	500.00			7,000.00			4,800.00	384.00	96.00	24.00	576.00	27.60	1,107.60	5,890.00
5001	赵雄	5,000.00	1,500.00	3,000.00	300.00			9,800.00			4,800.00	384.00	96.00	24.00	576.00	162.00	1,242.00	8,550.00
5002	陈帅	3,000.00	1,000.00	2,500.00	300.00			6,800.00			4,800.00	384.00	96.00	24.00	576.00	21.60	1,101.60	5,690.00
5003	尚云	3,000.00	1,000.00	2,500.00	300.00			6,800.00			4,800.00	384.00	96.00	24.00	576.00	21.60	1,101.60	5,690.00
6001	孙萍	5,000.00	1,500.00	3,000.00	300.00			9,800.00			4,800.00	384.00	96.00	24.00	576.00	162.00	1,242.00	8,550.00
7001	唐杰	5,000.00	1,500.00	3,000.00	500.00	1	476.19	10,476.19			4,800.00	384.00	96.00	24.00	576.00	229.62	1,309.62	9,160.00
7002	孙兰	3,000.00	1,000.00	2,500.00	300.00			6,800.00			4,800.00	384.00	96.00	24.00	576.00	27.60	1,107.60	5,890.00
合计		68,000.00	21,000.00	47,000.00	6,700.00	1	476.19	143,176.19	2	285.71	84,400.00	6,752.00	1,688.00	422.00	10,128.00	1,892.51	21,168.22	121,910.00

图 4-42 工资发放条(管理人员)

(3) 在"生产人员"工资类别中,用同样方法查询工资发放条。

3) 查询部门工资汇总表

【实验资料】

查询部门工资汇总表。

【操作步骤】

(1) 在"管理人员"工资类别中,执行"人力资源→薪资管理→账表→工资表"命令,打开"工资表"对话框,选择"部门工资汇总表",点击"查看"按钮。

(2) 打开"部门工资汇总表"对话框,选中各个部门,勾选"选定下级部门"前的复选框,点击"确定"按钮。

(3) 打开"部门工资汇总表"对话框,默认"请选择部门范围…"为"一级部门""二级部门",点击"确定"按钮,打开"部门工资汇总表"窗口,如图4-43所示。

部门工资汇总表
2024 年 1月

部门	人数	基本工资	岗位津贴	绩效奖金	餐补	加班天数	加班工资	应发合计	缺勤天数	缺勤扣款	缴费基数	基本养老保险	基本医疗保险	失业保险费	住房公积金	代扣税	扣款合计	实发合计
行政部	2	11,000.00	3,000.00	6,500.00	600.00			21,100.00			10,720.00	857.60	214.40	53.60	1,286.40	617.22	3,029.22	18,060.00
财务部	3	11,000.00	3,500.00	8,000.00	900.00			23,400.00			16,080.00	1,286.40	321.60	80.40	1,929.60	185.04	3,803.04	19,580.00
销售部	3	11,000.00	3,500.00	8,000.00	1,500.00			24,000.00	2	285.71	14,400.00	1,152.00	288.00	72.00	1,728.00	228.63	3,754.34	20,230.00
采购部	3	11,000.00	3,500.00	8,000.00	1,500.00			24,000.00			14,400.00	1,152.00	288.00	72.00	1,728.00	237.20	3,477.20	20,510.00
仓储部	3	11,000.00	3,500.00	8,000.00	900.00			23,400.00			14,400.00	1,152.00	288.00	72.00	1,728.00	205.20	3,445.20	19,930.00
生产部	1	5,000.00	1,500.00	3,000.00	300.00			9,800.00			4,800.00	384.00	96.00	24.00	576.00	162.00	1,242.00	8,550.00
生产管理部	1	5,000.00	1,500.00	3,000.00	300.00			9,800.00			4,800.00	384.00	96.00	24.00	576.00	162.00	1,242.00	8,550.00
售后服务部	2	8,000.00	2,500.00	5,500.00	1,000.00	1	476.19	17,476.19			9,600.00	768.00	192.00	48.00	1,152.00	257.22	2,417.22	15,050.00
合计	17	68,000.00	21,000.00	47,000.00	6,700.00	1	476.19	143,176.19	2	285.71	84,400.00	6,752.00	1,688.00	422.00	10,128.00	1,892.51	21,168.22	121,910.00

图4-43 部门工资汇总表(管理人员)

(4) 在"生产人员"工资类别中,用同样方法查询部门工资汇总表。

4) 查询工资项目分析表

【实验资料】

查询工资项目分析表。

【操作步骤】

(1) 在"管理人员"工资类别中,执行"人力资源→薪资管理→账表→工资分析表"命令,打开"工资分析表"对话框,选择"工资项目分析表(按部门)",点击"确定"按钮。

(2) 打开"请选择分析部门"对话框,选中各个部门,勾选"选定下级部门"前的复选框,点击"确定"按钮。

(3) 打开"分析表选项"对话框,点击">>"按钮,选中所有的薪资项目内容,点击"确定"按钮,打开"工资项目分析表(按部门)"窗口,如图4-44所示。

(4) 在"生产人员"工资类别中,用同样方法查询工资项目分析表。

工资项目分析（按部门）
2024年度1月

部门：行政部

项目	1月	月均	年度合计
基本工资	11,000.00	11,000.00	11,000.00
岗位津贴	3,000.00	3,000.00	3,000.00
绩效奖金	6,500.00	6,500.00	6,500.00
餐补	600.00	600.00	600.00
加班天数			
加班工资			
应发合计	21,100.00	21,100.00	21,100.00
缺勤天数			
缺勤扣款			
缴费基数	10,720.00	10,720.00	10,720.00
基本养老保	857.60	857.60	857.60
基本医疗保	214.40	214.40	214.40
失业保险费	53.60	53.60	53.60
住房公积金	1,286.40	1,286.40	1,286.40
代扣税	617.22	617.22	617.22
扣款合计	3,029.22	3,029.22	3,029.22
实发合计	18,060.00	18,060.00	18,060.00
本月扣零	10.78	10.78	10.78
上月扣零			
代付税			
年终奖			
年终奖代扣			
工资代扣税	617.22	617.22	617.22
扣税合计	617.22	617.22	617.22
年终奖代付			
工资代付税			

图 4-44　工资项目分析表（按部门）（管理人员）

任务三　薪资管理系统期末业务

1. 工资类别汇总

【实验资料】

以账套主管[001]李媚的身份登录企业应用平台，登录时间为 2024 年 1 月 31 日，进行工资类别汇总。

【操作步骤】

（1）在新道 U8＋企业应用平台，点击"业务导航"按钮，在"人力资源"下拉菜单中，执行"薪资管理→工资类别→关闭工资类别"命令，弹出"已关闭工资类别"对话框，点击"确定"按钮。

（2）执行"人力资源→薪资管理→维护→工资类别汇总"命令，打开"工资类别汇总"对话框，勾选"管理人员（001）"和"生产人员（002）"前的复选框，如图4-45所示，点击"确定"按钮，完成工资类别汇总。

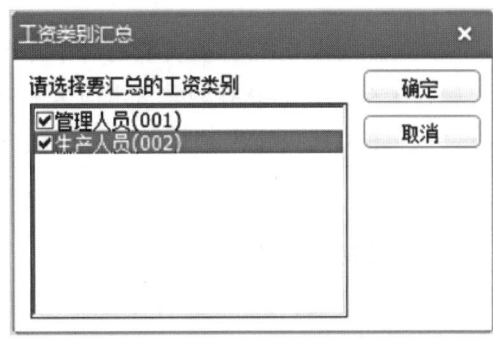

图4-45　工资类别汇总

（3）执行"人力资源→薪资管理→工资类别→打开工资类别"命令，打开"打开工资类别"对话框，选择"998汇总工资类别"，点击"确定"按钮，查看工资类别汇总后的各项数据。

2. 月末处理

【实验资料】

月末处理，将绩效奖金、加班天数和缺勤天数选择为月末清零项目。

【操作步骤】

（1）在"管理人员"工资类别中，执行"人力资源→薪资管理→业务处理→月末处理"命令，打开"月末处理"对话框，点击"确定"按钮，弹出"月末处理之后，本月工资将不许变动！"对话框，点击"是"按钮，弹出"是否选择清零项？"对话框，点击"是"按钮。

（2）打开"选择清零项目"对话框，选择"绩效奖金""加班天数""缺勤天数"，点击">"按钮，将所选项目移动到右侧的列表框，如图4-46所示，点击"确定"按钮，弹出"月末处理完毕！"，点击"确定"按钮。

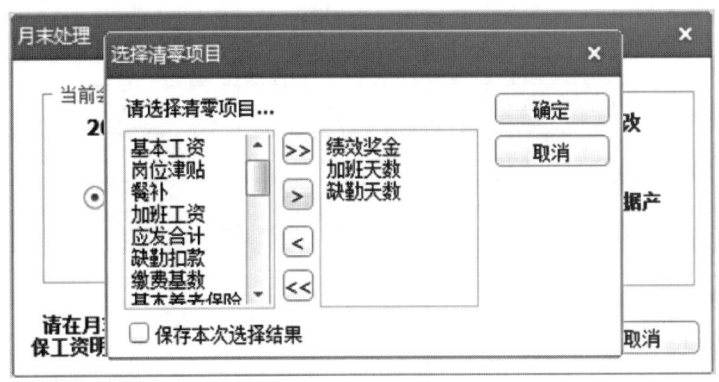

图4-46　选择清零项目

（3）在"生产人员"工资类别中，用同样方法完成生产人员的月末处理。

> 温馨提示
>
> （1）月末处理多个工资类别，若未打开工资类别，则进入月结批量处理；若打开具体工资类别，则对当前工资类别（发放次数）进行月末结算。
>
> （2）若本月工资数据未汇总，系统将不允许进行月末结转。

(3) 进行期末处理后,当月数据将不再允许变动。
(4) 月末结账后,选择的需清零的工资项系统将予以保存,不用每月再重新选择。
(5) 月末处理功能只有主管人员才能执行。

【项目实验】

1. 薪资管理系统初始化

以账套主管[701]孙辉的身份登录企业应用平台,登录时间为2024年1月1日。

1）启用系统

启用薪资管理系统和计件工资管理系统,启用日期为2024年1月1日。

2）建立工资套

薪资管理系统子账套建账日期为2024年1月1日,薪资管理系统工资类别为"多个",工资核算本位币为人民币,选择核算计件工资,企业从工资中代扣个人所得税,进行扣零处理且扣零至角,系统对员工进行统一编号,人员编码同公共平台的人员编码保持一致。

3）人员附加信息

增加人员附加信息"学历"和"性别"。

4）工资项目

工资项目设置,如表4-8所示。

表4-8 工资项目

工资项目名称	类型	长度	小数	增减项
基本工资	数字	8	2	增项
绩效奖金	数字	8	2	增项
交通补贴	数字	8	2	增项
缺勤天数	数字	2	0	其它
缺勤扣款	数字	8	2	减项
缴费基数	数字	8	2	其它
社会保险费	数字	8	2	减项
住房公积金	数字	8	2	减项

5）代发工资银行账户信息

代发工资银行账户信息如下：

银行编码:04001;银行名称:中国农业银行广州中途路支行;个人账户规则:定长;账号长度:18;自动带出账号长度:9。

6）工资类别

新建"管理人员"和"生产人员"两个工资类别,其中,管理人员类别分布在生产车间以外的所有部门且不核算计件工资,生产人员类别集中在生产车间并核算计件工资。所有类别的税款所属期均为当月。

7) 在职人员档案

在职人员档案,如表 4-9 所示。

表 4-9 在职人员档案

编码	姓名	人员类别	部门	学历	性别	银行代发账号
1001	易盛菲	企业管理人员	总经理办公室	硕士	女	6228450000070512121
1002	吴子涵	企业管理人员	总经理办公室	本科	女	6228450000070512122
2001	孙辉	企业管理人员	财务部	本科	男	6228450000070512123
2002	马文	企业管理人员	财务部	高职	男	6228450000070512124
2003	林竣威	企业管理人员	财务部	本科	男	6228450000070512125
3001	李明杰	销售人员	销售部	本科	男	6228450000070512126
3002	蔡欣怡	销售人员	销售部	本科	女	6228450000070512127
4001	李国芳	采购人员	采购部	本科	女	6228450000070512128
4002	郑赫	采购人员	采购部	高职	男	6228450000070512129
5001	李梓涵	仓管人员	仓储部	本科	男	6228450000070512130
5002	黄蓉	仓管人员	仓储部	高职	女	6228450000070512131
6001	康薇	车间管理人员	车间管理部	高职	女	6228450000070512132
6002	刘大力	生产工人	生产车间	高职	男	6228450000070512133
6003	郑明月	生产工人	生产车间	高职	女	6228450000070512134
7001	孙晓刚	销售人员	市场部	本科	男	6228450000070512135
7002	袁华	销售人员	市场部	高职	女	6228450000070512136

注:所有员工代发银行均为中国农业银行广州中途路支行。

8) 工资项目

(1) 管理人员工资项目包括工资账套中所有工资项目,并按照如下顺序进行排序:基本工资、绩效奖金、交通补贴、应发合计、缺勤天数、缺勤扣款、缴费基数、社会保险费、住房公积金、代扣税、扣款合计、实发合计。

(2) 生产人员工资项目包括工资账套中缺勤天数、缺勤扣款、缴费基数、社会保险费和住房公积金项目,并按照如下顺序进行排序:计件工资、应发合计、缺勤天数、缺勤扣款、缴费基数、社会保险费、住房公积金、代扣税、扣款合计、实发合计。

9) 公式设置

(1) 管理人员工资项目的计算公式:

缺勤扣款＝基本工资÷21×缺勤天数

社会保险费＝缴费基数×12.5%

住房公积金＝缴费基数×12%

交通补贴：采购人员和销售人员的交通补贴标准为每月500元，其他人员的交通补贴标准为每月300元。

缴费基数：总经理办公室和财务部人员缴费基数为6 500元，其他人员缴费基数为5 000元。

（2）生产人员工资项目的计算公式：

缺勤扣款＝100×缺勤天数

社会保险费＝缴费基数×12.5%

住房公积金＝缴费基数×12%

10）计件工资标准

计件工资标准：工时。

计件工价，如表4-10所示。

表4-10 计件工价

工序代号	工序说明	计件工价（元/工时）
1	加工	35
2	检验	10

11）个人所得税税率设置

个人所得税免征额为5 000元，个人所得税税率表，如表4-11所示。

表4-11 个人所得税税率表

级数	全月应纳税所得额	税率	速算扣除数
1	不超过3 000元的部分	3%	0
2	超过3 000元至12 000元的部分	10%	210
3	超过12 000元至25 000元的部分	20%	1 410
4	超过25 000元至35 000元的部分	25%	2 660
5	超过35 000元至55 000元的部分	30%	4 410
6	超过55 000元至80 000元的部分	35%	7 160
7	超过80 000元的部分	45%	15 160

2. 薪资管理系统日常业务

以账套主管[701]孙辉的身份登录企业应用平台，登录时间为2024年1月31日。

1）工资数据

（1）管理人员工资变动。

① 管理人员工资数据，如表4-12所示。

表 4-12 管理人员工资

编码	姓名	基本工资(元)	绩效奖金(元)
1001	易盛菲	9 000.00	4 000.00
1002	吴子涵	6 000.00	3 000.00
2001	孙辉	6 000.00	3 000.00
2002	马文	4 000.00	2 500.00
2003	林竣威	4 000.00	2 500.00
3001	李明杰	6 000.00	3 000.00
3002	蔡欣怡	4 000.00	2 500.00
4001	李国芳	6 000.00	3 000.00
4002	郑赫	4 000.00	2 500.00
5001	李梓涵	6 000.00	3 000.00
5002	黄蓉	4 000.00	2 500.00
6001	康薇	6 000.00	3 000.00
7001	孙晓刚	6 000.00	3 000.00
7002	袁华	4 000.00	2 500.00

② 管理人员工资变动情况。

考勤情况:李明杰缺勤 2 天,黄蓉缺勤 1 天。

(2) 生产人员工资变动。

① 生产人员的工时数据,如表 4-13 所示。

表 4-13 生产人员的工时数据

编码	姓名	计件日期	工序	工时(小时)
6002	刘大力	2024-01-31	加工	320
6003	郑明月	2024-01-31	检验	780

② 生产人员工资变动情况。

缴费基数:所有生产人员的缴费基数为 5 000 元。

2) 工资分摊

(1) 工资分摊科目设置,如表 4-14 所示。

表 4-14 工资分摊科目

部门名称	人员类别	应付工资（分摊计提比例 100%）		应付福利费（分摊计提比例 14%）	
		借方科目	贷方科目	借方科目	贷方科目
总经理办公室、财务部	企业管理人员	660201 管理费用——职工薪酬	221101 应付职工薪酬——职工工资	660201 管理费用——职工薪酬	221102 应付职工薪酬——福利费
销售部、市场部	销售人员	660101 销售费用——职工薪酬		660101 销售费用——职工薪酬	
采购部	采购人员	660201 管理费用——职工薪酬		660201 管理费用——职工薪酬	
仓储部	仓管人员	660201 管理费用——职工薪酬		660201 管理费用——职工薪酬	
车间管理部	车间管理人员	5101 制造费用		5101 制造费用	
生产车间	生产工人	500102 生产成本——直接人工（项目:卫衣）		500102 生产成本——直接人工（项目:卫衣）	

(2) 根据工资分摊设置,生成工资分摊凭证。

3) 账表查询

(1) 查询薪资管理系统生成的凭证。

(2) 查询工资发放条。

(3) 查询部门工资汇总表。

(4) 查询工资项目分析表。

3. 薪资管理系统期末业务

1) 工资类别汇总

以账套主管[701]孙辉的身份登录企业应用平台,登录时间为 2024 年 1 月 31 日,进行工资类别汇总。

2) 月末处理

月末处理,将绩效奖金、缺勤天数选择为月末清零项目。

 **思政小课堂**

党的二十大报告中明确指出,优化人口发展战略,建立生育支持政策体系,降低生育、养育、教育成本。在个人所得税方面,围绕与人民群众生活密切相关的教育、养育、住房、医疗、养老等重点支出领域,我国设立了3岁以下婴幼儿照护、子女教育、继续教育、大病医疗、住房贷款利息、住房租金、赡养老人等专项附加扣除。对符合条件的纳税人,可以在其工资总额中按照一定标准进行扣减。

项目五

固定资产系统

 项目概述

固定资产系统适用于各类企业和行政事业单位进行固定资产管理和折旧计提等。可同时为总账系统提供折旧凭证,为成本管理系统提供固定资产的折旧费用依据。

固定资产系统的主要任务是完成企业固定资产的日常核算与管理,生成固定资产卡片,按会计期间反映固定资产的增减变动和其他变化,计提折旧并生成折旧凭证,协助企业进行成本核算,同时输出固定资产相关的报表和账簿。

固定资产系统资产增加(录入新卡片)、资产减少、卡片修改(涉及原值或累计折旧时)、资产评估(涉及原值或累计折旧变化时)、原值变动、累计折旧调整、计提减值准备调整、转回减值准备调整、折旧分配和增值税调整,都要将有关数据通过记账凭证的形式传输到总账系统,同时通过对账保持固定资产账目的平衡。

固定资产系统操作流程,如图 5-1 所示。

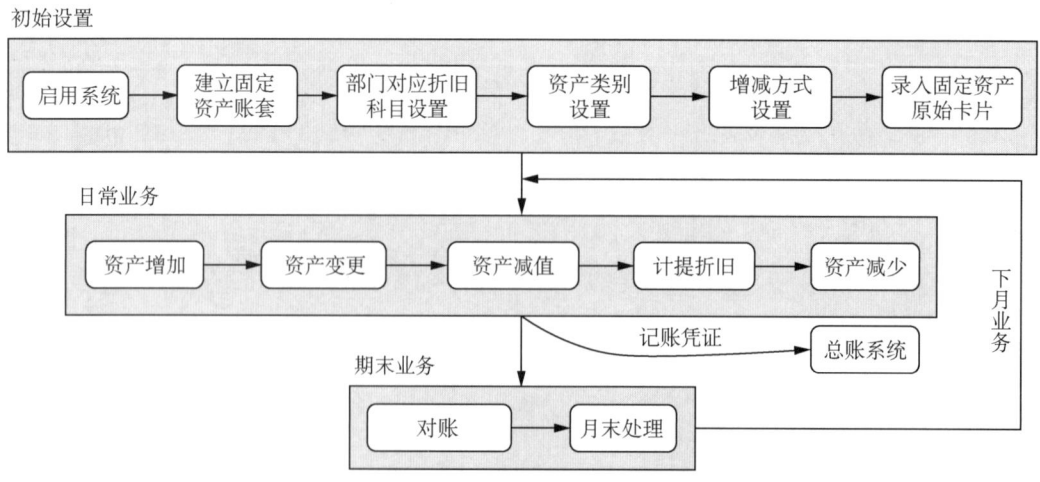

图 5-1 固定资产系统操作流程

任务一　固定资产系统初始化

1. 启用系统

【实验资料】

以账套主管[001]李媚的身份登录企业应用平台,登录时间为 2024 年 1 月 1 日。

启用固定资产系统,启用日期为 2024 年 1 月 1 日。

【操作步骤】

(1)以账套主管[001]李媚的身份登录新道 U8+企业应用平台,登录时间为 2024 年 1 月 1 日。

(2)在新道 U8+企业应用平台,点击"业务导航"按钮,在"基础设置"下拉菜单中,执行"基础信息→系统启用"命令,打开"系统启用"对话框。勾选"固定资产"前的复选框,打开"日历"对话框,启用日期选择"2024-01-01",点击"确定"按钮,弹出"确定要启用当前系统吗?"对话框,点击"是"按钮,完成固定资产系统的启用,结果如图 5-2 所示,点击退出按钮。

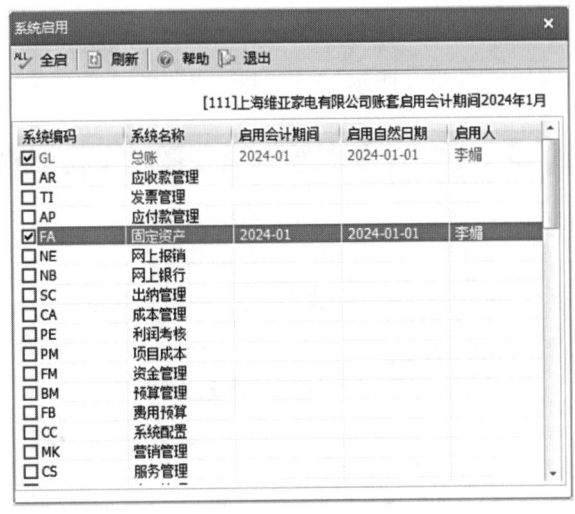

图 5-2　系统启用

2. 建立固定资产账套

【实验资料】

建立固定资产账套参数,如表 5-1 所示。

表 5-1　固定资产账套参数

初始化账套向导	参数
1. 约定及说明	我同意
2. 启用月份	2024.01

(续表)

初始化账套向导	参数
3. 折旧信息	本账套计提折旧 主要折旧方法:平均年限法(一) 折旧汇总分配周期:1个月 当月初已计提折旧=可使用月份-1时,将剩余折旧全部提足
4. 编码方式	编码长度:2112 自动编码:类别编号+序号 序号长度:5
5. 账务接口	与账务系统进行对账 固定资产对账科目:1601 固定资产 累计折旧对账科目:1602 累计折旧 在对账不平情况下,不允许固定资产月末结账

【操作步骤】

(1) 在新道 U8+企业应用平台,点击"业务导航"按钮,在"财务会计"下拉菜单中,执行"固定资产→设置→选项"命令,弹出"这是第一次打开此账套,还未进行过初始化,是否进行初始化?"对话框,点击"是"按钮。

(2) 打开"初始化账套向导-1. 约定及说明"对话框,该界面显示固定资产账套的基本信息和资产管理的基本原则,如图 5-3 所示,选择"我同意"。

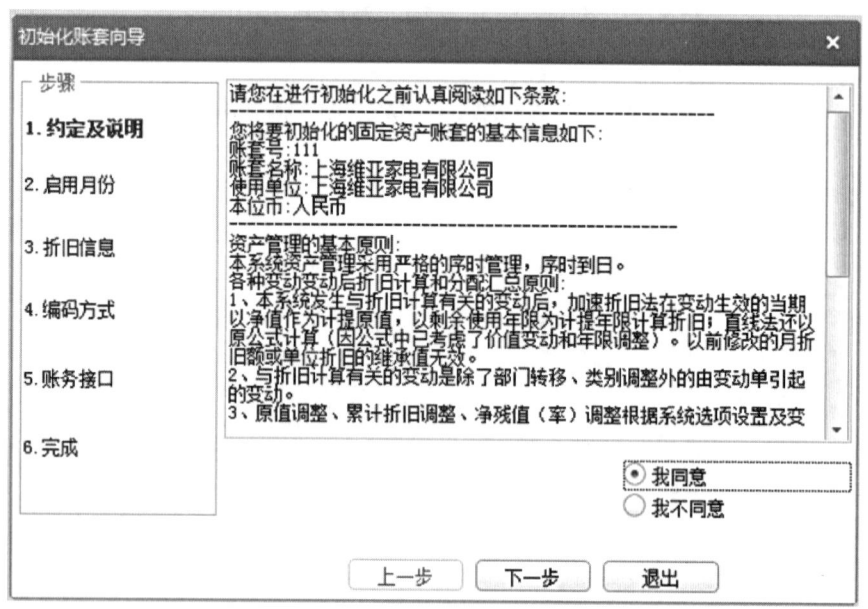

图 5-3 初始化账套向导-1. 约定及说明

(3) 点击"下一步"按钮,打开"初始化账套向导-2. 启用月份"对话框,显示固定资产账套启用月份为"2024.01"。

(4) 点击"下一步"按钮,打开"初始化账套向导-3. 折旧信息"对话框,选择"主要折旧方法"为"平均年限法(一)",如图 5-4 所示。

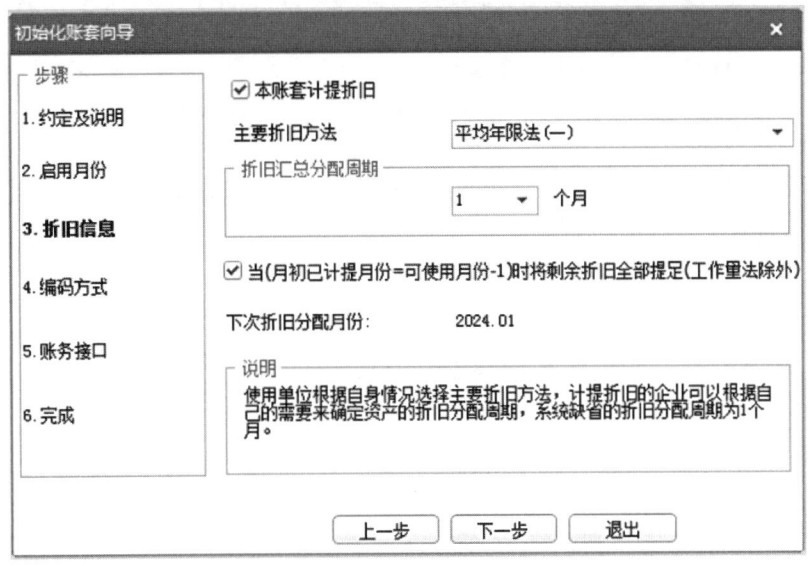

图 5-4　初始化账套向导-3.折旧信息

（5）点击"下一步"按钮，打开"初始化账套向导-4.编码方式"对话框，选择"固定资产编码方式"为"自动编码：类别编号＋序号"，"序号长度"为"5"，如图 5-5 所示。

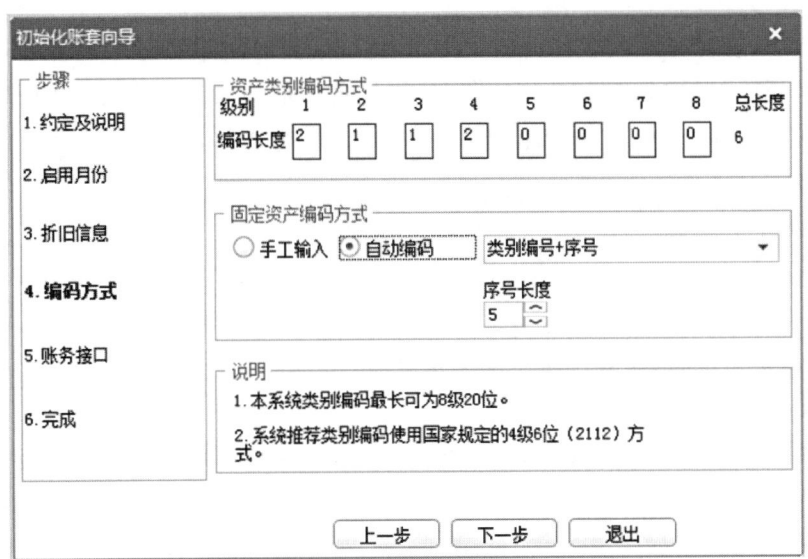

图 5-5　初始化账套向导-4.编码方式

（6）点击"下一步"按钮，打开"初始化账套向导-5.账务接口"对话框，输入"固定资产对账科目"为"1601"，"累计折旧对账科目"为"1602"，取消勾选"在对账不平情况下允许固定资产月末结账"前的复选框，如图 5-6 所示。

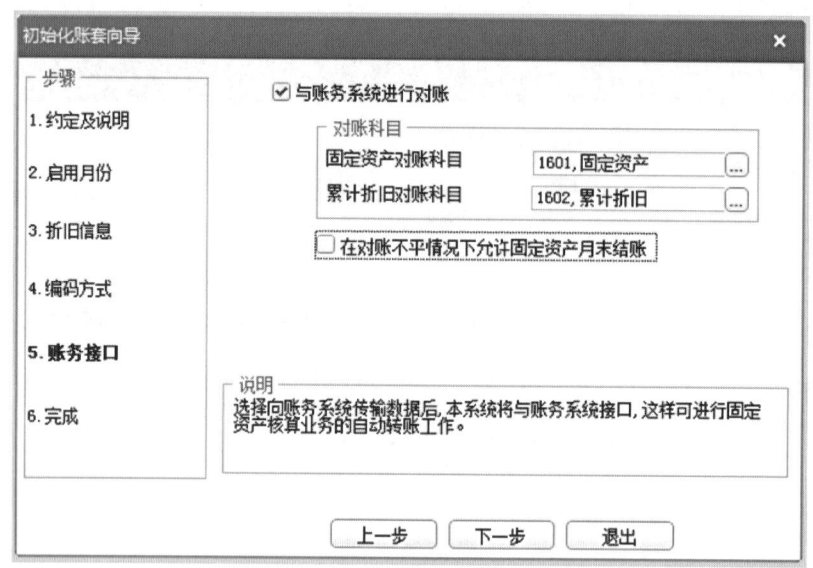

图 5-6　初始化账套向导-5.账务接口

（7）点击"下一步"按钮，打开"初始化账套向导-6.完成"对话框，点击"完成"按钮，弹出"是否确定所设置的信息完全正确并保存对新账套的所有设置？"对话框，点击"是"按钮，弹出"已成功初始化本固定资产账套！"对话框，点击"确定"按钮。

【栏目说明】

当(月初已计提折旧=可使用月份－1)时，将剩余折旧全部提足(工作量法除外)：选择此项，当资产还差1个月就提足使用年限时，当月会将未计提折旧的应计折旧额一次性提足。否则即使已计提月份已经超过使用年限，也将按折旧公式逐月计提。

 温馨提示

(1) 在新建账套初次使用固定资产系统时，系统会提示"这是第一次打开此账套，还未进行过初始化，是否进行初始化"。系统初始化是使用固定资产系统管理资产的首要操作，是根据单位的具体情况，建立一个适合的固定资产子账套的过程。

(2) 系统初始化中的一些参数一旦设置完成，退出初始化向导后是不能修改的，如果要改，只能通过"重新初始化"功能实现。但是，应注意重新初始化将清空对该子账套所做的一切工作。

3. 固定资产系统参数

【实验资料】

固定资产系统参数设置，如表 5-2 所示。

表 5-2　固定资产系统参数

选项	参数
与账务系统接口	业务发生后立即制单 固定资产缺省入账科目：1601 固定资产 累计折旧缺省入账科目：1602 累计折旧 减值准备缺省入账科目：1603 固定资产减值准备 增值税进项税缺省入账科目：22210101 应交税费——应交增值税（进项税额） 固定资产清理缺省入账科目：1606 固定资产清理

【操作步骤】

(1) 执行"财务会计→固定资产→设置→选项"命令，打开"选项"对话框，点击"编辑"按钮，再点击"与账务系统接口"选项卡。

(2) 勾选"业务发生后立即制单"前的复选框，输入"[固定资产]缺省入账科目"为"1601"，"[累计折旧]缺省入账科目"为"1602"，"[减值准备]缺省入账科目"为"1603"，"[增值税进项税额]缺省入账科目"为"22210101"，"[固定资产清理]缺省入账科目"为"1606"，如图 5-7 所示，点击"确定"按钮。

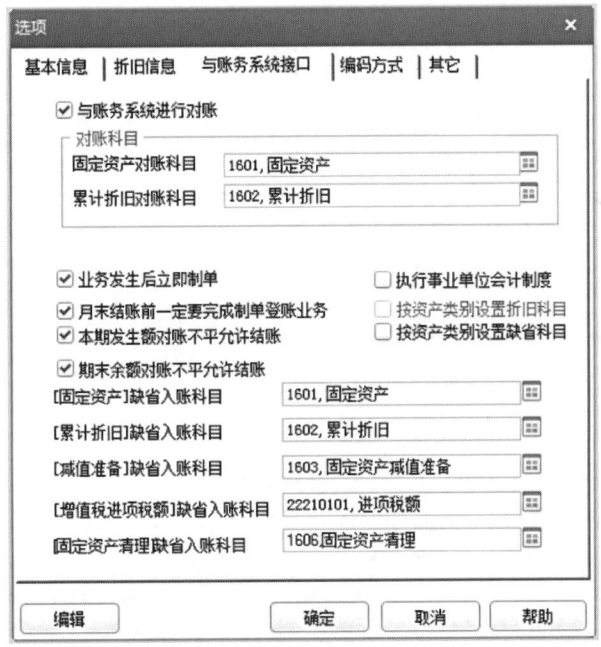

图 5-7　选项-与账务系统接口

 温馨提示

(1) 选项中包括在账套初始化中设置的参数和其他一些在账套运行中使用的参数或判断。

(2) 若在资产类别中设置了缺省入账科目,则在生成凭证时,根据卡片所属末级资产类别带出相应的科目;若在资产类别中没有设置缺省入账科目,则在生成凭证时,带出选项中设置的缺省入账科目。

(3) 编码方式设定以后,一旦某一级设置了类别,则该级的长度不能修改;若某一级未设置过类别,则该级的长度可修改。每一个账套中资产的自动编码方式只能有一种,一经设定,该自动编码方式不得修改。

4. 部门对应折旧科目

【实验资料】

固定资产部门对应折旧科目设置,如表5-3所示。

表5-3 固定资产部门对应折旧科目

部门编码	部门名称	折旧科目
1	行政部	660205 管理费用——资产折旧摊销费
2	财务部	660205 管理费用——资产折旧摊销费
3	销售部	660105 销售费用——资产折旧摊销费
4	采购部	660205 管理费用——资产折旧摊销费
5	仓储部	660205 管理费用——资产折旧摊销费
6	生产部	5101 制造费用
601	生产管理部	5101 制造费用
602	生产车间	5101 制造费用
7	售后服务部	660105 销售费用——资产折旧摊销费

【操作步骤】

(1) 执行"财务会计→固定资产→设置→部门对应折旧科目"命令,打开"部门对应折旧科目"窗口,选中"行政部",点击工具栏上的"修改"按钮。

(2) 打开"单张视图"选项卡,输入"折旧科目"为"660205",如图5-8所示,点击"保存"按钮。

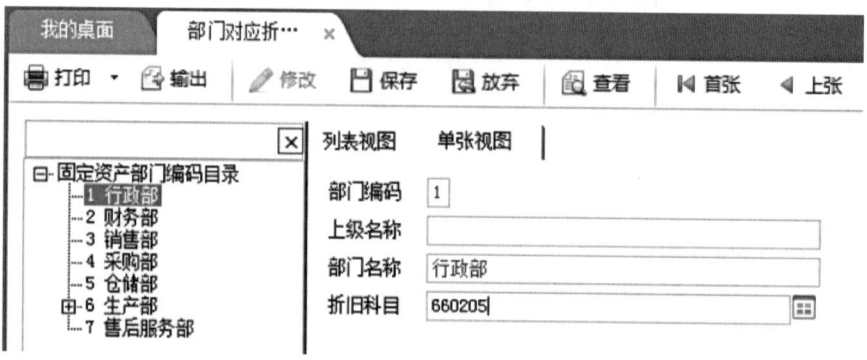

图5-8 部门对应折旧科目

(3) 根据实验资料,继续完成其他部门对应折旧方式设置。

 温馨提示

(1) 为生产部设置对应折旧科目时,系统会弹出"是否将生产部的所有下级部门的折旧科目替换为'制造费用'?"对话框,选中"是"按钮,既可以将生产部的两个下级部门折旧科目一并设置完成。
(2) 在使用本功能前,必须已建立好部门档案,可在基础设置中设置,也可在本系统的"部门档案"中完成。

5. 资产类别

【实验资料】

固定资产类别设置,如表5-4所示。

表5-4 固定资产类别

类别编码	类别名称	使用年限	净残值率	计提属性	折旧方法	卡片样式
01	房屋建筑	30年	5%	正常计提	平均年限法(一)	含税卡片样式
011	办公楼	30年	5%	正常计提	平均年限法(一)	含税卡片样式
012	厂房	30年	5%	正常计提	平均年限法(一)	含税卡片样式
02	办公家具	5年	5%	正常计提	平均年限法(一)	含税卡片样式
03	运输工具	5年	5%	正常计提	平均年限法(一)	含税卡片样式
04	电子设备	4年	5%	正常计提	平均年限法(一)	含税卡片样式
041	电脑	4年	5%	正常计提	平均年限法(一)	含税卡片样式
042	办公设备	4年	5%	正常计提	平均年限法(一)	含税卡片样式

【操作步骤】

(1) 执行"财务会计→固定资产→设置→资产类别"命令,打开"资产类别"窗口,点击工具栏上的"增加"按钮。输入"类别名称"为"房屋建筑","使用年限"为"30","净残值率"为"5",修改"卡片样式"为"含税卡片样式",结果如图5-9所示,点击"保存"按钮。

(2) 根据实验资料,继续完成其他固定资产类别设置,结果如图5-10所示。

【栏目说明】

(1) 计提属性是系统自动计提折旧时遵循的基本原则,可以用参照的方式选择,即总计提折旧(一般指房屋建筑物类)、总不计提折旧(一般指土地类)和正常计提折旧(一般指设备类),任何类别必须选择其中一种情况。

(2) 平均年限法(一):

① 月折旧率=(1-净残值率)÷使用年限

② 月折旧额=(月初原值-月初累计减值准备金额+月初累计转回减值准备金额)×月折旧率

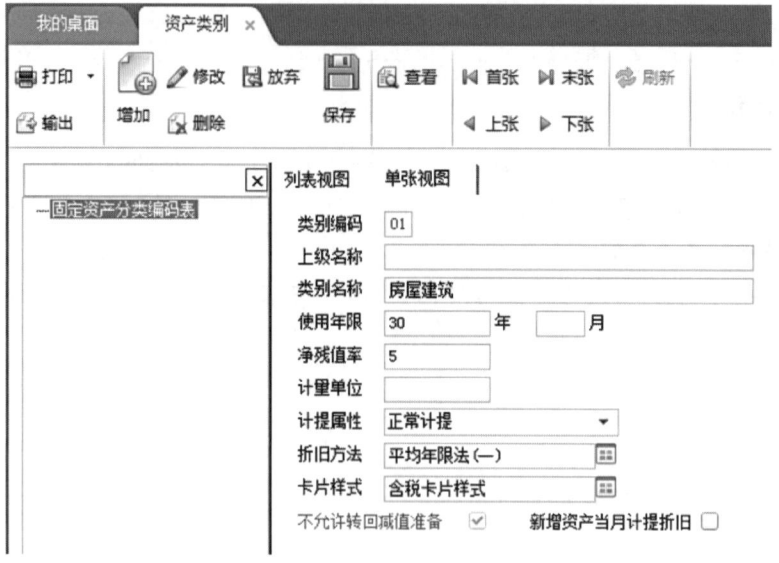

图 5-9 资产类别

图 5-10 资产类别设置结果

(3) 平均年限法(二)：

① 月折旧率＝(1－净残值率)÷使用年限

② 月折旧额＝(月初原值－月初累计减值准备金额＋月初累计转回减值准备金额－月初累计折旧－月初净残值)÷(使用年限－已计提月份)

(4) 双倍余额递减法(一)：

① 月折旧率＝2÷使用年限

② 月折旧额＝(期初账面余额－期初累计减值准备金额＋期初累计转回减值准备金额)×月折旧率

(5) 双倍余额递减法(二)：

① 月折旧率＝2÷使用年限

② 月折旧额＝(期初账面余额－期初累计减值准备金额＋期初累计转回减值准备金额)×月折旧率

③ 固定资产到期以前的两年采用"平均年限法(二)"计提折旧

> **温馨提示**
>
> （1）只有在最新会计期间，可以增加资产类别，月末结账后则不能增加。
> （2）资产类别编码不能重复，同级的类别名称不能相同。
> （3）类别编码、名称、计提属性和卡片样式不能为空。
> （4）使用过的类别的计提属性不能修改。

6. 增减方式

【实验资料】

固定资产增减方式设置，如表5-5所示。

表 5-5　固定资产增减方式

增加方式	对应入账科目	减少方式	对应入账科目
直接购入	100201 银行存款——中国工商银行	出售	1606 固定资产清理
投资者投入	4001 实收资本	盘亏	1901 待处理财产损溢
捐赠	6301 营业外收入	投资转出	1511 长期股权投资
盘盈	1901 待处理财产损溢	捐赠转出	1606 固定资产清理
在建工程转入	1604 在建工程	报废	1606 固定资产清理
融资租入	2701 长期应付款	毁损	1606 固定资产清理

【操作步骤】

（1）执行"财务会计→固定资产→设置→增减方式"命令，打开"增减方式"窗口，选中"直接购入"，点击工具栏上的"修改"按钮，输入"对应入账科目"为"100201"，如图5-11所示，点击"保存"按钮。

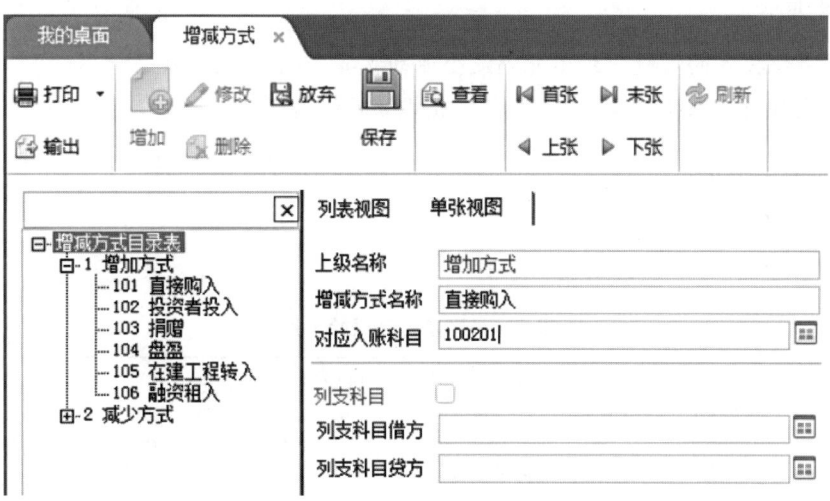

图 5-11　增减方式

（2）根据实验资料，继续完成其他固定资产增减方式设置，结果如图5-12所示。

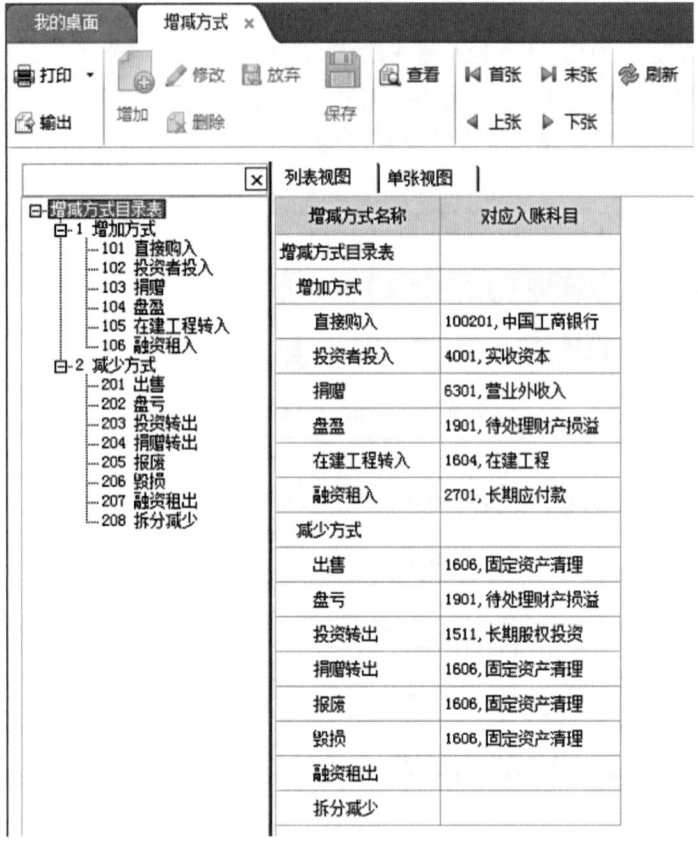

图5-12 增减方式设置结果

 温馨提示

（1）如果系统提供的增减方式不能满足企业的需要，可自定义增减方式。
（2）此处设置对应入账科目，是为了在生成凭证时使用。

7. 录入原始卡片

【实验资料】

固定资产原始卡片录入，如表5-6所示。

表5-6 固定资产原始卡片

名称	类别编号	使用部门	增加方式	使用状况	使用年限（月）	开始使用日期	原值（元）	累计折旧（元）
办公楼	011	行政部	在建工程转入	在用	360	2021-2-1	800 000.00	71 777.78
厂房	012	生产管理部	在建工程转入	在用	360	2021-2-1	400 000.00	35 888.89

(续表)

名称	类别编号	使用部门	增加方式	使用状况	使用年限（月）	开始使用日期	原值（元）	累计折旧（元）
办公桌	02	财务部	直接购入	在用	60	2021-2-2	30 000.00	16 150.00
办公座椅	02	财务部	直接购入	在用	60	2021-2-2	33 000.00	17 765.00
文件柜	02	销售部	直接购入	在用	60	2021-2-15	4 000.00	2 153.33
小轿车	03	行政部	直接购入	在用	60	2021-4-9	300 000.00	152 000.00
卡车	03	销售部、售后服务部（使用比例各50%）	直接购入	在用	60	2021-7-23	500 000.00	229 583.33
工作站	041	仓储部	直接购入	在用	48	2021-2-10	48 000.00	32 300.00
服务器	041	售后服务部	直接购入	在用	48	2022-7-8	72 000.00	24 225.00
喷墨打印机	042	采购部、仓储部（使用比例各50%）	直接购入	在用	48	2021-2-15	4 000.00	2 691.67
激光打印机	042	行政部、财务部（使用比例各50%）	直接购入	在用	48	2022-3-16	8 000.00	3 325.00
复印机	042	生产管理部	直接购入	在用	48	2021-2-15	15 000.00	10 093.75

【操作步骤】

(1) 执行"财务会计→固定资产→卡片→录入原始卡片"命令，打开"固定资产类别档案"对话框，选择"资产类别名称"为"办公楼"，点击"确定"按钮。

(2) 打开"固定资产卡片"窗口，输入"固定资产名称"为"办公楼"。

(3) 点击"使用部门"按钮，打开"本资产部门使用方式"对话框，选择"单部门使用"，点击"确定"按钮，打开"部门基本参照"对话框，双击选中"行政部"，返回"固定资产卡片"窗口。

(4) 点击"增加方式"按钮，打开"固定资产增加方式"对话框，双击选中"在建工程转入"，返回"固定资产卡片"窗口。

(5) 点击"使用状况"按钮，打开"使用状况参照"对话框，双击选中"在用"，返回"固定资产卡片"窗口。

(6) 输入"开始使用日期"为"2021-02-01"，"原值"为"800 000"，"累计折旧"为"71 777.78"，结果如图5-13所示，点击"保存"按钮。

(7) 根据实验资料，继续完成其他固定资产原始卡片录入。

图 5-13　固定资产原始卡片

> **温馨提示**
>
> （1）完成固定资产原始卡片录入后，执行"财务会计→固定资产→卡片→卡片管理"命令，打开"查询条件-卡片管理"对话框，取消勾选开始使用日期"2024-01-01"前的复选框，点击"确定"按钮，可查看已完成的固定资产卡片。如需要对固定资产卡片进行修改，可选中对应固定资产卡片，点击工具栏上的"修改"按钮。
>
> （2）原始卡片是指卡片记录的资产开始使用日期的月份先于其录入系统的月份，即已使用过并已计提折旧的固定资产卡片。
>
> （3）可以为一个资产选择多个"使用部门"，并且当资产为多部门使用时，累计折旧采用"使用比例"在多部门间分摊。

8. 期初对账

【实验资料】

与总账系统进行期初对账。

【操作步骤】

（1）执行"财务会计→固定资产→资产对账→对账"命令，打开"对账条件"对话框，勾选"1601 固定资产"和"1602 累计折旧"前的复选框，点击"确定"按钮。

（2）打开"与总账对账结果"窗口，显示对账结果，如图 5-14 所示。

图 5-14　与总账对账结果

温馨提示

只有系统初始化或选项中选择了与账务对账，本功能才可操作。

任务二　固定资产系统日常业务

1. 固定资产增加

【实验资料】

以账套主管[001]李媚的身份登录企业应用平台，登录时间为 2024 年 1 月 31 日。

1 月 19 日，从重庆汽车销售有限公司购入叉车一辆，当日送达，凭证如图 5-15 至图 5-19 所示。

教学专用

购销合同

合同编号：36916869

购货单位（甲方）：上海维亚家电有限公司

供货单位（乙方）：重庆汽车销售有限公司

根据《中华人民共和国民法典》及国家相关法律、法规之规定，甲乙双方本着平等互利的原则，就甲方购买乙方货物一事达成以下协议。

一、货物的名称、数量及价格：

货物名称	规格型号	单位	数量	单价	金额	税率	价税合计
叉车		辆	1	350,000.00	350,000.00	13%	395,500.00
合计（大写）	叁拾玖万伍仟伍佰元整						¥395,500.00

二、交货方式和费用承担：交货方式：供货方送货，交货时间：2024年01月19日前，交货地点：上海市长宁区建国路82号，运费由供货方承担。

三、付款时间与付款方式：当日以银行转账方式支付全部款项。

四、质量异议期：订货方对供货方的货物质量有异议时，应在收到货物后30日内提出，逾期视为货物质量合格。

五、未尽事宜经双方协商可作补充协议，与本合同具有同等效力。

六、本合同自双方签字、盖章之日起生效，本合同壹式贰份，甲乙双方各执壹份。

甲方（签章）：	乙方（签章）：
授权代表：林秀	授权代表：张笑玮
地址：上海市长宁区建国路82号	地址：重庆市扬奇路690号
电话：021-85725691	电话：023-99691930
日期：2024 年 01 月 19 日	日期：2024 年 01 月 19 日

图 5-15　购销合同

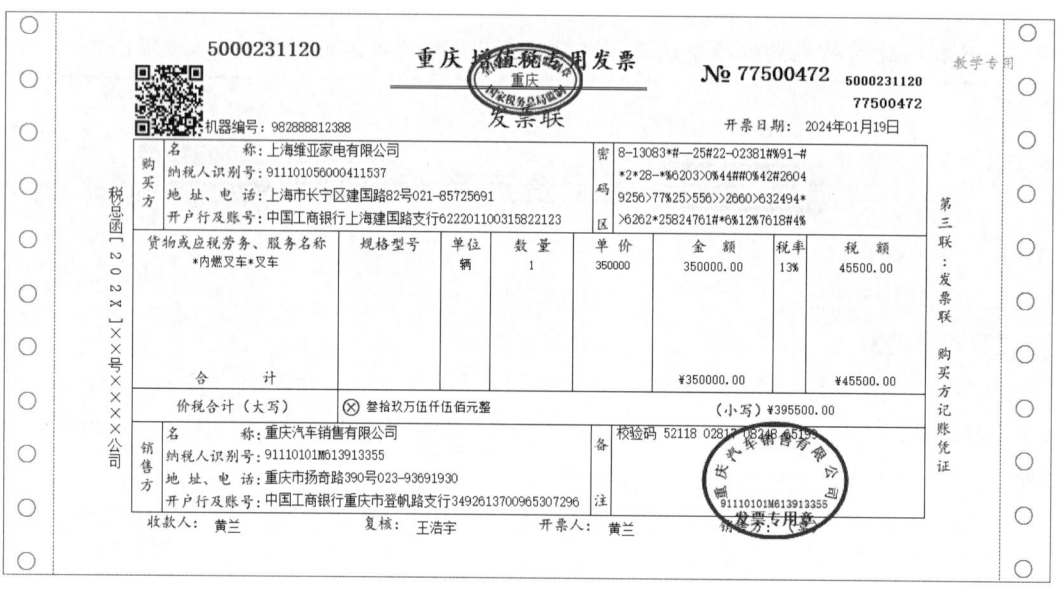

图 5-16　增值税专用发票

图 5-17　付款申请书

中国工商银行

业务回单（付款）

日期：2024 年 01 月 19 日　　回单编号：25068212748

付款人户名：上海维亚家电有限公司　　付款人开户行：中国工商银行上海建国路支行

付款人账号(卡号)：622201100315822123

收款人户名：重庆汽车销售有限公司　　收款人开户行：中国工商银行重庆市登帆路支行

收款人账号(卡号)：3492613700965307296

金额：叁拾玖万伍仟伍佰元整　　小写：¥395,500.00 元

业务(产品)种类：　　凭证种类：6739849342　　凭证号码：51332519259313591

摘要：叉车款　　用途：　　币种：人民币

交易机构：9376269083　　记账柜员：88707　　交易代码：20026　　渠道：

3492613700965307296

本回单为第 1 次打印，注意重复　　打印日期：2024 年 01 月 19 日　打印柜员：1　　验证码：574911948578

图 5-18　银行回单(付款)

固定资产验收单

教学专用

2024 年 01 月 19 日　　编号：0300003

名称	规格型号	来源	数量	购(造)价	使用年限	预计残值
叉车		外购	1	350,000.00	10	7,000.00
安装费	月折旧率	建造单位		交工日期	附件	
	0.83%			2024年01月19日		
验收部门	仓储部	验收人员	肖云	管理部门	仓储部	管理人员	赵雄
备注						

审核：李媚　　制单：黄文

图 5-19　固定资产验收单

【操作步骤】

(1) 以账套主管[001]李媚的身份登录企业应用平台，登录时间为 2024 年 1 月 31 日。

(2) 在新道 U8+企业应用平台，点击"业务导航"按钮，在"财务会计"下拉菜单中，执行"固定资产→卡片→资产增加"命令，打开"固定资产类别档案"对话框，选择"资产类别名称"为"运输工具"，点击"确定"按钮。

(3) 打开"固定资产卡片"窗口，输入"固定资产名称"为"叉车"，"使用部门"为"仓储部"，"增减方式"为"直接购入"，"使用状况"为"在用"，"使用年限(月)"为"120"，"开始使用日期"为"2024-01-19"，"原值"为"350 000"，"净残值"为"7 000"，"增值税"为"45 500"，结果如图 5-20 所

示,点击工具栏上的"保存"按钮,弹出"数据成功保存!"对话框,点击"确定"按钮。

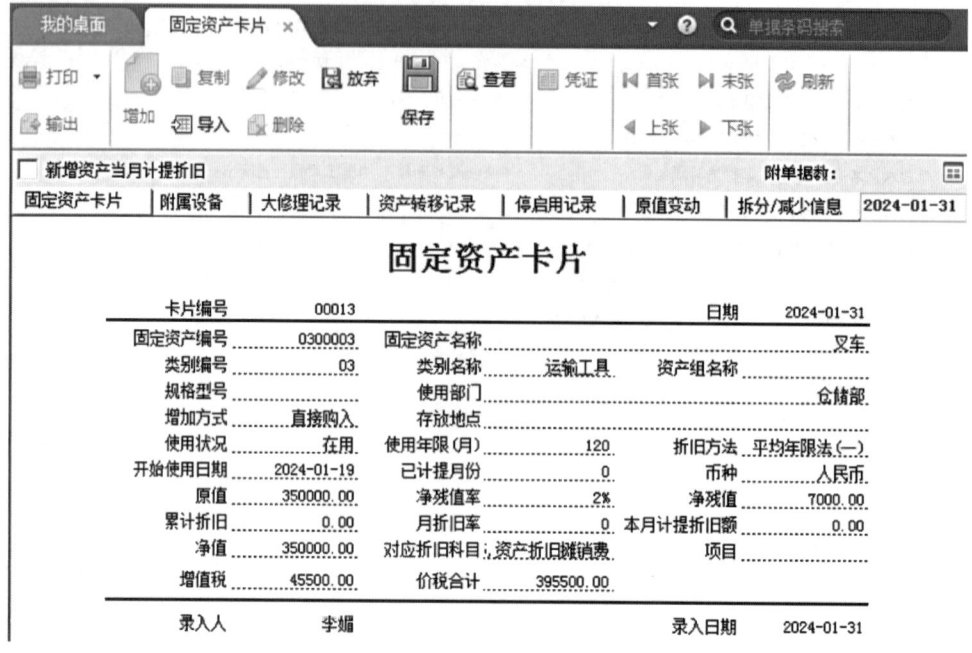

图 5-20 固定资产卡片

(4)打开"填制凭证"窗口,凭证类别选择"付款凭证",输入"制单日期"为"2024.01.19","附单据数"为"5",选中"银行存款/中国工商银行"科目,将光标移到"票号"后面,会出现笔头形状,如图5-21所示,双击鼠标,打开"辅助项"对话框。

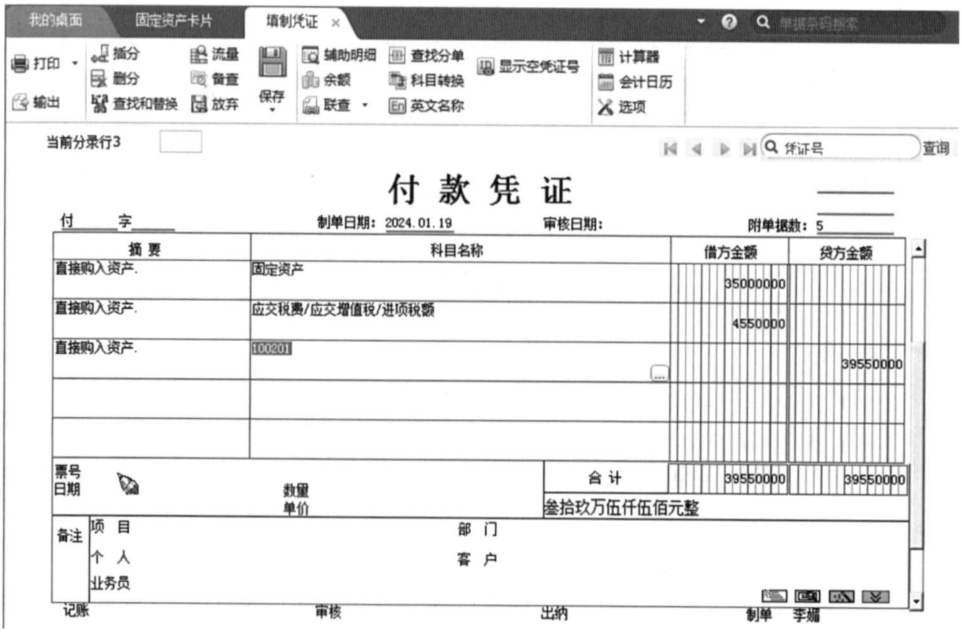

图 5-21 设置辅助项

（5）选择"结算方式"为"银行收支"，输入"票号"为"25068212748"，"发生日期"为"2024-01-19"，点击"确定"按钮，返回"填制凭证"窗口，点击"保存"按钮，结果如图5-22所示。

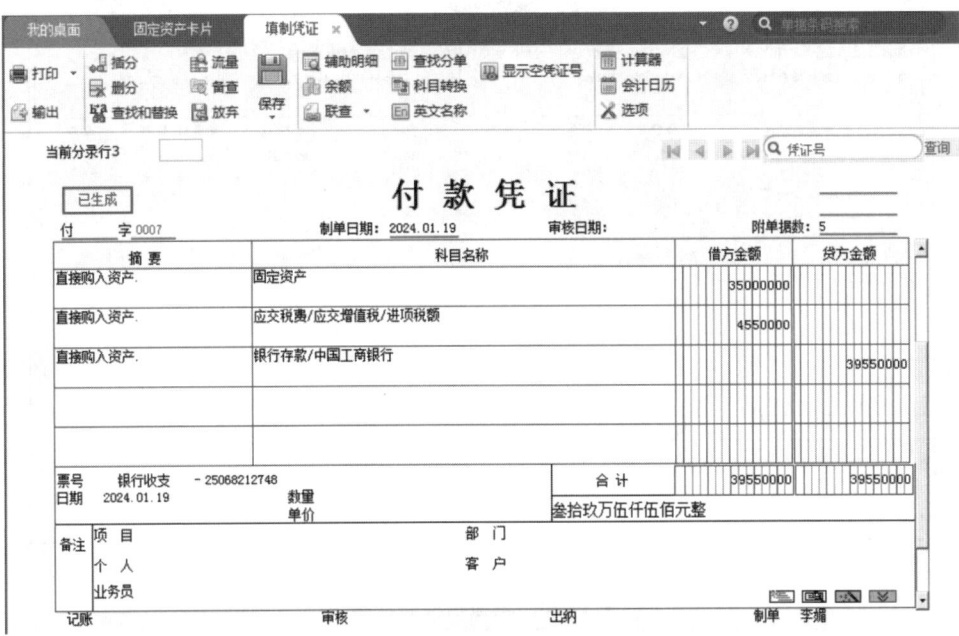

图5-22 直接购入资产凭证

 温馨提示

（1）当固定资产开始使用日期的会计期间＝录入会计期间时，才能通过"资产增加"录入。
（2）固定资产增加当月，不计提折旧。
（3）如果录入的累计折旧或累计工作量不是零，说明是旧资产，该累计折旧或累计工作量是该资产进入本企业前的值。

2. 固定资产原值变更

【实验资料】

1月23日，购入轿车配件，凭证如图5-23至图5-25所示。

【操作步骤】

（1）执行"财务会计→固定资产→变动单→原值增加"命令，打开"固定资产变动单"窗口，点击"卡片编号"按钮，打开"固定资产卡片档案"对话框，选择"0300001 小轿车"，点击"确定"按钮，输入"增加金额"为"1500"，"变动原因"为"增加配件"，如图5-26所示，点击"保存"按钮。

（2）打开"填制凭证"窗口，根据实验资料填写凭证信息，点击工具栏上的"保存"按钮，结果如图5-27所示。

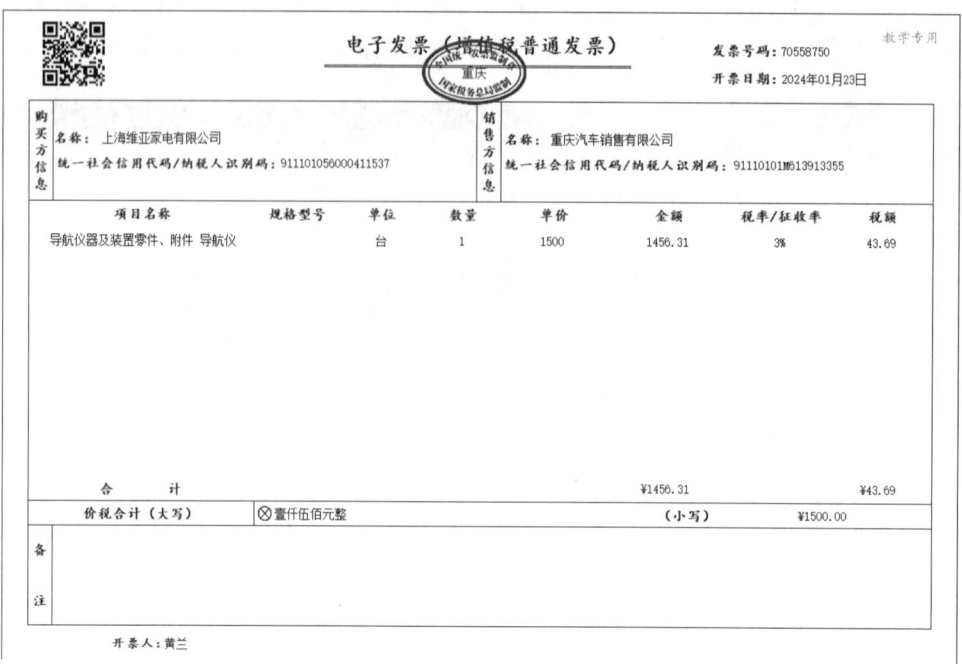

图 5-23 增值税普通发票

图 5-24 银行回单(付款)

固定资产验收单

教学专用

2024 年 01 月 23 日　　　　　　　编号：DH001

名称	规格型号	来源	数量	购(造)价	使用年限	预计残值
导航仪		外购	1	1,500.00		0.00
安装费	月折旧率	建造单位	交工日期		附件	
			2024年01月23日			
验收部门	行政部	验收人员	梁金	管理部门	行政部	管理人员	林秀
备注	安装在0300001小轿车上使用。					

审核：李媚　　　制单：黄文

图 5-25　固定资产验收单

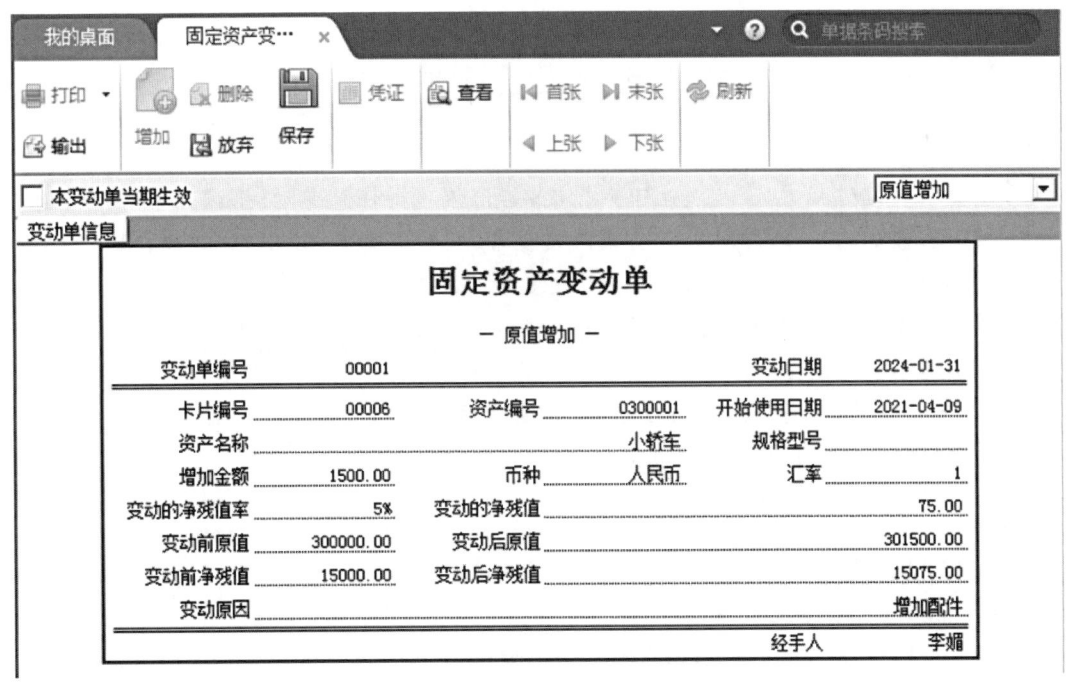

图 5-26　固定资产变动单(原值增加)

图 5-27 原值增加凭证

> **温馨提示**
>
> (1) 资产在使用过程中,除非发生下列情况,其价值不得任意变动:根据国家规定对固定资产重新估价;增加补充设备或改良设备;将固定资产的一部分拆除;根据实际价值调整原来的暂估价值;发现原计固定资产价值有误的。
> (2) 变动单不能修改,只有当月可删除重做,所以应仔细检查后再保存。
> (3) 当月录入的新增卡片不能执行本功能,可以在"卡片管理"直接修改。
> (4) 若"本变动单当期生效"选项被选中,则该变动单在本月计提折旧时生效;反之,则该变动单在下月计提折旧时生效。
> (5) 完成的变动单可以在"变动单管理"查询和删除。

3. 固定资产减值

【实验资料】

1 月 31 日,对资产进行期末减值测试,资产编号为 04100002 的服务器因市价降幅较大,计提减值准备 10 000 元(暂不生成凭证)。

【操作步骤】

(1) 执行"财务会计→固定资产→减值准备→计提减值准备"命令,打开"固定资产变动单"窗口,点击"卡片编号"按钮,打开"固定资产卡片档案"对话框,选择"04100002 服务器",

点击"确定"按钮,输入"减值准备金额"为"10 000","变动原因"为"市价降幅较大",如图 5-28 所示,点击工具栏上"保存"按钮。

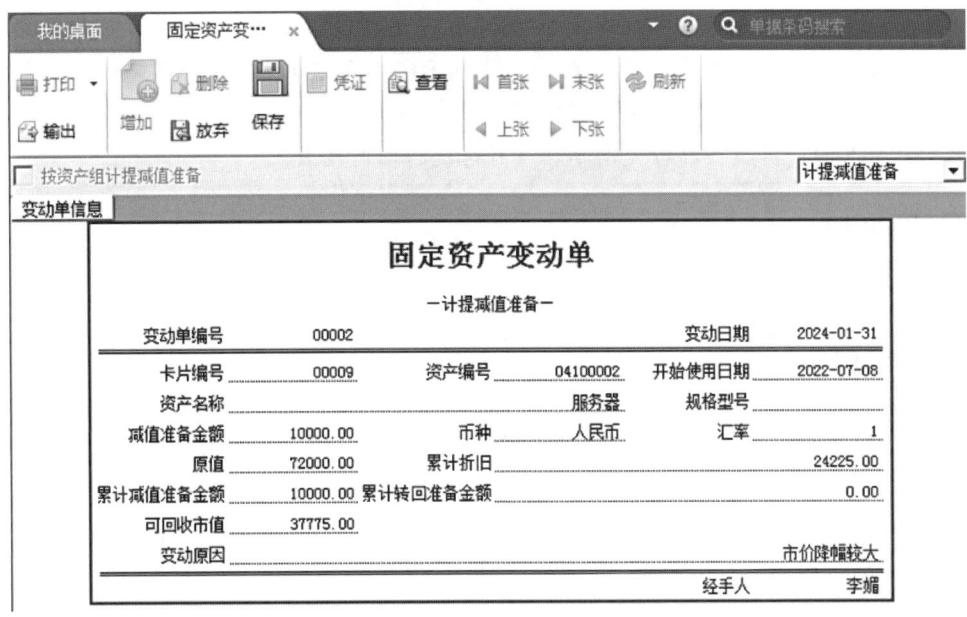

图 5-28　固定资产变动单(计提减值准备)

(2)打开"填制凭证"窗口,这里暂不生成凭证,点击关闭窗口,打开"凭证"对话框,如图 5-29 所示,点击"确定"按钮,弹出"还有没保存的凭证,是否退出?"对话框,点击"是"按钮。

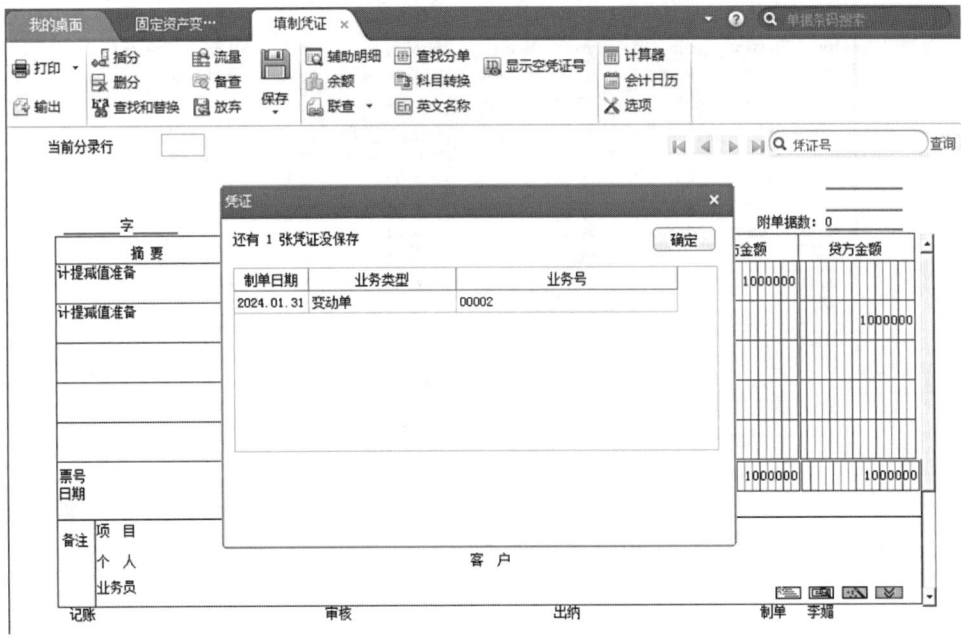

图 5-29　凭证

> **温馨提示**
>
> (1) 企业应当在期末或每年年度终了，对固定资产逐项进行检查，如果由于市价持续下跌或技术陈旧等原因导致其可回收金额低于账面价值的，应当将可回收金额低于账面价值的差额作为固定资产减值准备。
> (2) 本月录入的计提减值准备变动单在下月计提折旧时生效。

4. 计提折旧

【实验资料】

1月31日，计提本月固定资产折旧。

【操作步骤】

（1）执行"财务会计→固定资产→折旧计提→计提本月折旧"命令，打开"是否要查看折旧清单？"对话框，点击"是"按钮，打开"本操作将计提本月折旧，并花费一定时间，是否要继续？"对话框，点击"是"按钮。

（2）打开"折旧清单"窗口，如图5-30所示，点击"退出"按钮，弹出"计提折旧完成！"对话框，点击"确定"按钮。

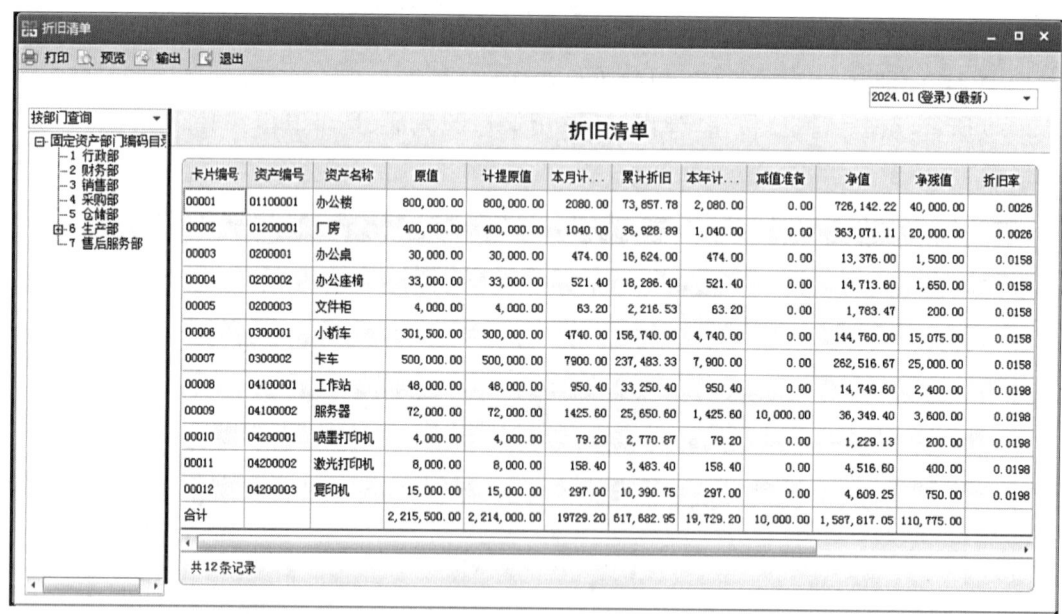

图 5-30 折旧清单

（3）打开"折旧分配表"窗口，点击"凭证"按钮，打开"填制凭证"窗口，凭证类别选择"转账凭证"，点击"保存"按钮，结果如图5-31所示。

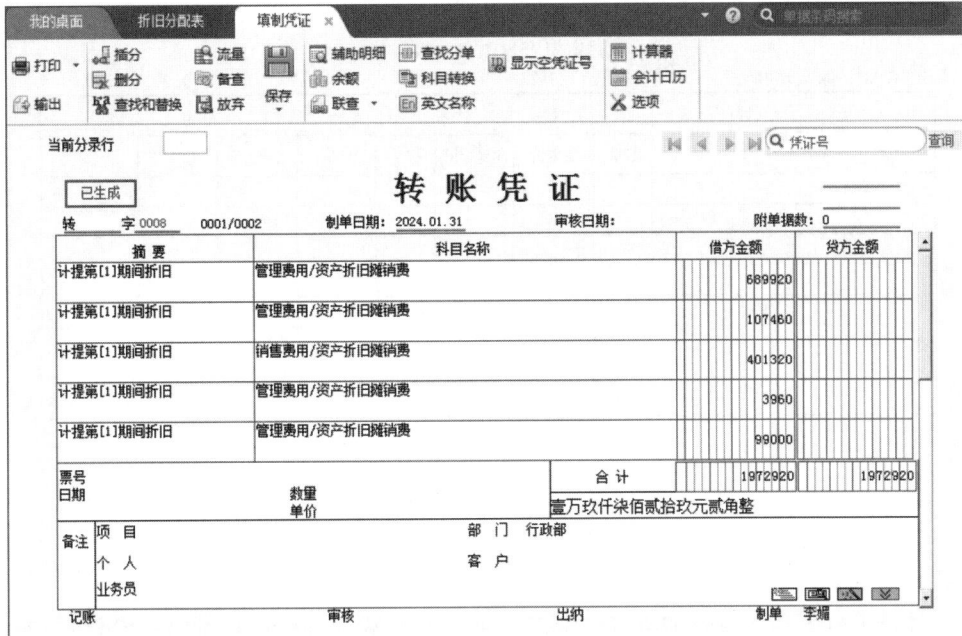

图 5-31　计提折旧凭证

 温馨提示

(1) 系统每期计提折旧一次,根据录入系统的资料自动计算每项资产的折旧,并自动生成折旧分配表,然后制作记账凭证,将本期的折旧费用自动登账。

(2) 系统在一个期间内可以多次计提折旧,每次计提折旧后,只是将计提的折旧累加到月初的累计折旧,不会重复累计。

(3) 如果上次计提折旧已制单把数据传递到账务系统,则必须删除该凭证才能重新计提折旧。

(4) 计提折旧后,又对账套进行了影响折旧计算或分配的操作,必须重新计提折旧,否则系统不允许结账。

5. 固定资产减少

【实验资料】

(1) 1月31日,对企业生产管理部的固定资产进行盘查,盘亏复印机一台,凭证如图 5-32 所示。

(2) 1月31日,查明原因,因管理不善导致固定资产盘亏。

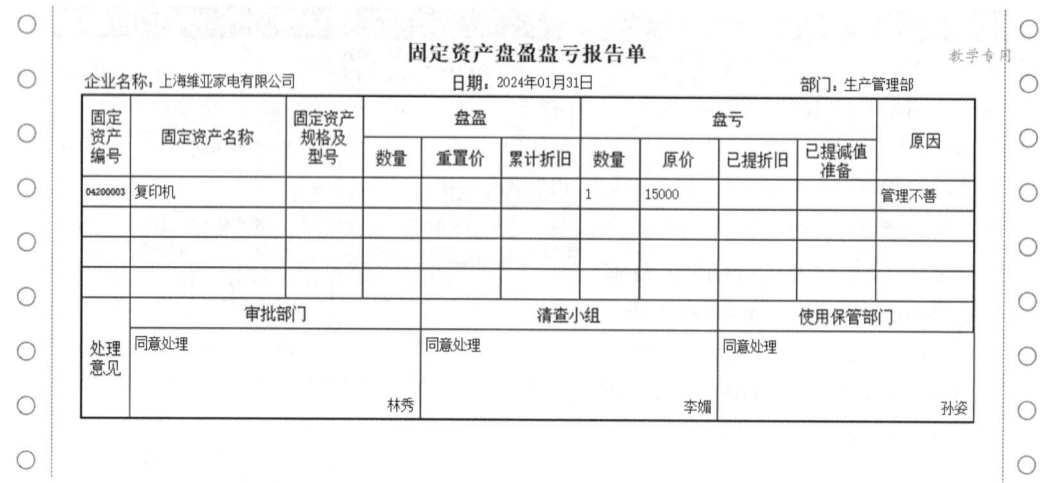

图 5-32　固定资产盘盈盘亏报告单

【操作步骤】

(1) 执行"财务会计→固定资产→资产处置→资产减少"命令,打开"资产减少"窗口,输入"资产编号"为"04200003",点击"增加"按钮,选择减少方式为"盘亏",点击"确定"按钮,弹出"所选卡片已经减少成功!"对话框,点击"确定"按钮。

(2) 打开"填制凭证"窗口,凭证类别选择"转账凭证",输入"附单据数"为"1","摘要"为"盘亏复印机一台",将科目"固定资产清理"修改为"待处理财产损溢",点击"保存"按钮,结果如图 5-33 所示。

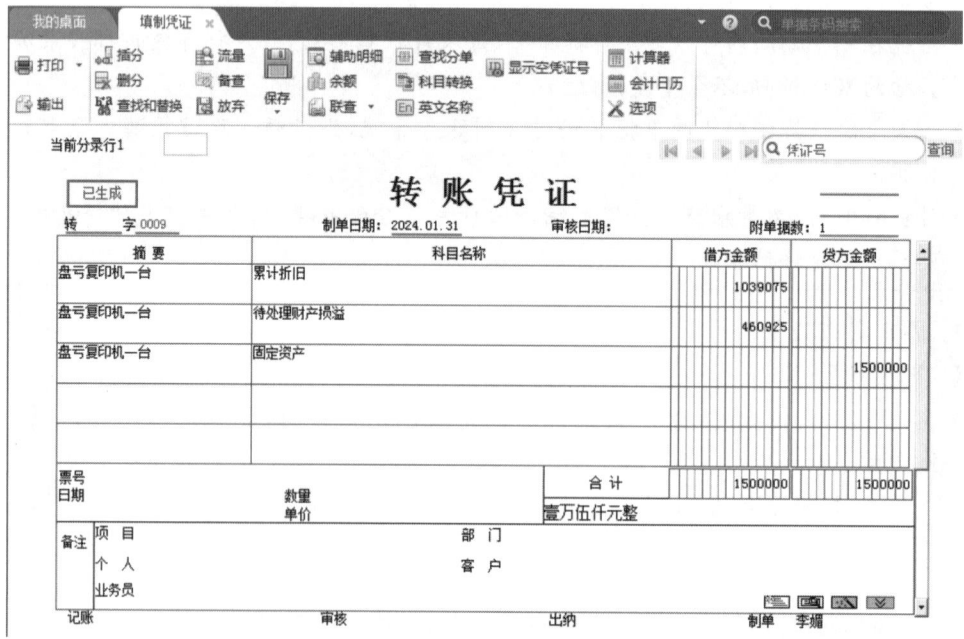

图 5-33　固定资产盘亏凭证

(3) 执行"财务会计→总账→凭证→填制凭证"命令,打开"填制凭证"窗口,点击"增加"按钮,根据实验资料填制凭证,结果如图 5-34 所示。

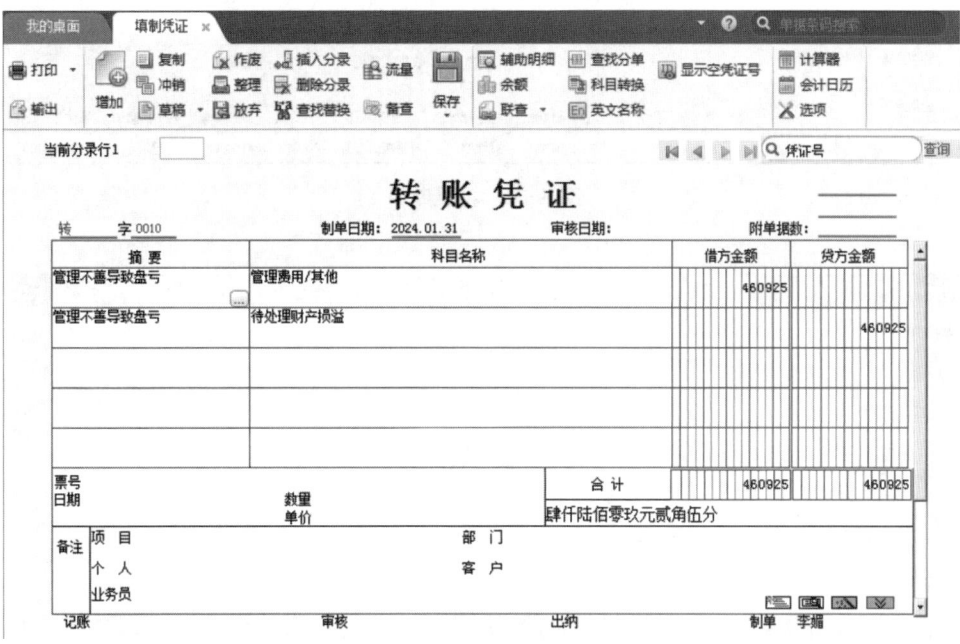

图 5-34 管理不善导致盘亏凭证

>  温馨提示
> (1) 若当前账套设置了计提折旧,则需在计提折旧后才可执行资产减少。
> (2) 查看已减少资产,可通过"卡片管理",从卡片列表上边的下拉框中选择"已减少资产",列示的即已减少的资产集合,双击任一行,可查看该资产的卡片。

6. 批量制单

【实验资料】

1月31日,对固定资产业务未生成的记账凭证,进行批量制单处理。

【操作步骤】

(1) 执行"财务会计→固定资产→凭证处理→批量制单"命令,打开"查询条件-批量制单"对话框,点击"确定"按钮,打开"批量制单"窗口,点击工具栏上的"全选"按钮,结果如图 5-35 所示。

(2) 点击"制单设置"选项卡,输入借方科目为"6701",点击工具栏上的"凭证"按钮,打开"填制凭证"窗口,修改凭证类别为"转账凭证",点击"保存"按钮,结果如图 5-36 所示。

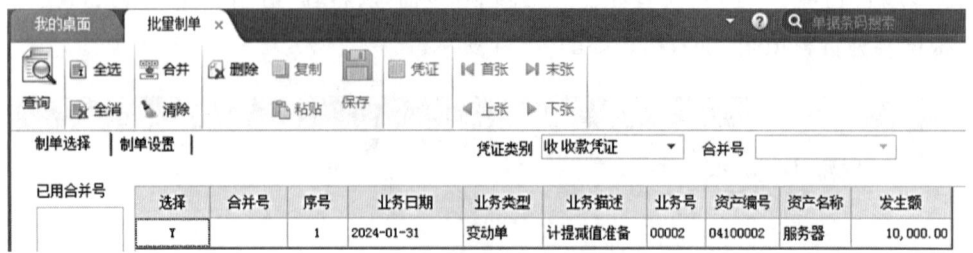

图 5-35 批量制单

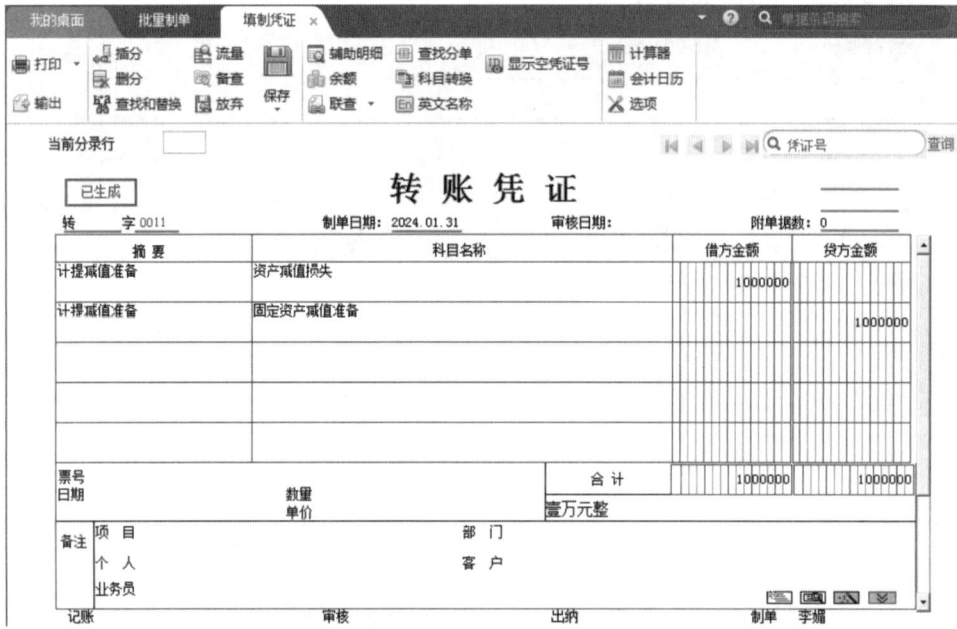

图 5-36 计提减值准备凭证

> **温馨提示**
>
> （1）在完成任何一笔需制单的业务的同时，可以通过双击"选择"制作记账凭证传输到账务系统，也可以在当时不制单（选项中制单时间的设置必须为不立即制单），而在某一时间（如月底）利用"批量制单"完成制单工作。批量制单功能可同时将一批需制单业务连续制作凭证传输到账务系统，避免了多次制单的烦琐。
>
> （2）凡是业务发生当时没有制单的，该业务自动排列在批量制单表中，表中列示应制单而没有制单的业务发生的日期、类型、原始单据号，缺省的借贷方科目和金额以及选择标志。
>
> （3）如该单据在其他系统已制单或发生其他情况不应制单，可将选择标志选中后点击"删除"按钮，将该应制单业务从表中删除。

7. 账表查询

【实验资料】

(1) 查询固定资产系统生成的凭证

(2) 查询固定资产原值一览表

(3) 查询部门构成分析表

(4) 查询减值准备明细表

【操作步骤】

(1) 执行"财务会计→固定资产→凭证处理→查询凭证"命令,打开"查询凭证"窗口,如图 5-37 所示,双击要查询的凭证行,可以调出凭证。

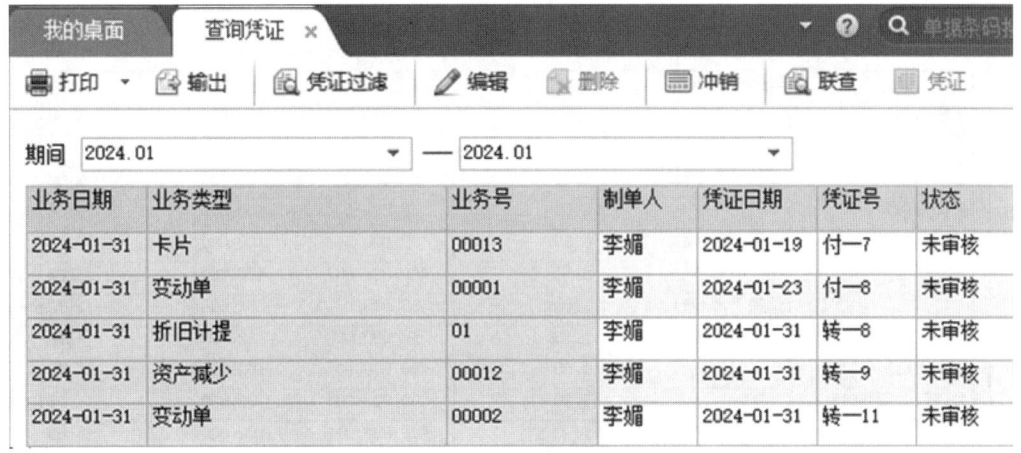

图 5-37 查询凭证

(2) 执行"财务会计→固定资产→账表→统计表→固定资产原值一览表"命令,打开"条件-固定资产原值一览表"对话框,点击"确定"按钮,打开"固定资产原值一览表"窗口。

(3) 执行"财务会计→固定资产→账表→分析表→部门构成分析表"命令,打开"条件-部门构成分析表"对话框,点击"确定"按钮,打开"部门构成分析表"窗口,如图 5-38 所示。

(4) 执行"财务会计→固定资产→账表→减值准备表→减值准备明细账"命令,打开"条件-减值准备明细账"对话框,点击"确定"按钮,打开"减值准备明细账"窗口,如图 5-39 所示。

> 温馨提示
>
> 固定资产系统生成的凭证可以在固定资产系统中执行查看、修改、删除和冲销等操作,在总账系统中能查看、审核、签字和记账,但不能修改和删除。

图 5-38 部门构成分析表

图 5-39 减值准备明细账

任务三　固定资产系统期末业务

1. 对账

【实验资料】

与总账系统进行对账。

【操作步骤】

（1）执行"财务会计→固定资产→资产对账→对账"命令，打开"对账条件"对话框，勾选"1601 固定资产""1602 累计折旧"和"包含总账系统未记账记录"前的复选框，点击"确定"按钮。

（2）打开"对账"窗口，显示与总账对账结果，如图 5-40 所示。

科目		固定资产				总账				对账差异			
编码	名称	期初余额	借方金额	贷方金额	期末余额	期初余额	借方金额	贷方金额	期末余额	期初余额	借方金额	贷方金额	期末余额
1601	固定资产	2214000.00	351500.00	15000.00	2550500.00	2214000.00	351500.00	15000.00	2550500.00	0.00	0.00	0.00	0.00
1602	累计折旧	597953.75	10390.75	19729.20	607292.20	597953.75	10390.75	19729.20	607292.20	0.00	0.00	0.00	0.00

图 5-40　与总账对账结果

【栏目说明】

包含总账系统未记账记录：当选择该项时，表示与总账的对账范围包括总账未记账的固定资产生成凭证的数据记录；当不选择该项时，则与总账对账范围只包括已记账凭证的数据记录。系统默认为不选。固定资产系统生成的凭证在总账系统中还未审核、签字和记账，所以，若不勾选此项，会造成对账不平。

2. 月末结账

【实验资料】

完成本月全部固定资产业务后，进行月末结账。

【操作步骤】

（1）执行"财务会计→固定资产→期末处理→月末结账"命令，打开"月末结账"对话框，点击"开始结账"按钮。

（2）打开"与总账对账结果"对话框，如图 5-41 所示，点击"确定"按钮。弹出"月末结账成功完成！"对话框，点击"确定"按钮，弹出系统提示，再点击"确定"按钮。

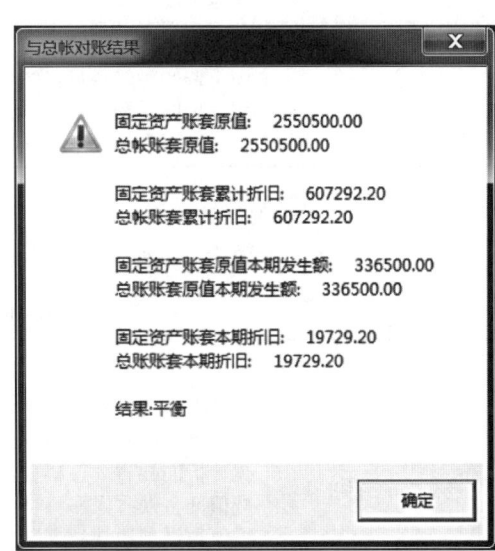

图 5-41　与账务对账结果

> **温馨提示**
> （1）固定资产系统中完成了本月所有的业务后，可以进行月末结账，结账后数据不可修改。
> （2）如果由于某种原因，在结账后发现结账前的操作有误，可以通过"恢复月末结账前状态"进行反结账。

【项目实验】

1. 固定资产系统初始化

以账套主管[701]孙辉的身份登录企业应用平台，登录时间为 2024 年 1 月 1 日。

1）启用系统

启用固定资产系统，启用日期为 2024 年 1 月 1 日。

2）建立固定资产账套

建立固定资产账套参数，如表 5-7 所示。

表 5-7 固定资产账套参数

初始化账套向导	参数
1. 约定及说明	我同意
2. 启用月份	2024.01
3. 折旧信息	本账套计提折旧 主要折旧方法：平均年限法（二） 折旧汇总分配周期：1 个月 当月初已计提折旧＝可使用月份－1 时，将剩余折旧全部提足
4. 编码方式	编码长度：2112 自动编码：类别编号＋部门编号＋序号 序号长度：3
5. 账务接口	与账务系统进行对账 固定资产对账科目：1601 固定资产 累计折旧对账科目：1602 累计折旧 在对账不平情况下不允许固定资产月末结账

3）固定资产系统参数

固定资产系统参数设置，如表 5-8 所示。

表 5-8 固定资产系统参数

选项	参数
与账务系统接口	业务发生后立即制单 固定资产缺省入账科目：1601 固定资产 累计折旧缺省入账科目：1602 累计折旧 减值准备缺省入账科目：1603 固定资产减值准备 增值税进项税缺省入账科目：22210101 应交税费——应交增值税（进项税额） 固定资产清理缺省入账科目：1606 固定资产清理

4）部门对应折旧方式

固定资产部门对应折旧方式设置，如表 5-9 所示。

表 5-9　固定资产部门对应折旧方式

部门编码	部门名称	折旧科目
1	总经理办公室	660203 管理费用——资产折旧摊销费
2	财务部	660203 管理费用——资产折旧摊销费
3	销售部	660104 销售费用——资产折旧摊销费
4	采购部	660203 管理费用——资产折旧摊销费
5	仓储部	660203 管理费用——资产折旧摊销费
6	生产部	5101 制造费用
601	车间管理部	5101 制造费用
602	生产车间	5101 制造费用
7	市场部	660104 销售费用——资产折旧摊销费

5）资产类别

固定资产类别设置，如表 5-10 所示。

表 5-10　固定资产类别

类别编码	类别名称	使用年限	净残值率	计提属性	折旧方法	卡片样式
01	房屋建筑	30 年	5%	正常计提	平均年限法（二）	含税卡片样式
011	办公楼	30 年	5%	正常计提	平均年限法（二）	含税卡片样式
012	厂房	30 年	5%	正常计提	平均年限法（二）	含税卡片样式
02	机器设备	10 年	5%	正常计提	平均年限法（二）	含税卡片样式
03	运输工具	5 年	5%	正常计提	平均年限法（二）	含税卡片样式
04	电子设备	3 年	5%	正常计提	平均年限法（二）	含税卡片样式

6）增减方式

固定资产增减方式设置，如表 5-11 所示。

表 5-11　固定资产增减方式

增加方式	对应入账科目	减少方式	对应入账科目
直接购入	100201 银行存款——中国农业银行	出售	1606 固定资产清理
投资者投入	4001 实收资本	盘亏	1901 待处理财产损溢
盘盈	1901 待处理财产损溢	捐赠转出	1606 固定资产清理
在建工程转入	1604 在建工程	报废	1606 固定资产清理

7）录入原始卡片

固定资产原始卡片录入，如表5-12所示。

表5-12 固定资产原始卡片

名称	类别编号	使用部门	增加方式	使用状况	使用年限（月）	开始使用日期	原值（元）	累计折旧（元）
办公楼	011	总经理办公室	在建工程转入	在用	360	2019-12-2	1 300 000.00	247 000.00
厂房	012	车间管理部	在建工程转入	在用	360	2019-12-10	1 000 000.00	190 000.00
锁眼机	02	生产车间	直接购入	在用	120	2019-12-11	22 066.00	8 385.08
五线机	02	生产车间	直接购入	在用	120	2019-12-11	11 198.00	4 255.24
平缝机	02	生产车间	直接购入	在用	120	2019-12-11	64 000.00	24 320.00
轿车	03	总经理办公室	直接购入	在用	60	2019-12-23	115 000.00	87 400.00
卡车	03	销售部、市场部（使用比例各50%）	直接购入	在用	60	2019-12-23	453 540.00	344 690.40
工作站	04	仓储部	直接购入	在用	36	2021-12-30	49 000.00	31 033.33
服务器	04	市场部	直接购入	在用	36	2021-12-31	70 100.00	44 396.67
打印机	04	财务部	直接购入	在用	36	2021-12-16	14 000.00	8 866.67

8）期初对账

与总账系统进行期初对账。

2. 固定资产系统日常业务

以账套主管[701]孙辉的身份登录企业应用平台，登录时间为2024年1月31日。

1）固定资产增加

1月22日，财务部购入电脑一台，取得增值税专用发票，金额8 000元，增值税额1 040元，以银行转账方式支付，回单号2236。电脑当日送达，预计使用5年，净残值率5%，采用"双倍余额递减法（一）"计提折旧。

2）固定资产原值变更

1月23日，为轿车购入导航配件2 500元，以银行转账方式支付，回单号2237。

3）固定资产减值

1月31日，对资产进行期末减值测试，发现卡车因市价降幅较大，计提减值准备10 000元。

4）计提折旧

1月31日，计提本月固定资产折旧。

5）固定资产减少

1月31日，企业对固定资产进行盘查，盘亏打印机一台。

6）批量制单

1月31日，对固定资产业务未生成的记账凭证（如有），进行批量制单处理。

7) 账表查询

(1) 查询固定资产系统生成的凭证。

(2) 查询固定资产原值一览表。

(3) 查询部门构成分析表。

(4) 查询减值准备明细表。

3. 固定资产系统期末业务

1) 对账

与总账系统进行对账。

2) 月末结账

完成本月全部固定资产业务后,进行月末结账。

 思政小课堂

折旧是生产过程中不可避免的现象。它反映了生产资料的使用价值和价值的流失。折旧分为两种形式:一是自然折旧,这是由于生产资料的使用年限到期而引起的价值减少;二是道德折旧,这是由于技术进步、市场变化或者产品质量下降等非自然因素引起的价值减少。这两种折旧形式都体现了生产资料在生产过程中所蕴含的价值逐渐流失的过程。

项目六

供应链系统初始化

 项目概述

用友新道 U8+软件供应链系统能帮助企业实现销售、生产、采购和财务部门的高效协同，逐步消除管理"瓶颈"，建立竞争优势。供应链系统作为用友 ERP-U8 企业经营管理平台的一个基础应用，包括合同管理、售前分析、销售管理、进出口管理、采购管理、电商订单中心、委外管理、库存管理、存货核算、质量管理、售后服务、VMI、序列号、采购询价、借用归还、库存条码-PC 版和库存条码-无线版等。

采购管理系统可以帮助企业对采购业务的全部流程进行管理，提供请购、订货、到货、入库、开票和采购结算的完整采购流程，用户可根据实际情况定制采购流程。

销售管理系统提供了报价、订货、发货和开票的完整销售流程，支持普通销售、委托代销、分期收款、直运、零售和销售调拨等多种类型的销售业务，并可对销售价格和信用进行实时监控。用户可根据实际情况对系统进行定制，构建自己的销售业务管理平台。

库存管理系统能够满足采购入库、销售出库、产成品入库、材料出库、其他出入库和盘点管理等业务需要，提供仓库货位管理、批次管理、保质期管理、出库跟踪入库管理、可用量管理和序列号管理等全面的业务应用。

存货核算系统是企业会计核算的一项重要内容，进行存货核算，应正确计算存货购入成本，促使企业努力降低存货成本；反映和监督存货的收发、领退和保管情况；反映和监督存货资金的占用情况，促进企业提高资金的使用效果。

供应链系统操作流程，如图 6-1 所示。

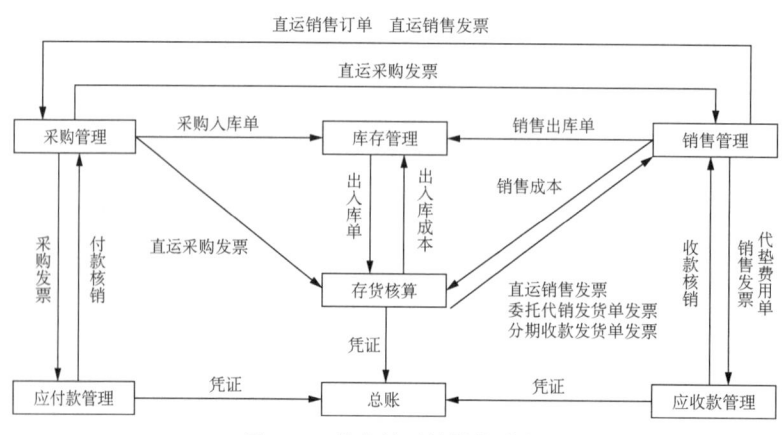

图 6-1 供应链系统操作流程

任务一 供应链基础设置

1. 启用供应链相关子系统
【实验资料】

以账套主管[001]李媚的身份登录企业应用平台,登录时间为 2024 年 1 月 1 日。

启用应收款管理、应付款管理、采购管理、销售管理、库存管理和存货核算系统,启用日期为 2024 年 1 月 1 日。

【操作步骤】

(1) 以账套主管[001]李媚的身份登录新道 U8+企业应用平台,登录时间为 2024 年 1 月 1 日。

(2) 在新道 U8+企业应用平台,点击"业务导航"按钮,在"基础设置"下拉菜单中,执行"基础信息→系统启用"命令,打开"系统启用"对话框,勾选"应收款管理"前的复选框,打开"日历"对话框,启用日期选择"2024-01-01",点击"确定"按钮,弹出"确定要启用当前系统吗?"对话框,点击"是"按钮,完成应收款管理系统的启用。

(3) 根据实验资料,继续完成应付款管理、采购管理、销售管理、库存管理和存货核算系统的启用。

 温馨提示

采购、销售、库存和存货四个系统,如果不是同时启用,则后启的系统启用期间必须大于等于其他系统最大结账月。

2. 付款条件
【实验资料】

付款条件设置,付款条件编码:01,付款条件名称:3/10,1/20,n/30。

【操作步骤】

(1) 在新道 U8+企业应用平台,点击"业务导航"按钮,在"基础设置"下拉菜单中,执行"基础档案→收付结算→付款条件"命令,打开"付款条件"窗口。

(2) 点击工具栏上的"增加"按钮,输入"付款条件编码"为"01","信用天数"为"30","优惠天数 1"为"10","优惠率 1"为"3","优惠天数 2"为"20","优惠率 2"为"1",点击"保存"按钮,结果如图 6-2 所示,点击"退出"按钮。

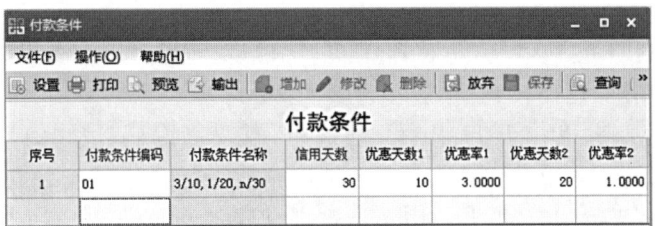

图 6-2 付款条件

3. 本单位开户银行

【实验资料】

（1）修改中国工商银行档案，企业账户规则：定长；账号长度：18。

（2）本单位开户银行信息如下：

编码：01；银行账号：622201100315822123；币种：人民币；开户银行：中国工商银行上海建国路支行，所属银行编码：01 中国工商银行。

【操作步骤】

（1）执行"基础档案→收付结算→银行档案"命令，打开"银行档案"窗口，点击选中"01 中国工商银行"，再点击工具栏上的"修改"按钮。

（2）打开"修改银行档案"对话框，修改"企业账户规则"下的"账号长度"为"18"，点击"保存"按钮，结果如图 6-3 所示，点击"退出"按钮。

图 6-3　修改银行档案

（3）执行"基础档案→收付结算→本单位开户银行"命令，打开"本单位开户银行"窗口，点击工具栏上的"增加"按钮。

（4）打开"增加本单位开户银行"对话框，输入"编码"为"01"，"银行账号"为"622201100315822123"，"币种"为"人民币"，"开户银行"为"中国工商银行上海建国路支行"，"所属银行编码"为"01"，如图 6-4 所示，点击"保存"按钮，点击"退出"按钮。

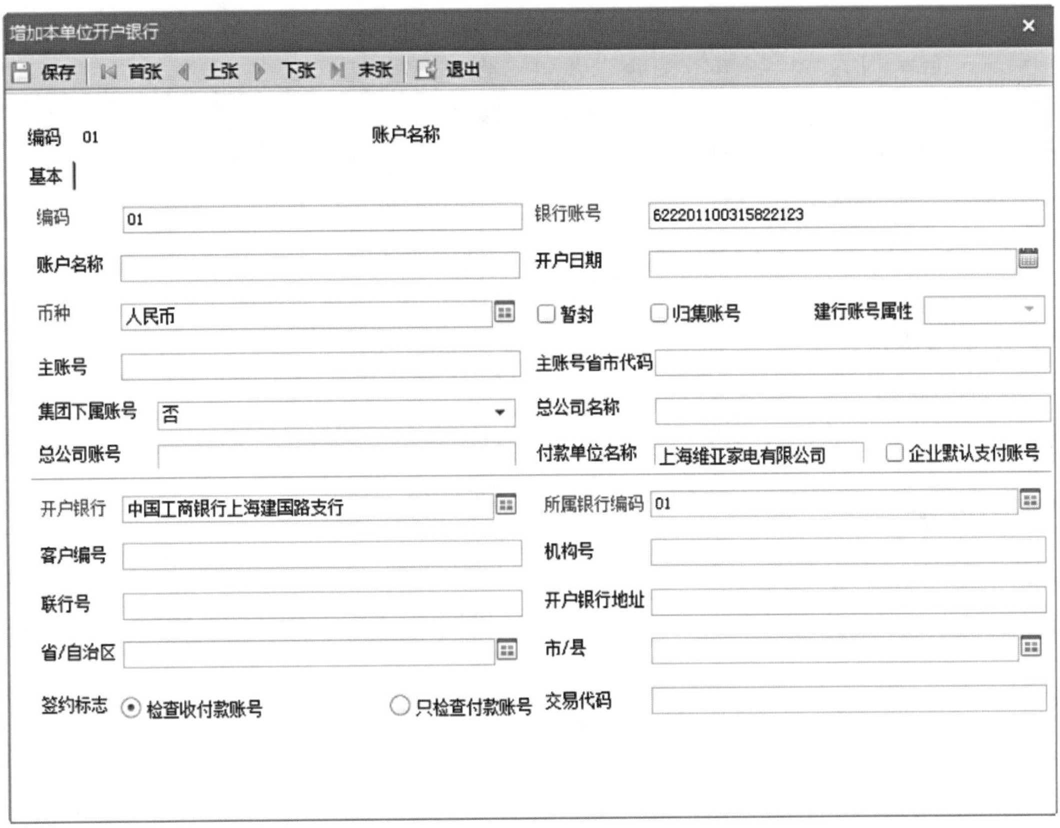

图 6-4 增加本单位开户银行

4. 仓库档案

【实验资料】

仓库档案设置,如表 6-1 所示。

表 6-1 仓库档案

仓库编码	仓库名称	计价方式
01	原材料库	全月平均法
02	产成品库	先进先出法

【操作步骤】

(1) 执行"基础档案→业务→仓库档案"命令,打开"仓库档案"窗口,点击工具栏上的"增加"按钮,打开"增加仓库档案"窗口,输入"仓库编码"为"01","仓库名称"为"原材料库",点击"保存"按钮。

(2) 根据实验资料,继续完成产成品库的设置,设置完成返回"仓库档案"窗口,结果如图 6-5 所示。

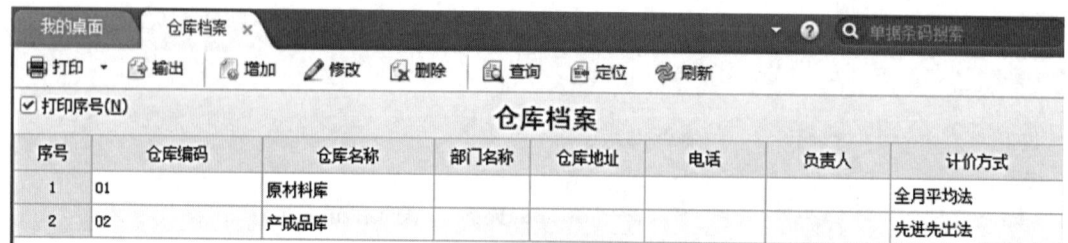

图 6-5　仓库档案

5. 收发类别
【实验资料】

收发类别设置,如表 6-2 所示。

表 6-2　收发类别

收发类别编码	收发类别名称	收发标志
1	入库	收
11	采购入库	收
12	产成品入库	收
13	直运采购	收
14	盘盈入库	收
15	其他入库	收
2	出库	发
21	销售出库	发
22	领料出库	发
23	分期收款销售出库	发
24	直运销售	发
25	委托代销出库	发
26	盘亏出库	发
27	其他出库	发

【操作步骤】

(1) 执行"基础档案→业务→收发类别"命令,打开"收发类别"窗口,点击工具栏上的"增加"按钮,输入"收发类别编码"为"1","收发类别名称"为"入库","收发标志"选择"收",

点击"保存"按钮。

(2) 根据实验资料,继续完成其他收发类别的设置,设置完成,如图 6-6 所示。

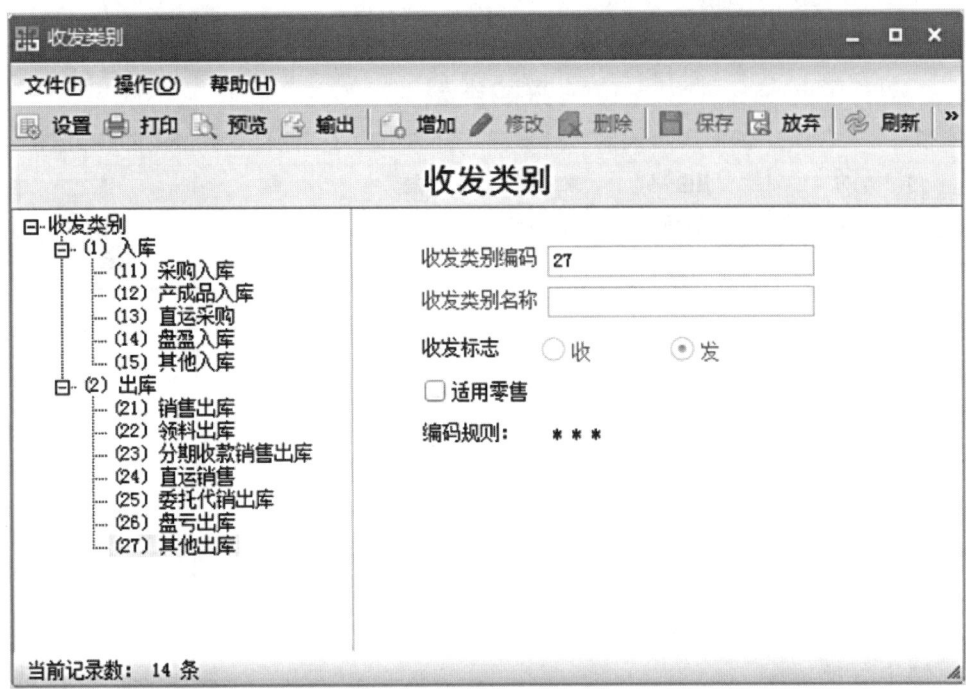

图 6-6　收发类别

6. 采购类型

【实验资料】

采购类型设置,如表 6-3 所示。

表 6-3　采购类型

采购类型编码	采购类型名称	入库类别	默认值
01	普通采购	11 采购入库	是
02	直运采购	13 直运采购	否

【操作步骤】

(1) 执行"基础档案→业务→采购类型"命令,打开"采购类型"窗口,点击工具栏上的"增加"按钮,输入"采购类型编码"为"01","采购类型名称"为"普通采购","入库类别"为"采购入库","是否默认值"选择"是",点击"保存"按钮。

(2) 根据实验资料,继续完成直运采购类型的设置,设置完成,如图 6-7 所示。

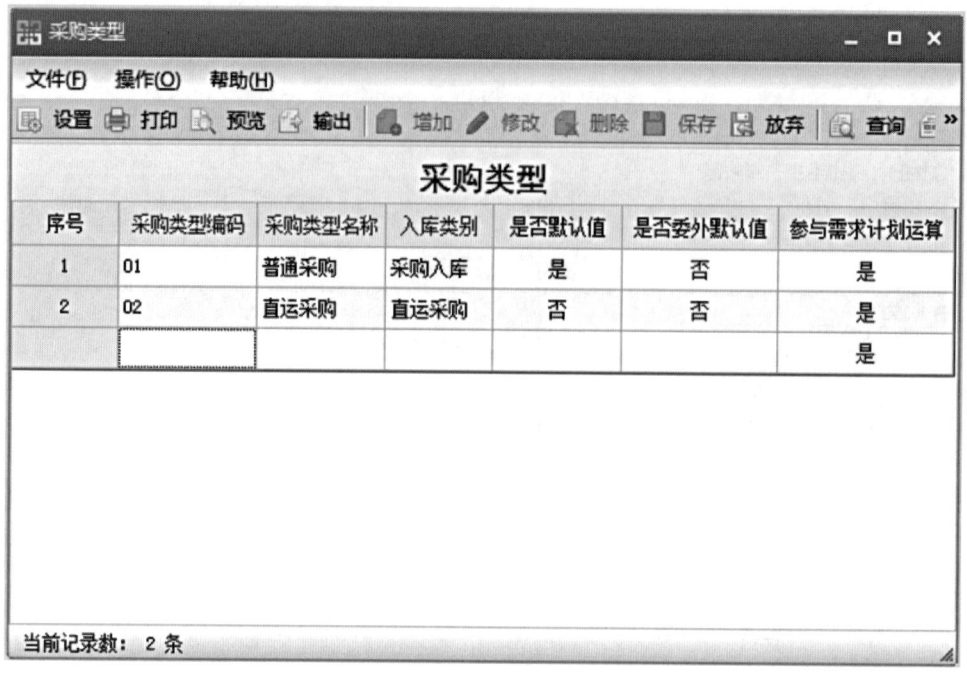

图 6-7 采购类型

7. 销售类型

【实验资料】

销售类型设置,如表 6-4 所示。

表 6-4 销售类型

销售类型编码	销售类型名称	出库类别	默认值
01	普通销售	21 销售出库	是
02	分期收款销售	23 分期收款销售出库	否
03	直运销售	24 直运销售	否
04	委托代销	25 委托代销出库	否

【操作步骤】

(1) 执行"基础档案→业务→销售类型"命令,打开"销售类型"窗口,点击工具栏上的"增加"按钮,输入"销售类型编码"为"01","销售类型名称"为"普通销售","出库类别"为"销售出库","是否默认值"选择"是",点击"保存"按钮。

(2) 根据实验资料,继续完成其他销售类型的设置,设置完成,如图 6-8 所示。

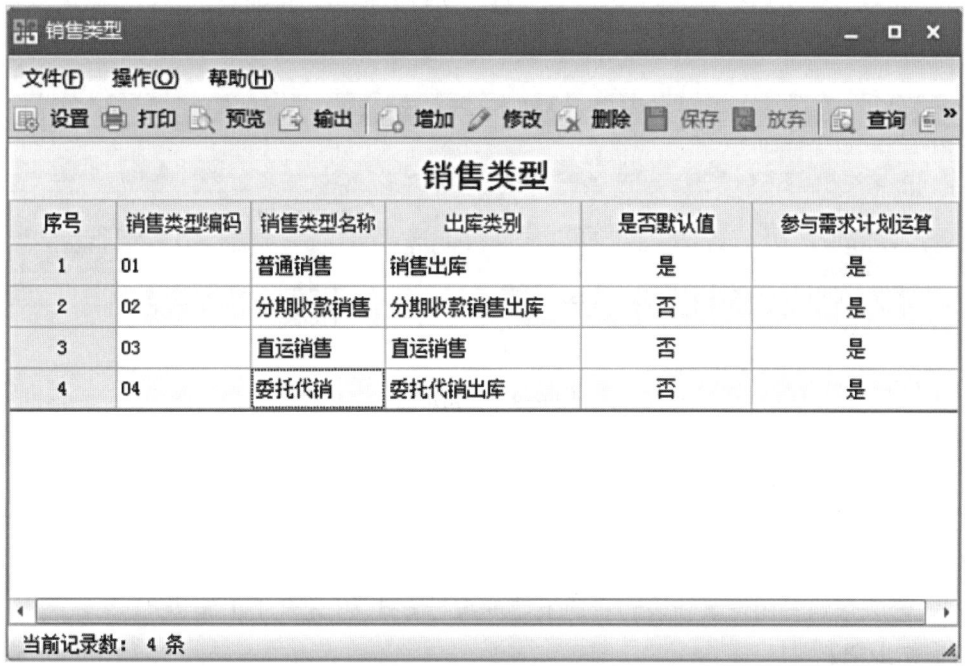

图 6-8　销售类型

8. 费用项目

【实验资料】

(1) 费用项目分类,如表 6-5 所示。

表 6-5　费用项目分类

分类编码	分类名称
1	日常费用

(2) 费用项目设置,如表 6-6 所示。

表 6-6　费用项目

费用项目编码	费用项目名称	费用项目分类名称
01	运输费	1
02	代销手续费	1
03	办公费	1

【操作步骤】

(1) 执行"基础档案→业务→费用项目分类"命令,打开"费用项目分类"窗口,点击工具栏上的"增加"按钮,输入"分类编码"为"1","费用项目分类名称"为"日常费用",点击"保存"按钮,再点击"退出"按钮。

(2) 执行"基础档案→业务→费用项目"命令,打开"费用项目"窗口,点击工具栏上的

"增加"按钮,输入"费用项目编码"为"01","费用项目名称"为"运输费",点击"保存"按钮。

(3) 根据实验资料,继续完成其他费用项目的设置,设置完成,如图6-9所示。

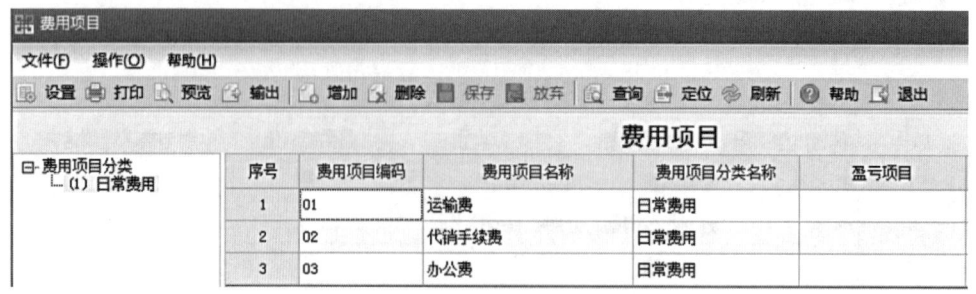

图6-9 费用项目

9. 单据编号设置

【实验资料】

(1) 修改销售专用发票和销售普通发票的编号方式为"完全手工编号"。

(2) 修改采购专用发票和采购普通发票的编号方式为"完全手工编号"。

【操作步骤】

(1) 执行"基础设置→单据设置→单据编号设置"命令,打开"单据编号设置"对话框,点击左侧"销售管理"前的"＋"标记,选中"销售专用发票",点击"　"按钮,勾选"完全手工编号"前的复选框,点击"保存"按钮,结果如图6-10所示。

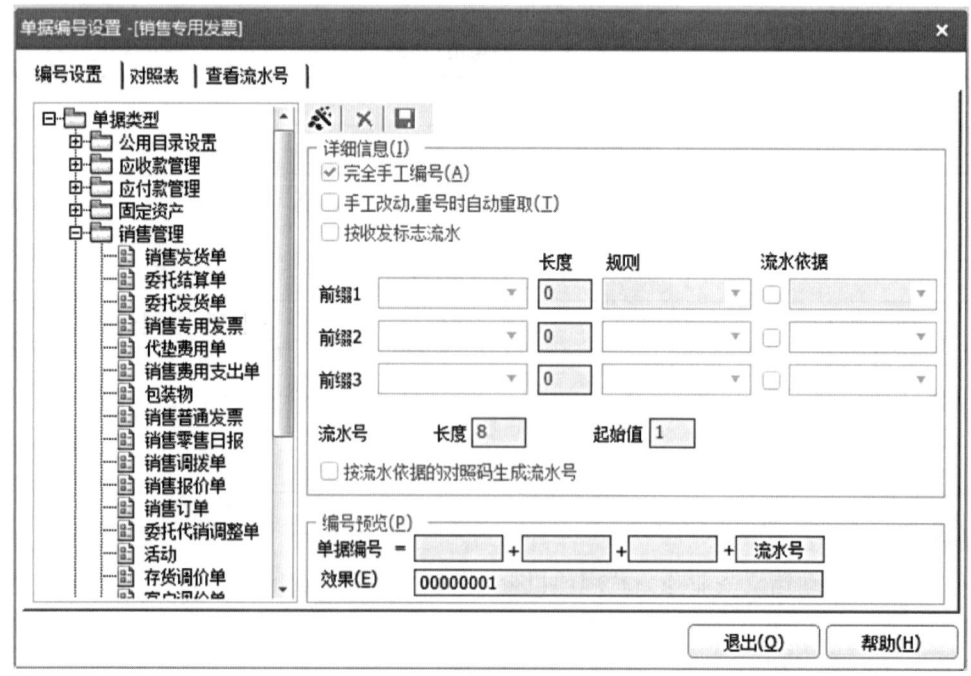

图6-10 单据编号设置

（2）根据实验资料，继续完成其他单据的编号设置。
10. 单据格式设置
【实验资料】

修改销售专用发票和销售普通发票的格式，将表头项目"销售类型"改为非必输。

【操作步骤】

（1）执行"基础设置→单据设置→单据格式设置"命令，打开"单据格式设置"窗口，点击左侧"供应链"前的"＋"标记，依次打开"销售管理""销售专用发票""显示"，点击选中"销售专用发票显示模板"，如图 6-11 所示。

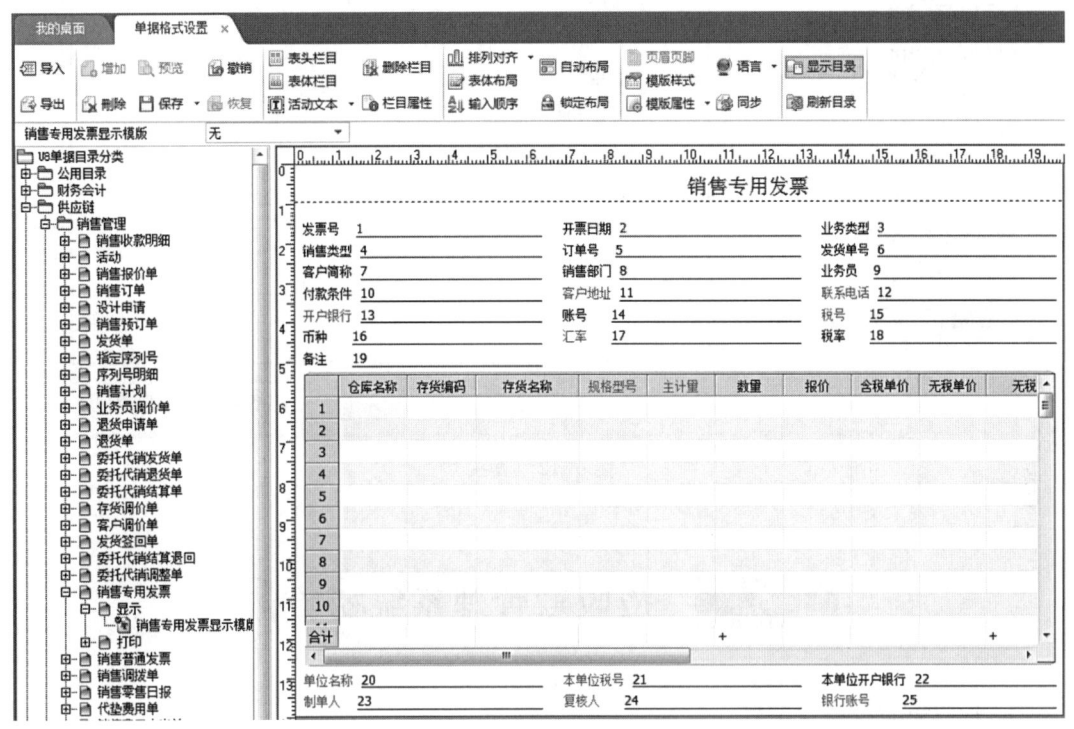

图 6-11　单据格式设置

（2）选中"销售专用发票"表头中的"销售类型"，右击选择"表头栏目"，打开"表头"对话框，选择"26 销售类型"，取消勾选"必输"前的复选框，如图 6-12 所示，点击"确定"按钮，返回销售专用发票，"销售类型"字体变成黑色，点击"保存"按钮。

（3）根据实验资料，继续完成销售普通发票的格式设置。

图 6-12　表头

任务二　应收款管理系统初始化

1. 应收款管理系统参数

【实验资料】

应收款管理系统参数设置，如表 6-7 所示。

表 6-7　应收款管理系统参数

选项卡	参数
常规	应收单据审核日期:业务日期 坏账处理方式:应收余额百分比法 代垫费用类型:其他应收单 应收账款核算类型:详细核算 自动计算现金折扣 应收票据直接生成收款单

(续表)

选项卡	参数
凭证	受控科目制单方式:明细到客户 非控科目制单方式:汇总方式 单据审核后立即制单 核销不生成凭证 红票对冲不生成凭证
权限与预警	按信用方式根据单据提前7天自动预警
核销设置	应收款核销方式:按单据

注:其他为系统默认。

【操作步骤】

在新道 U8+企业应用平台,点击"业务导航"按钮,在"财务会计"下拉菜单中,执行"应收款管理→设置→选项"命令,打开"账套参数设置"对话框,点击"编辑"按钮,弹出"选项修改需要重新登录才能生效"对话框,点击"确定"按钮,根据实验资料,完成应收款管理系统参数设置。设置完成,结果如图 6-13 至图 6-16 所示。

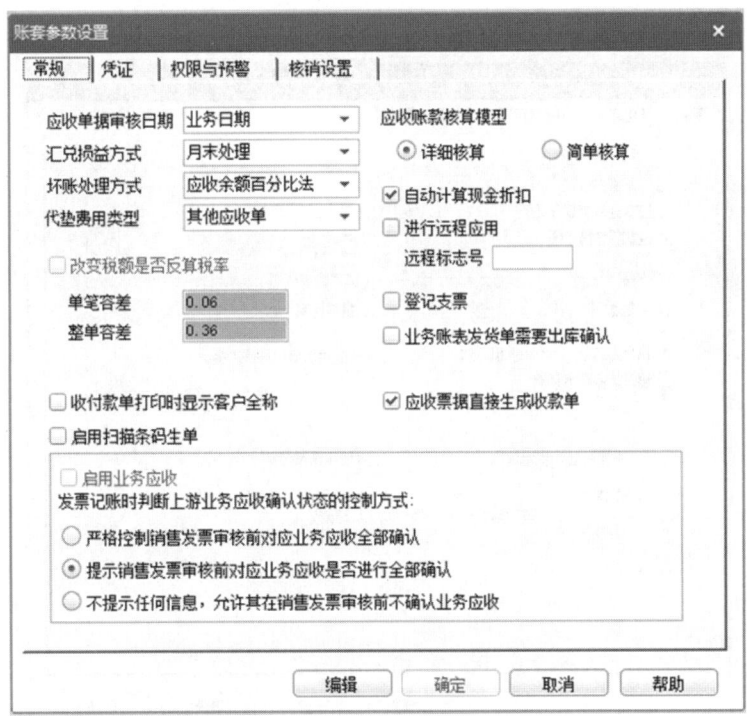

图 6-13 账套参数设置-常规

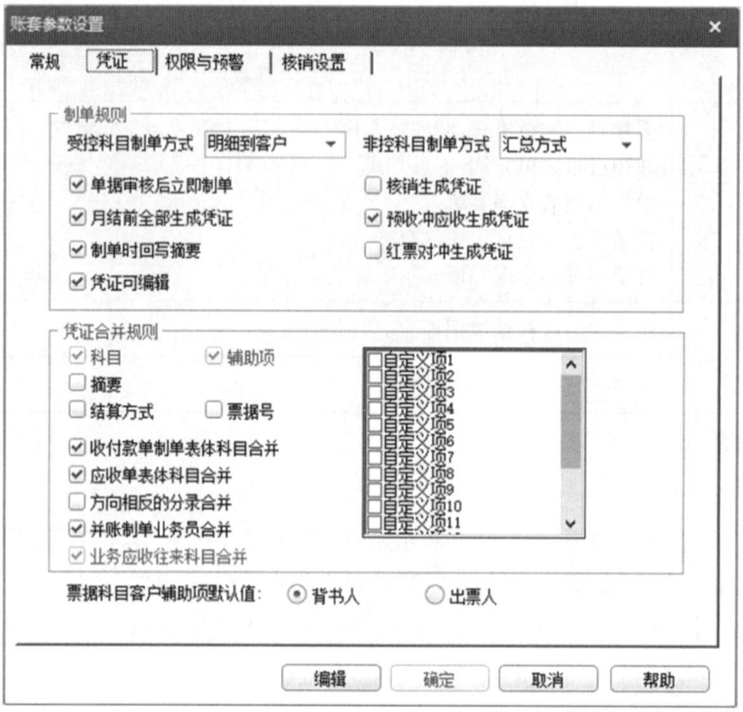

图 6-14　账套参数设置-凭证

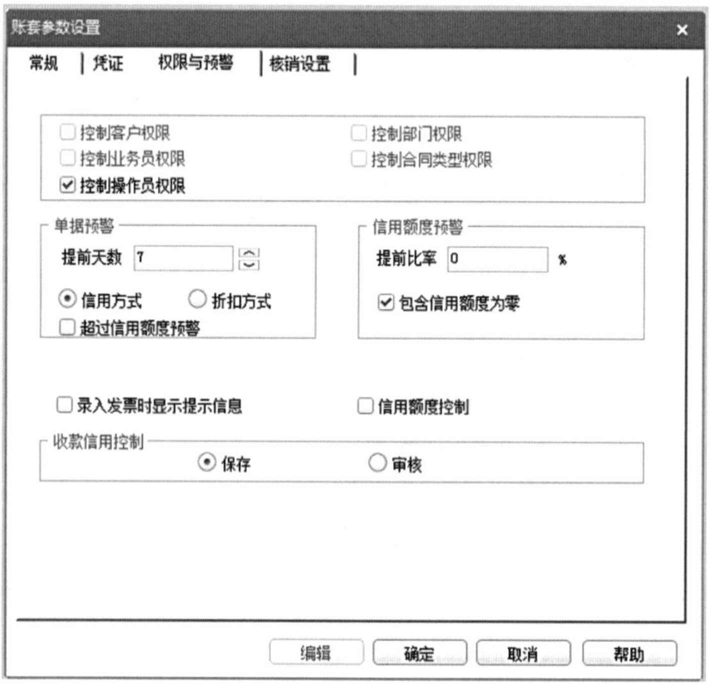

图 6-15　账套参数设置-权限与预警

项目六 供应链系统初始化

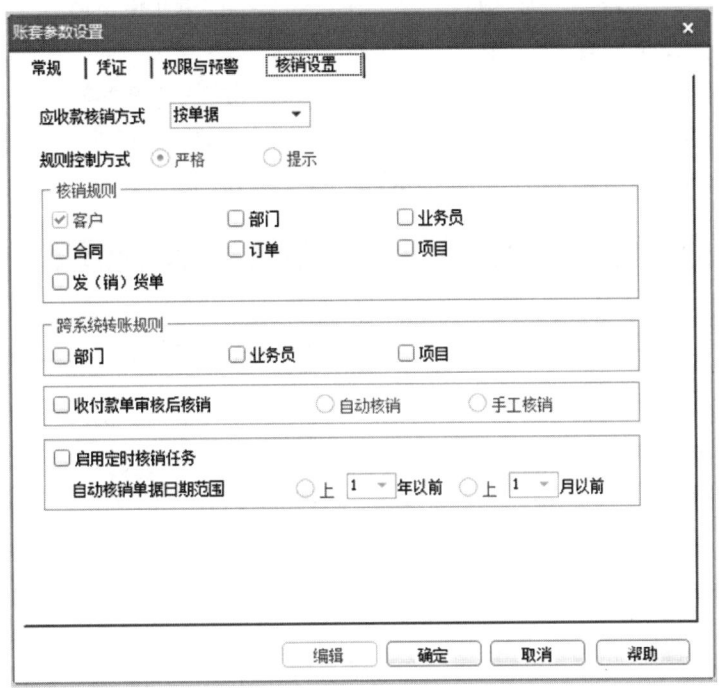

图 6-16 账套参数设置-核销设置

2. 基本科目

【实验资料】

基本科目设置,如表 6-8 所示。

表 6-8 基本科目

基本科目种类	科目	币种
应收科目	1122 应收账款	人民币
预收科目	2205 合同负债	人民币
销售收入科目	6001 主营业务收入	人民币
税金科目	22210107 应交税费——应交增值税——销项税额	人民币
销售退回科目	6001 主营业务收入	人民币
商业承兑科目	1121 应收票据	人民币
银行承兑科目	1121 应收票据	人民币

注:新增合同负债科目,辅助核算为客户往来。

【操作步骤】

(1) 执行"财务会计→应收款管理→设置→科目设置→基本科目"命令,打开"应收基本科目"窗口,点击"增行"按钮,选择"基本科目种类"为"应收科目",输入"科目"为"1122","币种"默认"人民币",点击"增行"按钮。

(2)选择"基本科目种类"为"预收科目",在录入"科目"单元格右侧点击"▦"按钮,打开"科目参照"对话框,点击"编辑"按钮。

(3)打开"会计科目"窗口,点击工具栏上的"增加"按钮,打开"新增会计科目"对话框,输入"科目编码"为"2205","科目名称"为"合同负债","科目类型"为"负债",勾选"客户往来"前的复选框,如图6-17所示,点击"确定"按钮,点击"退出"按钮。

图6-17 新增会计科目

(4)返回"科目参照"对话框,选中新增的会计科目"2205 合同负债",点击"确定"按钮,"币种"默认"人民币"。

(5)根据实验资料,继续完成其他应收基本科目的设置,结果如图6-18所示。

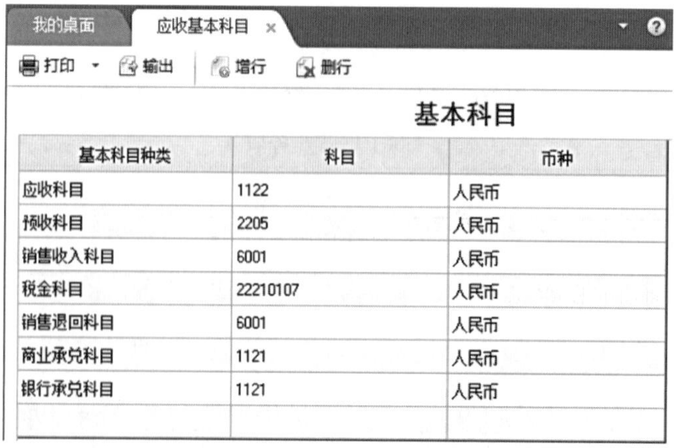

图6-18 应收基本科目

3. 结算科目

【实验资料】

结算科目设置,如表 6-9 所示。

表 6-9 结算科目

结算方式	币种	本单位账号	科目
1 现金收支	人民币	622201100315822123	1001 库存现金
2 银行收支	人民币	622201100315822123	100201 银行存款——中国工商银行
301 现金支票	人民币	622201100315822123	100201 银行存款——中国工商银行
302 转账支票	人民币	622201100315822123	100201 银行存款——中国工商银行
801 银行承兑汇票	人民币	622201100315822123	100201 银行存款——中国工商银行
802 商业承兑汇票	人民币	622201100315822123	100201 银行存款——中国工商银行

【操作步骤】

(1) 执行"财务会计→应收款管理→设置→科目设置→结算科目"命令,打开"应收结算科目"窗口,点击"增行"按钮,选择"结算方式"为"1 现金收支","币种"为"人民币","本单位账号"为"622201100315822123",输入"科目"为"1001"。

(2) 根据实验资料,继续完成其他应收结算科目的设置,结果如图 6-19 所示。

图 6-19 应收结算科目

4. 坏账准备设置

【实验资料】

每年年末,按应收账款余额百分比法计提坏账准备,提取比例为 0.5%。坏账准备科目为"1231 坏账准备",对方科目为"6702 信用减值损失"。

【操作步骤】

执行"财务会计→应收款管理→设置→初始设置"命令,打开"初始设置"窗口,点击选中左侧的"坏账准备设置",输入"提取比率"为"0.5","坏账准备期初余额"为"0","坏账准备科目"为"1231","对方科目"为"6702",如图 6-20 所示,点击"确定"按钮,弹出"储存完毕"对话框,点击"确定"按钮。

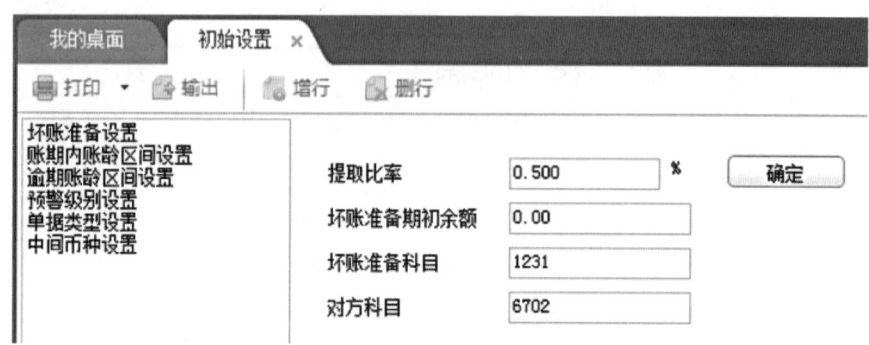

图 6-20　初始设置-坏账准备设置

5. 账期内账龄区间和逾期账龄区间

【实验资料】

账期内账龄区间和逾期账龄区间设置,如表 6-10 所示。

表 6-10　账期内账龄区间和逾期账龄区间　　　　　　　　　　单位:天

序号	起止天数	总天数
01	0～30	30
02	31～90	90
03	91～180	180
04	181 以上	

【操作步骤】

在"初始设置"窗口,点击选中左侧的"账期内账龄区间设置",根据实验资料,完成账期内账龄区间和逾期账龄区间设置,设置结果如图 6-21 和图 6-22 所示。

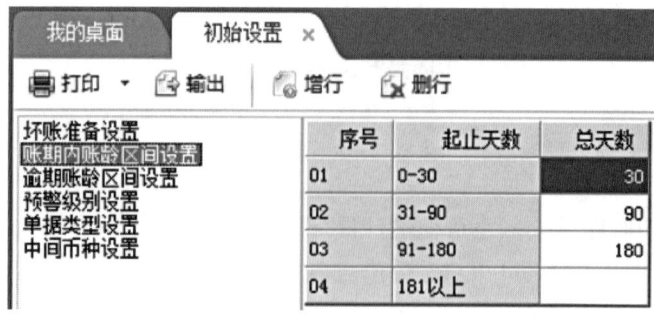

图 6-21　初始设置-账期内账龄区间设置

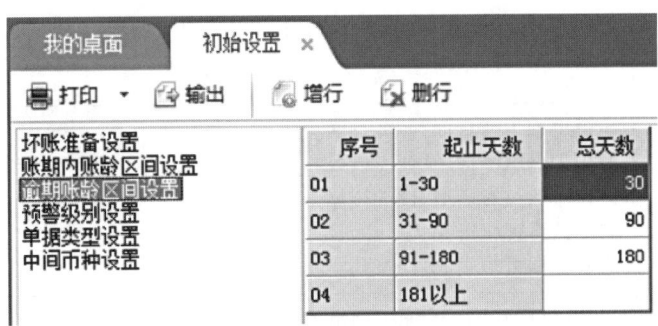

图 6-22 初始设置-逾期账龄区间设置

6. 预警级别

【实验资料】

预警级别设置,如表 6-11 所示。

表 6-11 预警级别

序号	起止比率	总比率	级别名称
01	0～10%	10%	A
02	10%～30%	30%	B
03	30%～50%	50%	C
04	50%以上		D

【操作步骤】

在"初始设置"窗口,点击选中左侧的"预警级别设置",根据实验资料,完成预警级别设置,设置结果如图 6-23 所示。

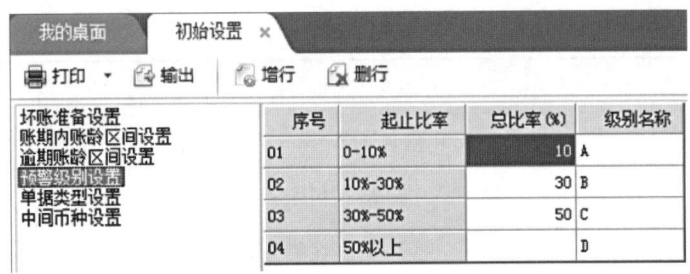

图 6-23 初始设置-预警级别设置

任务三　应付款管理系统初始化

1. 应付款管理系统参数

【实验资料】

应付款管理系统参数设置,如表 6-12 所示。

表 6-12 应付款管理系统参数

选项卡	参数
常规	应付单据审核日期:业务日期 费用支出单类型:其他应付单 应付账款核算类型:详细核算 自动计算现金折扣 应付票据直接生成付款单
凭证	受控科目制单方式:明细到单据 非控科目制单方式:明细到单据 单据审核后立即制单 核销生成凭证
权限与预警	按信用方式根据单据提前 7 天自动预警
核销设置	应付款核销方式:按单据

注:其他为系统默认。

【操作步骤】

在新道 U8+企业应用平台,点击"业务导航"按钮,在"财务会计"下拉菜单中,执行"应付款管理→设置→选项"命令,打开"账套参数设置"对话框,点击"编辑"按钮,弹出"选项修改需要重新登录才能生效"对话框,点击"确定"按钮,根据实验资料,完成应付款管理系统参数设置。

2. 基本科目

【实验资料】

基本科目设置,如表 6-13 所示。

表 6-13 基本科目

基本科目种类	科目	币种
应付科目	220201 应付账款——一般应付款	人民币
预付科目	1123 预付账款	人民币
采购科目	1402 在途物资	人民币
税金科目	22210101 应交税费——应交增值税——进项税额	人民币
商业承兑科目	2201 应付票据	人民币
银行承兑科目	2201 应付票据	人民币
现金折扣科目	6603 财务费用	人民币

【操作步骤】

参考项目六/任务二/2 基本科目的操作步骤,根据实验资料,完成应付基本科目设置,如图 6-24 所示。

图 6-24 应付基本科目

3. 结算科目

【实验资料】

结算科目设置，如表 6-14 所示。

表 6-14 结算科目

结算方式	币种	本单位账号	科目
1 现金收支	人民币	622201100315822123	1001 库存现金
2 银行收支	人民币	622201100315822123	100201 银行存款——中国工商银行
301 现金支票	人民币	622201100315822123	100201 银行存款——中国工商银行
302 转账支票	人民币	622201100315822123	100201 银行存款——中国工商银行
801 银行承兑汇票	人民币	622201100315822123	100201 银行存款——中国工商银行
802 商业承兑汇票	人民币	622201100315822123	100201 银行存款——中国工商银行

【操作步骤】

参考项目六/任务二/3 结算科目的操作步骤，根据实验资料，完成应付结算科目设置，如图 6-25 所示。

图 6-25 应付结算科目

4. 账期内账龄区间和逾期账龄区间

【实验资料】

账期内账龄区间和逾期账龄区间设置，如表 6-15 所示。

表 6-15　账期内账龄区间和逾期账龄区间　　　　　　　　　　　单位：天

序号	起止天数	总天数
01	0～30	30
02	31～90	90
03	91～180	180
04	181 以上	

【操作步骤】

参考项目六/任务二/5 账期内账龄区间和逾期账龄区间设置的操作步骤，根据实验资料，完成应付款的账期内账龄区间和逾期账龄区间设置。

5. 预警级别

【实验资料】

预警级别设置，如表 6-16 所示。

表 6-16　预警级别

序号	起止比率	总比率	级别名称
01	0～10%	10%	A
02	10%～30%	30%	B
03	30%～50%	50%	C
04	50%以上		D

【操作步骤】

参考项目六/任务二/6 预警级别设置的操作步骤，根据实验资料，完成应付款的预警级别设置。

6. 应付款管理系统期初余额

【实验资料】

应付款管理系统期初余额，如表 6-17 所示。

表 6-17　应付款管理系统期初余额

单据名称	单据类型	方向	发票号	日期	供应商	业务员	科目	存货名称	数量（块）	原币价税合计（元）
采购发票	采购专用发票	正向	82193302	2023-12-05	普爱	张浩然	220201	屏幕65	35	27 685.00

(续表)

单据名称	单据类型	方向	发票号	日期	供应商	业务员	科目	存货名称	数量（块）	原币价税合计（元）
采购发票	采购专用发票	正向	05193101	2023-12-20	赛园	周大伟	220201	屏幕75	32	54 240.00
应付单	其他应付单	正向		2023-12-31	钩威		220202			4 055.00

【操作步骤】

（1）执行"财务会计→应付款管理→期初余额→期初余额"命令，打开"期初余额——查询"对话框，点击"确定"按钮，打开"期初余额"窗口，点击工具栏上的"增加"按钮。

（2）打开"单据类别"对话框，选择"单据名称"为"采购发票"，"单据类型"为"采购专用发票"，"方向"为"正向"，点击"确定"按钮。

（3）打开"采购发票"窗口，点击工具栏上的"增加"按钮，输入"发票号"为"82193302"，"开票日期"为"2023-12-05"，"供应商"为"普爱"，"科目"为"220201"，"业务员"为"张浩然"，"存货编码"为"1001"，"数量"为"35"，"原币价税合计"为"27 685"，点击工具栏上的"保存"按钮，结果如图6-26所示。

图6-26 采购专用发票

（4）根据实验资料，继续完成其他期初余额录入，期初余额明细表，如图6-27所示。

图 6-27 期初余额明细表

7. 应付款管理与总账系统对账

【实验资料】

应付款管理与总账系统进行对账。

【操作步骤】

执行"财务会计→应付款管理→对账→与总账对账"命令,打开"对账条件"对话框,点击"确定"按钮,打开"与总账对账"窗口,显示与总账对账结果,如图 6-28 所示。

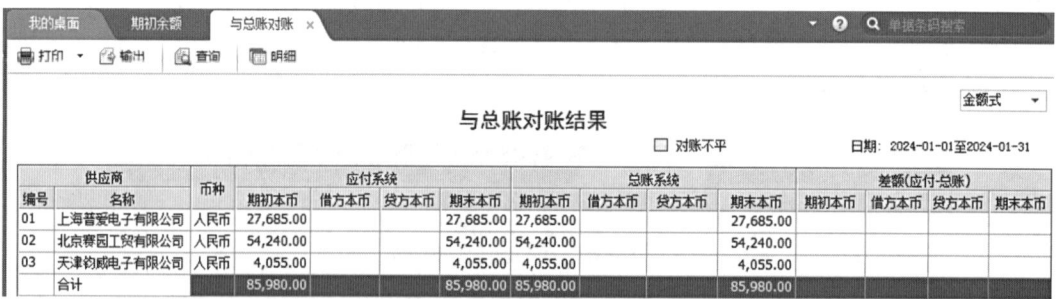

图 6-28 与总账对账结果

任务四 采购管理系统初始化

1. 采购管理系统参数

【实验资料】

采购管理系统参数设置,如表 6-18 所示。

表 6-18 采购管理系统参数

选项卡	参数
业务及权限控制	普通采购业务可以没有订单 允许超订单到货及入库 订单\到货单\发票单价录入方式:手工录入 修改税额时不改变税率

(续表)

选项卡	参数
公共及参照控制	单据默认税率:13% 单据进入方式:空白单据

注:其他为系统默认。

【操作步骤】

在新道 U8+企业应用平台,点击"业务导航"按钮,在"供应链"下拉菜单中,执行"采购管理→设置→选项"命令,打开"采购系统选项"对话框,根据实验资料,完成采购管理系统参数设置。设置完成,结果如图 6-29 和图 6-30 所示。

图 6-29 采购系统选项-业务及权限控制

【栏目说明】

(1)普通业务是否必有订单:打勾选择,可随时修改。除了请购单和采购订单,到货单、入库单和采购发票(普通、专用)不可手工新增,只能参照来源单据生成,拷贝单据的"执行所拷贝的记录"选项选中置灰不可修改。

(2)启用受托代销:只有在建立账套时选择企业类型为"商业"或"医药流通"的账套,该选项才可选。

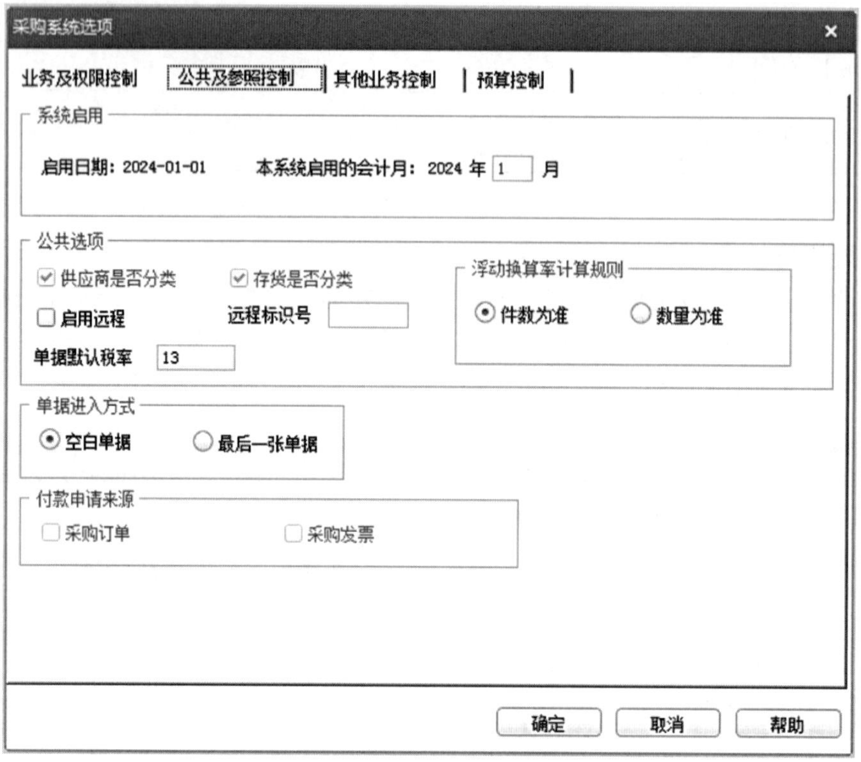

图 6-30 采购系统选项-公共及参照控制

(3) 允许超订单到货及入库：如不允许，则参照订单生成到货单和入库单时，不可超订单数量。如允许，可超订单数量，但不能超过订单数量入库上限，即订单数量×(1+入库超额上限)，入库上限在存货档案中设置。

(4) 单据默认税率：必填，默认税率为 17%①，需要手工修改。用户填制采购单据时自动代入采购单据的表头税率，可修改。普通发票的表头税率默认为 0。

(5) 订单自动关闭条件：打勾选择，可多选，可随时修改。如果多选，订单必须同时满足条件才可自动关闭。

> 温馨提示
> (1) 在相关业务已开始后，最好不要随意修改采购选项。
> (2) 在进行采购选项修改前，应确定系统相关功能没有使用，否则系统提示警告信息。

2. 期初采购入库单

【实验资料】

2023 年 12 月 26 日，收到天津钧威电子有限公司发来的遥控器 100 个，单价 40.55 元，

---

① 2018 年 5 月 1 日起，为优化税收结构、简化税率设置并提高税收征管效率，基于国家税收政策的调整，增值税税率从 17% 降至 13%。

商品已验收入原材料库,发票尚未收到。

【操作步骤】

(1) 执行"供应链→采购管理→采购入库→采购入库单"命令,打开"期初采购入库单"窗口,点击工具栏上的"增加"按钮。

(2) 输入"日期"为"2023-12-26","仓库"为"原材料库","供货单位"为"钧威","入库"类别为"采购入库","存货编码"为"1004","数量"为"100","本币单价"为"40.55",如图 6-31 所示,点击"保存"按钮。

图 6-31　期初采购入库单

3. 采购期初记账

【实验资料】

将期初暂估入库数据记入采购账。

【操作步骤】

执行"供应链→采购管理→设置→采购期初记账"命令,打开"期初记账"对话框,点击"记账"按钮,弹出"期初记账完毕"对话框,点击"确定"按钮。

任务五　销售管理系统初始化

1. 销售管理系统参数

【实验资料】

以账套主管[001]李媚的身份登录企业应用平台,登录时间为 2024 年 1 月 1 日。

销售管理系统参数设置,如表 6-19 所示。

表 6-19 销售管理系统参数

选项卡	参数
业务控制	有零售日报业务 有委托代销业务 有分期收款业务 有直运销售业务 允许超订量发货 销售生成出库单 报价含税
其他控制	普通销售开票依据:销售出库单 分期收款开票依据:销售出库单

注:其他为系统默认。

【操作步骤】

执行"供应链→销售管理→设置→选项"命令,打开"销售选项"对话框,根据实验资料,完成销售管理系统参数设置。设置完成,结果如图 6-32 和图 6-33 所示。

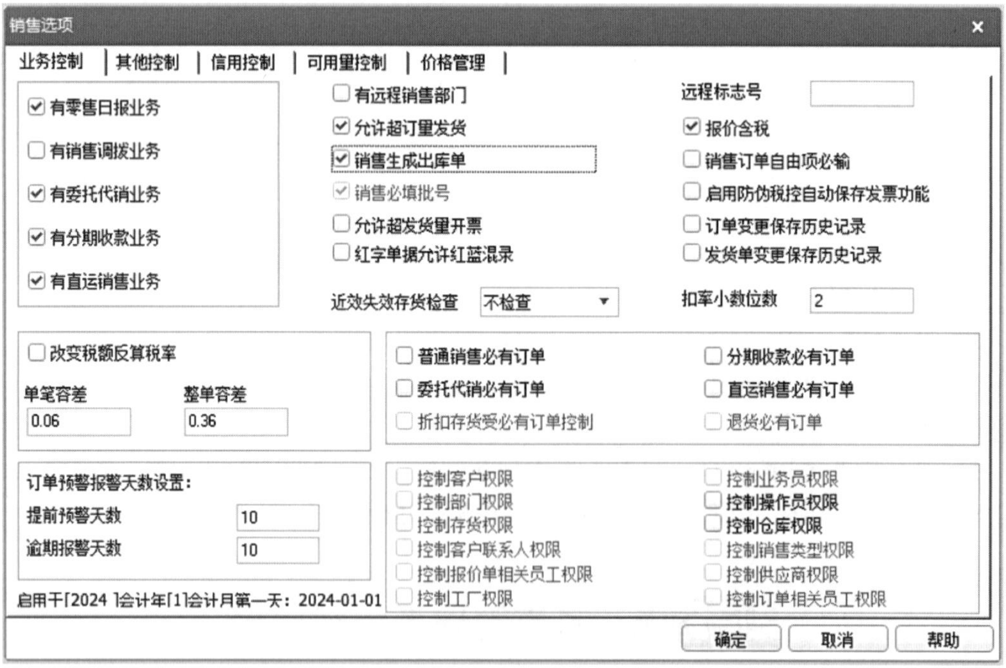

图 6-32 销售选项-业务控制

图 6-33　销售选项-其他控制

【栏目说明】

（1）销售生成出库单：选中，则由销售管理系统生成出库单。当发货单、销售发票、零售日报和销售调拨单在审核/复核时，自动生成销售出库单，并传到库存管理和存货核算系统，库存管理系统不可修改出库数量，即一次发货一次全部出库。不选中，销售出库单由库存管理系统参照销售发货单生成；在参照生成时，可以修改本次出库数量，即一次发货多次出库。

（2）普通销售必有订单：打勾选择。必有订单时，普通销售发货单和普通销售类型的发票不可手工填制，必须参照上游单据生成。即先发货后开票模式，参照订单生成发货单，参照发货单生成发票；开票直接发货模式，参照订单生成发票。

（3）普通销售/分期收款业务开票依据：单选，选择内容为发货单或销售出库单。选择发货单时，普通销售/分期收款业务的发票根据发货单生成；选择销售出库单时，普通销售/分期收款业务的发票根据销售出库单生成。

> 温馨提示
>
> （1）在相关业务已开始后，最好不要随意修改销售选项。
> （2）在进行销售选项修改前，应确定系统相关功能没有使用，否则系统提示警告信息。

2. 期初发货单

【实验资料】

2023年12月29日，销售部向南京成玛设备有限公司出售美轮电视机60台，无税单价为1900元，当天从产成品库发出第一批30台美轮电视机，尚未开票。

【操作步骤】

(1) 执行"供应链→销售管理→设置→期初发货单"命令,打开"期初发货单"窗口,点击工具栏上的"增加"按钮。

(2) 输入"发货日期"为"2023-12-29","客户简称"为"成玛","销售部门"为"销售部","仓库名称"为"产成品库","存货编码"为"2001","数量"为"30","无税单价"为"1 900",如图 6-34 所示,点击工具栏上的"保存"按钮,再点击"审核"按钮。

图 6-34　期初发货单

任务六　库存管理系统初始化

1. 库存管理系统参数

【实验资料】

库存管理系统参数设置,如表 6-20 所示。

表 6-20　库存管理系统参数

选项卡	参数
通用设置	采购入库审核时改现存量 销售出库审核时改现存量 产成品入库审核时改现存量 材料出库审核时改现存量 其它出入库审核时改现存量 库存不生成销售出库单

注:其他为系统默认。

【操作步骤】

执行"供应链→库存管理→设置→选项"命令,打开对话框,根据实验资料,完成库存管理系统参数设置。设置完成,结果如图 6-35 所示。

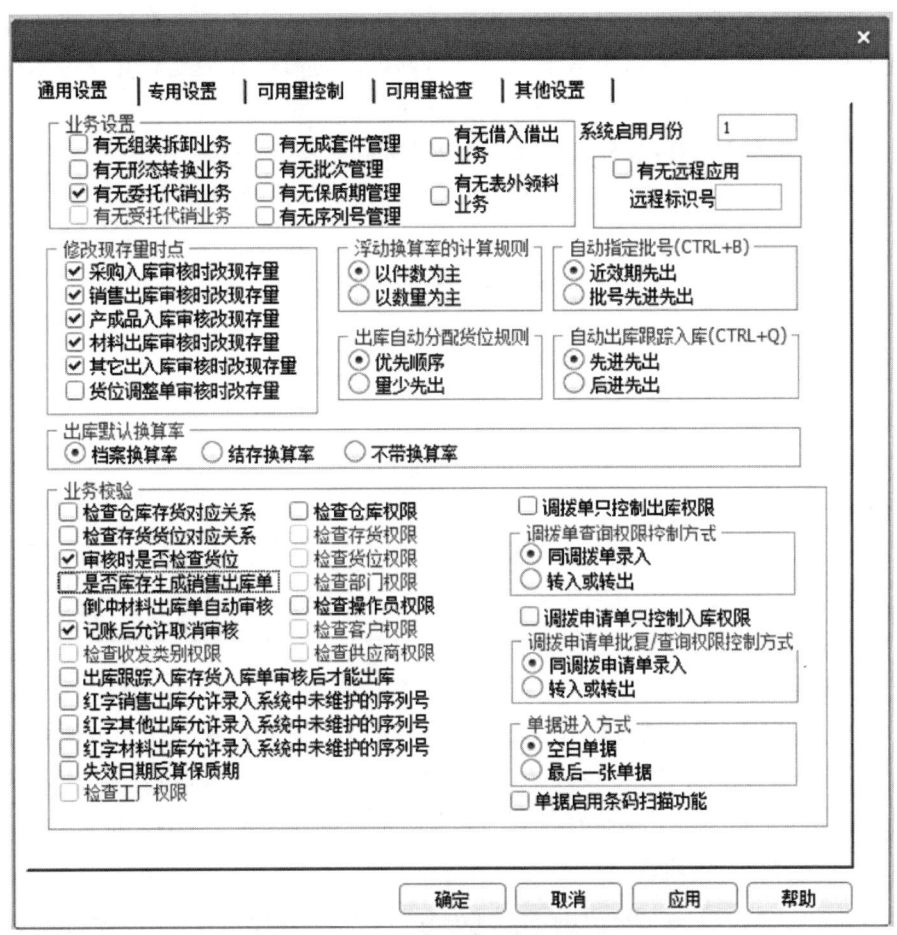

图 6-35 选项-通用设置

【栏目说明】

(1) 是否库存生成销售出库单:打勾选择,默认为否,可随时修改,该选项主要影响库存管理与销售管理系统集成使用的情况。

① 销售管理系统生成销售出库单:销售管理系统的发货单、销售发票、零售日报和销售调拨单在审核/复核时,自动生成销售出库单;库存管理系统不可修改出库存货和出库数量,即一次发货一次全部出库。

② 库存管理系统生成销售出库单,销售出库单由库存管理系统参照上述单据生成,不可手工填制;在参照时,可以修改本次出库数量,即可以一次发货多次出库;生成销售出库单后不可修改出库存货、出库数量。

(2) 普通存货预计可用量控制:可用量=现存量－冻结量＋预计入库量－预计出库量。

> **温馨提示**
>
> (1) 修改现存量时点时,企业应根据实际业务的需要选择。有些在单据保存时进行实物出入库,而有些在单据审核时才进行实物出入库。为了解决单据和实物出入库的时间差问题,用户可以根据不同的单据制定不同的现存量更新时点。该选项会影响现存量、可用量、预计入库量和预计出库量。
>
> (2) 在相关业务已开始后,最好不要随意修改业务控制参数。
>
> (3) 在进行库存选项修改前,应确定系统相关功能没有使用,否则系统提示警告信息。

2. 期初结存

【实验资料】

期初结存情况录入,如表 6-21 所示。

表 6-21 期初结存

仓库	存货编码	存货名称	数量	单价(元)	金额(元)	入库类别
原材料库	1004	遥控器	100 个	40.55	4 055.00	11 采购入库
产成品库	2001	美轮电视机	1 360 台	1 000.00	1 360 000.00	12 产成品入库
产成品库	2002	美奂电视机	900 台	1 850.00	1 665 000.00	12 产成品入库

【操作步骤】

(1) 执行"供应链→库存管理→设置→期初结存"命令,打开"库存期初数据录入"窗口,选择"仓库"为"原材料库",点击工具栏上的"修改"按钮,输入"存货编码"为"1004","数量"为"100","单价"为"40.55","入库类别"为"采购入库",如图 6-36 所示,点击工具栏上的"保存"按钮,再点击"批审"按钮。

图 6-36 库存期初(原材料库)

（2）根据实验资料，继续完成产成品库期初结存情况录入，结果如图 6-37 所示。

审核	仓库	仓库编码	存货编码	存货名称	规格型号	主计量单位	数量	单价	金额	入库类别
1	产成品库	02	2001	美轮电视机	65英寸	台	1360.00	1000.00	1360000.00	产成品入库
2	产成品库	02	2002	美奂电视机	75英寸	台	900.00	1850.00	1665000.00	产成品入库
3										
4										
5										
6										
7										
8										

图 6-37　库存期初（产成品库）

任务七　存货核算系统初始化

1. 存货核算系统参数

【实验资料】

存货核算系统参数设置，如表 6-22 所示。

表 6-22　存货核算系统参数

选项卡	参数
核算方式	暂估方式：单到回冲 销售成本核算方式：按销售出库单核算 委托代销成本核算方式：按发出商品核算
控制方式	单据审核后才能记账

注：其他为系统默认。

【操作步骤】

执行"供应链→存货核算→设置→选项"命令，打开"选项查询"对话框，点击"编辑"按钮，打开"选项录入"对话框，根据实验资料，完成存货核算系统参数设置。设置完成，结果如图 6-38 和图 6-39 所示，点击"确定"按钮，弹出"是否保存当前设置？"对话框，点击"是"按钮。

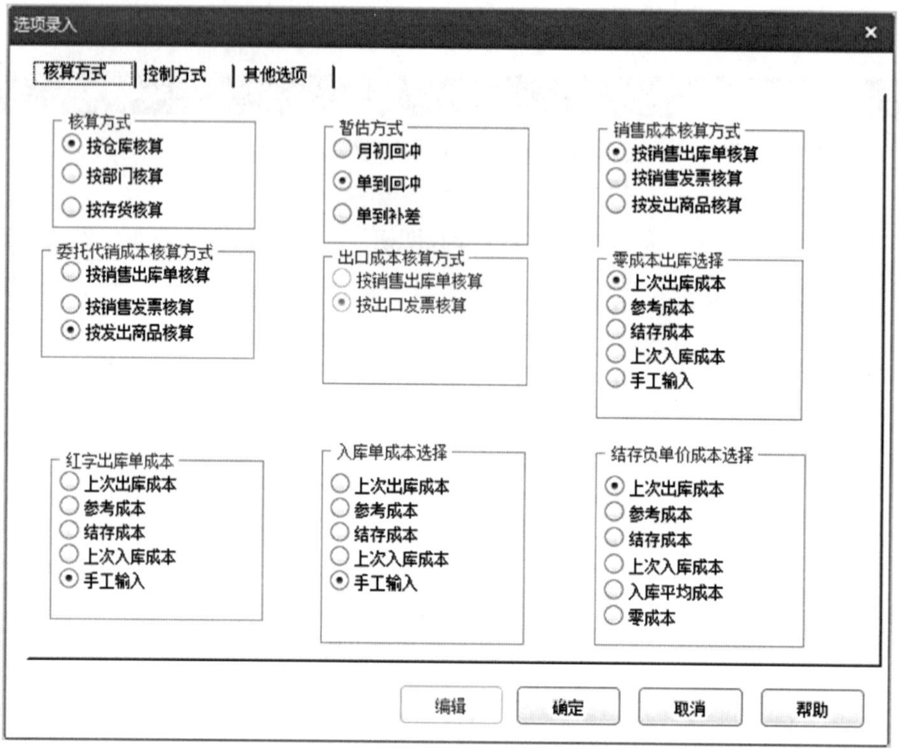

图 6-38 选项录入-核算方式

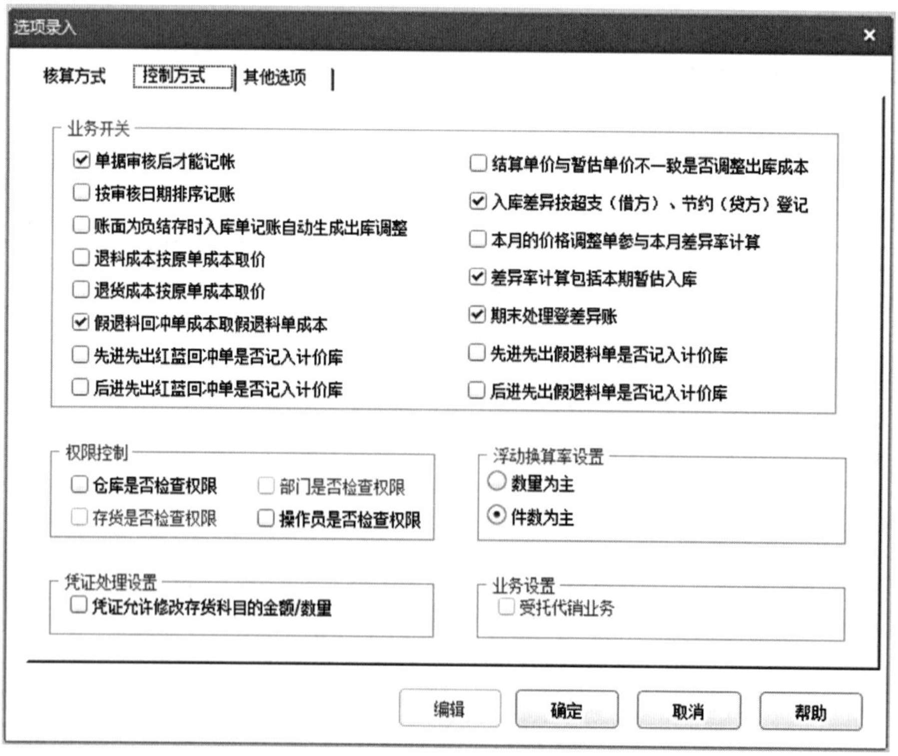

图 6-39 选项录入-控制方式

【栏目说明】

(1) 暂估方式:如果与采购系统集成使用时,用户可以进行暂估业务,并且在此选择暂估入库存货成本的回冲方式,包括月初回冲、单到回冲和单到补差三种。

① 月初回冲是指月初时系统自动生成红字回冲单,报销处理时,系统自动根据报销金额生成采购报销入库单。

② 单到回冲是指报销处理时,系统自动生成红字回冲单,并生成采购报销入库单。

③ 单到补差是指报销处理时,系统自动生成一笔调整单,调整金额为实际金额与暂估金额的差额。

(2) 单据审核后才能记账:系统默认为否,此项可随时修改。如果用户选择单据审核后才能记账,则正常单据记账的过滤条件中"包含未审核单据"选项就只能选择不包含,在显示要记账的单据列表时,未审核的单据不显示。如果用户选择单据审核后才能记账,系统应自动将库存管理系统的选项记账后允许取消审核,改为不选择。此选项只针对采购入库单、产成品入库单、其他入库单、销售出库单、材料出库单和其他出库单六种库存单据有效,入库调整单、出库调整单和假退料单不受此选项的约束。

2. 存货科目

【实验资料】

存货科目设置,如表 6-23 所示。

表 6-23　存货科目

仓库	存货分类	存货科目	分期收款发出商品科目	委托代销发出商品科目	直运科目
01 原材料库	01 原材料	1403 原材料	1406 发出商品	1406 发出商品	1402 在途物资
02 产成品库	02 库存商品	1405 库存商品	1406 发出商品	1406 发出商品	1402 在途物资

【操作步骤】

(1) 执行"供应链→存货核算→设置→存货科目"命令,打开"存货科目"窗口,点击"增行"按钮,输入"仓库编码"为"01","存货分类编码"为"01","存货科目编码"为"1403","分期收款发出商品科目编码"为"1406","委托代销发出商品科目编码"为"1406","直运科目编码"为"1402"。

(2) 根据实验资料,继续完成产成品库的存货科目设置,设置完成,如图 6-40 所示,点击"保存"按钮。

3. 对方科目

【实验资料】

对方科目设置,如表 6-24 所示。

图 6-40 存货科目

表 6-24 对方科目

收发类别	存货分类	对方科目	暂估科目
11 采购入库		1402 在途物资	220202 应付账款——暂估应付款
12 产成品入库	02 库存商品	500104 生产成本——结转生产成本	
13 直运采购		1402 在途物资	
14 盘盈入库		1901 待处理财产损溢	
21 销售出库	01 原材料	6402 其他业务成本	
21 销售出库	02 库存商品	6401 主营业务成本	
22 领料出库		500101 生产成本——直接材料	
23 分期收款销售出库		6401 主营业务成本	
24 直运销售	01 原材料	6402 其他业务成本	
24 直运销售	02 库存商品	6401 主营业务成本	
25 委托代销出库		6401 主营业务成本	
26 盘亏出库		1901 待处理财产损溢	

【操作步骤】

执行"供应链→存货核算→设置→对方科目"命令，打开"对方科目"窗口，点击"增行"按钮，根据实验资料，完成对方科目设置，设置完成，如图 6-41 所示，点击"保存"按钮。

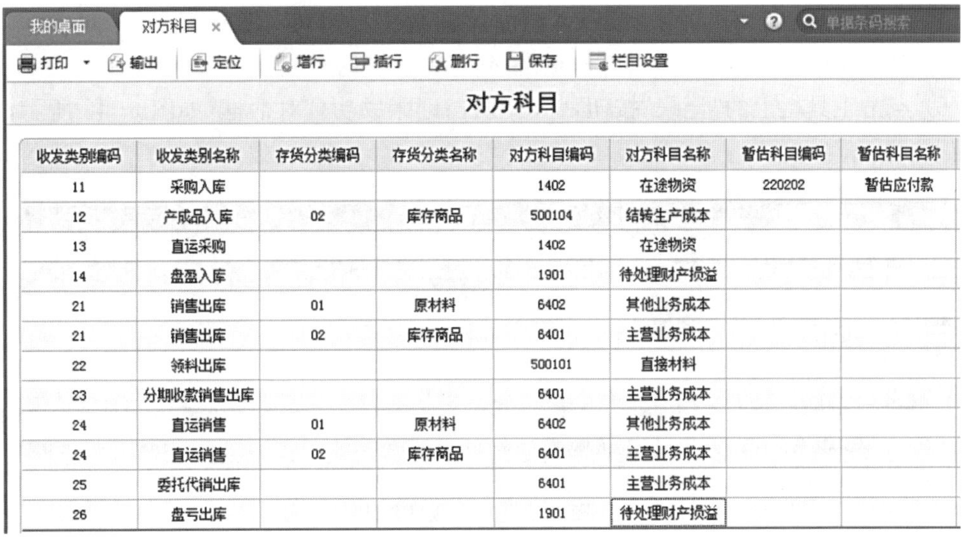

图 6-41 对方科目

4. 期初余额

【实验资料】

从库存管理系统期初结存(表 6-21)取数,取数完毕进行对账和记账。

【操作步骤】

(1) 执行"供应链→存货核算→设置→期初分期收款发出商品"命令,打开"期初分期收款发出商品"窗口,点击"取数"按钮,弹出"取数完毕!"对话框,点击"确定"按钮,关闭窗口。

(2) 执行"供应链→存货核算→设置→期初委托代销发出商品"命令,打开"期初委托代销发出商品"窗口,点击"取数"按钮,弹出"取数完毕!"对话框,点击"确定"按钮,关闭窗口。

(3) 执行"供应链→存货核算→设置→期初余额"命令,打开"期初余额"窗口,选择"仓库"为"01 原材料库",点击工具栏上的"取数"按钮,获取库存管理系统中"原材料库"期初结存的数据,结果如图 6-42 所示。用同样方法继续完成产成品库的取数。

图 6-42 期初余额(原材料库)

(4)点击工具栏上的"对账"按钮,打开"库存与存货期初对账查询条件"对话框,点击"确定"按钮,弹出"对账成功!"对话框,点击"确定"按钮,返回"期初余额"窗口。

(5)点击工具栏上的"记账"按钮,弹出"期初记账成功!"对话框,如图6-43所示,点击"确定"按钮。

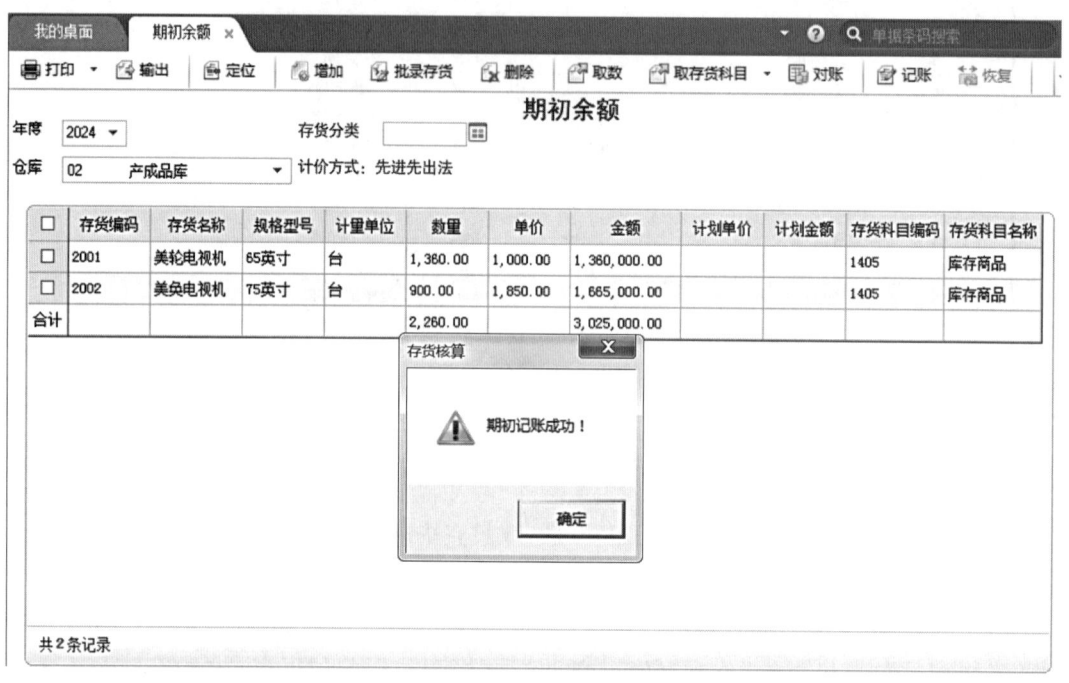

图6-43 期初记账成功!

【项目实验】

1. 供应链基础设置

以账套主管[701]孙辉的身份登录企业应用平台,登录时间为2024年1月1日。

1)启用供应链相关子系统

启用应收款管理、应付款管理、采购管理、销售管理、库存管理和存货核算系统,启用日期为2024年1月1日。

2)付款条件

付款条件设置,付款条件编码:01,付款条件名称:2/10,1/20,n/30。

3)本单位开户银行

(1)修改中国农业银行档案,企业账户规则:定长;账号长度:18。

(2)本单位开户银行信息如下:

编码:01;银行账号:439115949807081918;币种:人民币;开户银行:中国农业银行广州中途路支行,所属银行编码:04 中国农业银行。

4)仓库档案

仓库档案设置,如表6-25所示。

表 6-25 仓库档案

仓库编码	仓库名称	计价方式
01	原材料库	全月平均法
02	产成品库	先进先出法

5）收发类别

收发类别设置，如表 6-26 所示。

表 6-26 收发类别

收发类别编码	收发类别名称	收发标志
1	入库	收
11	采购入库	收
12	产成品入库	收
13	直运采购	收
14	其他入库	收
2	出库	发
21	销售出库	发
22	领料出库	发
23	分期收款销售出库	发
24	直运销售	发
25	委托代销出库	发
26	其他出库	发

6）采购类型

采购类型设置，如表 6-27 所示。

表 6-27 采购类型

采购类型编码	采购类型名称	入库类别	默认值
01	普通采购	11 采购入库	是
02	直运采购	13 直运采购	否

7）销售类型

销售类型设置，如表 6-28 所示。

表 6-28 销售类型

销售类型编码	销售类型名称	出库类别	默认值
01	普通销售	21 销售出库	是
02	分期收款销售	23 分期收款销售出库	否
03	直运销售	24 直运销售	否
04	委托代销	25 委托代销出库	否

8) 费用项目

(1) 费用项目分类,如表 6-29 所示。

表 6-29 费用项目分类

分类编码	分类名称
1	日常费用

(2) 费用项目设置,如表 6-30 所示。

表 6-30 费用项目

费用项目编码	费用项目名称	费用项目分类名称
01	运输费	1
02	代销手续费	1
03	差旅费	1

9) 单据编号设置

(1) 修改销售专用发票和销售普通发票的编号方式为"手工改动,重号时自动重取"。

(2) 修改采购专用发票和采购普通发票的编号方式为"手工改动,重号时自动重取"。

2. 应收款管理系统初始化

1) 应收款管理系统参数

应收款管理系统参数设置,如表 6-31 所示。

表 6-31 应收款管理系统参数

选项卡	参数
常规	应收单据审核日期:单据日期 坏账处理方式:应收余额百分比法 代垫费用类型:其他应收单
凭证	单据审核后立即制单 核销不生成凭证 红票对冲不生成凭证
权限与预警	按信用方式根据单据提前 7 天自动预警
核销设置	应收核销方式:按单据

注:其他为系统默认。

2) 基本科目

基本科目设置,如表6-32所示。

表6-32 基本科目

基本科目种类	科目	币种
应收科目	1122 应收账款	人民币
预收科目	2205 合同负债	人民币
销售收入科目	6001 主营业务收入	人民币
税金科目	22210107 应交税费——应交增值税——销项税额	人民币
销售退回科目	6001 主营业务收入	人民币
商业承兑科目	1121 应收票据	人民币
银行承兑科目	1121 应收票据	人民币

注:新增合同负债科目,辅助核算为客户往来。

3) 结算科目

结算科目设置,如表6-33所示。

表6-33 结算科目

结算方式	币种	本单位账号	科目
1 现金收支	人民币	439115949807081918	1001 库存现金
2 银行收支	人民币	439115949807081918	100201 银行存款——中国农业银行
301 现金支票	人民币	439115949807081918	100201 银行存款——中国农业银行
302 转账支票	人民币	439115949807081918	100201 银行存款——中国农业银行
801 银行承兑汇票	人民币	439115949807081918	100201 银行存款——中国农业银行
802 商业承兑汇票	人民币	439115949807081918	100201 银行存款——中国农业银行

4) 坏账准备设置

每年年末,按应收账款余额百分比法计提坏账准备,提取比例为0.5%。坏账准备科目为"1231 坏账准备",对方科目为"6702 信用减值损失"。

5) 账期内账龄区间和逾期账龄区间

账期内账龄区间和逾期账龄区间设置,如表6-34所示。

表6-34 账期内账龄区间和逾期账龄区间 单位:天

序号	起止天数	总天数
01	0~60	60
02	61~180	180
03	181 以上	

6）预警级别

预警级别设置，如表 6-35 所示。

表 6-35 预警级别

序号	起止比率	总比率	级别名称
01	0～20%	20%	A
02	20%～50%	50%	B
03	50%以上		C

7）应收款管理系统期初余额

应收款管理系统期初余额，如表 6-36 所示。

表 6-36 应收款管理系统期初余额

单据名称	单据类型	方向	发票号	日期	供应商	业务员	科目	存货名称	数量（件）	原币价税合计（元）
销售发票	销售专用发票	正向	44217821	2023-12-16	美志	李明杰	1122	卫衣	2 700	413 000.00
销售发票	销售专用发票	正向	61170693	2023-12-25	聚帅	蔡欣怡	1122	衬衫	2 200	232 000.00

8）应收款管理与总账系统对账

应收款管理与总账系统进行对账。

3. 应付款管理系统初始化

1）应付款管理系统参数

应付款管理系统参数设置，如表 6-37 所示。

表 6-37 应付款管理系统参数

选项卡	参数
常规	费用支出单类型：其他应付单 自动计算现金折扣 应付票据直接生成付款单
凭证	受控科目制单方式：明细到单据 非控科目制单方式：明细到单据 核销生成凭证
权限与预警	按信用方式根据单据提前 7 天自动预警
核销设置	应付款核销方式：按单据

注：其他为系统默认。

2）基本科目

基本科目设置，如表 6-38 所示。

表 6-38　基本科目

基本科目种类	科目	币种
应付科目	220201 应付账款——一般应付款	人民币
预付科目	1123 预付账款	人民币
采购科目	1402 在途物资	人民币
税金科目	22210101 应交税费——应交增值税——进项税额	人民币
商业承兑科目	2201 应付票据	人民币
银行承兑科目	2201 应付票据	人民币
现金折扣科目	6603 财务费用	人民币

3）结算科目

结算科目设置，如表 6-39 所示。

表 6-39　结算科目

结算方式	币种	本单位账号	科目
1 现金收支	人民币	439115949807081918	1001 库存现金
2 银行收支	人民币	439115949807081918	100201 银行存款——中国农业银行
301 现金支票	人民币	439115949807081918	100201 银行存款——中国农业银行
302 转账支票	人民币	439115949807081918	100201 银行存款——中国农业银行
801 银行承兑汇票	人民币	439115949807081918	100201 银行存款——中国农业银行
802 商业承兑汇票	人民币	439115949807081918	100201 银行存款——中国农业银行

4）账期内账龄区间和逾期账龄区间

账期内账龄区间和逾期账龄区间设置，如表 6-40 所示。

表 6-40　账期内账龄区间和逾期账龄区间　　　　　　　　　　单位：天

序号	起止天数	总天数
01	0～60	60
02	61～180	180
03	181 以上	

5) 预警级别

预警级别设置,如表 6-41 所示。

表 6-41 预警级别

序号	起止比率	总比率	级别名称
01	0～20%	20%	A
02	20%～50%	50%	B
03	50%以上		C

6) 应付款管理系统期初余额

应付款管理系统期初余额,如表 6-42 所示。

表 6-42 应付款管理系统期初余额

单据名称	单据类型	方向	发票号	日期	供应商	业务员	科目	存货名称	数量(米)	原币价税合计(元)
采购发票	采购专用发票	正向	05289707	2023-12-15	蓝致	李国芳	220201	棉布	600	61 100.00
采购发票	采购专用发票	正向	22208508	2023-12-20	菲际	李国芳	220201	涤纶布	600	33 900.00
应付单	其他应付单	正向		2023-12-31	欣立		220202			85 000.00

7) 应付款管理与总账系统对账

应付款管理与总账系统进行对账。

4. 采购管理系统初始化

1) 采购管理系统参数

采购管理系统参数设置,如表 6-43 所示。

表 6-43 采购管理系统参数

选项卡	参数
公共及参照控制	单据默认税率:13% 单据进入方式:最后一张单据

注:其他为系统默认。

2) 期初采购入库单

2023 年 12 月 26 日,收到上海欣立贸易有限公司发来的涤纶布 1 700 米,单价 50 元,商品已验收入原材料库,发票尚未收到。

3) 采购期初记账

将期初暂估入库数据记入采购账中。

5. 销售管理系统初始化

销售管理系统参数设置，如表 6-44 所示。

表 6-44 销售管理系统参数

选项卡	参数
业务控制	有委托代销业务 有分期收款业务 有直运销售业务 允许超订量发货 销售生成出库单 报价不含税
其他控制	普通销售开票依据：销售出库单 分期收款开票依据：销售出库单

注：其他为系统默认。

6. 库存管理系统初始化

期初结存情况录入，如表 6-45 所示。

表 6-45 期初结存

仓库	存货编码	存货名称	数量	单价(元)	金额(元)	入库类别
原材料库	1001	棉布	5 000 米	90.00	450 000.00	11 采购入库
原材料库	1002	涤纶布	1 700 米	50.00	85 000.00	11 采购入库
产成品库	2001	卫衣	10 000 件	135.00	1 350 000.00	12 产成品入库
产成品库	2002	衬衫	8 000 件	90.00	720 000.00	12 产成品入库

7. 存货核算系统初始化

1）存货核算系统参数

存货核算系统参数设置，如表 6-46 所示。

表 6-46 存货核算系统参数

选项卡	参数
核算方式	销售成本核算方式：按销售出库单核算 委托代销成本核算方式：按发出商品核算
控制方式	单据审核后才能记账

注：其他为系统默认。

2）存货科目

存货科目设置，如表 6-47 所示。

表6-47 存货科目

仓库	存货分类	存货科目	分期收款发出商品科目	委托代销发出商品科目	直运科目
01 原材料库	01 原材料	1403 原材料	1406 发出商品	1406 发出商品	1402 在途物资
02 产成品库	02 库存商品	1405 库存商品	1406 发出商品	1406 发出商品	1402 在途物资

3）对方科目

对方科目设置，如表6-48所示。

表6-48 对方科目

收发类别	存货分类	对方科目	暂估科目
11 采购入库		1402 在途物资	220202 应付账款——暂估应付款
12 产成品入库	02 库存商品	500104 生产成本——结转生产成本	
13 直运采购		1402 在途物资	
21 销售出库		6401 主营业务成本	
22 领料出库		500101 生产成本——直接材料	
23 分期收款销售出库		6401 主营业务成本	
24 直运销售	01 原材料	6402 其他业务成本	
24 直运销售	02 库存商品	6401 主营业务成本	
25 委托代销出库		6401 主营业务成本	

4）期初余额

从库存管理系统期初结存（表6-45）取数，取数完毕进行对账和记账。

 思政小课堂

在复杂多变的国际形势下，中国传统制造业和部分新兴产业在全球供应链中的优势持续增强，成为维护全球供应链安全稳定的重要支柱。中国凭借完善的制造业供应链体系、高效的组装效率以及全面的配套服务，确保了在全球供应链中的优势地位坚不可摧。特别是在劳动密集型产业、交通运输设备制造以及电子商务等领域，中国长期积累的优势尤为显著，包括有利的要素价格和完整的产业配套，这些都为中国在全球供应链中保持领先地位提供了有力保障。

项目七

采购与应付业务

项目概述

采购管理系统是用友新道 U8+软件供应链系统的重要产品,帮助企业对采购业务的全部流程进行管理,提供请购、订货、到货、入库、开票和采购结算的完整采购流程。用户可根据实际情况进行采购流程的定制。采购管理系统适用于各类工业企业和商业批发、零售企业、医药、物资供销、对外贸易、图书发行等商品流通企业的采购部门和采购核算财务部门。

工商企业通过应付款管理系统可以进行发票录入和结算的处理,实现对应付款的核算管理。应付款管理系统以发票和其他应付单等原始单据为依据,记录采购业务以及其他业务所形成的往来款项,能够处理应付款项的支付和转账等业务,同时提供票据处理功能,实现对承兑汇票的管理。应付款管理与采购系统完全集成,实现企业从采购到付款的业务追溯。提供了采购发票、付款、退款、应付票据管理和应付款结算等全面的应付业务流程管理,还提供应付结算凭证自动生成、到期债务预警、与总账和往来单位对账等综合业务管理功能。

采购业务基础流程,如图 7-1 所示。

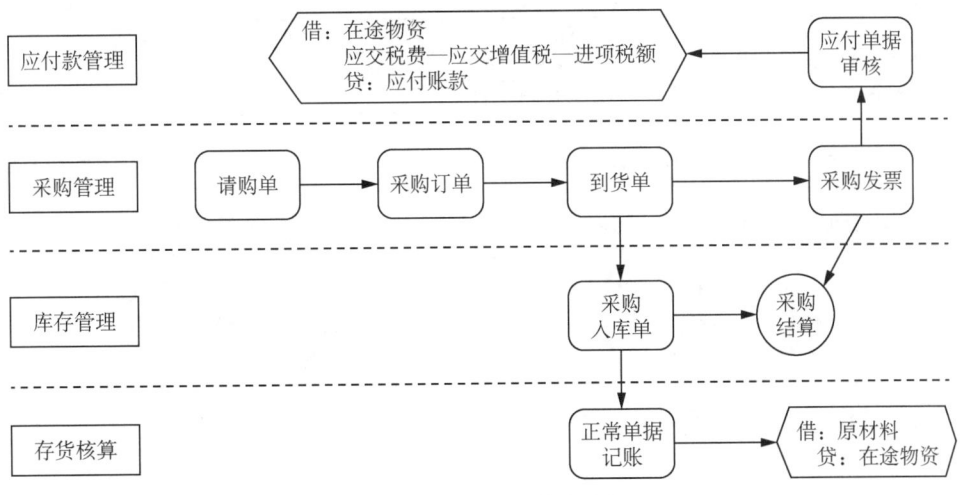

图 7-1 采购业务基础流程

任务一　普通采购业务

【实验资料】

以账套主管[001]李媚的身份,按业务日期登录企业应用平台。

(1) 1月1日,采购部张浩然向上级主管部门提出请购上海普爱电子有限公司的屏幕65,不含税单价720元,请购数量为500块,要求1月4日到货,填写请购单。

(2) 1月2日,上级部门审核同意采购请求,但要求修改采购单价为700元,随后与上海普爱签订了购销合同,如图7-2所示,填写采购订单。

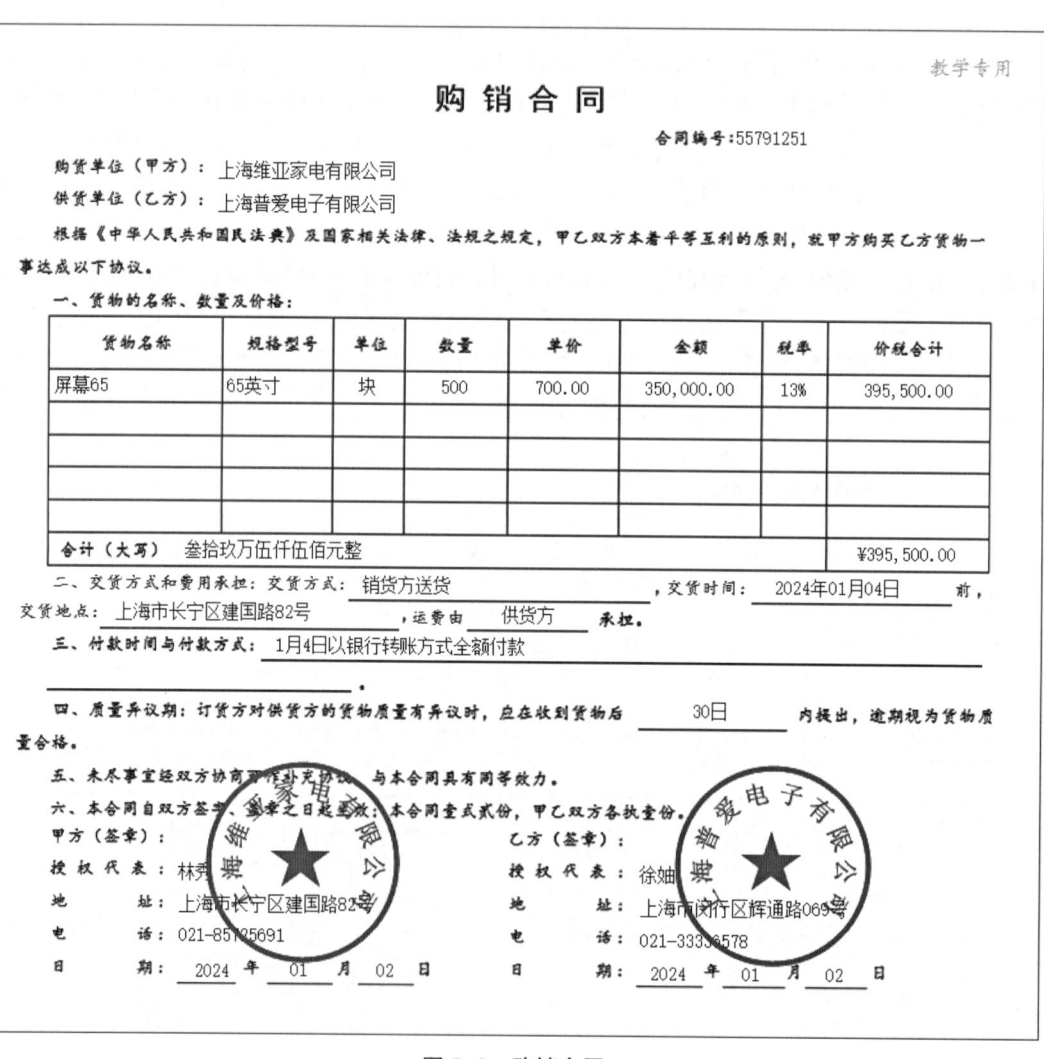

图 7-2　购销合同

(3) 1月4日,公司收到上海普爱发来的货物,填写到货单。

(4) 1月4日,仓管人员验收后入原材料库,如图7-3所示,填写采购入库单。

材料入库单

发票号码:
供应单位:上海普爱电子有限公司　　　　　　　　收料单编号:20240001
材料类别:原材料　　　　2024 年 01 月 04 日　　　收料仓库:原材料库

编号	名称	规格	单位	数量		实际成本			
				应收	实收	买价		运杂费	合计	单位成本
						单价	金额			
1001	屏幕65	65英寸	块	500	500	700.00	350,000.00		350,000.00	700.0000
	合	计		500	500		¥350,000.00		¥350,000.00	¥700.0000
	备	注								

采购员:张浩然　　检验员:赵雄　　记账员:陈帅　　保管员:陈帅

图 7-3　材料入库单

(5) 1月4日,收到上海普爱开出的增值税专用发票,如图7-4所示,填写采购专用发票。

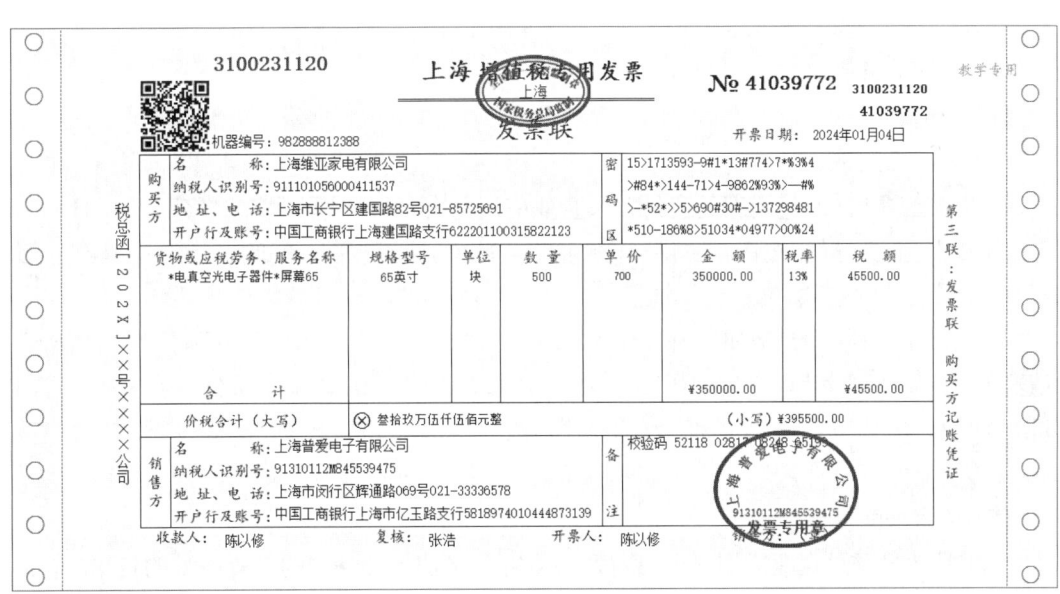

图 7-4　增值税专用发票

(6) 进行采购结算。
(7) 财务部对采购发票和采购入库业务制单。
(8) 1月4日,财务部通过银行转账的方式,支付了采购货款,如图7-5所示,填写付款单,对付款业务制单并核销。

图 7-5 银行回单(付款)

(9) 核销业务制单。

【操作步骤】

(1) 填写请购单。

① 以账套主管[001]李娟的身份登录企业应用平台,登录时间为 2024 年 1 月 1 日。

② 点击"业务导航"按钮,在"供应链"下拉菜单中,执行"采购管理→请购→请购单"命令,打开"采购请购单"窗口。

③ 点击工具栏上的"增加"按钮,输入"日期"为"2024-01-01","请购部门"为"采购部","请购人员"为"张浩然","存货编码"为"1001","数量"为"500","本币单价"为"720","需求日期"为"2024-01-04","供应商"为"普爱",点击"保存"按钮,再点击"审核"按钮,结果如图 7-6 所示。

(2) 填写采购订单。

① 1 月 2 日登录企业应用平台,执行"供应链→采购管理→采购订货→采购订单"命令,打开"采购订单"窗口,点击"增加→请购单"按钮,打开"查询条件-单据列表过滤"对话框,点击"确定"按钮,打开"拷贝并执行"窗口,勾选需要复制的请购单,如图 7-7 所示,点击"确定"按钮。

② 返回"采购订单"窗口,修改"订单日期"为"2024-01-02","部门"为"采购部","业务员"为"张浩然","原币单价"为"700",点击"保存"按钮,再点击"审核"按钮,结果如图 7-8 所示。

项目七 采购与应付业务

图 7-6 采购请购单

图 7-7 拷贝并执行

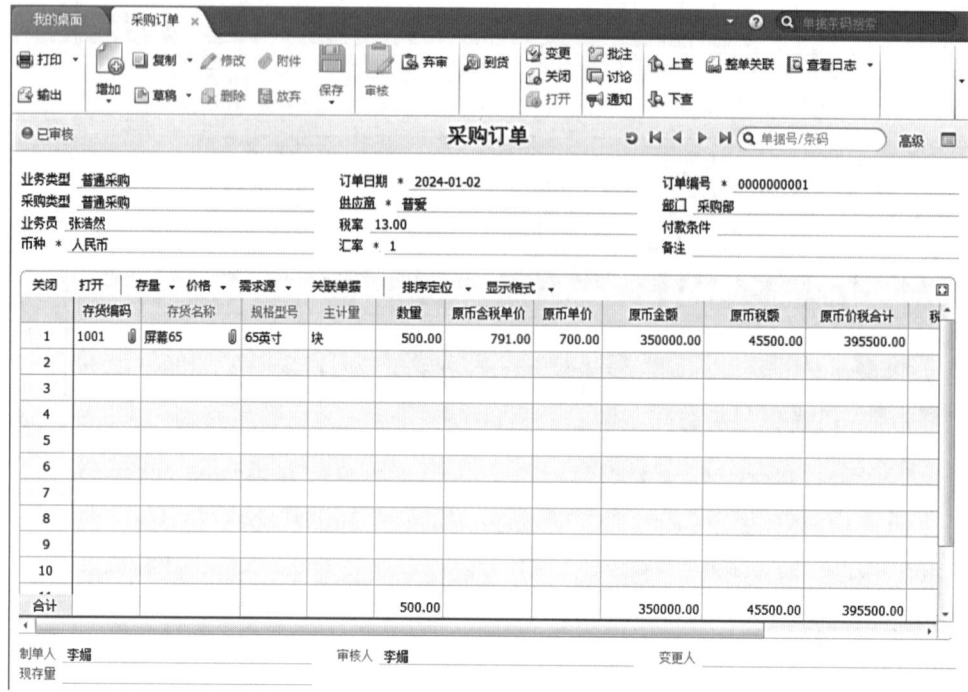

图 7-8 采购订单

> 温馨提示
>
> (1) 采购订单可以手工录入，也可以参照请购单、销售订单、采购计划（MRP/MPS/LRP、ROP）、采购合同和出口订单生成；直运采购订单必须参照直运销售订单和直运出口订单生成。
> (2) 已审核未关闭的采购订单可以参照生成采购到货单、采购入库单、采购发票和出口订单。
> (3) 已审核未关闭的采购订单可以在订单卡片上或订单列表上按"到货"按钮，推式生成采购到货单。
> (4) 应付款管理系统设置启用付款申请时，已审核未关闭且没有关联采购发票的采购订单可以参照生成付款申请单，还可以在订单卡片按"请款"按钮，推式生成付款申请单。

(3) 填写到货单。

① 1月4日登录企业应用平台，执行"供应链→采购管理→采购到货→到货单"命令，打开"到货单"窗口，点击"增加→采购订单"按钮，打开"查询条件-单据列表过滤"对话框，点击"确定"按钮，打开"拷贝并执行"窗口，勾选需要复制的到货单，如图 7-9 所示，点击"确定"按钮。

项目七　采购与应付业务

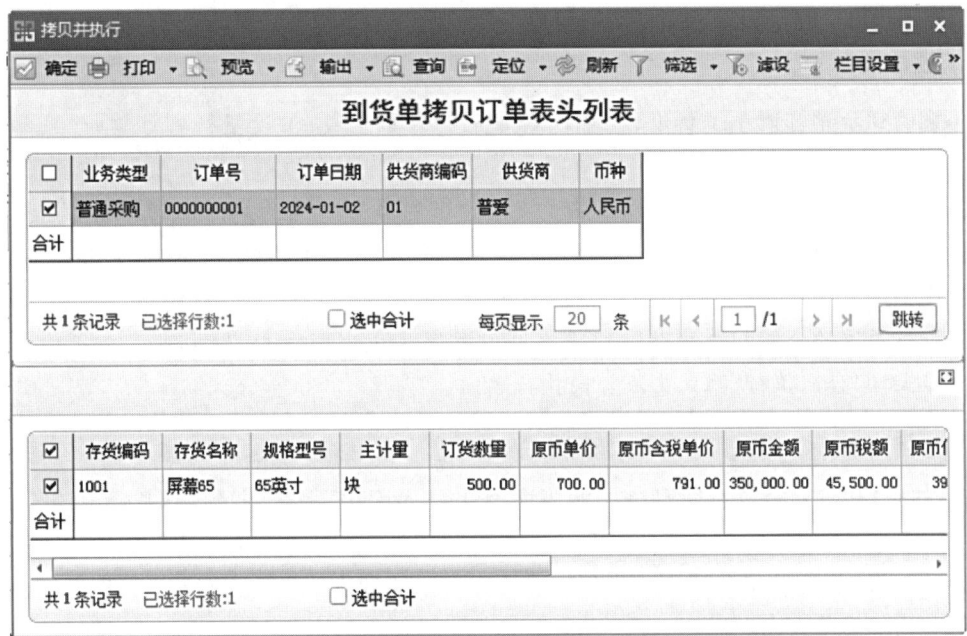

图 7-9　拷贝并执行

② 返回"到货单"窗口,修改"日期"为"2024-01-04",点击"保存"按钮,再点击"审核"按钮,结果如图 7-10 所示。

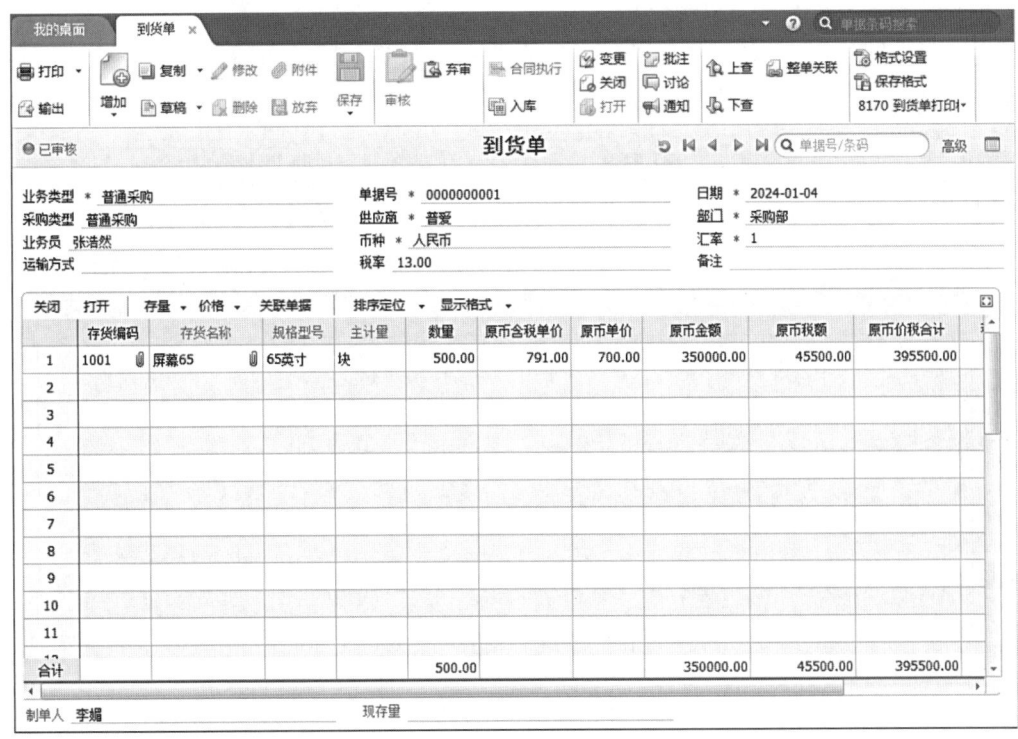

图 7-10　到货单

> **温馨提示**
> (1) 采购到货单可以手工新增，也可以参照采购订单生成；但设置必有订单时，采购到货单不可手工新增。
> (2) 审核通过的采购到货单可以参照生成采购退货单、到货拒收单和入库单。
> (3) 审核通过的采购到货单可以在到货单卡片和到货单列表中按"入库"推式生成入库单。
> (4) 审核通过的合同相关的采购到货单可以参照生成合同执行单，也可以在采购到货单上按"合同执行"推式生成合同执行单。

（4）填写采购入库单。

① 执行"供应链→库存管理→采购入库→采购入库单"命令，打开"采购入库单"窗口，点击"增加→采购→采购到货单"按钮，打开"查询条件-采购到货单列表"对话框，点击"确定"按钮，打开"到货单生单列表"窗口，勾选需要复制的到货单，点击"确定"按钮。

② 返回"采购入库单"窗口，选择"仓库"为"原材料库"，点击"保存"按钮，再点击"审核"按钮，结果如图 7-11 所示，弹出"该单据审核成功！"对话框，点击"确定"按钮。

图 7-11 采购入库单

> **温馨提示**
>
> (1) 采购入库单可以手工增加,也可以参照采购订单、采购到货单(到货退回单)、委外订单和委外到货单(到货退回单)生成。
> (2) 采购管理设置为采购必有订单业务模式(普通业务必有订单、受托代销业务必有订单)时,对应业务类型的蓝字采购入库单不可手工新增,只能参照生成。
> (3) 与库存管理系统集成使用时,采购入库单在库存管理系统中录入。
> (4) 在采购管理系统中可查询入库单据,可根据入库单生成发票。

(5) 填写采购专用发票。

① 执行"供应链→采购管理→采购发票→专用采购发票"命令,打开"专用发票"窗口,点击"增加→入库单"按钮,打开"查询条件-单据列表过滤"对话框,点击"确定"按钮,打开"拷贝并执行"窗口,勾选需要复制的入库单,点击"确定"按钮。

② 返回"专用发票"窗口,输入"发票号"为"41039772",点击"保存"按钮,再点击"复核"按钮,结果如图 7-12 所示。

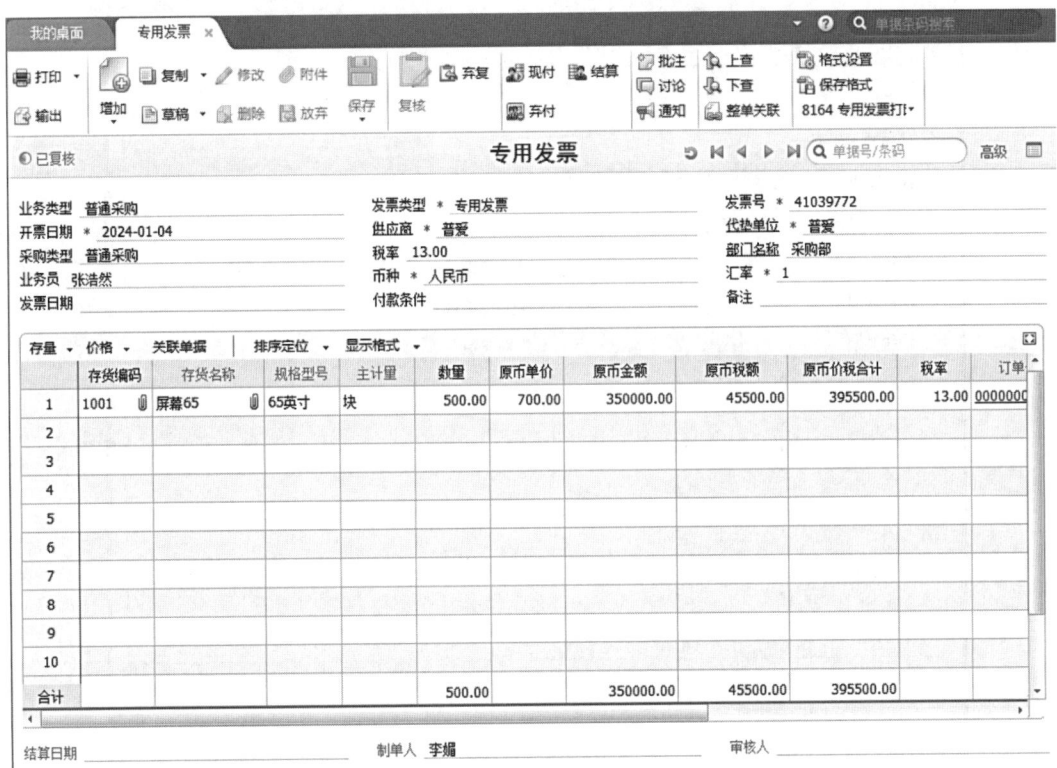

图 7-12 采购专用发票

温馨提示

(1) 采购发票可以手工新增,也可以参照采购订单、采购入库单(普通采购)填制;采购发票也可以拷贝其他采购发票填制;直运业务可以参照直运销售发票;受托代销结算后生成受托发票。必有订单时,采购发票(专用、普通)不可手工新增,只能参照生成。

(2) 财务部门通过应付款管理系统对采购发票审核并登记应付明细账,并回填采购发票审核人。

(3) 应付款管理系统设置为启用付款申请时,可参照已审核采购发票生成付款申请单,还可以在发票卡片和列表中按"请款"推式生成付款申请单。

(6) 进行采购结算。

执行"供应链→采购管理→采购结算→自动结算"命令,打开"查询条件-采购自动结算"对话框,选择"结算模式"为"入库单和发票",如图 7-13 所示,点击"确定"按钮,系统进行自动结算,结果如图 7-14 所示,点击"确定"按钮,完成采购结算。

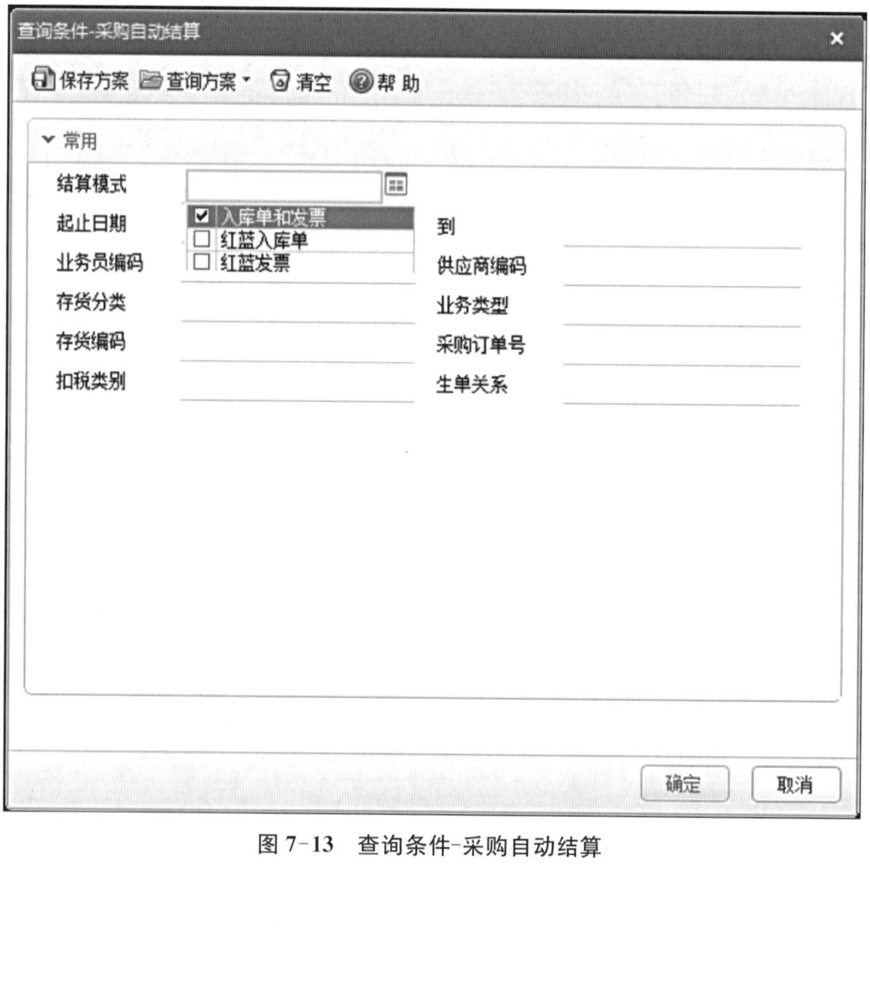

图 7-13 查询条件-采购自动结算

图 7-14　自动结算

> **温馨提示**
>
> （1）采购结算又称采购报账，是指采购核算人员根据采购发票和采购入库单核算采购入库成本；采购结算的结果是采购结算单，是记载采购入库单记录与采购发票记录对应关系的结算对照表。
>
> （2）自动结算和手工结算时，可以选择发票和运费同时与入库单进行结算，将运费发票的费用按数量或按金额分摊到入库单中。此时将发票和运费分摊的费用写入采购入库单的成本中。
>
> （3）采购业务中，发票和货物存在三种情况：
>
> ① 单货同行。此种情况下，可以在系统中同时完成入库和发票，并进行结算。
>
> ② 货到票未到。此种情况下，进行暂估入库业务，等收到发票后进行结算，如果暂估单价与发票单价不一致，则在存货核算系统进行暂估处理，系统提供了三种（月初回冲、单到回冲和单到补差）暂估回冲方式。
>
> ③ 票到货未到。此种情况下，将发票先录入系统，采购系统做在途处理，等货到入库后再与发票进行结算，确定入库成本。
>
> （4）如果需要修改或删除入库单、采购发票等，必须先取消采购结算，即删除采购结算单。通过执行"采购管理→采购结算→结算单列表"命令，可以删除。
>
> （5）采购如果没有期初记账，则不能进行采购结算。只有进行期初记账后，才能进行采购结算的业务。

(7) 采购发票和采购入库业务制单。

① 执行"财务会计→应付款管理→应付处理→采购发票→采购发票审核"命令,打开"采购发票审核"窗口,点击"查询"按钮,勾选需要审核的发票,点击"审核"按钮,弹出"本次审核成功单据[1]张"对话框,如图 7-15 所示,点击"确定"按钮。

图 7-15 采购发票审核

② 执行"财务会计→应付款管理→凭证处理→生成凭证"命令,打开"制单查询"对话框,勾选"发票"前的复选框,点击"确定"按钮,打开"生成凭证"窗口,点击"全选"按钮,选择"凭证类别"为"转账凭证",如图 7-16 所示,点击"制单"按钮,打开"填制凭证"窗口,如图 7-17 所示,点击"保存"按钮。

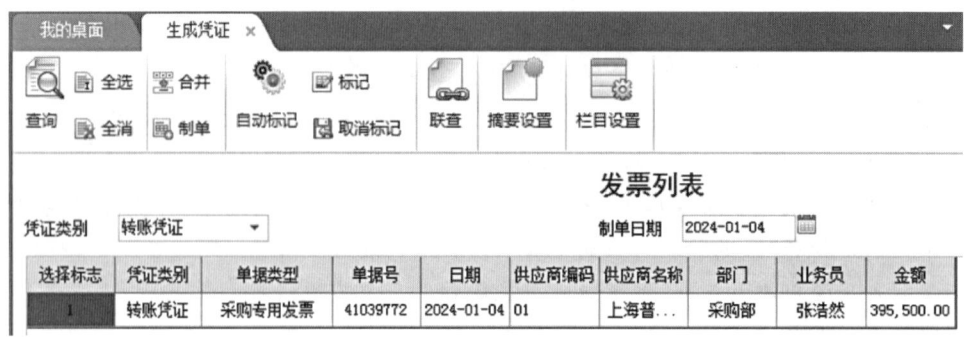

图 7-16 发票列表

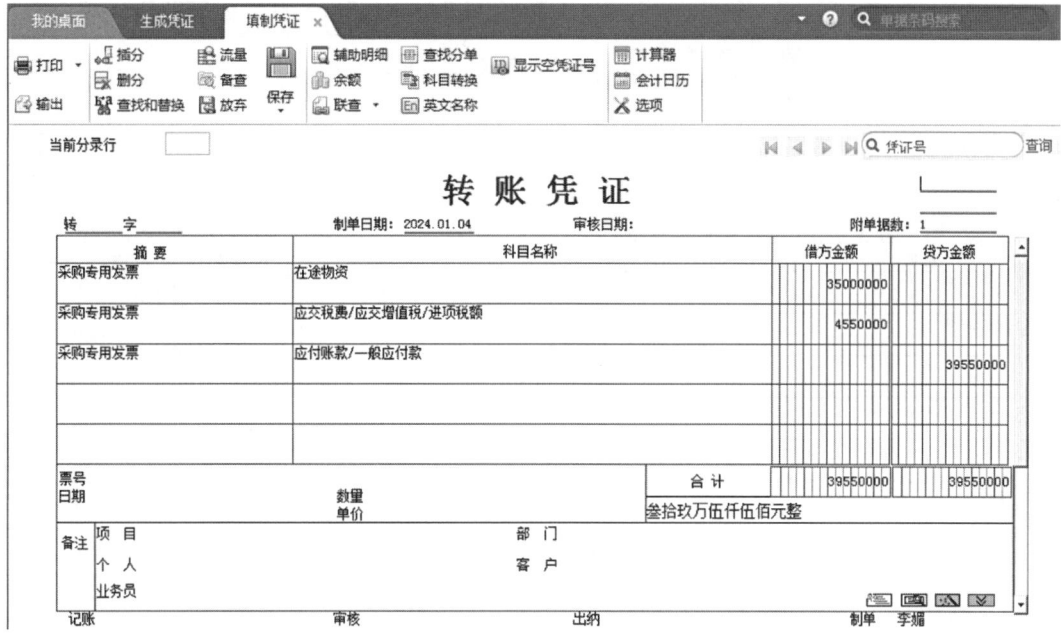

图 7-17 采购专用发票凭证

③ 执行"供应链→存货核算→记账→正常单据记账"命令，打开"未记账单据一览表"窗口，点击"查询"按钮，勾选需要记账的入库单，点击"记账"按钮，弹出"记账成功"对话框，点击"确定"按钮。

④ 执行"供应链→存货核算→凭证处理→生成凭证"命令，打开"生成凭证"窗口，点击"选单"按钮，打开"查询条件-生成凭证查询条件"对话框，点击"确定"按钮。

⑤ 打开"未生成凭证单据一览表"窗口，点击"全选"按钮，再点击"确定"按钮，返回"生成凭证"窗口，选择"凭证类别"为"转账凭证"，如图 7-18 所示。

选择	单据类型	业务类型	单据号	摘要	科目类型	科目编码	科目名称	借方金额	贷方金额	借方数量	贷方数量	科目方向	存货编码	存货名称
1	采购入库单	普通采购	0000000002	采购入…	存货	1403	原材料	350,00…		500.00		1	1001	屏蔽65
					对方	1402	在途物资		350,00…		500.00	2	1001	屏蔽65
合计								350,00…	350,00…					

图 7-18 生成凭证

⑥ 点击工具栏上的"合并制单"按钮，打开"填制凭证"窗口，如图 7-19 所示，点击"保存"按钮。

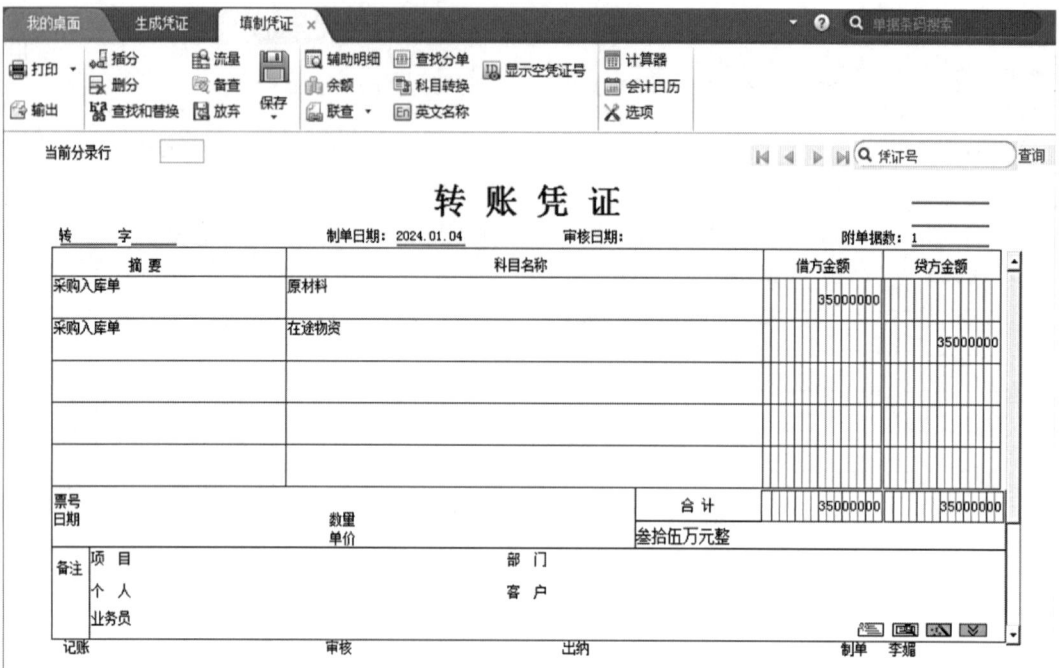

图 7-19 采购入库单凭证

> 💡 **温馨提示**
>
> (1) 系统提供两种确认应付单据审核日期的依据,即单据日期和业务日期。
>
>   ① 如果选择单据日期,则在单据处理功能中进行单据审核时,自动将单据的审核日期(即入账日期)记为该单据的单据日期。
>
>   ② 如果选择业务日期,则在单据处理功能中进行单据审核时,自动将单据的审核日期(即入账日期)记为当前业务日期(即登录日期)。
>
> (2) 采购发票的弃审,可以在已审核单据列表中,双击单据记录或点击"联查→单据"按钮,进入单据卡片界面,直接点击"弃审"按钮将当前单据弃审。
>
> (3) 已经做过后续处理(如核销、转账和汇兑损益等)的单据不能进行弃审处理。
>
> (4) 已经生成凭证的单据弃审时,如果弃审人具有删除凭证的权限,则提示用户弃审,同时系统会删除已生成的凭证;如果弃审人不具备删除凭证的权限,则提示弃审不成功。
>
> (5) 正常单据记账用于将用户所输入的单据登记存货明细账、差异明细账/差价明细账、受托代销商品明细账和受托代销商品差价账。
>
> (6) 先进先出、移动平均和个别计价,这三种计价方式的存货在单据记账时进行出库成本核算;全月平均、计划价/售价法计价的存货在期末处理时进行出库成本核算。

(7) 记账后,可以通过执行"存货核算→记账→恢复记账"命令,将用户已登记明细账的单据恢复到未记账状态。

(8) 填写付款单,制单并核销。

① 执行"财务会计→应付款管理→付款处理→付款单据录入"命令,打开"付款单据录入"窗口,点击"增加"按钮,输入"日期"为"2024-01-04","供应商"为"普爱","结算方式"为"银行收支","金额"为"395 500","票据号"为"96710506720","摘要"为"采购货物",点击"保存"按钮,再点击"审核"按钮,结果如图 7-20 所示。

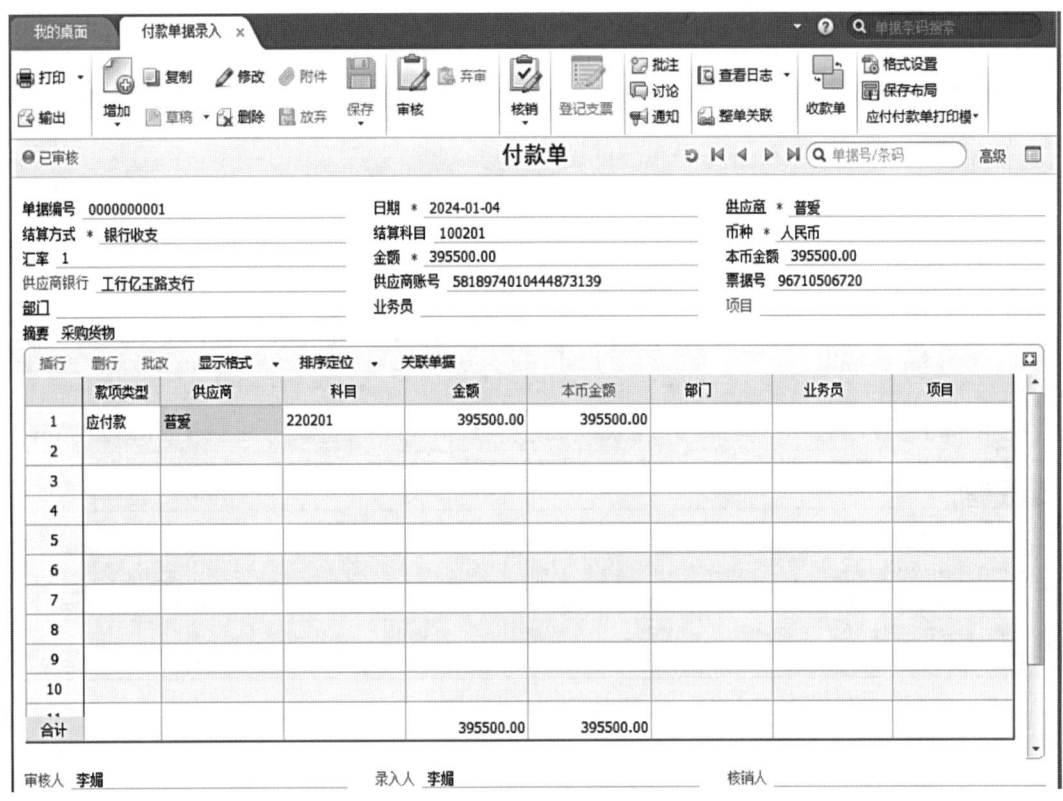

图 7-20 付款单

② 弹出"是否立即制单?"对话框,点击"是"按钮,打开"填制凭证"窗口,修改"凭证类别"为"付款凭证",如图 7-21 所示,点击"保存"按钮,关闭"填制凭证"窗口。

③ 返回"付款单据录入"窗口,点击工具栏上的"核销"按钮,打开"核销条件"对话框,点击"确定"按钮,打开"手工核销"窗口,在对应的采购专用发票栏输入"本次结算"为"395 500",如图 7-22 所示,点击"确认"按钮。

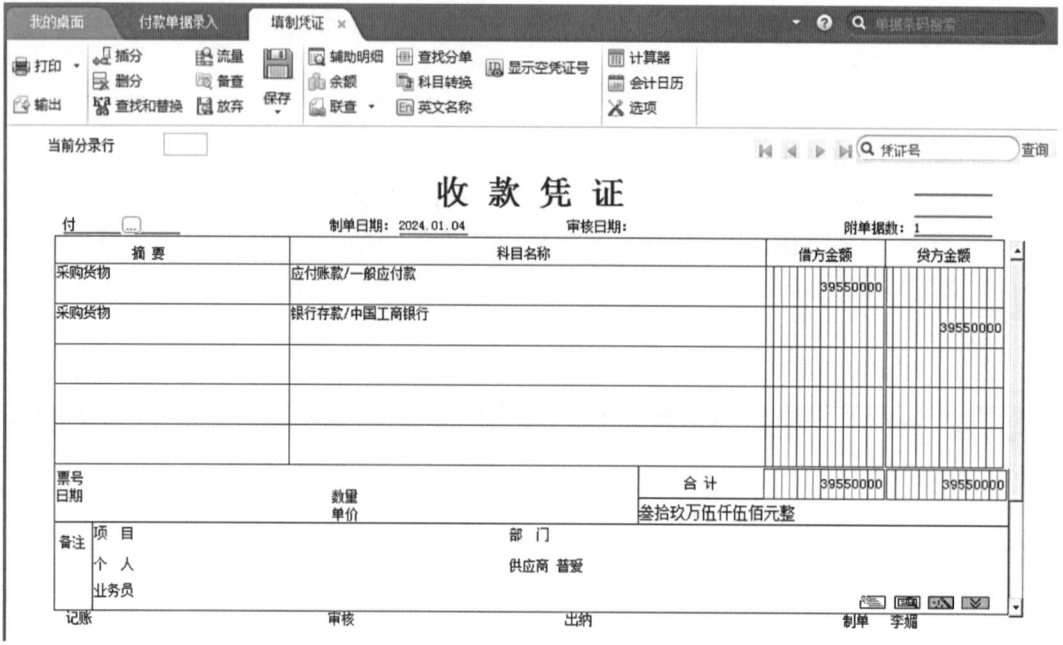

图 7-21 采购货物凭证

图 7-22 手工核销

 温馨提示

(1) 核销处理是指用户日常进行的付款核销应付款的工作。单据核销的作用是处理付款核销应付款,建立付款与应付款的核销记录,监督应付款及时核销,加强往来款项的管理。

(2) 如果对原始单据进行了核销、选择付款、汇兑损益、票据处理、应付冲应付、预付冲应付、应付冲应收和红票对冲等操作后,发现操作失误,可以执行"应付款管理→其他处理→取消操作"命令,将其恢复到操作前的状态,以便修改。

(9) 核销业务制单。

① 执行"财务会计→应付款管理→凭证处理→生成凭证"命令,打开"制单查询"对话框,勾选"核销"前的复选框,点击"确定"按钮,打开"生成凭证"窗口,点击"全选"按钮,修改"凭证类别"为"转账凭证",如图 7-23 所示。

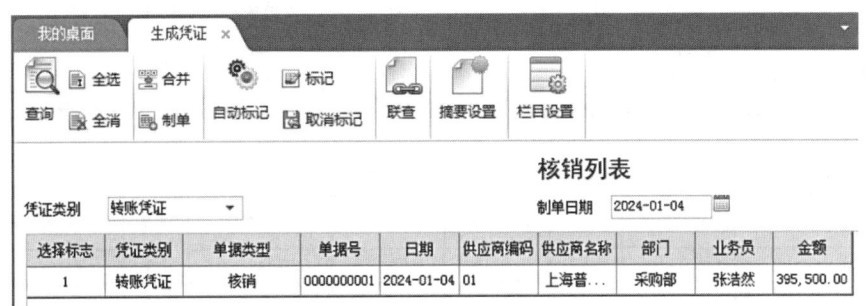

图 7-23 生成凭证

② 点击工具栏上的"制单"按钮,打开"填制凭证"窗口,如图 7-24 所示,点击"保存"按钮。

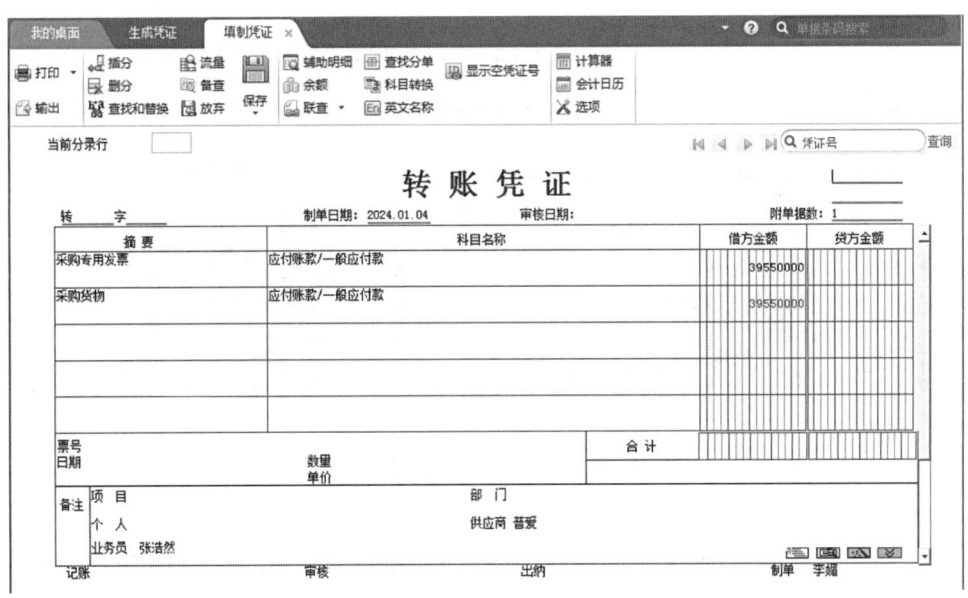

图 7-24 核销凭证

任务二　预付货款并现结采购业务

【实验资料】

(1) 1 月 4 日,采购部周大伟与天津钧威电子有限公司签订购销合同,如图 7-25 所示,填写采购订单。

购销合同

合同编号：32134874

购货单位（甲方）：上海维亚家电有限公司
供货单位（乙方）：天津钧威电子有限公司

根据《中华人民共和国民法典》及国家相关法律、法规之规定，甲乙双方本着平等互利的原则，就甲方购买乙方货物一事达成以下协议。

一、货物的名称、数量及价格：

货物名称	规格型号	单位	数量	单价	金额	税率	价税合计
屏幕75	75英寸	块	200	1,550.00	310,000.00	13%	350,300.00
合计（大写）	叁拾伍万零叁佰元整						¥350,300.00

二、交货方式和费用承担：交货方式：销货方送货，交货时间：2024年01月05日前，交货地点：_____，运费由 供货方 承担。

三、付款时间与付款方式：合同签订后以银行转账方式预付货款20%，货物验收合格后支付尾款。

四、质量异议期：订货方对供货方的货物质量有异议时，应在收到货物后 30天 内提出，逾期视为货物质量合格。

五、未尽事宜经双方协商可作补充协议，与本合同具有同等效力。

六、本合同自双方签章、盖章之日起生效；本合同壹式贰份，甲乙双方各执壹份。

甲方（签章）：　　　　　　　　　　　　　乙方（签章）：
授权代表：林秀　　　　　　　　　　　　　授权代表：胡妩
地　址：上海市长宁区建国路82号　　　　地　址：天津市南开区亚和路773号
电　话：021-85125691　　　　　　　　　电　话：022-98136370
日　期：2024年01月04日　　　　　　　　日　期：2024年01月04日

图 7-25　购销合同

（2）1月4日，财务部通过银行转账的方式，支付了部分采购货款，如图 7-26 所示，填写付款单并制单。

（3）1月5日，公司收到天津钧威发来的货物，填写到货单。

（4）1月5日，仓管人员验收后入原材料库，如图 7-27 所示，填写采购入库单。

（5）1月5日，收到天津钧威开出的增值税专用发票，如图 7-28 所示，并立即支付尾款，如图 7-29 所示，填写红字采购专用发票，进行现付操作并完成采购结算。

（6）财务部对采购现付、采购入库业务制单。

（7）预付冲应付并制单。

中国工商银行

业务回单（付款）

日期：2024 年 01 月 04 日　　回单编号：27086003477

付款人户名：	上海维亚家电有限公司	付款人开户行：	中国工商银行上海建国路支行
付款人账号(卡号)：	622201100315822123		
收款人户名：	天津钧威电子有限公司	收款人开户行：	中国工商银行天津市科为路支行
收款人账号(卡号)：	2956148810316962778		
金额：	陆万贰仟元整	小写：	¥62,000.00 元
业务(产品)种类：		凭证种类：1213012020	凭证号码：54450301888595303
摘要：	预付货款	用途：	币种：人民币
交易机构：4940432761	记账柜员：80824	交易代码：75879	渠道：
2956148810316962778			

本回单为第 1 次打印，注意重复　　打印日期：2024 年 01 月 04 日　打印柜员：1　　验证码：022338216239

图 7-26　银行回单(付款)

材料入库单

发票号码：　　　　　　　　　　　　　　　　　　　　　　　收料单编号：20240002
供应单位：天津钧威电子有限公司　　　　　　　　　　　　　收料仓库：原材料库
材料类别：原材料　　　　2024 年 01 月 05 日

编号	名称	规格	单位	数量		实际成本				单位成本
				应收	实收	买价		运杂费	合计	
						单价	金额			
1002	屏幕75	75英寸	块	200	200	1,550.00	310,000.00		310,000.00	1,550.0000
合计				200	200		¥310,000.00		¥310,000.00	¥1,550.0000
备注										

采购员：周大伟　　检验员：赵雄　　记账员：陈帅　　保管员：陈帅

图 7-27　材料入库单

图 7-28 增值税专用发票

图 7-29 银行回单(付款)

【操作步骤】

(1) 填写采购订单。

1月4日登录企业应用平台,执行"供应链→采购管理→采购订货→采购订单"命令,打开"采购订单"窗口,点击工具栏上的"增加"按钮,根据实验资料,录入相关数据,点击"保存"按钮,再点击"审核"按钮。

(2) 填写付款单并制单。

① 执行"财务会计→应付款管理→付款处理→付款单据录入"命令,打开"付款单据录入"窗口,点击"增加"按钮,根据实验资料,录入相关数据,修改"款项类型"为"预付款",点击"保存"按钮,再点击"审核"按钮,结果如图7-30所示。

图7-30 付款单

② 弹出"是否立即制单?"对话框,点击"是"按钮,打开"填制凭证"窗口,修改"凭证类别"为"付款凭证",如图7-31所示,点击"保存"按钮。

(3) 填写到货单。

1月5日登录企业应用平台,执行"供应链→采购管理→采购到货→到货单"命令,参照采购订单生成到货单(操作步骤参考项目七/任务一普通采购业务),保存并审核。

(4) 填写采购入库单。

执行"供应链→库存管理→采购入库→采购入库单"命令,参照采购到货单生成采购入库单(操作步骤参考项目七/任务一普通采购业务),输入"仓库"为"原材料库",保存并审核,结果如图7-32所示。

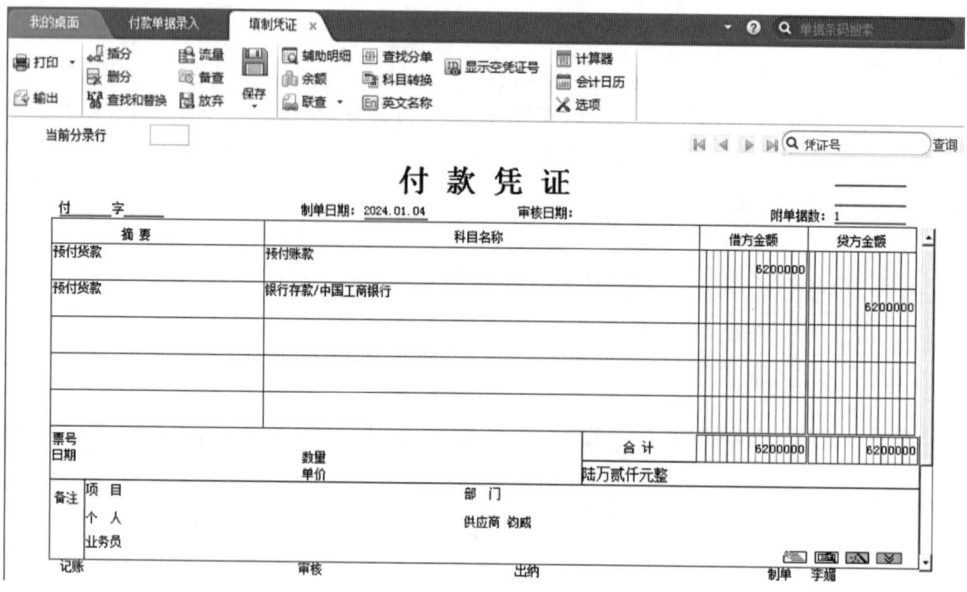

图 7-31 预付款凭证

图 7-32 采购入库单

(5) 填写采购专用发票,现付并结算。

① 执行"供应链→采购管理→采购发票→专用采购发票"命令,参照采购入库单生成采购专用发票(操作步骤参考项目七/任务一普通采购业务),输入发票号,保存并复核,结果如图 7-33 所示。

项目七 采购与应付业务

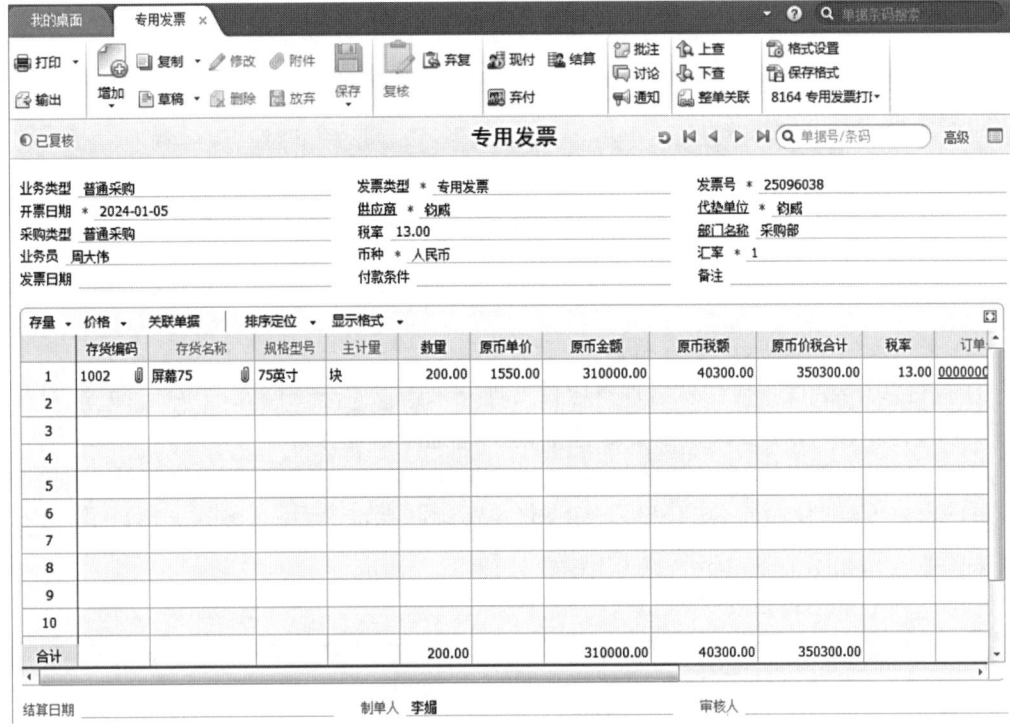

图 7-33 采购专用发票

② 点击工具栏上的"现付"按钮,打开"采购现付"对话框,输入"结算方式"为"2-银行收支","原币金额"为"288 300","票据号"为"6864898205",如图 7-34 所示,点击"确定"按钮。

图 7-34 采购现付

③ 返回"专用发票"窗口,点击工具栏上的"结算"按钮,系统自动完成采购结算。

温馨提示
(1) 现付业务指在采购业务发生时,立即付款开发票。
(2) 在采购发票保存后就可以进行现付款处理,已审核的发票不能再做现付处理。
(3) 无论是否做采购结算,都可以进行现付。

(6) 采购现付、采购入库业务制单。

① 执行"财务会计→应付款管理→应付处理→采购发票→采购发票审核"命令,对采购专用发票进行审核(操作步骤参考项目七/任务一普通采购业务)。

② 执行"财务会计→应付款管理→凭证处理→生成凭证"命令,打开"制单查询"对话框,勾选"现结"前的复选框,点击"确定"按钮,生成现结凭证(操作步骤参考项目七/任务一普通采购业务),如图 7-35 所示,点击"保存"按钮。

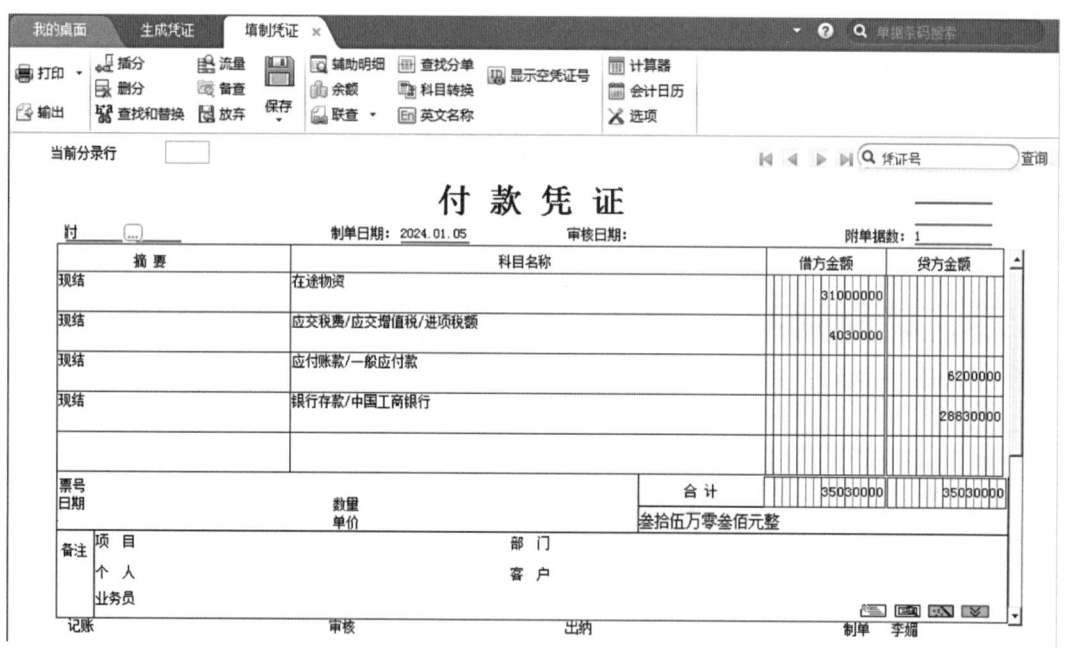

图 7-35 现结凭证

③ 执行"供应链→存货核算→记账→正常单据记账"命令,完成采购入库单记账(操作步骤参考项目七/任务一普通采购业务)。

④ 执行"供应链→存货核算→凭证处理→生成凭证"命令,生成采购入库单凭证(操作步骤参考项目七/任务一普通采购业务),如图 7-36 所示,点击"保存"按钮。

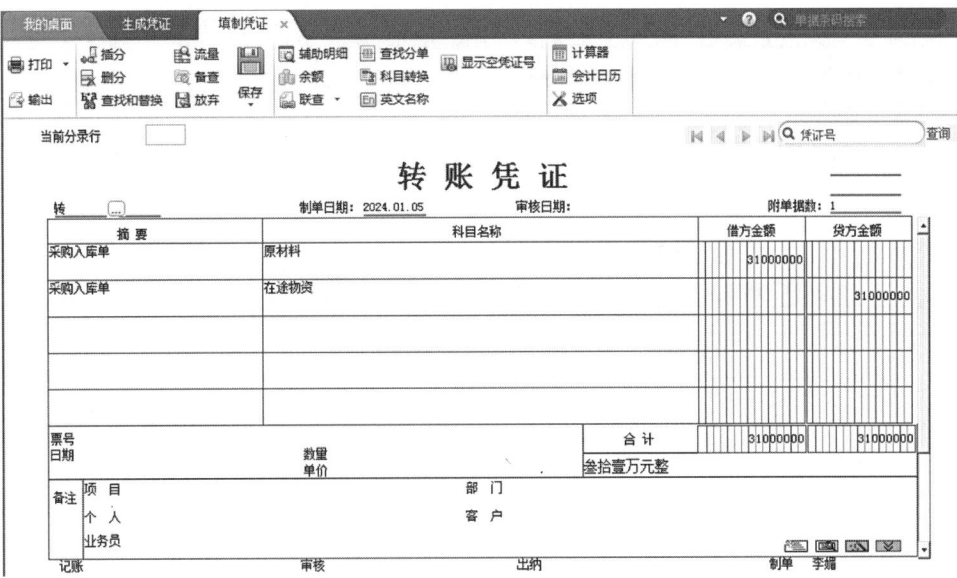

图 7-36 采购入库单凭证

(7) 预付冲应付并制单。

① 执行"财务会计→应付款管理→转账→预付冲应付"命令,打开"预付冲应付"对话框,选择"供应商"为"03-天津钧威电子有限公司",点击"过滤"按钮,输入"转账金额"为"62 000",如图 7-37 所示,在点击"应付款"选项卡,点击"过滤"按钮,在采购专用发票所在行,输入"转账金额"为"62 000",如图 7-38 所示,点击"确定"按钮。

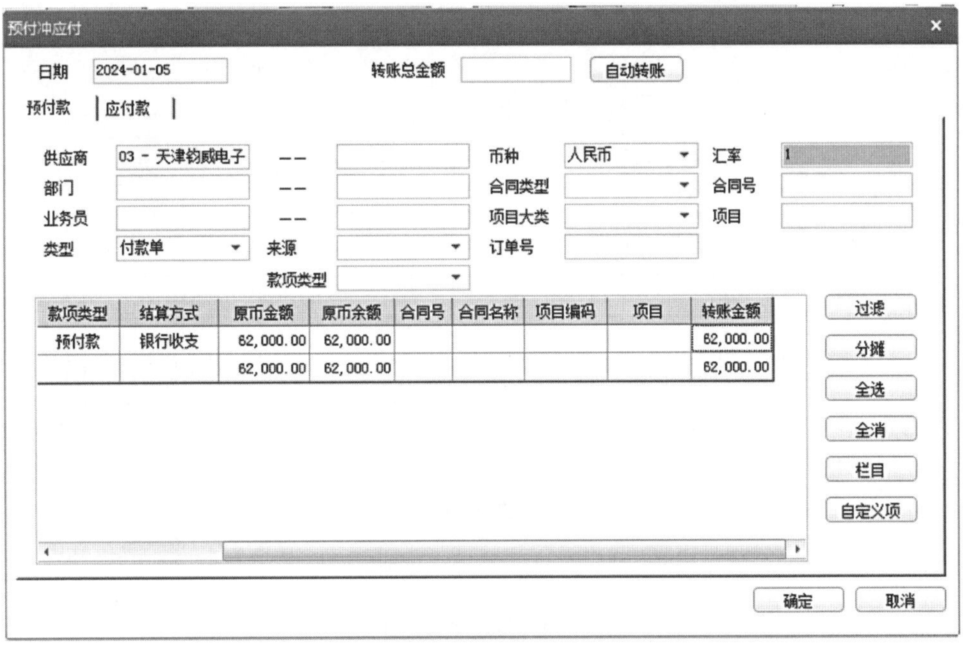

图 7-37 预付冲应付-预付款

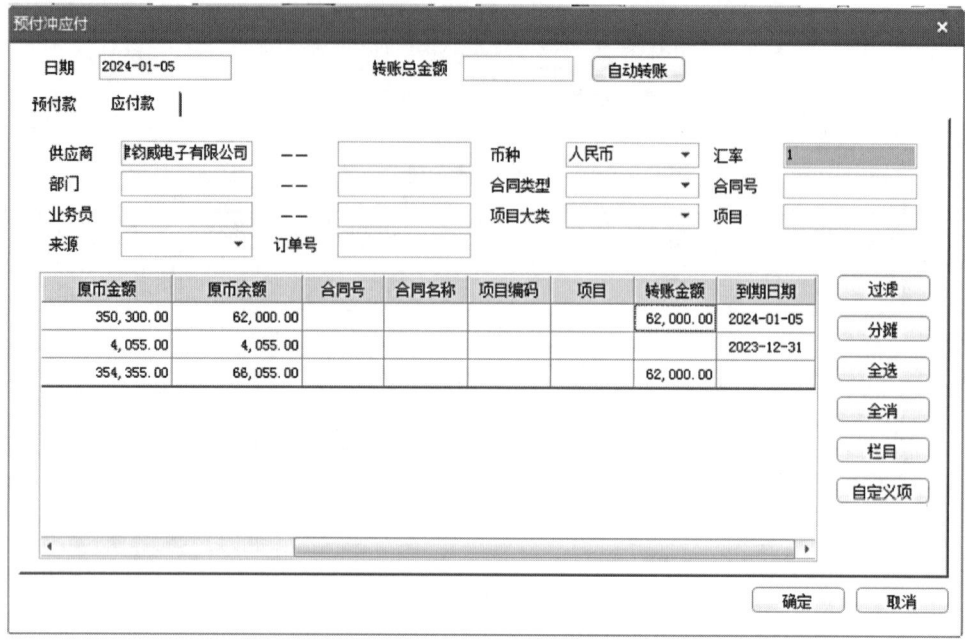

图 7-38 预付冲应付-应付款

② 弹出"是否立即制单?"对话框,点击"是"按钮,打开"填制凭证"窗口,修改"凭证类别"为"转账凭证",如图 7-39 所示,点击"保存"按钮。

图 7-39 预付冲应付凭证

> **温馨提示**
>
> 通过预付冲应付处理企业的预付款和应付款间的转账核销业务。

任务三　发生合理损耗且享受现金折扣采购业务

【实验资料】

(1) 1月5日，采购部周大伟与北京赛园工贸有限公司签订购销合同，如图7-40所示，填写采购订单。

购销合同

合同编号:67863812

购货单位（甲方）： 上海维亚家电有限公司

供货单位（乙方）： 北京赛园工贸有限公司

根据《中华人民共和国民法典》及国家相关法律、法规之规定，甲乙双方本着平等互利的原则，就甲方购买乙方货物一事达成以下协议。

一、货物的名称、数量及价格：

货物名称	规格型号	单位	数量	单价	金额	税率	价税合计
主板		个	261	260.00	67,860.00	13%	76,681.80
合计（大写） 柒万陆仟陆佰捌拾壹元捌角整							¥76,681.80

二、交货方式和费用承担：交货方式： 销货方送货 ，交货时间： 2024年01月05日 前，交货地点： 上海市长宁区建国路82号 ，运费由 供货方 承担。

三、付款时间与付款方式： 2024年2月5日前以银行存款支付货款（3/10,1/20,n/30） 。

四、质量异议期：订货方对供货方的货物质量有异议时，应在收到货物后 30日 内提出，逾期视为货物质量合格。

五、未尽事宜经双方协商可作补充协议，与本合同具有同等效力。

六、本合同自双方签字、盖章之日起生效；本合同壹式贰份，甲乙双方各执壹份。

甲方（签章）：	乙方（签章）：
授权代表：林秀	授权代表：孙姿
地　　址：上海市长宁区建国路82号	地　　址：北京市大兴区碧顺路088号
电　　话：021-85725691	电　　话：010-35178346
日　　期：2024 年 01 月 05 日	日　　期：2024 年 01 月 05 日

图7-40　购销合同

(2) 1月5日，公司收到北京赛园发来的货物，填写到货单。

(3) 验收时发现1个主板损坏，属于合理损耗，入库单如图7-41所示，填写入库单。

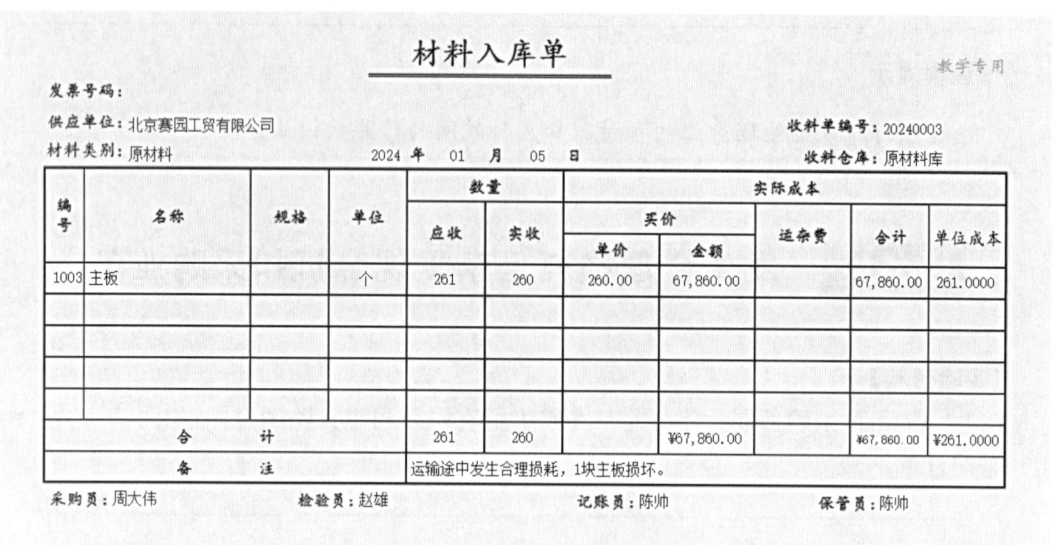

图 7-41 材料入库单

（4）1月5日，收到北京赛园开来的增值税专用发票，如图7-42所示，填写采购专用发票。

图 7-42 增值税专用发票

（5）进行采购结算。

（6）财务部对采购发票和采购入库业务制单。

（7）1月8日，为享受现金折扣，财务部通过银行转账的方式，支付了采购货款，如图7-43所示，填写付款单，对付款业务制单并核销。

（8）核销业务制单。

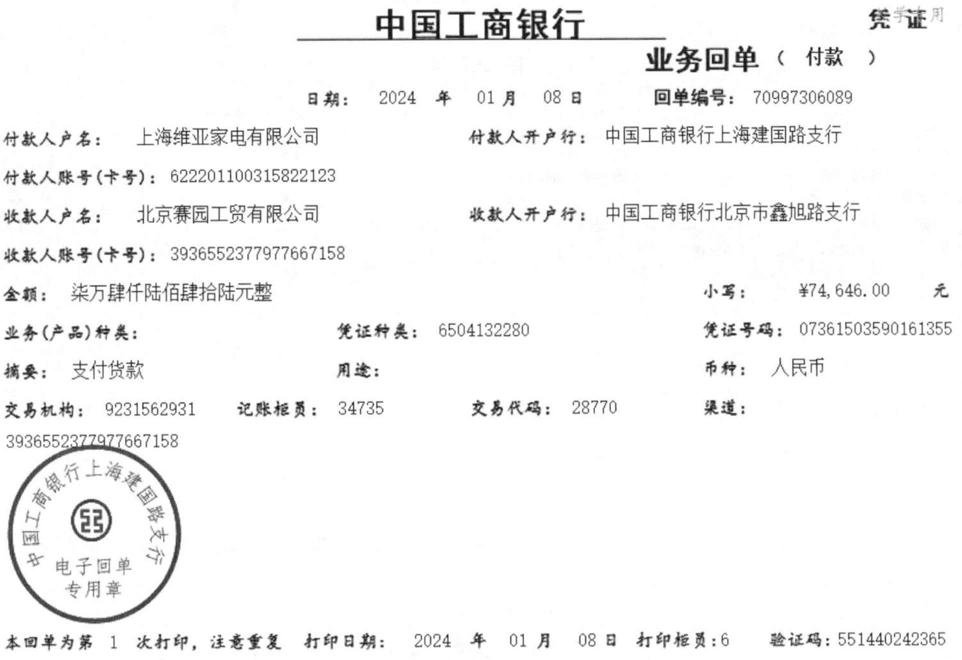

中国工商银行　　凭证

业务回单（付款）

日期：2024 年 01 月 08 日　　回单编号：70997306089

付款人户名：上海维亚家电有限公司　　付款人开户行：中国工商银行上海建国路支行

付款人账号(卡号)：622201100315822123

收款人户名：北京赛园工贸有限公司　　收款人开户行：中国工商银行北京市鑫旭路支行

收款人账号(卡号)：3936552377977667158

金额：柒万肆仟陆佰肆拾陆元整　　小写：¥74,646.00 元

业务(产品)种类：　　凭证种类：6504132280　　凭证号码：07361503590161355

摘要：支付货款　　用途：　　币种：人民币

交易机构：9231562931　　记账柜员：34735　　交易代码：28770　　渠道：

3936552377977667158

中国工商银行上海建国路支行　电子回单专用章

本回单为第 1 次打印，注意重复　打印日期：2024 年 01 月 08 日　打印柜员：6　验证码：551440242365

图 7-43　银行回单(付款)

【操作步骤】

(1) 填写采购订单。

1 月 5 日登录企业应用平台，执行“供应链→采购管理→采购订货→采购订单”命令，打开“采购订单”窗口，点击工具栏上的“增加”按钮，根据实验资料，录入相关数据，输入“付款条件”为“3/10，1/20，n/30”，点击“保存”按钮，再点击“审核”按钮。

(2) 填写到货单。

执行“供应链→采购管理→采购到货→到货单”命令，参照采购订单生成到货单(操作步骤参考项目七/任务一普通采购业务)，保存并审核。

(3) 填写入库单。

执行“供应链→库存管理→采购入库→采购入库单”命令，打开“采购入库单”窗口，点击“增加→采购→采购到货单”按钮，打开“查询条件-采购到货单列表”对话框，点击“确定”按钮，打开“到货单生单列表”窗口，勾选需要复制的到货单，点击“确定”按钮，返回“采购入库单”窗口，选择“仓库”为“原材料库”，修改“数量”为“260”，点击“保存”按钮，再点击“审核”按钮，结果如图 7-44 所示。

(4) 填写采购专用发票。

执行“供应链→采购管理→采购发票→专用采购发票”命令，打开“专用发票”窗口，点击“增加→采购订单”按钮，打开“查询条件-单据列表过滤”对话框，点击“确定”按钮，打开“拷

图 7-44 采购入库单

贝并执行"窗口,勾选需要复制的入库单,点击"确定"按钮,返回"专用发票"窗口,输入"发票号"为"01333760",点击"保存"按钮,再点击"复核"按钮,结果如图 7-45 所示。

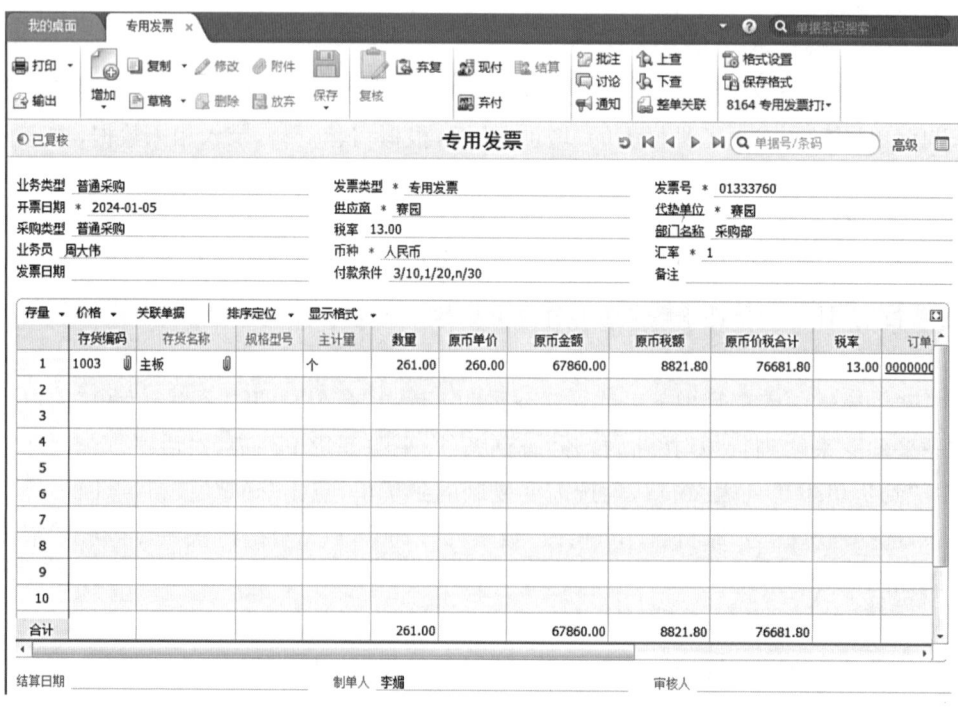

图 7-45 采购专用发票

(5) 采购结算。

① 执行"供应链→采购管理→采购结算→手工结算"命令，打开"手工结算"窗口，点击工具栏上的"选单"按钮，打开"结算选单"窗口，点击"查询"按钮，打开"查询条件-采购手工结算"，点击"确定"按钮，勾选赛园的发票和入库单，如图7-46所示，点击"确定"按钮。

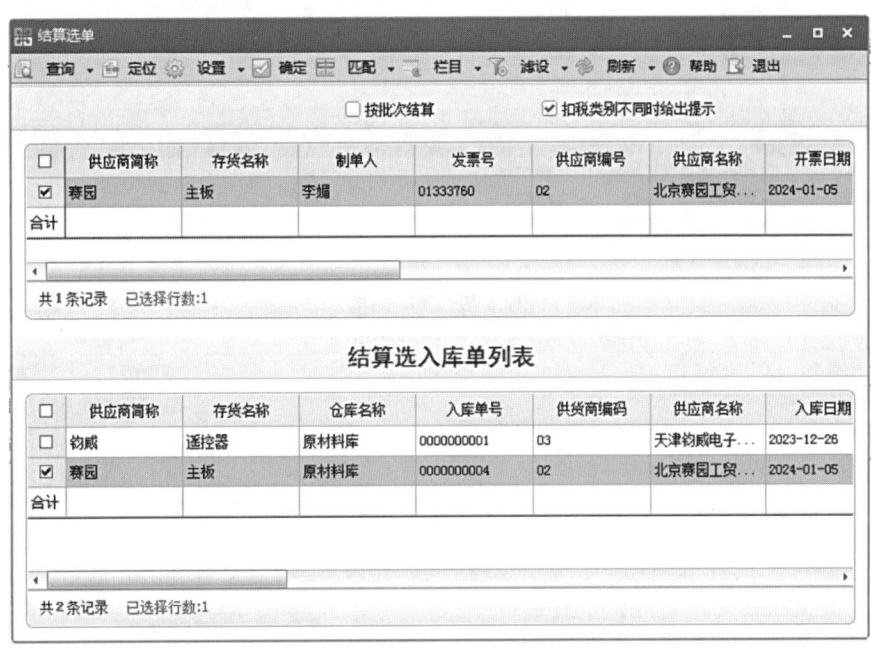

图 7-46　结算选单

② 返回"手工结算"窗口，输入"合理损耗量"为"1"，点击"结算"按钮，弹出"完成结算!"对话框，点击"确定"按钮。

③ 执行"供应链→采购管理→采购结算→结算单列表"命令，打开"结算单列表"窗口，点击"查询"按钮，结果如图7-47所示，看到主板的"结算单价"变为了261元。

图 7-47　结算单列表

(6) 采购发票和采购入库业务制单。

① 执行"财务会计→应付款管理→应付处理→采购发票→采购发票审核"命令,审核采购专用发票(操作步骤参考项目七/任务一普通采购业务)。

② 执行"财务会计→应付款管理→凭证处理→生成凭证"命令,打开"制单查询"对话框,勾选"发票"前的复选框,点击"确定"按钮,生成采购专用发票凭证(操作步骤参考项目七/任务一普通采购业务),如图7-48所示,点击"保存"按钮。

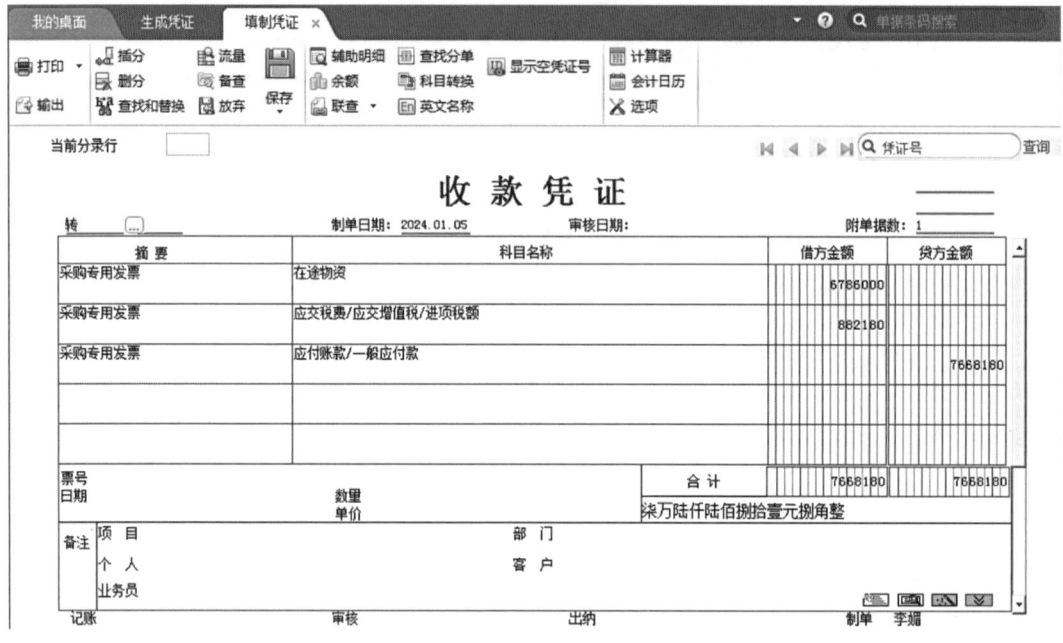

图 7-48 采购专用发票凭证

③ 执行"供应链→存货核算→记账→正常单据记账"命令,完成采购入库单记账(操作步骤参考项目七/任务一普通采购业务)。

④ 执行"供应链→存货核算→凭证处理→生成凭证"命令,生成采购入库单凭证(操作步骤参考项目七/任务一普通采购业务),如图7-49所示,点击"保存"按钮。

(7) 填写付款单,制单并核销。

① 1月8日登录企业应用平台,执行"财务会计→应付款管理→付款处理→付款单据录入"命令,根据实验资料,填写付款单,保存并审核,结果如图7-50所示。生成付款凭证(操作步骤参考项目七/任务一普通采购业务),如图7-51所示,点击"保存"按钮,制单完成关闭"填制凭证"窗口。

② 返回"付款单据录入"窗口,点击"核销"按钮,打开"核销条件"对话框,点击"确定"按钮,打开"手工核销"窗口,在对应的采购专用发票栏输入"本次折扣"为"2 035.8"(67 860×0.03),"本次结算"为"74 646",如图7-52所示,点击"确认"按钮。

项目七 采购与应付业务

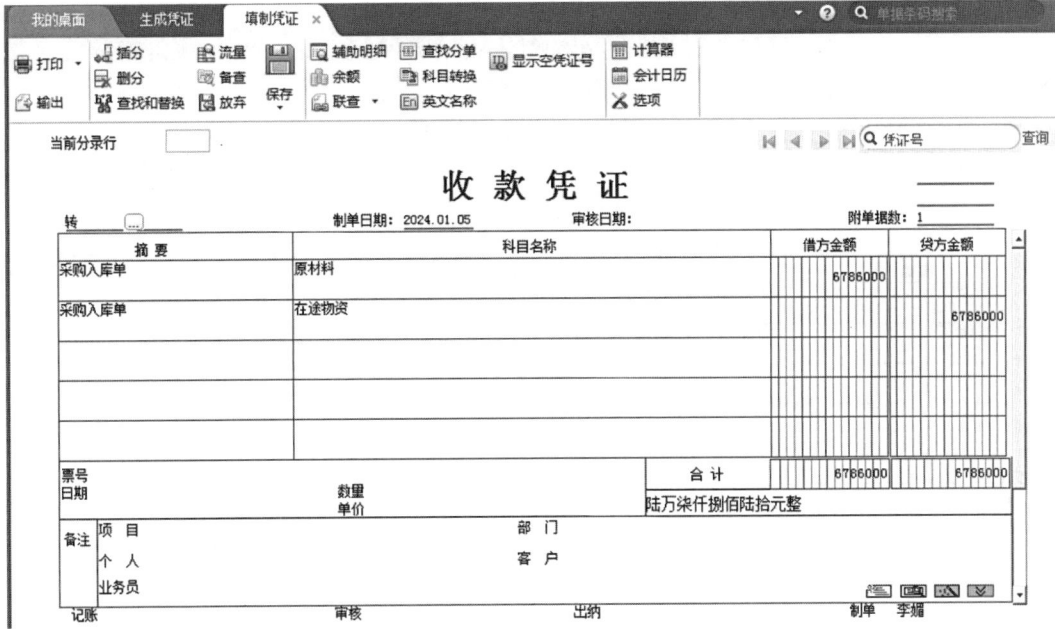

图 7-49 采购入库单凭证

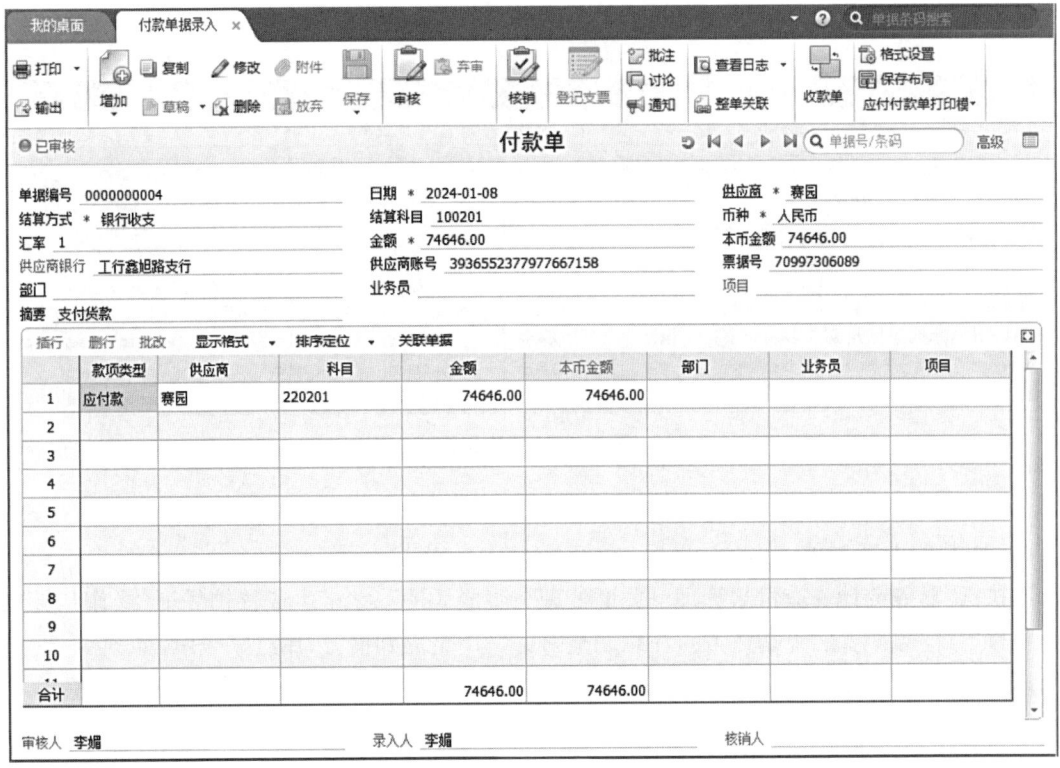

图 7-50 付款单

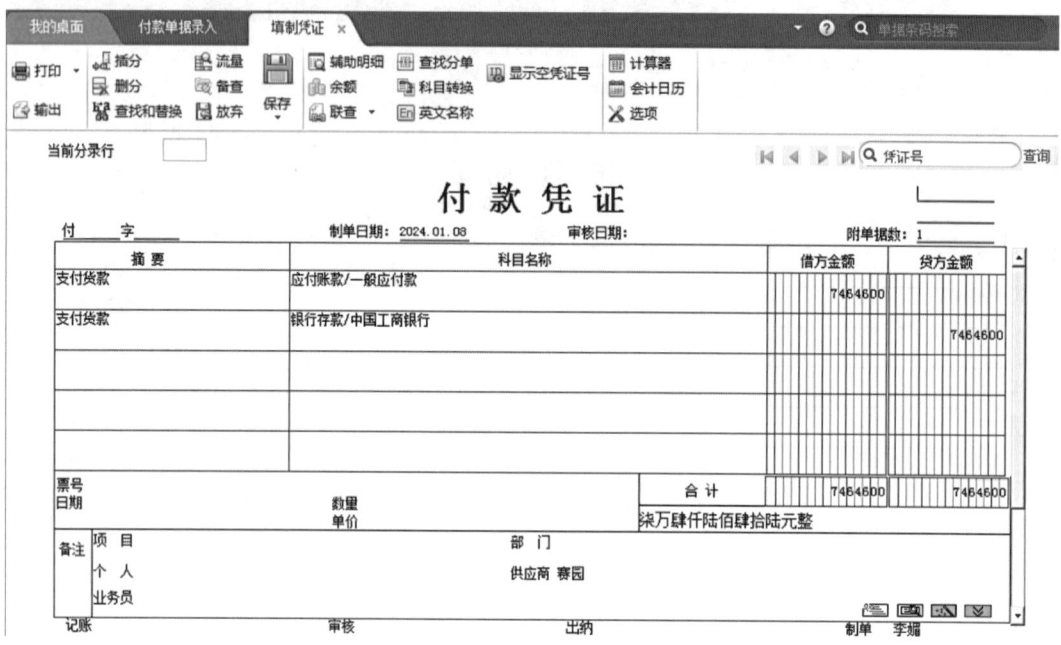

图 7-51 付款单凭证

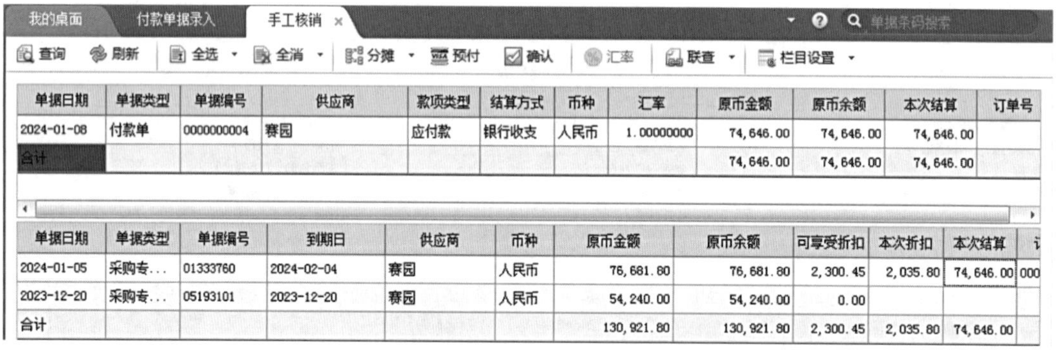

图 7-52 手工核销

(8) 核销业务制单。

执行"财务会计→应付款管理→凭证处理→生成凭证"命令,生成核销凭证(操作步骤参考项目七/任务一普通采购业务),注意调整财务费用金额到借方,用红字表示,如图 7-53 所示,点击"保存"按钮。

项目七 采购与应付业务

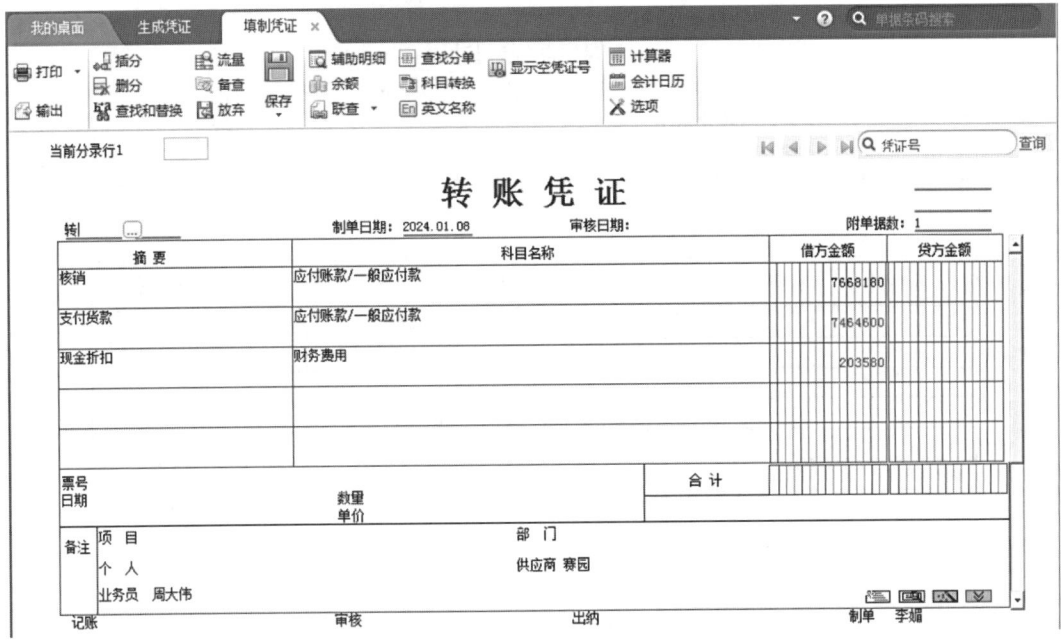

图 7-53 核销凭证

任务四 分期到货且承担运费采购业务

【实验资料】

(1) 1月10日,采购部张浩然与上海普爱电子有限公司签订购销合同,合同约定分两批发货,如图 7-54 所示,填写采购订单。

(2) 1月10日,公司收到上海普爱发来的第一批货物,填写到货单。

(3) 1月10日,仓管人员验收后入原材料库,如图 7-55 所示,填写采购入库单。

(4) 1月12日,公司收到上海普爱发来的第二批货物,填写到货单。

(5) 1月12日,仓管人员验收后入原材料库,如图 7-56 所示,填写采购入库单。

(6) 1月12日,收到上海普爱开出的增值税专用发票,如图 7-57 所示,填写采购专用发票。

(7) 1月12日,收到上海普爱开出的运费增值税专用发票,如图 7-58 所示,填写采购专用发票。

(8) 进行采购结算。

(9) 财务部对采购发票和采购入库业务制单。

购销合同

合同编号：95732825

购货单位（甲方）：上海维亚家电有限公司
供货单位（乙方）：上海普爱电子有限公司

根据《中华人民共和国民法典》及国家相关法律、法规之规定，甲乙双方本着平等互利的原则，就甲方购买乙方货物一事达成以下协议。

一、货物的名称、数量及价格：

货物名称	规格型号	单位	数量	单价	金额	税率	价税合计
主板		个	480	260.00	124,800.00	13%	141,024.00
合计（大写）	壹拾肆万壹仟零贰拾肆元整						¥141,024.00

二、交货方式和费用承担：交货方式：销货方送货 ，交货时间：2024年01月31日 前，
交货地点：上海市长宁区建国路82号 ，运费由 购货方 承担。

三、付款时间与付款方式：分两批发货，1月10日发出货物的40%，月底前发出剩余60%的货物。
货物验收合格后30天内支付货款

四、质量异议期：订货方对供货方的货物质量有异议时，应在收到货物后 30日 内提出，逾期视为货物质量合格。

五、未尽事宜经双方协商可作补充协议，与本合同具有同等效力。

六、本合同自双方签字、盖章之日起生效。本合同壹式贰份，甲乙双方各执壹份。

甲方（签章）		乙方（签章）	
授权代表：林秀		授权代表：徐姗	
地　　址：上海市长宁区建国路82号		地　　址：上海市闵行区辉通路069号	
电　　话：021-85725691		电　　话：021-33336578	
日　　期：2024年01月10日		日　　期：2024年01月10日	

图 7-54　购销合同

材料入库单

发票号码：
供应单位：上海普爱电子有限公司　　　　　　2024年01月10日　　　　　　收料单编号：20240004
材料类别：原材料　　　　　　　　　　　　　　　　　　　　　　　　　　收料仓库：原材料库

编号	名称	规格	单位	数量		实际成本				
				应收	实收	买价		运杂费	合计	单位成本
						单价	金额			
1003	主板		个	192	192	260.00	49,920.00	480.00	50,400.00	262.5000
合计				192	192		¥49,920.00	¥480.00	¥50,400.00	¥262.5000
备注										

采购员：张浩然　　　　检验员：赵峰　　　　记账员：陈帅　　　　保管员：陈帅

图 7-55　材料入库单

项目七 采购与应付业务

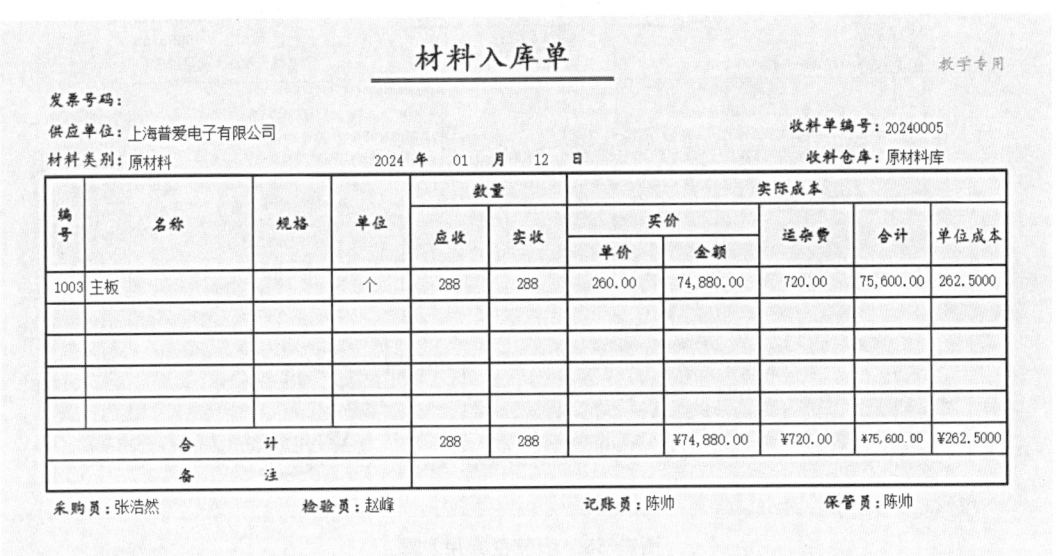

图 7-56 材料入库单

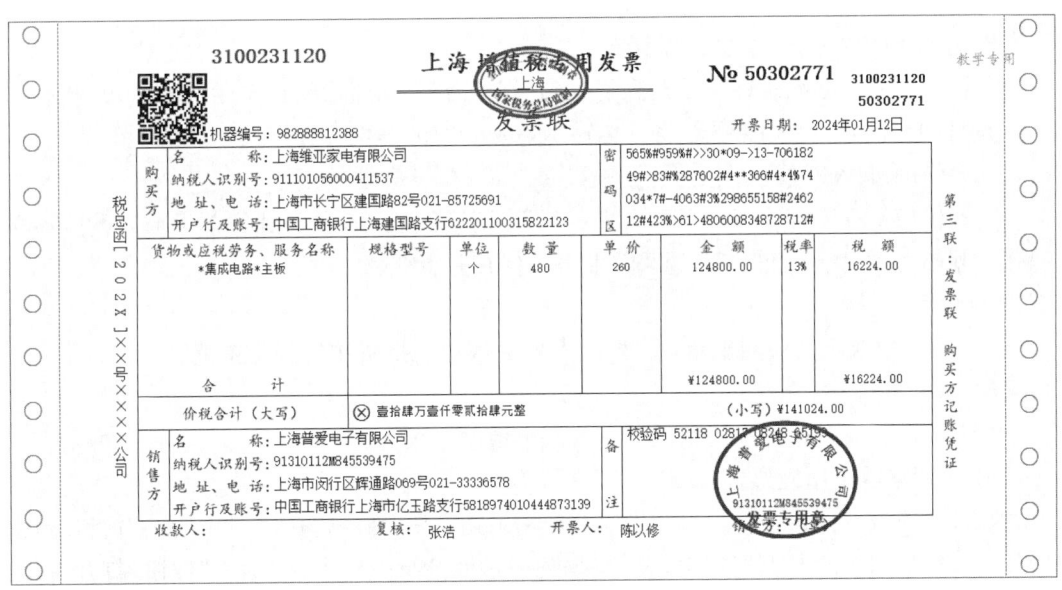

图 7-57 增值税专用发票

图 7-58 增值税专用发票

【操作步骤】

（1）填写采购订单。

1月10日登录企业应用平台，执行"供应链→采购管理→采购订货→采购订单"命令，根据实验资料，填写采购订单，保存并审核。

（2）填写到货单。

执行"供应链→采购管理→采购到货→到货单"命令，参照采购订单生成到货单（操作步骤参考项目七/任务一普通采购业务），修改"数量"为"192"，保存并审核。

（3）填写采购入库单。

执行"供应链→库存管理→采购入库→采购入库单"命令，参照到货单生成采购入库单（操作步骤参考项目七/任务一普通采购业务），保存并审核。

（4）填写到货单。

1月12日登录企业应用平台，参照步骤（2）完成第二批货物的到货单填制。

（5）填写采购入库单。

参照步骤（3）完成第二批货物的采购入库单填制。

（6）填写采购专用发票。

执行"供应链→采购管理→采购发票→专用采购发票"命令，打开"专用发票"窗口，点击"增加→入库单"按钮，打开"查询条件-单据列表过滤"对话框，点击"确定"按钮，打开"拷贝并执行"窗口，勾选需要复制的两张入库单，点击"确定"按钮，返回"专用发票"窗口，输入"发票号"为"50302771"，点击"保存"按钮，再点击"复核"按钮，结果如图7-59所示。

（7）填写采购专用发票。

点击"增加"按钮，根据实验资料，填写运输费的采购专用发票，点击"保存"按钮，再点击"复核"按钮，结果如图7-60所示。

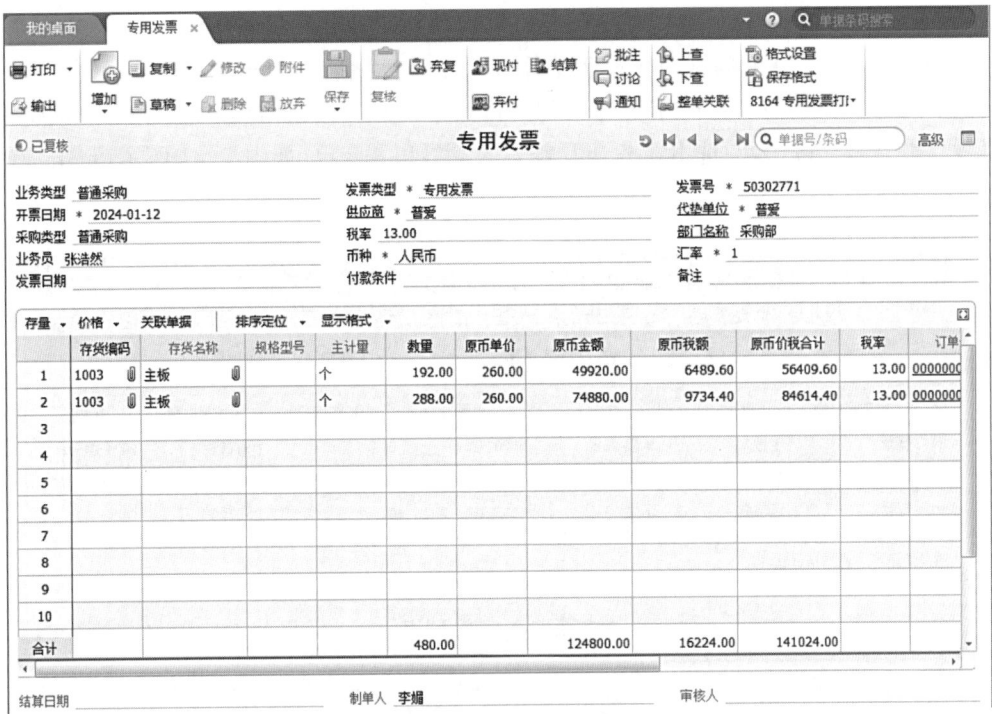

图 7-59 采购专用发票

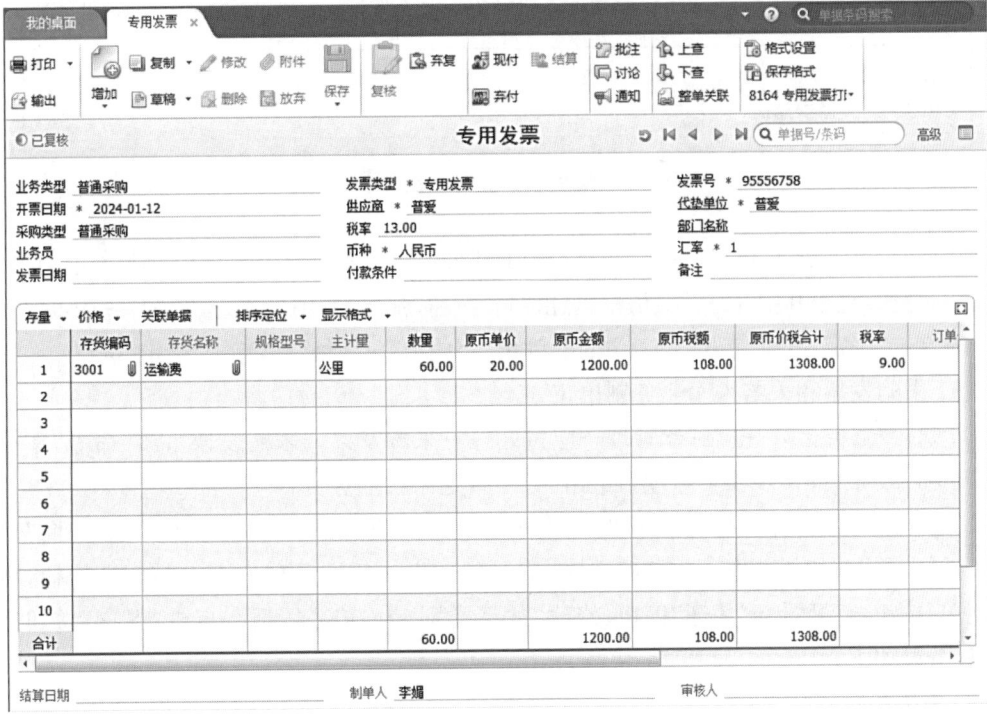

图 7-60 采购专用发票

(8) 采购结算。

① 执行"供应链→采购管理→采购结算→手工结算"命令,打开"手工结算"窗口,点击工具栏上的"选单"按钮,打开"结算选单"窗口,点击"查询"按钮,打开"查询条件-采购手工结算",点击"确定"按钮,勾选本业务涉及普爱的发票和入库单,如图 7-61 所示,点击"确定"按钮。

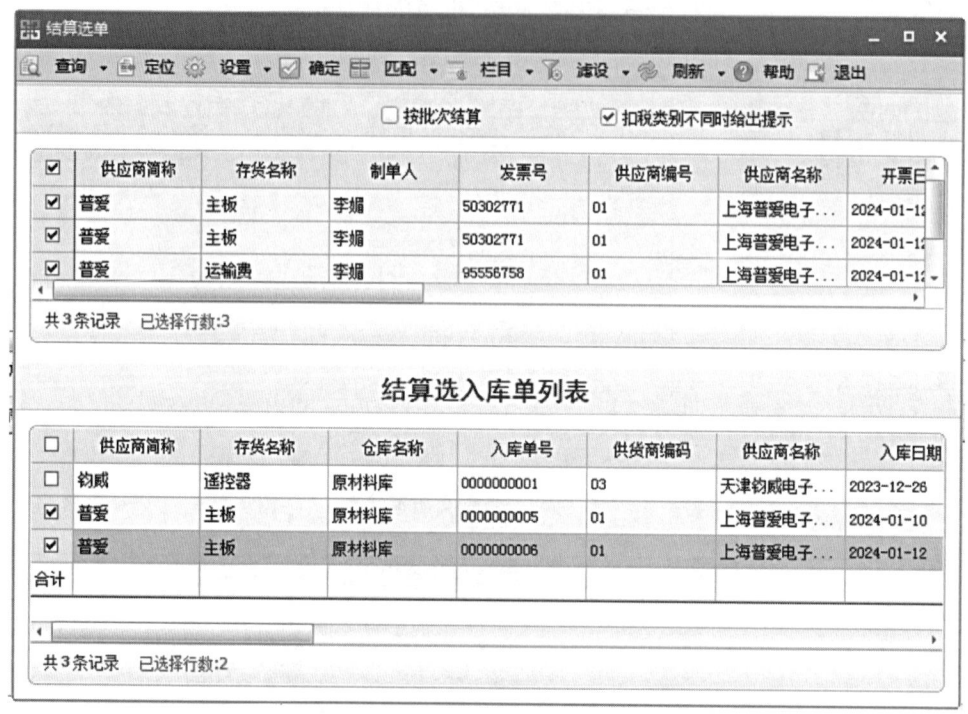

图 7-61　结算选单

② 返回"手工结算"窗口,选择"选择费用分摊方式"为"按数量",点击"分摊"按钮,打开"选择按数量分摊,是否开始计算?"对话框,点击"是"按钮,弹出"费用分摊(按数量)完毕,请检查"对话框,点击"确定"按钮,点击"结算"按钮,弹出"完成结算!"对话框,点击"确定"按钮。

(9) 采购发票和采购入库业务制单。

① 执行"财务会计→应付款管理→应付处理→采购发票→采购发票审核"命令,审核两张采购专用发票(操作步骤参考项目七/任务一普通采购业务)。

② 执行"财务会计→应付款管理→凭证处理→生成凭证"命令,打开"制单查询"对话框,勾选"发票"前的复选框,点击"确定"按钮,打开"生成凭证"窗口,点击"合并"按钮,再点击"制单"按钮,打开"填制凭证"窗口,修改"凭证类别"为"转账凭证",点击"保存"按钮。相应会计分录如下:

借:在途物资　　　　　　　　　　　　　　　　　　　　　126 000.00
　　应交税费——应交增值税——进项税额　　　　　　　　 16 332.00
　贷:应付账款——一般应付款　　　　　　　　　　　　　142 332.00

③ 执行"供应链→存货核算→记账→正常单据记账"命令,完成两张采购入库单的记账(操作步骤参考项目七/任务一普通采购业务)。

④ 执行"供应链→存货核算→凭证处理→生成凭证"命令,生成采购入库单凭证(操作步骤参考项目七/任务一普通采购业务)。相应会计分录如下:

借:原材料　　　　　　　　　　　　　　　　　　　　　126 000.00
　　贷:在途物资　　　　　　　　　　　　　　　　　　　126 000.00

任务五　暂估单到回冲业务

【实验资料】

(1) 1月12日,收到天津钧威电子有限公司上月已验收入库的100个遥控器的增值税专用发票,如图7-62所示,填写采购专用发票,进行采购结算。

图 7-62　增值税专用发票

(2) 进行结算成本处理。
(3) 财务部对采购发票、红字回冲单和蓝字回冲单业务制单。

【操作步骤】

(1) 填写采购专用发票并结算。

1月12日登录企业应用平台,执行"供应链→采购管理→采购发票→专用采购发票"命令,参照期初采购入库单生成专用发票(操作步骤参考项目七/任务一普通采购业务),输入发票号,保存并复核,点击"结算"按钮,结果如图7-63所示。

图 7-63 采购专用发票

（2）结算成本处理。

执行"供应链→存货核算→记账→结算成本处理"命令，打开"结算成本处理"对话框，勾选"原材料库"，点击"确定"按钮，打开"结算成本处理"窗口，勾选遥控器的结算记录，如图 7-64 所示，点击"结算处理"按钮，弹出"结算成本处理完成"对话框，点击"确定"按钮。

图 7-64 结算成本处理

（3）采购发票、红字回冲单和蓝字回冲单业务制单。

① 执行"财务会计→应付款管理→应付处理→采购发票→采购发票审核"命令，审核采购专用发票（操作步骤参考项目七/任务一普通采购业务）。

② 执行"财务会计→应付款管理→凭证处理→生成凭证"命令，打开"制单查询"对话框，勾选"发票"前的复选框，点击"确定"按钮。生成采购专用发票凭证（操作步骤参考项目七/任务一）。相应会计分录如下：

借：在途物资　　　　　　　　　　　　　　　　　　　　　4 055.00
　　应交税费——应交增值税——进项税额　　　　　　　　　527.15
　　贷：应付账款——一般应付款　　　　　　　　　　　　　4 582.15

③ 执行"供应链→存货核算→凭证处理→生成凭证"命令，依次生成红字回冲单和蓝字回冲单凭证（操作步骤参考项目七/任务一普通采购业务）。相应会计分录如下：

借：原材料		−4 055.00
贷：应付账款——暂估应付款		−4 055.00
借：原材料		4 055.00
贷：在途物资		4 055.00

> 温馨提示
>
> (1) 存货暂估是指外购入库的货物发票未到,在无法确定实际的采购成本时,财务人员期末暂时按估计价格入账,后续按照选择的暂估处理方式进行回冲或者补差处理。
> (2) 系统提供月初回冲、单到回冲和单到补差三种暂估结算处理方式,依据用户在系统选项"暂估方式"中的选项进行处理。
> (3) 月初回冲是指月初时系统自动生成红字回冲单,报销处理时,系统自动根据报销金额生成采购报销入库单。
> (4) 单到回冲是指报销处理时,系统自动生成红字回冲单,并生成采购报销入库单。
> (5) 单到补差是指报销处理时,系统自动生成一笔调整单,调整金额为实际金额与暂估金额的差额。来处理暂估业务。
> (6) 单到回冲方式的报销单据处理,如表7-1所示。
>
> 表7-1　单到回冲方式的报销单据处理
>
> | 业务类型 | 业务描述 | 处理 |
> |---|---|---|
> | 本月暂估入库 | 采购业务先到货,发票未到 | 暂估入库单记账,生成凭证
借：存货
　　贷：应付账款——暂估应付款 |
> | 下月收到发票 | 发票到,与采购入库单完成结算 | 进行暂估处理,生成红字回冲单制单
借：存货　（红字）
　　贷：应付账款——暂估应付款　（红字）
生成蓝字回冲(报销)单制单
借：存货
　　贷：应付账款 |

任务六　采购退货业务

【实验资料】

(1) 1月12日,采购部接到通知,公司收到北京赛园工贸有限公司发来的300个遥控器,仓管人员验收后入原材料库,如图7-65所示,填写到货单和采购入库单。

(2) 1月12日,仓库发现有10个遥控器存在质量问题,经协商当日办理了退货手续,如图7-66所示,填写采购退货单并生成红字采购入库单。

材料入库单

教学专用

发票号码：

供应单位：北京赛园工贸有限公司　　　　　　　　收料单编号：20240006

材料类别：原材料　　2024 年 01 月 12 日　　　　收料仓库：原材料库

编号	名称	规格	单位	数量		实际成本				
				应收	实收	买价		运杂费	合计	单位成本
						单价	金额			
1004	遥控器		个	300	300	40.00	12,000.00		12,000.00	40.0000
合计				300	300		¥12,000.00		¥12,000.00	¥40.0000
备注										

采购员：周大伟　　检验员：赵雄　　记账员：陈帅　　保管员：陈帅

图 7-65　材料入库单

材料入库单

教学专用

发票号码：

供应单位：北京赛园工贸有限公司　　　　　　　　收料单编号：20240007

材料类别：原材料　　2024 年 01 月 12 日　　　　收料仓库：原材料库

编号	名称	规格	单位	数量		实际成本				
				应收	实收	买价		运杂费	合计	单位成本
						单价	金额			
1004	遥控器		个	-10	-10	40.00	-400.00		-400.00	40.0000
合计				-10	-10		-¥400.00		-¥400.00	¥40.0000
备注				存在质量问题，办理退货手续。						

采购员：周大伟　　检验员：赵雄　　记账员：陈帅　　保管员：陈帅

图 7-66　红字材料入库单

(3) 1 月 12 日，收到北京赛园开出的增值税专用发票，如图 7-67 所示，填写采购专用发票，进行采购结算。

(4) 财务部对采购发票和采购入库业务制单。

(5) 1 月 14 日，仓库又发现有 20 个遥控器存在质量问题，经协商当日将全部货物办理了退货手续，如图 7-68 所示，填写采购退货单并生成红字采购入库单。

图 7-67 增值税专用发票

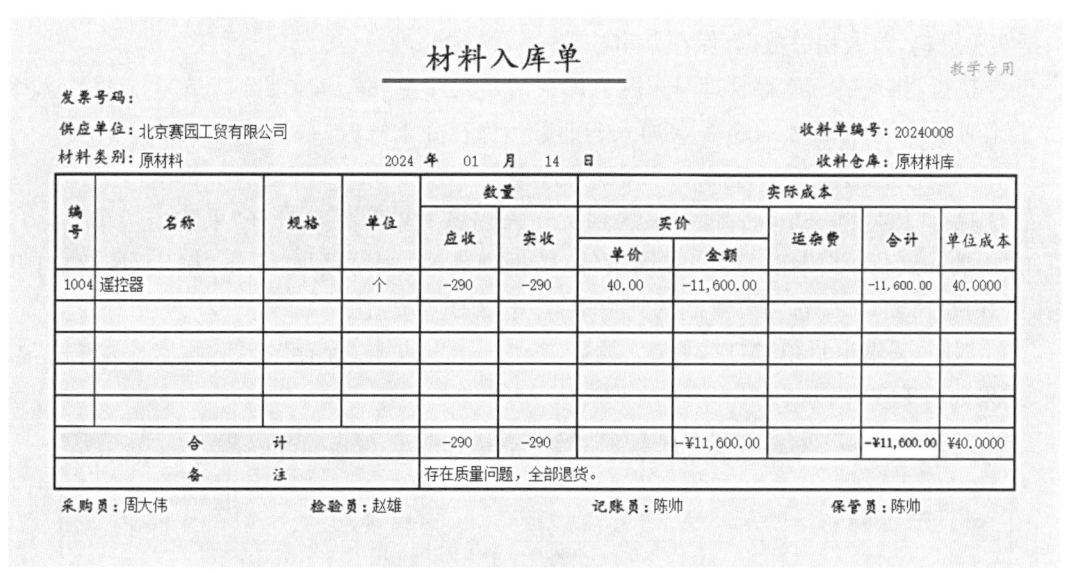

图 7-68 红字材料入库单

(6) 1月14日,收到北京赛园开出的红字增值税专用发票,如图 7-69 所示,填写红字采购专用发票,进行采购结算。

图 7-69 红字增值税专用发票

（7）财务部对红字采购发票和红字采购入库业务制单。

【操作步骤】

（1）填写到货单和采购入库单。

① 1 月 12 日登录企业应用平台，执行"供应链→采购管理→采购到货→到货单"命令，根据实验资料，录入相关数据，保存并审核。

② 执行"供应链→库存管理→采购入库→采购入库单"命令，参照到货单生成采购入库单（操作步骤参考项目七/任务一普通采购业务），保存并审核。

（2）填写采购退货单并生成红字采购入库单。

① 执行"供应链→采购管理→采购到货→采购退货单"命令，打开"采购退货单"窗口，点击"增加→到货单"按钮，打开"查询条件-单据列表过滤"对话框，点击"确定"按钮，打开"拷贝并执行"窗口，勾选需要复制的到货单，点击"确定"按钮。

② 返回"采购退货单"窗口，修改"数量"为"－10"，点击"保存"按钮，再点击"审核"按钮，结果如图 7-70 所示。

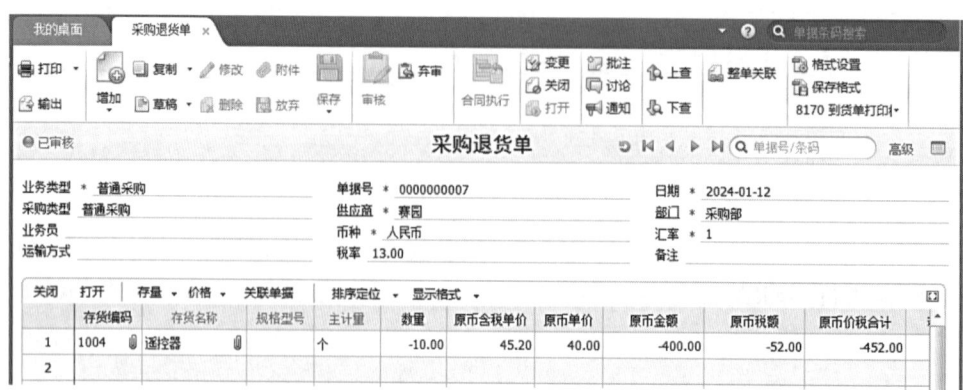

图 7-70 采购退货单

③ 执行"供应链→库存管理→采购入库→采购入库单"命令，打开"采购入库单"窗口，点击"增加→采购→采购到货单(红字)"按钮，打开"查询条件-采购到货单列表"对话框，点击"确定"按钮，打开"到货单生单列表"窗口，勾选需要复制的到货单，点击"确定"按钮。

④ 返回"采购入库单"窗口，选择"仓库"为"原材料库"，点击"保存"按钮，再点击"审核"按钮，结果如图7-71所示。弹出"该单据审核成功！"对话框，点击"确定"按钮。

图 7-71　红字采购入库单

（3）填写采购专用发票并结算。

① 执行"供应链→采购管理→采购发票→专用采购发票"命令，打开"专用发票"窗口，点击"增加→入库单"按钮，打开"查询条件-单据列表过滤"对话框，点击"确定"按钮，打开"拷贝并执行"窗口，勾选 0000000007 号入库单，点击"确定"按钮。

② 返回"专用发票"窗口，输入"发票号"为"25024793"，修改"数量"为"290"，点击"保存"按钮，再点击"复核"按钮。

③ 执行"供应链→采购管理→采购结算→手工结算"命令，打开"手工结算"窗口，点击工具栏上的"选单"按钮，打开"结算选单"窗口，点击"查询"按钮，打开"查询条件-采购手工结算"，点击"确定"按钮，勾选赛园的发票和入库单，如图7-72所示，点击"确定"按钮，返回"手工结算"窗口，点击"结算"按钮，弹出"完成结算！"对话框，点击"确定"按钮。

（4）采购发票和采购入库业务制单。

① 执行"财务会计→应付款管理→应付处理→采购发票→采购发票审核"命令，审核采购专用发票(操作步骤参考项目七/任务一普通采购业务)。

② 执行"财务会计→应付款管理→凭证处理→生成凭证"命令，生成采购专用发票凭证(操作步骤参考项目七/任务一普通采购业务)。相应会计分录如下：

借：在途物资　　　　　　　　　　　　　　　　　　　　　　　　　11 600.00
　　应交税费——应交增值税——进项税额　　　　　　　　　　　　 1 508.00
　　贷：应付账款——一般应付款　　　　　　　　　　　　　　　　　13 108.00

③ 执行"供应链→存货核算→记账→正常单据记账"命令，完成两张采购入库单记账(操作步骤参考项目七/任务一普通采购业务)。

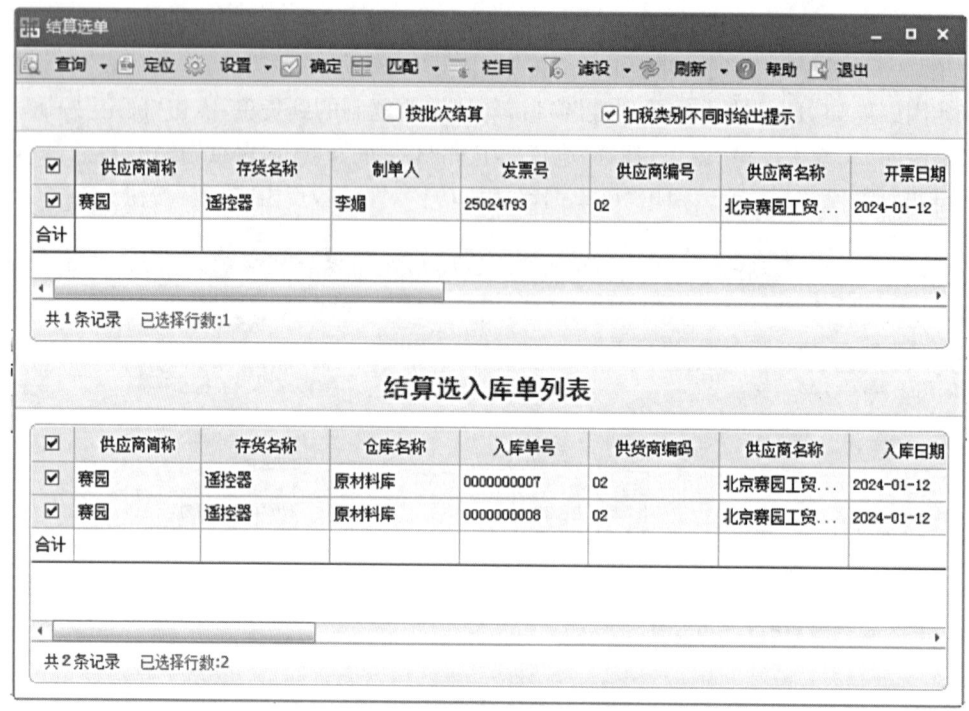

图 7-72 结算选单

④ 执行"供应链→存货核算→凭证处理→生成凭证"命令,生成一张采购入库单凭证(操作步骤参考项目七/任务一普通采购业务)。相应会计分录如下:

借:原材料　　　　　　　　　　　　　　　　　　　　　　　　　　　　　11 600.00
　　贷:在途物资　　　　　　　　　　　　　　　　　　　　　　　　　　　11 600.00

(5) 1 月 14 日登录企业应用平台,填写采购退货单并生成红字采购入库单。

参照步骤(2)完成剩余货物的采购退货单和红字采购入库单填制,如图 7-73 和图 7-74 所示。

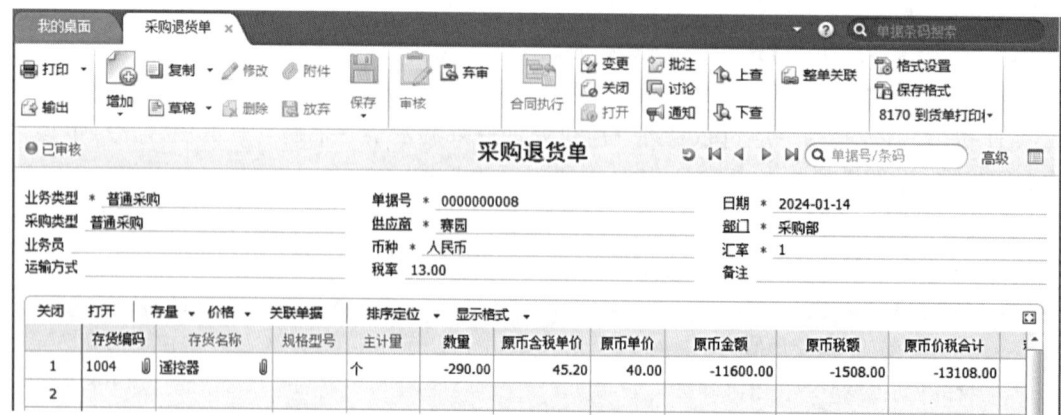

图 7-73 采购退货单

图 7-74 红字采购入库单

(6) 填写红字采购专用发票并结算。

① 执行"供应链→采购管理→采购发票→红字专用采购发票"命令,打开"专用发票"窗口,点击"增加→入库单"按钮,打开"查询条件-单据列表过滤"对话框,点击"确定"按钮,打开"拷贝并执行"窗口,勾选需要复制的入库单,点击"确定"按钮。

② 返回"专用发票"窗口,输入"发票号"为"65095040",点击"保存"按钮,再点击"复核"按钮,结果如图 7-75 所示。

图 7-75 红字采购专用发票

③ 执行"供应链→采购管理→采购结算→手工结算"命令,参照步骤(3)完成采购结算。

(7) 红字采购发票和红字采购入库业务制单。

参照步骤(4)生成采购专用发票和采购入库单的凭证。相应会计分录如下:

借:在途物资　　　　　　　　　　　　　　　　　　　　　－11 600.00
　　应交税费——应交增值税——进项税额　　　　　　　－1 508.00
　　　贷:应付账款——一般应付款　　　　　　　　　　　－13 108.00
借:原材料　　　　　　　　　　　　　　　　　　　　　　－11 600.00
　　　贷:在途物资　　　　　　　　　　　　　　　　　　－11 600.00

任务七　暂估入库业务

【实验资料】

(1) 1 月 15 日，公司收到上海普爱电子有限公司的发来的货物，仓管人员验收后入原材料库，如图 7-76 所示，填写采购入库单。

材料入库单

教学专用

发票号码：

供应单位：上海普爱电子有限公司　　收料单编号：20240009

材料类别：原材料　　2024 年 01 月 15 日　　收料仓库：原材料库

编号	名称	规格	单位	数量		实际成本				
				应收	实收	买价		运杂费	合计	单位成本
						单价	金额			
100	屏幕65	65英寸	块	100	100					
合计				100	100					
备注										

采购员：张浩然　　检验员：赵雄　　记账员：陈帅　　保管员：陈帅

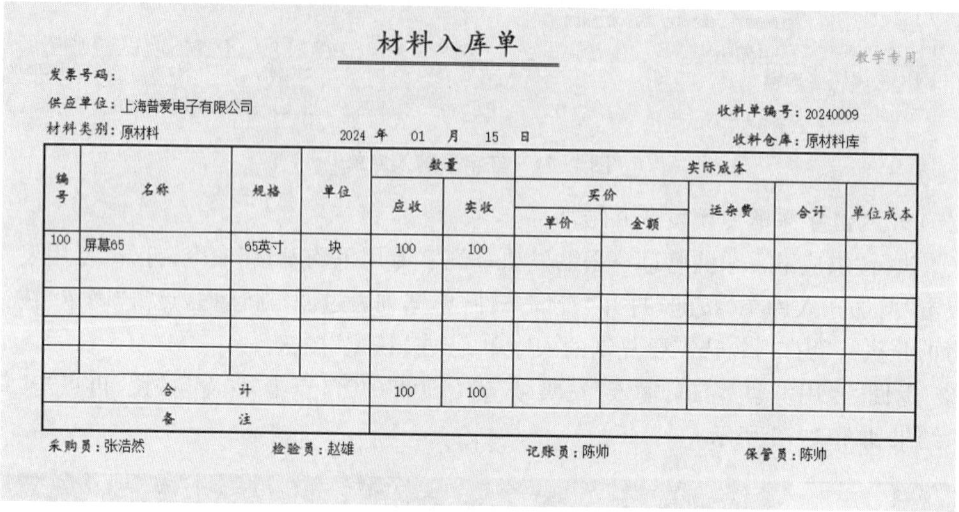

图 7-76　材料入库单

(2) 1 月 15 日，经过与上海普爱确认，发票下月才能收到，财务部暂估该批货物的单价为 700 元，进行暂估记账处理并制单。

【操作步骤】

(1) 填写采购入库单。

1 月 15 日登录企业应用平台，执行"供应链→库存管理→采购入库→采购入库单"命令，根据实验资料，录入相关数据，如图 7-77 所示，保存并审核。

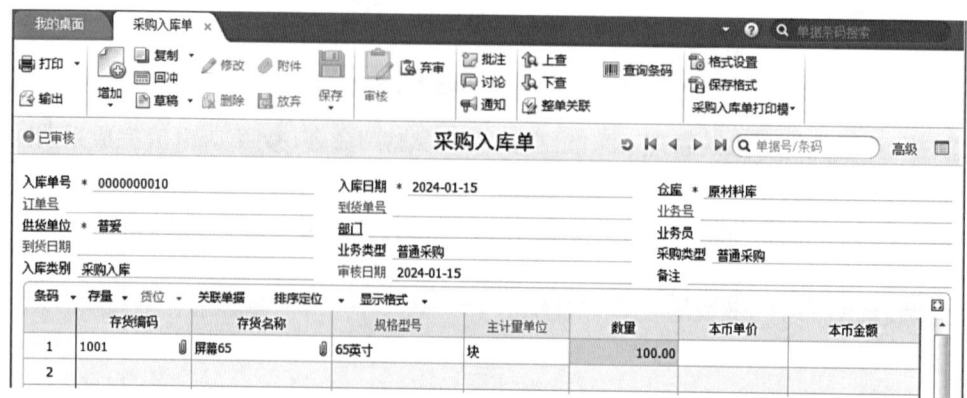

图 7-77　采购入库单

(2) 暂估记账处理并制单。

① 执行"供应链→存货核算→记账→暂估成本录入"命令,打开"暂估成本录入"窗口,点击"查询"按钮,输入"单价"为"700",如图 7-78 所示,点击"保存"按钮,弹出"保存成功!"对话框,点击"确定"按钮。

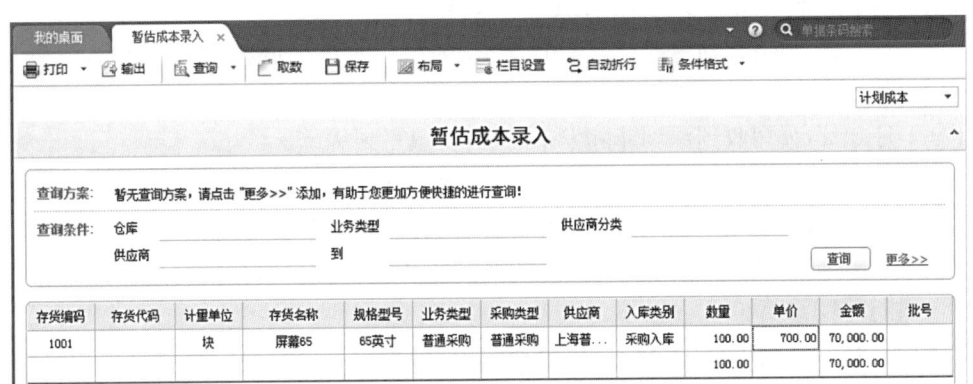

图 7-78　暂估成本录入

② 执行"供应链→存货核算→记账→正常单据记账"命令,完成采购入库单记账(操作步骤参考项目七/任务一普通采购业务)。

③ 执行"供应链→存货核算→凭证处理→生成凭证"命令,生成采购入库单凭证(操作步骤参考项目七/任务一普通采购业务)。相应会计分录如下:

借:原材料　　　　　　　　　　　　　　　　　　　　　　　　　　　70 000.00
　　贷:应付账款——暂估应付款　　　　　　　　　　　　　　　　　70 000.00

【项目实验】

1. 普通采购业务

以账套主管[701]孙辉的身份,按业务日期登录企业应用平台。

(1) 1 月 1 日,采购部李国芳向上级主管部门提出请购广州蓝致纺织有限公司的棉布,请购数量为 5 000 米,不含税单价 90 元,要求 1 月 5 日到货,填写请购单。

(2) 1 月 2 日,经上级部门审核同意后与广州蓝致签订了购销合同,要求 1 月 4 日到货,填写采购订单。

(3) 1 月 4 日,公司收到广州蓝致发来的货物,填写到货单。

(4) 1 月 4 日,仓管人员对货物进行验收,全部合格入原材料库,填写采购入库单。

(5) 1 月 4 日,收到广州蓝致开出的增值税专用发票金额 4 500 000 元,增值税额 58 500 元,填写采购专用发票。

(6) 进行采购结算。

(7) 财务部对采购发票和采购入库业务制单。

(8) 1 月 4 日,财务部通过银行转账的方式,支付了采购货款 508 500 元,回单号 9511,填写付款单。

(9) 财务部对付款业务制单。

(10) 核销并制单。

2. 预付货款并现结采购业务

(1) 1月4日,采购部李国芳与深圳菲际贸易有限公司签订购销合同,订购涤纶布6 000米,不含税单价50元,要求1月5日到货,合同约定合同签订后以银行转账方式预付货款30%,货物验收合格后支付尾款,填写采购订单。

(2) 1月4日,财务部通过银行转账的方式,支付了90 000元采购货款,回单号9512,填写付款单。

(3) 1月5日,公司收到深圳菲际发来的货物,填写到货单。

(4) 1月5日,仓管人员对货物进行验收,全部合格入原材料库,填写采购入库单。

(5) 1月5日,收到深圳菲际开出的增值税专用发票金额300 000元,增值税额39 000元,并立即支付尾款,回单号9513,填写采购专用发票并现付。

(6) 进行采购结算。

(7) 财务部对采购现付、采购入库业务制单。

(8) 预付冲应付并制单。

3. 发生合理损耗且享受现金折扣采购业务

(1) 1月5日,采购部郑赫与上海欣立贸易有限公司签订购销合同,订购拉链2 500条,不含税单价10元,要求1月5日到货,合同约定2024年2月5日前以银行存款支付货款"2/10,1/20,n/30",填写采购订单。

(2) 1月5日,公司收到上海欣立发来的货物,填写到货单。

(3) 1月5日,仓管人员对货物进行验收,发现4条拉链损坏,属于合理损耗。其他验收合格入原材料库,填写入库单。

(4) 1月5日,收到上海欣立开来的增值税专用发票金额25 000元,增值税额3 250元,填写采购专用发票。

(5) 进行采购结算。

(6) 财务部对采购发票和采购入库业务制单。

(7) 1月9日,为享受现金折扣,财务部通过银行转账的方式,支付了采购货款27 750元,回单号9514,填写付款单。

(8) 财务部对付款业务制单。

(9) 核销并制单。

4. 分期到货且承担运费采购业务

(1) 1月10日,采购部郑赫与莆田锐平纺织有限公司签订购销合同,订购棉布1 000米,不含税单价90元,要求月底前到货,合同约定分两批发货,合同签订当天发货物的50%,剩余货物月底前发出,填写采购订单。

(2) 1月10日,公司收到莆田锐平发来的第一批棉布500米,填写到货单。

(3) 1月10日,仓管人员对货物进行验收,全部合格入原材料库,填写采购入库单。

(4) 1月12日,公司收到莆田锐平发来的第二批棉布500米,填写到货单。

(5) 1月12日,仓管人员对货物进行验收,全部合格入原材料库,填写采购入库单。

(6) 1月12日,收到莆田锐平开出的增值税专用发票金额90 000元,增值税额11 700元,填写采购专用发票。

(7) 1月12日,收到莆田锐平开出的运费增值税专用发票,运输距离60千米,不含税单价6元/千米,增值税额54元,填写采购专用发票。

(8) 进行采购结算。

(9) 财务部对采购发票和采购入库业务制单。

5. 暂估单到回冲业务

(1) 1月12日,收到上海欣立贸易有限公司上月已验收入库的1 700米涤纶布的增值税专用发票金额85 000元,增值税额11 050元,填写采购专用发票,进行采购结算。

(2) 进行结算成本处理。

(3) 财务部对采购发票、红字回冲单和蓝字回冲单业务制单。

6. 采购退货业务

(1) 1月13日,采购部接到通知,公司收到深圳菲际贸易有限公司发来的10 000粒纽扣,不含税单价5元仓管人员验收后入原材料库,填写到货单和采购入库单。

(2) 1月13日,仓库发现有100粒纽扣存在色差,经协商当日办理了退货手续,填写采购退货单并生成红字采购入库单。

(3) 1月13日,收到深圳菲际开出的增值税专用发票金额49 500元,增值税额6 435元,填写采购专用发票,进行采购结算。

(4) 财务部对采购发票和采购入库业务制单。

(5) 1月14日,仓库又发现有200粒纽扣存在质量问题,经协商当日将全部货物办理了退货手续,填写采购退货单并生成红字采购入库单。

(6) 1月14日,收到深圳菲际开出的红字增值税专用发票金额-49 500元,增值税额-6 435元,填写红字采购专用发票,进行采购结算。

(7) 财务部对红字采购发票和红字采购入库业务制单。

7. 暂估入库业务

(1) 1月15日,公司收到广州蓝致纺织有限公司的发来的5 000粒纽扣,仓管人员对货物进行验收,全部合格入原材料库,填写采购入库单。

(2) 1月15日,经过与广州蓝致确认,发票下月才能收到,财务部暂估该批货物的单价为5元,进行暂估记账处理并制单。

 **思政小课堂**

企业要完善采购的授权审批制度,明确审批人对采购业务的授权批准方式、权限、程序、责任和相关控制措施,规定经办人办理采购业务的职责范围和工作要求,对于重要和技术性很强的采购业务,应当实行集体决策和审批,必要时组织专家论证,防止出现决策失误而造成严重损失。

对于采购与付款业务必须进行岗位分工,建立岗位责任制,明确相关部门和岗位的职责权限,确保不相容岗位相互分离、制约和监督。采购与付款业务不相容岗位至少包括请购与审批、询价与确定供应商、采购合同的订立与审计、采购与验收、采购验收与相关会计记录、付款审批与付款执行等。

项目八

销售与应收业务

 项目概述

销售业务是企业生产经营成果的实现过程,是企业经营活动的中心。销售管理系统是用友新道U8+软件供应链系统的重要组成部分,提供了报价、订货、发货和开票的完整销售流程,支持普通销售、委托代销、分期收款、直运、零售和销售调拨等多种类型的销售业务,并可对销售价格和信用进行实时监控。用户可根据实际情况对系统进行定制,构建自己的销售业务管理平台。

应收款管理系统能够以销售发票以及其他应收单等原始单据为依据,记录销售业务和其他业务所形成的应收款项,处理应收款项的收回与坏账转账等业务,同时提供票据处理功能,实现对承兑汇票的管理。应收款管理与销售管理系统完全集成,并有效进行收款预测,保证会计信息的有效流动。该系统主要管理销售发票、应收单和销售收款,同时提供客户信用管理、现金折扣管理、坏账管理、抵销应付款及催收管理等功能。

销售业务基础流程,如图8-1所示。

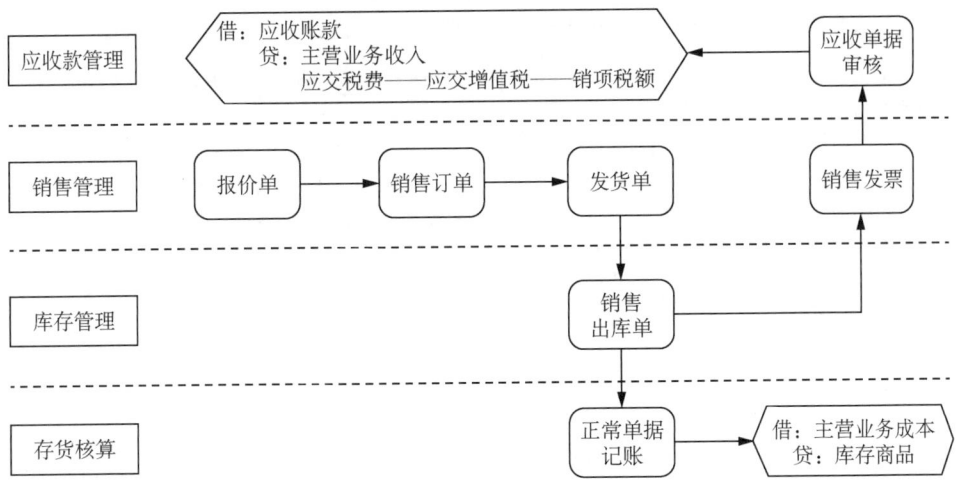

图8-1 销售业务基础流程

任务一　先发货后开票的普通销售业务

【实验资料】

以账套主管[001]李媚的身份,按业务日期登录企业应用平台。

(1) 1月14日,上海新途电器有限公司向销售部了解电视机的价格,准备购买美轮电视机100台,销售部何华向上海新途报价为2 200元/台,填写报价单。

(2) 1月15日,销售部与上海新途签订了购销合同,如图8-2所示,填写销售订单。

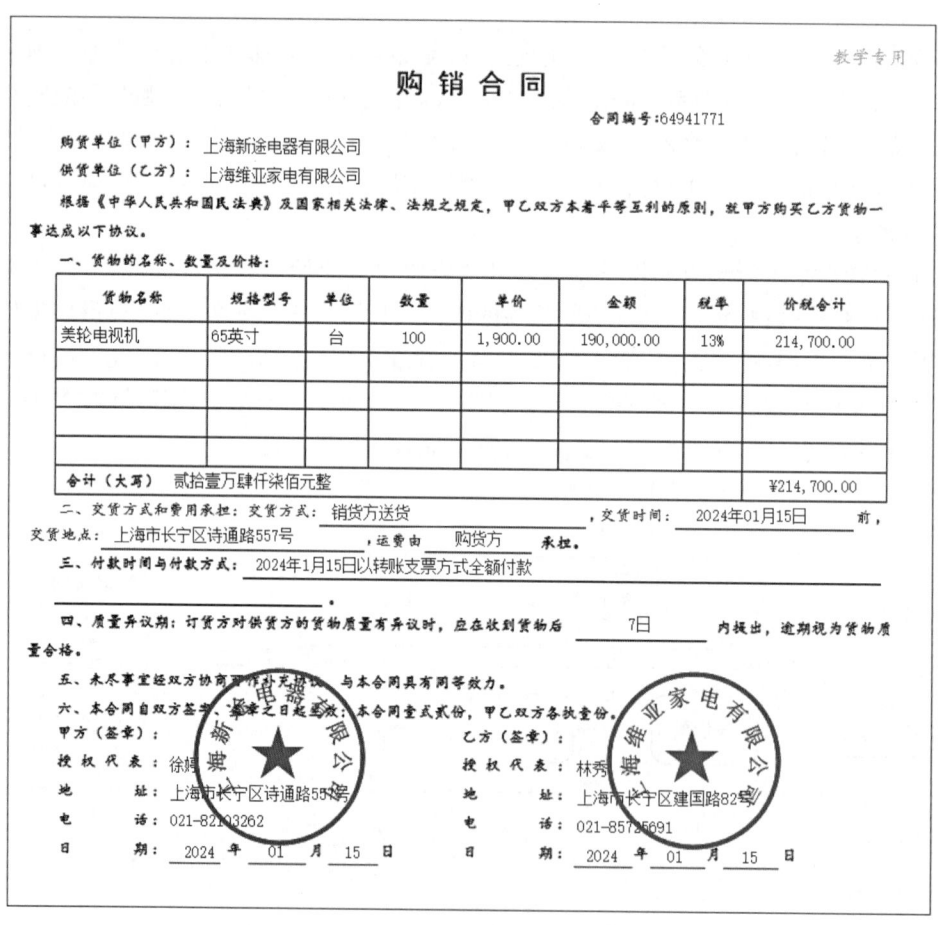

图 8-2　购销合同

(3) 1月15日,仓库发出全部货物,如图8-3所示,填写发货单并生成销售出库单。

(4) 1月15日,向上海新途开具增值税专用发票,如图8-4所示,填写销售专用发票。

(5) 财务部对销售发票和销售出库业务制单。

(6) 1月15日,财务部收到上海新途转账支票一张,如图8-5所示,填写收款单,对收款业务制单并核销。

项目八　销售与应收业务

出　库　单　　No. 52784140

2024 年 01 月 15 日

购货单位：上海新途电器有限公司

编号	品名	规格	单位	数量	单价	金额	备注
2001	美轮电视机	65英寸	台	100	1,000.00	100,000.00	
合			计			¥100,000.00	

仓库主管：赵雄　　记账：黄文　　保管：肖云　　经手人：肖云　　制单：肖云

第二联　记账联

图8-3　出库单

图8-4　增值税专用发票

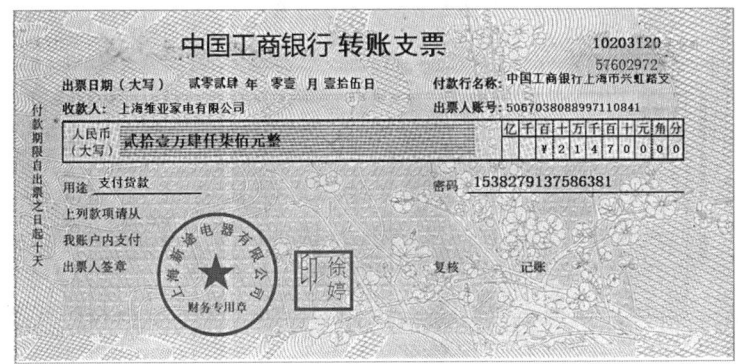

图8-5　转账支票

【操作步骤】

(1) 填写报价单。

① 以账套主管[001]李媚的身份登录企业应用平台,登录时间为2024年1月14日。

② 在新道U8+企业应用平台,点击"业务导航"按钮,在"供应链"下拉菜单中,执行"销售管理→销售报价→销售报价单"命令,打开"销售报价单"窗口,点击工具栏上的"增加"按钮,输入"客户简称"为"新途","销售部门"为"销售部","业务员"为"何华","存货编码"为"2001","数量"为"100","报价"为"2 200",点击"保存"按钮,再点击"审核"按钮,结果如图8-6所示。

图8-6 销售报价单

(2) 填写销售订单。

① 1月15日登录企业应用平台,执行"供应链→销售管理→销售订货→销售订单"命令,打开"销售订单"窗口,点击工具栏上的"增加→报价单"按钮,打开"查询条件-订单参照报价单"对话框,点击"确定"按钮,打开"参照生单"窗口,勾选需要复制的报价单,如图8-7所示,点击"确定"按钮。

② 返回"销售订单"窗口,修改"无税单价"为"1 900",点击"保存"按钮,再点击"审核"按钮,结果如图8-8所示。

项目八　销售与应收业务

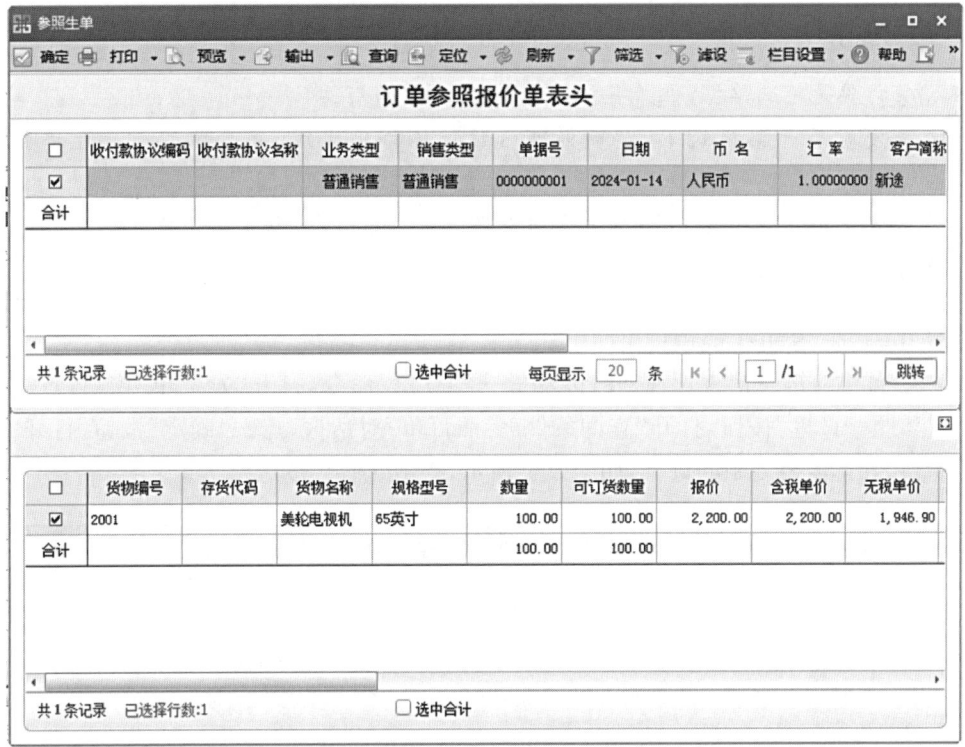

图 8-7　参照生单

图 8-8　销售订单

> **温馨提示**
> (1) 销售订单是可选单据,但必有订单时,销售订单必有。
> (2) 在先发货后开票模式下,发货单可参照销售订单生成,并参照发货单生成销售发票。
> (3) 在开票直接发货模式下,销售发票可参照销售订单生成,并生成销售发货单。
> (4) 对于已执行完成的订单或不能执行完成的订单,可以手工关闭订单。

(3) 填写发货单并生成销售出库单。

① 执行"供应链→销售管理→销售发货→发货单"命令,打开"发货单"窗口,点击工具栏上的"参照→订单"按钮,打开"查询条件-参照订单"对话框,点击"确定"按钮,打开"参照生单"窗口,勾选需要复制的订单,如图8-9所示,点击"确定"按钮。

图8-9 参照生单

② 返回"发货单"窗口,选择"仓库名称"为"产成品库",点击"保存"按钮,再点击"审核"按钮,结果如图8-10所示。

③ 执行"供应链→库存管理→销售出库→销售出库单"命令,打开"销售出库单"窗口,点击"▶"按钮,找到由发货单自动生成的销售出库单,点击"审核"按钮,弹出"该单据审核成功!"对话框,点击"确定"按钮,结果如图8-11所示。

项目八　销售与应收业务

图 8-10　发货单

图 8-11　销售出库单

> **温馨提示**
>
> （1）先发货后开票：发货单由销售部门参照销售订单生成或手工输入；发货单审核后，生成销售发票和销售出库单。
> 　① 销售发货单可以手工增加，也可以参照销售订单生成；必有订单业务模式，销售发货单不可手工新增，只能参照生成。
> 　② 已审核未关闭的销售发货单可参照生成销售发票。
> 　③ 与库存管理系统集成时，若在"销售管理→设置→选项→业务控制"中，勾选了"销售生成出库单"，则销售发货单审核时自动生成销售出库单；否则在库存管理系统根据发货单参照生成销售出库单。
> （2）开票直接发货：发货单由销售发票产生，发货单可以浏览，不能进行修改、删除和弃审等操作，但可以关闭和打开；销售出库单根据自动生成的发货单生成。
> 　① 销售发票复核时，自动生成销售发货单，弃复时删除生成的发货单。
> 　② 与库存管理系统集成时，若在"销售管理→设置→选项→业务控制"中，勾选了"销售生成出库单"，则销售发票复核时，自动生成销售出库单；否则在库存管理系统根据发货单参照生成销售出库单。

（4）填写销售专用发票。

① 执行"供应链→销售管理→销售开票→销售专用发票"命令，打开"销售专用发票"窗口，点击工具栏上的"增加→出库单"按钮，打开"查询条件-发票参照销售出库单"对话框，点击"确定"按钮，打开"参照生单"，勾选需要复制的出库单，如图 8-12 所示。

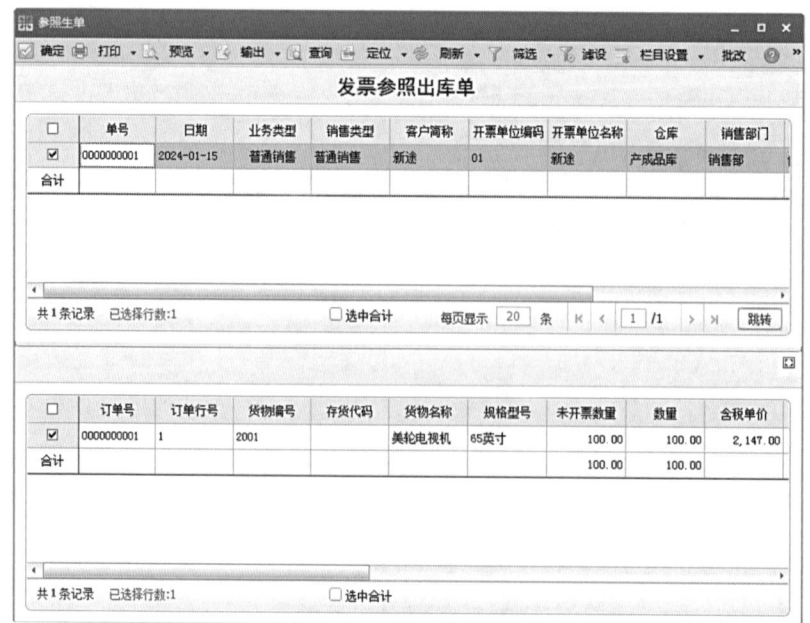

图 8-12　参照生单

② 点击"确定"按钮,返回"销售专用发票"窗口,输入"发票号"为"06200320",点击"保存"按钮,再点击"复核"按钮,结果如图8-13所示。

图8-13 销售专用发票

 温馨提示

(1) 销售发票复核后通知财务部门的应收款管理系统核算应收账款,在应收款管理系统审核登记应收明细账,制单生成凭证。
(2) 先发货后开票模式下,参照销售发货单或出库单生成销售发票;根据委托代销发货单进行委托结算时自动生成委托代销发票。
(3) 开票直接发货模式下,销售发票可以手工增加,也可以参照销售订单、销售发货单或销售出库单生成;必有订单业务模式,销售发票不可手工新增,只能参照生成;直运业务时,直运销售发票可参照直运采购发票生成。
(4) 在存货核算系统,如果选择是按销售发票结转销售成本,则在存货核算系统中是对销售发票进行记账。
(5) 在应收款管理系统中,对销售发票进行审核,增加应收账款。

(5) 销售发票和销售出库业务制单。

① 执行"财务会计→应收款管理→应收处理→销售发票→销售发票审核"命令,打开"销售发票审核"窗口,点击"查询"按钮,勾选需要审核的发票,点击"审核"按钮,弹出"本次审核成功单据[1]张"对话框,如图8-14所示,点击"确定"按钮。

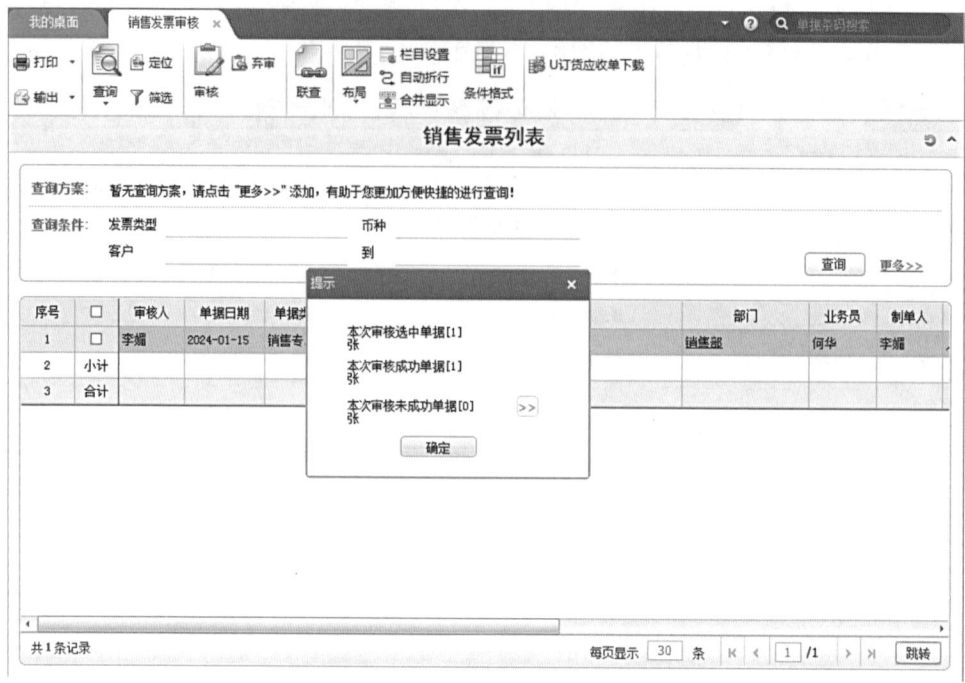

图 8-14 销售发票审核

② 执行"财务会计→应收款管理→凭证处理→生成凭证"命令,打开"制单查询"对话框,勾选"发票"前的复选框,点击"确定"按钮,打开"生成凭证"窗口,点击"全选"按钮,选择"凭证类别"为"转账凭证",点击"制单"按钮,打开"填制凭证"窗口,补充录入"主营业务收入"科目的辅助项目为"美轮电视机",结果如图 8-15 所示,点击"保存"按钮。

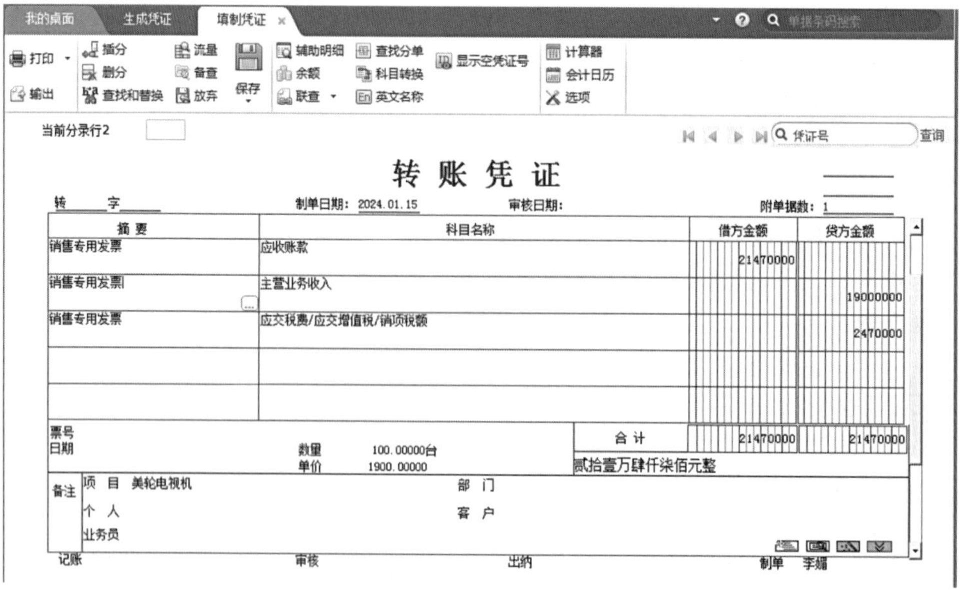

图 8-15 销售专用发票凭证

③ 执行"供应链→存货核算→记账→正常单据记账"命令，打开"未记账单据一览表"窗口，点击"查询"按钮，勾选需要记账的出库单，点击"记账"按钮，弹出"记账成功"对话框，如图 8-16 所示，点击"确定"按钮。

图 8-16　记账成功

④ 执行"供应链→存货核算→凭证处理→生成凭证"命令，打开"生成凭证"窗口，点击"选单"按钮，打开"查询条件-生成凭证查询条件"对话框，点击"确定"按钮，打开"未生成凭证单据一览表"窗口，点击"全选"按钮，再点击"确定"按钮，返回"生成凭证"窗口，选择"凭证类别"为"转账凭证"，点击"合并制单"按钮，打开"填制凭证"窗口，补充录入"主营业务成本"和"库存商品"科目的辅助项目为"美轮电视机"，结果如图 8-17 所示，点击"保存"按钮。

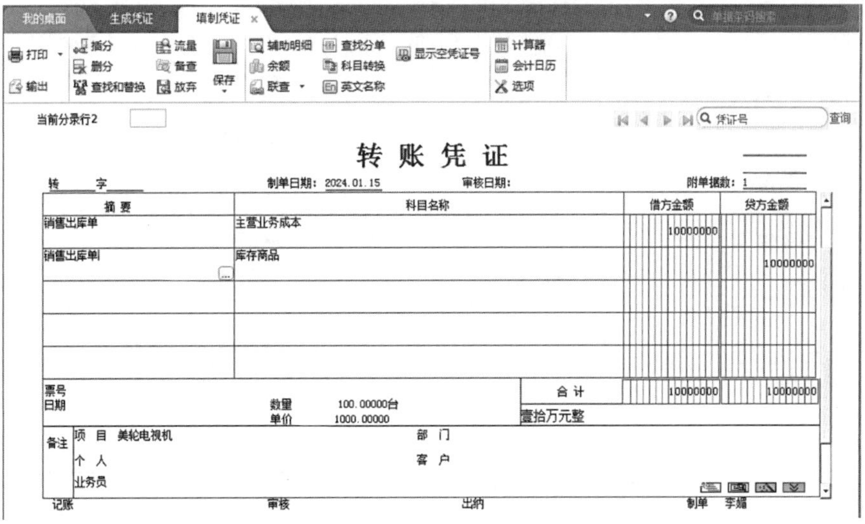

图 8-17　销售出库单凭证

> **温馨提示**
>
> (1) 系统提供两种确认应收单据审核日期的依据,即单据日期和业务日期。
>   ① 如果选择单据日期,则在单据处理功能中进行单据审核时,自动将单据的审核日期(即入账日期)记为该单据的单据日期。
>   ② 如果选择业务日期,则在单据处理功能中进行单据审核时,自动将单据的审核日期(即入账日期)记为当前业务日期(即登录日期)。
> (2) 销售发票的弃审,可以在已审核单据列表中,双击单据记录或点击"联查→单据"按钮,进入单据卡片界面,直接点击"弃审"按钮将当前单据弃审。
> (3) 已经做过后续处理(如核销、转账、坏账和汇兑损益等)的单据不能进行弃审处理。
> (4) 已经生成凭证的单据弃审时,如果弃审人具有删除凭证的权限,则提示用户弃审同时系统会删除已生成的凭证;如果弃审人不具备删除凭证的权限,则提示弃审不成功。
> (5) 销售出库单记账时取出库单上的成本,若单据上无成本则依据计价方式进行计算,核算出库成本。全月平均、计划价/售价法计价的存货在期末处理处进行出库成本核算。
> (6) 记账后,可以通过执行"存货核算→记账→恢复记账"命令,将用户已登记明细账的单据恢复到未记账状态。

(6) 填写收款单,制单并核销。

① 执行"财务会计→应收款管理→收款处理→收款单据录入"命令,打开"收款单据录入"窗口,点击"增加"按钮,输入"日期"为"2024-01-15","客户"为"新途","结算方式"为"转账支票","金额"为"214 700","票据号"为"1020312057602972","摘要"为"支付货款",点击"保存"按钮,结果如图8-18所示,再点击"审核"按钮。

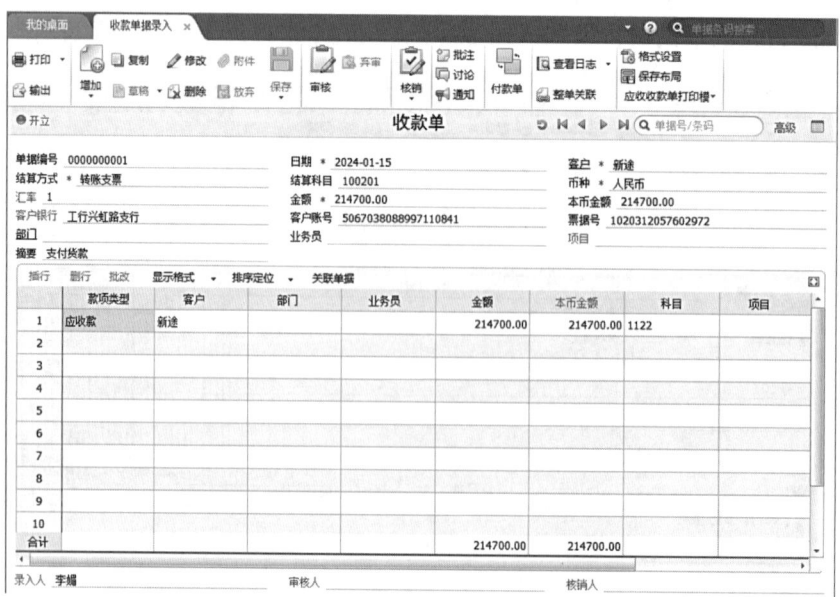

图8-18 收款单

② 弹出"是否立即制单?"对话框,点击"是"按钮,打开"填制凭证"窗口,如图 8-19 所示,点击"保存"按钮,关闭"填制凭证"窗口。

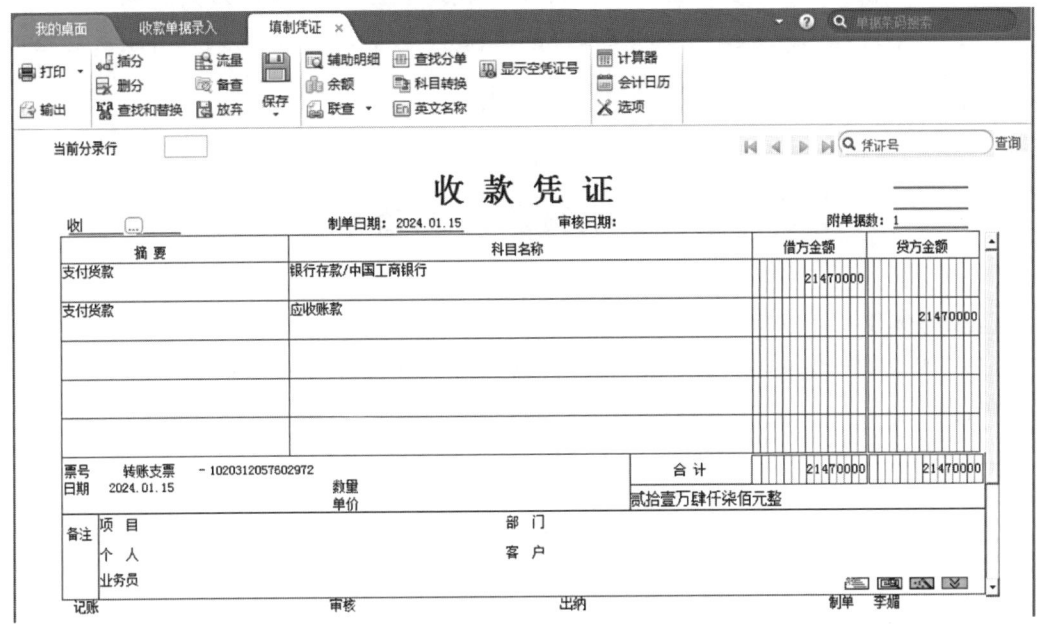

图 8-19　收款单凭证

③ 返回"收款单据录入"窗口,点击工具栏上的"核销"按钮,打开"核销条件"对话框,点击"确定"按钮,打开"手工核销"窗口,在对应的销售专用发票所在行输入"本次结算"为"214 700",如图 8-20 所示,点击"确认"按钮。

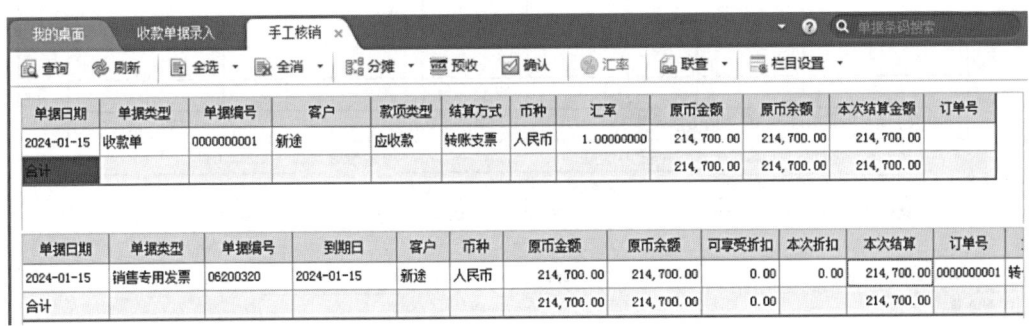

图 8-20　手工核销

 温馨提示

（1）核销处理是指用户日常进行的收款核销应收款的工作。单据核销的作用是解决收回客商款项核销该客商应收款的处理,建立收款与应收款的核销记录,监督应收款及时核销,加强往来款项的管理。

(2) 如果对原始单据进行了核销、选择收款、定金处理、坏账处理、汇兑损益、票据处理、应收冲应收、预收冲应收、应收冲应付和红票对冲等操作后,发现操作失误,可以执行"应收款管理→其他处理→取消操作"命令,将其恢复到操作前的状态,以便修改。

任务二　预收货款并现结销售业务

【实验资料】

(1) 1月16日,销售部陈诚与北京伟易电器有限公司签订购销合同,如图8-21所示,填写销售订单。

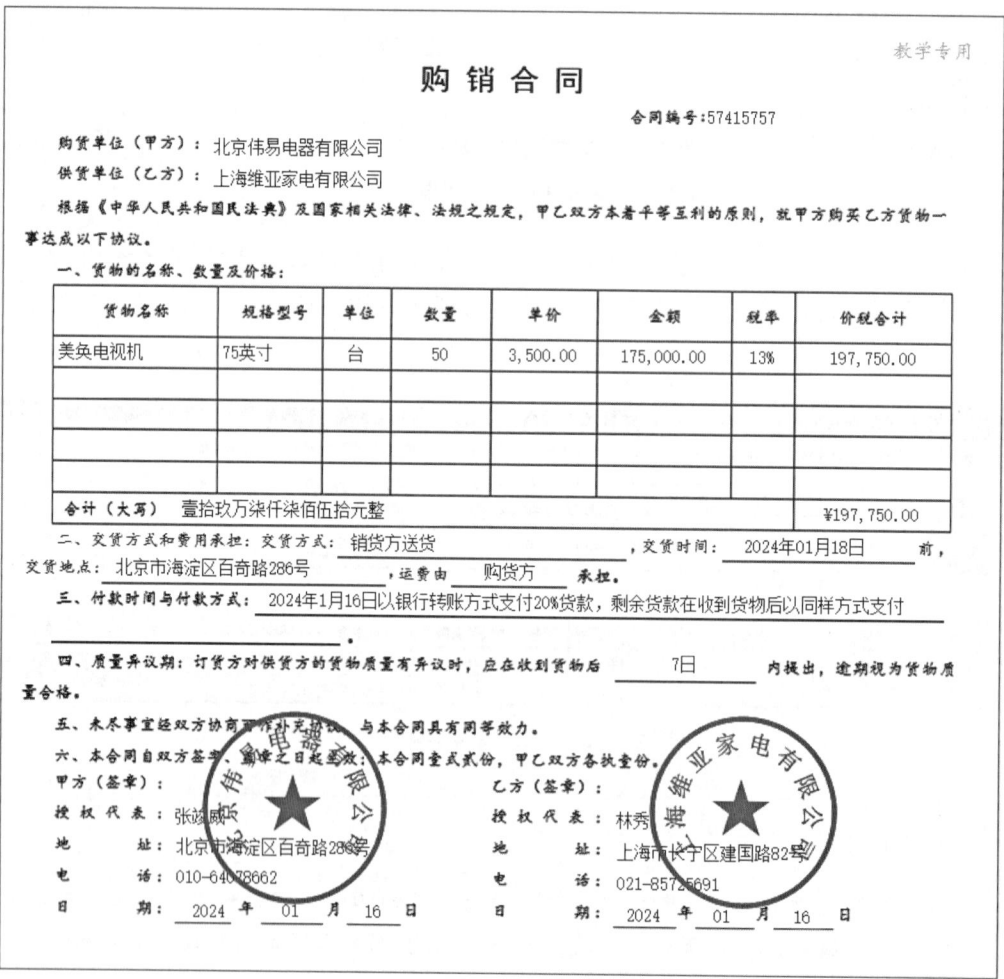

图 8-21　购销合同

(2) 1 月 16 日，财务部收到北京伟易通过银行转账方式支付的部分货款，如图 8-22 所示，填写收款单并制单。

中国工商银行　　凭证

业务回单（收款）

日期：2024 年 01 月 16 日　　回单编号：52694042167

付款人户名：北京伟易电器有限公司　　付款人开户行：中国工商银行北京市晟林路支行

付款人账号(卡号)：9540376918082306090

收款人户名：上海维亚家电有限公司　　收款人开户行：中国工商银行上海建国路支行

收款人账号(卡号)：6222011003158 22123

金额：叁万伍仟元整　　小写：¥35,000.00 元

业务(产品)种类：　　凭证种类：5673816898　　凭证号码：98058349668592563

摘要：货款　　用途：　　币种：人民币

交易机构：8300336549　记账柜员：25423　交易代码：10477　渠道：

6222011003158 22123

中国工商银行上海建国路支行 电子回单专用章

本回单为第 1 次打印，注意重复　打印日期：2024 年 01 月 16 日　打印柜员：5　验证码：478318693149

图 8-22　银行回单(收款)

(3) 1 月 18 日，仓库发出全部货物，如图 8-23 所示，填写发货单并生成销售出库单。

教学专用

出　库　单　　No. 93460911

购货单位：北京伟易电器有限公司　　2024 年 01 月 18 日

编号	品名	规格	单位	数量	单价	金额	备注
2002	美奂电视机	75英寸	台	50	1,850.00	92,500.00	
合				计		¥92,500.00	

第二联 记账联

仓库主管：赵雄　记账：黄文　保管：肖云　经手人：肖云　制单：肖云

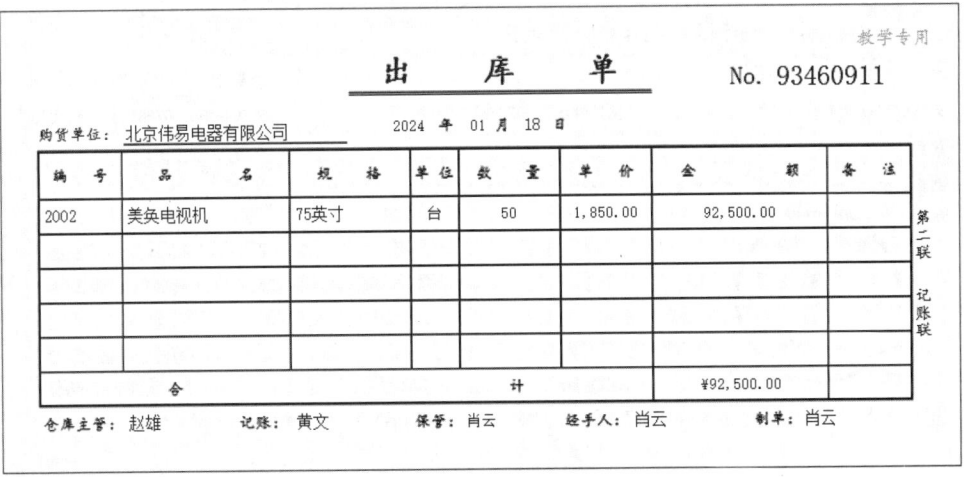

图 8-23　出库单

（4）1月18日，向北京伟易开具增值税专用发票，如图8-24所示，并收到尾款，如图8-25所示，填写销售专用发票并现结。

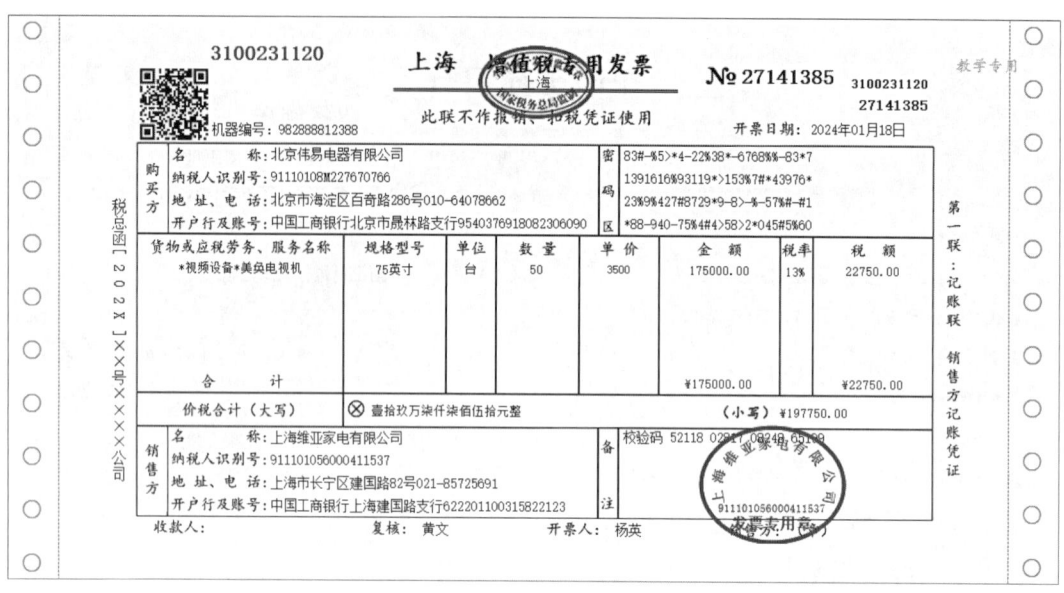

图8-24　增值税专用发票

图8-25　银行回单(收款)

(5) 财务部对销售现结、销售出库业务制单。
(6) 预收冲应收并制单。

【操作步骤】

(1) 填写销售订单。

1月16日登录企业应用平台,执行"供应链→销售管理→销售订货→销售订单"命令,打开"销售订单"窗口,点击工具栏上的"增加"按钮,根据实验资料,录入相关数据,点击"保存"按钮,再点击"审核"按钮。

(2) 填写收款单并制单。

① 执行"财务会计→应收款管理→收款处理→收款单据录入"命令,打开"收款单据录入"窗口,点击"增加"按钮,根据实验资料,录入相关数据,修改"款项类型"为"预收款",点击"保存"按钮,结果如图8-26所示,再点击"审核"按钮。

图8-26 收款单

② 弹出"是否立即制单?"对话框,点击"是"按钮,打开"填制凭证"窗口,如图8-27所示,点击"保存"按钮。

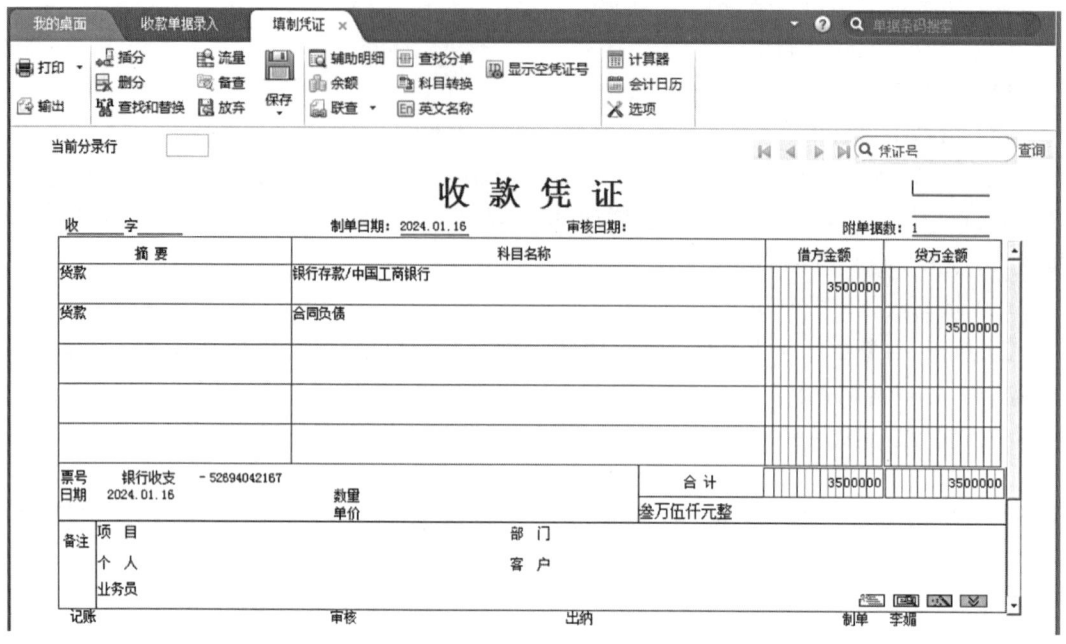

图 8-27 预收款凭证

> 温馨提示
>
> (1) 如果预收了一个客户的款项,当时还没有发生销售业务,则可以录入收款单,选择款项类型为预收款,则将该笔款项全部作为预收款。
> (2) 若一笔款项中,既包含了客户支付的应收款,又包含客户提前支付的预收款,则可将此笔业务录入收款单,表体分为两条记录,支付应收款部分款项类型为应收款,支付预收款部分款项类型为预收款。
> (3) 一张收款单形成预收款后,在单据核销功能中将该笔预收款与应收单、发票、付款单进行核销,也可以在预收冲应收操作中使用此笔预收款。

(3) 填写发货单并生成销售出库单。

① 1月18日登录企业应用平台,执行"供应链→销售管理→销售发货→发货单"命令,参照销售订单生成发货单(操作步骤参考项目八/任务一先发货后开票的普通销售业务),保存并审核。

② 执行"供应链→库存管理→销售出库→销售出库单"命令,找到销售出库单(操作步骤参考项目八/任务一先发货后开票的普通销售业务),点击"审核"按钮。

(4) 填写销售专用发票并现结。

① 执行"供应链→销售管理→销售开票→销售专用发票"命令,参照销售出库单生成销售专用发票(操作步骤参考项目八/任务一先发货后开票的普通销售业务),输入发票号,点击"保存"按钮,结果如图8-28所示。

项目八 销售与应收业务

图 8-28 销售专用发票

② 点击工具栏上的"现结"按钮,打开"现结"对话框,输入"结算方式"为"2-银行收支","原币金额"为"162 750","票据号"为"2091791496",如图 8-29 所示,点击"确定"按钮,返回"销售专用发票"窗口,点击"复核"按钮。

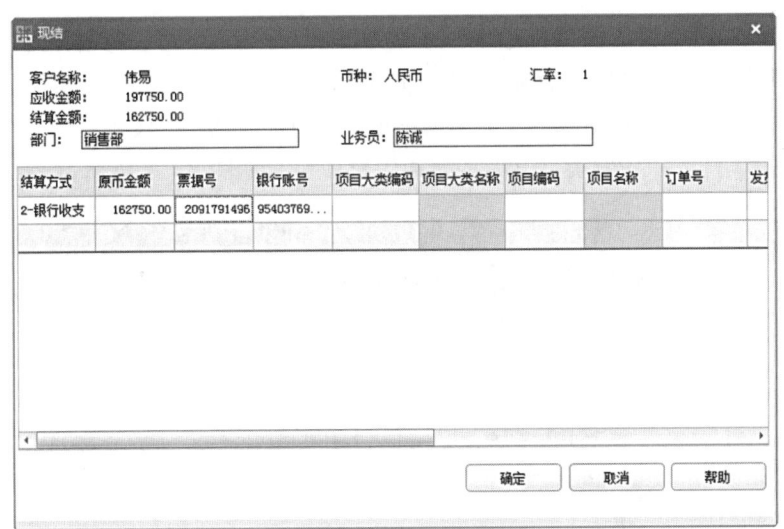

图 8-29 现结

(5) 销售现结、销售出库业务制单。

① 执行"财务会计→应收款管理→应收处理→销售发票→销售发票审核"命令,对销售专用发票进行审核(操作步骤参考项目八/任务一先发货后开票的普通销售业务)。

② 执行"财务会计→应收款管理→凭证处理→生成凭证"命令,打开"制单查询"对话框,勾选"现结"前的复选框,点击"确定"按钮,生成现结凭证(操作步骤参考项目八/任务一先发货后开票的普通销售业务),如图 8-30 所示,点击"保存"按钮。

295

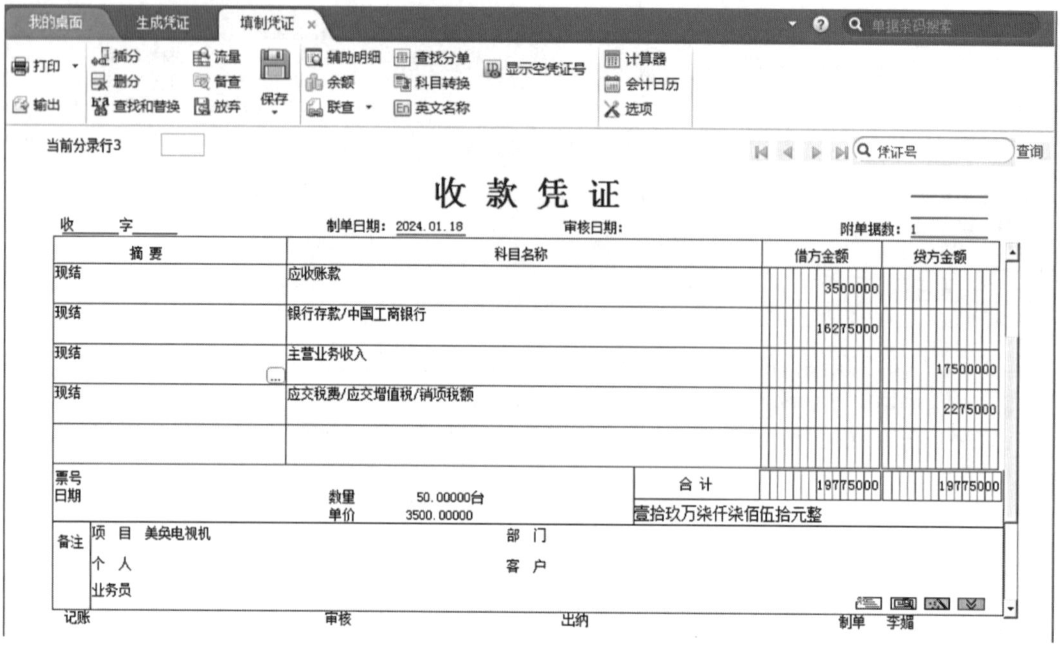

图 8-30 现结凭证

③ 执行"供应链→存货核算→记账→正常单据记账"命令,完成销售出库单记账(操作步骤参考项目八/任务一先发货后开票的普通销售业务)。

④ 执行"供应链→存货核算→凭证处理→生成凭证"命令,生成销售出库单凭证(操作步骤参考项目八/任务一先发货后开票的普通销售业务),如图 8-31 所示,点击"保存"按钮。

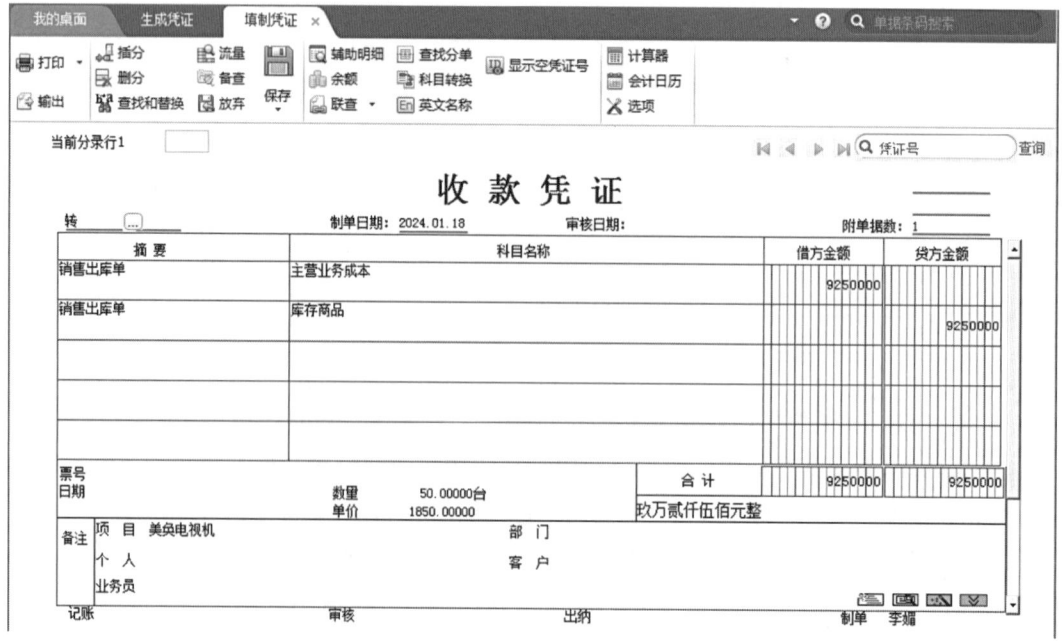

图 8-31 销售出库单凭证

(6) 预收冲应收并制单。

① 执行"财务会计→应收款管理→转账→预收冲应收"命令,打开"预收冲应收"对话框,选择"客户"为"03",点击"过滤"按钮,输入"转账金额"为"35 000"。

② 点击"应收款"选项卡,点击"过滤"按钮,在销售专用发票所在行,输入"转账金额"为"35 000",点击"确定"按钮。

③ 弹出"是否立即制单?"对话框,点击"是"按钮,打开"填制凭证"窗口,修改"凭证类别"为"转账凭证",如图 8-32 所示,点击"保存"按钮。

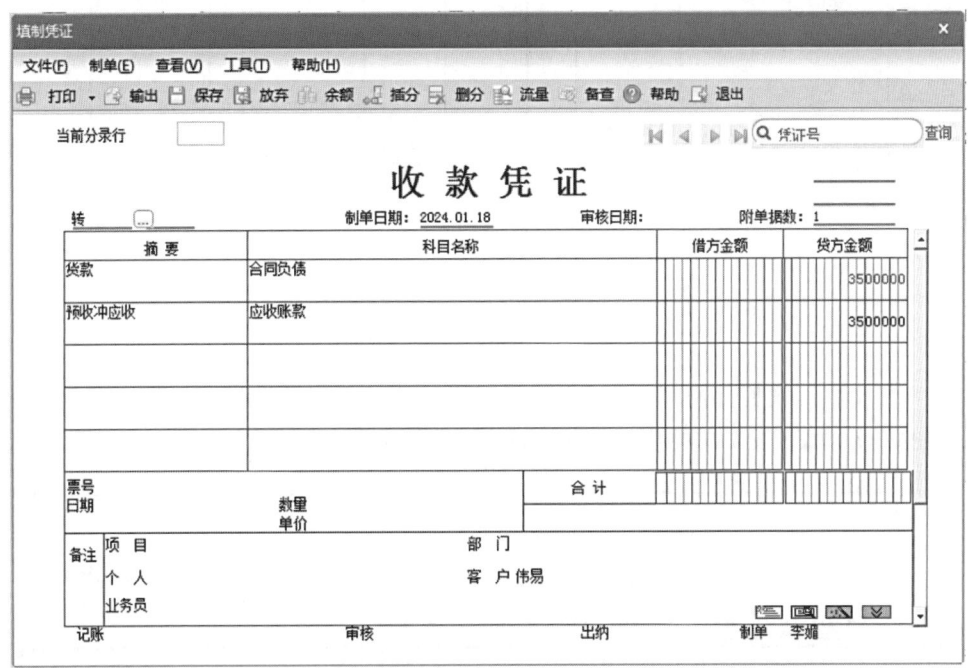

图 8-32 预收冲应收

 温馨提示

(1) 通过预收冲应收处理客户的预收款和该客户应收欠款的转账核销业务。
(2) 应收款的转账金额合计应该等于预收款的转账金额合计。
(3) 可以使用"分摊"按钮,对各单据的转账金额根据输入的转账总金额进行分摊和取消分摊处理。

任务三 分期发货且分次开票销售业务

【实验资料】

(1) 1 月 19 日,对上月已发货给南京成玛设备有限公司的美轮电视机,开具增值税专用发票,如图 8-33 所示,填写销售专用发票。

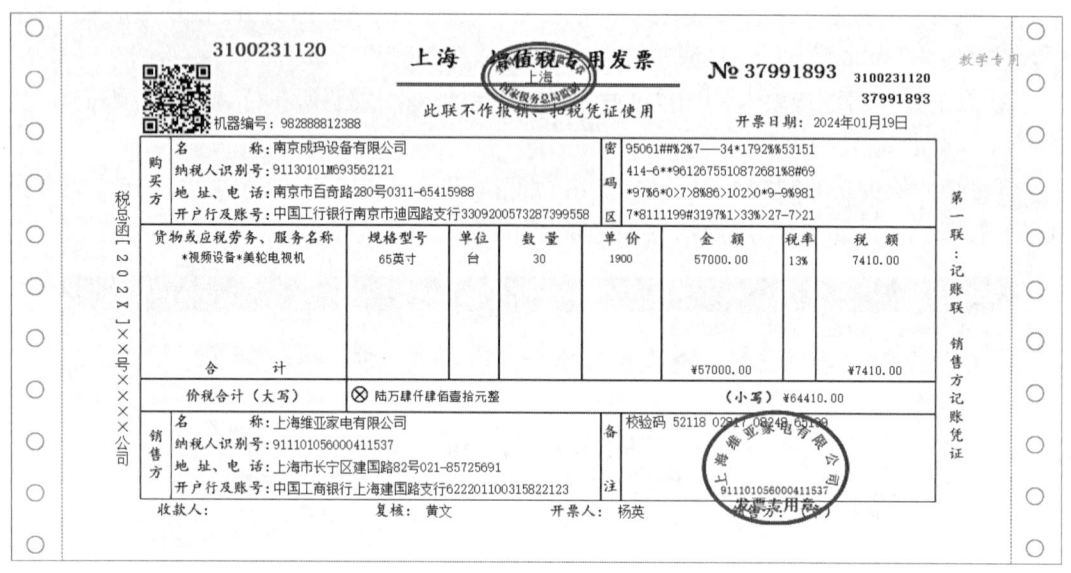

图 8-33　增值税专用发票

(2) 1月19日,销售部何华通知仓库向南京成玛发出第二批货物,如图 8-34 所示,无税单价为 1 900 元,填写发货单并生成销售出库单。

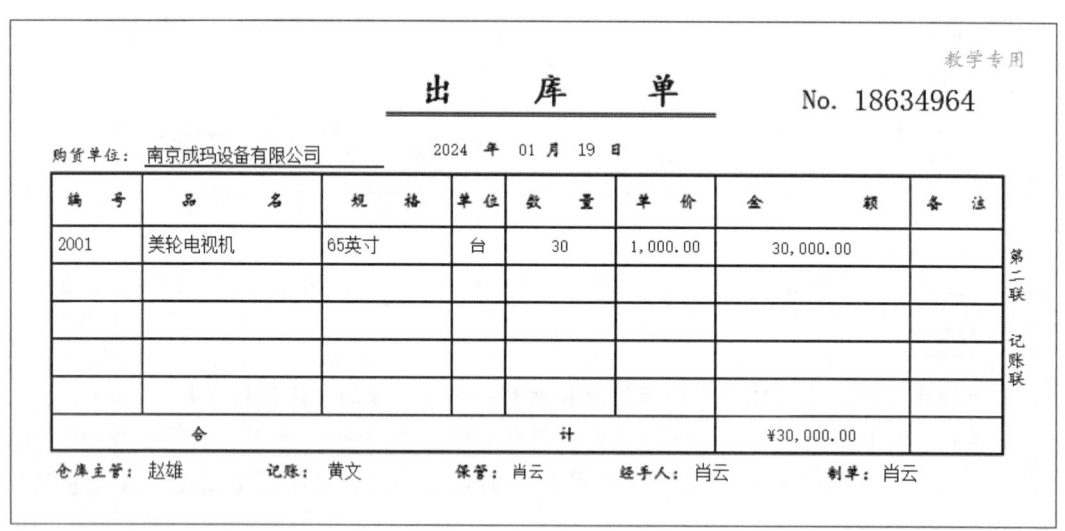

图 8-34　出库单

(3) 1月20日,向南京成玛开具第二批货物的增值税专用发票,如图 8-35 所示,填写销售专用发票。

(4) 财务部对销售发票和销售出库业务制单。

(5) 1月20日,财务收到全部货款,如图 8-36 所示,填写收款单,对收款业务制单并核销。

项目八 销售与应收业务

图 8-35 增值税专用发票

图 8-36 银行回单(收款)

【操作步骤】

(1) 填写销售专用发票。

1月19日登录企业应用平台,执行"供应链→销售管理→销售开票→销售专用发票"命令,参照销售发货单生成销售专用发票(操作步骤参考项目八/任务一先发货后开票的普通销售业务),输入发票号,保存并复核,结果如图 8-37 所示。

299

图 8-37 销售专用发票

(2) 填写发货单并生成销售出库单。

① 执行"供应链→销售管理→销售发货→发货单"命令,打开"发货单"窗口,点击工具栏上的"增加"按钮,根据实验资料,录入相关数据,保存并审核。

② 执行"供应链→库存管理→销售出库→销售出库单"命令,找到销售出库单(操作步骤参考项目八/任务一先发货后开票的普通销售业务),点击"审核"按钮。

(3) 填写销售专用发票。

1月20日登录企业应用平台,执行"供应链→销售管理→销售开票→销售专用发票"命令,参照销售出库单生成销售专用发票(操作步骤参考项目八/任务一先发货后开票的普通销售业务),输入发票号,保存并复核,结果如图 8-38 所示。

图 8-38 销售专用发票

(4) 销售发票和销售出库业务制单。

① 执行"财务会计→应收款管理→应收处理→销售发票→销售发票审核"命令,审核两

张销售专用发票(操作步骤参考项目八/任务一先发货后开票的普通销售业务)。

② 执行"财务会计→应收款管理→凭证处理→生成凭证"命令,打开"制单查询"对话框,勾选"发票"前的复选框,点击"确定"按钮,点击"合并"按钮,再点击"制单"按钮,生成一张销售专用发票凭证,如图8-39所示,点击"保存"按钮。

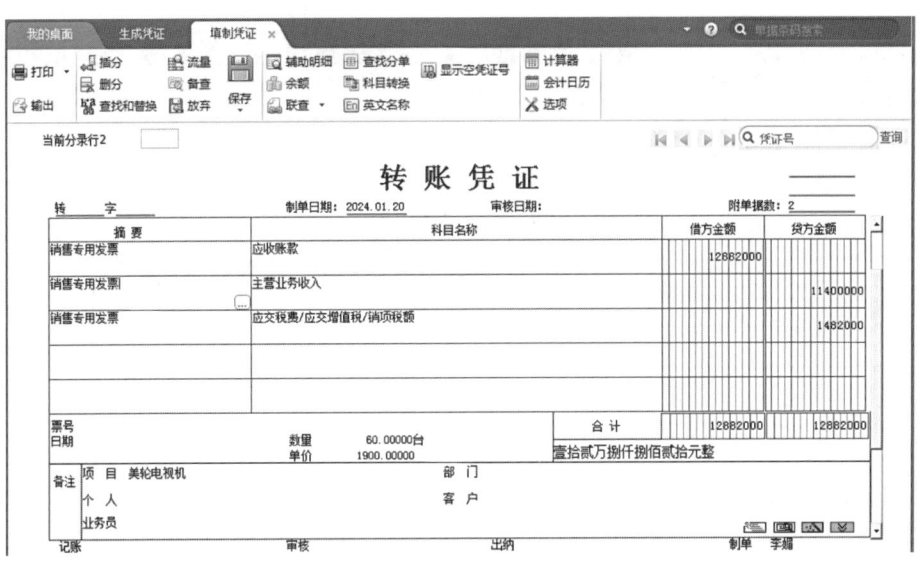

图 8-39　销售专用发票凭证

③ 执行"供应链→存货核算→记账→正常单据记账"命令,完成销售出库单记账(操作步骤参考项目八/任务一先发货后开票的普通销售业务)。

④ 执行"供应链→存货核算→凭证处理→生成凭证"命令,生成销售出库单凭证(操作步骤参考项目八/任务一先发货后开票的普通销售业务),如图8-40所示,点击"保存"按钮。

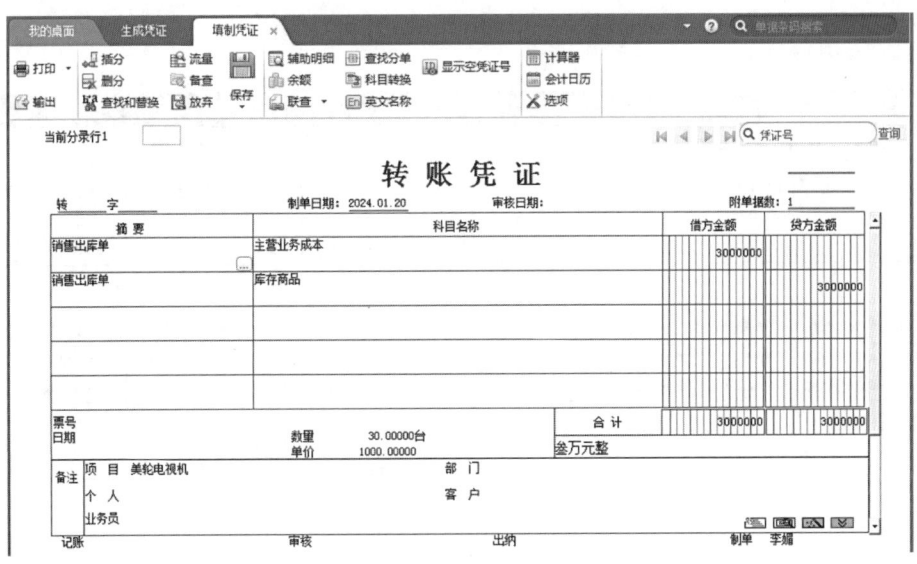

图 8-40　销售出库单凭证

(5) 填写收款单,制单并核销。

① 执行"财务会计→应收款管理→收款处理→收款单据录入"命令,根据实验资料,填写付款单,保存并审核,生成收款凭证(操作步骤参考项目八/任务一先发货后开票的普通销售业务),如图 8-41 所示,点击"保存"按钮。

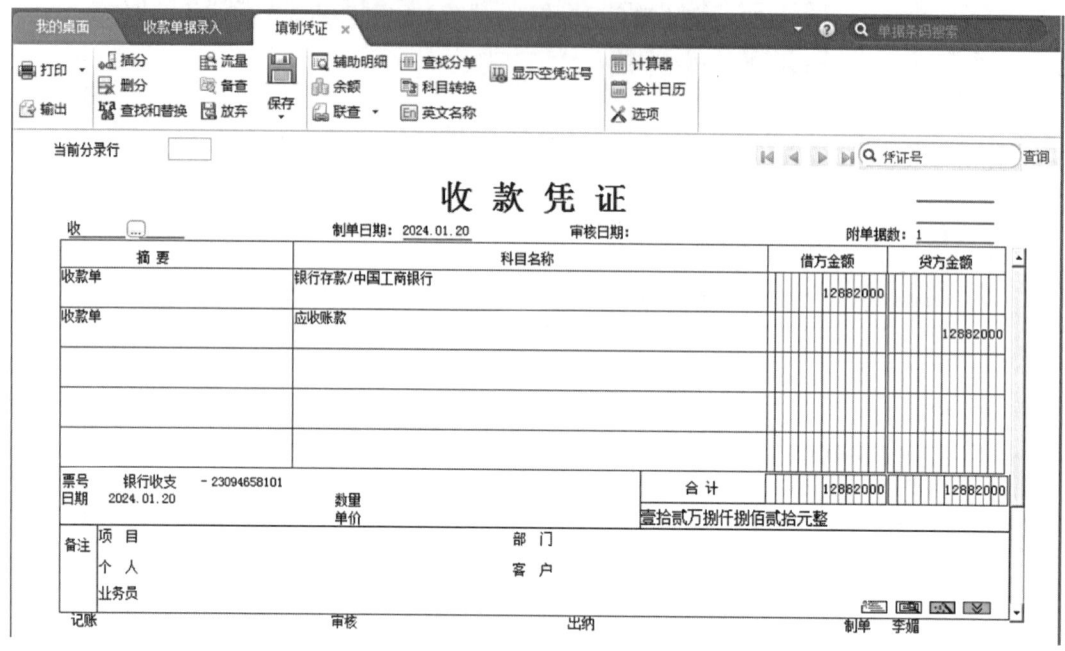

图 8-41　收款单凭证

② 执行"财务会计→应收款管理→核销处理→手工核销"命令,打开"核销条件"对话框,输入"客户"为"02",点击"确定"按钮,分别在单据编号为"37991893"和"95804670"所在行,输入"本次结算"为"64 410",如图 8-42 所示,点击"确认"按钮。

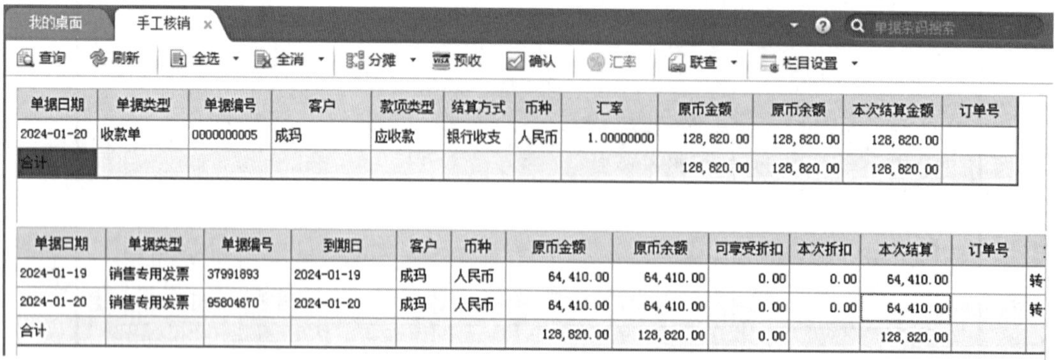

图 8-42　手工核销

任务四 开票后直接发货且代垫运费销售业务

【实验资料】

（1）1月20日，销售部向天津鑫泽电器有限公司出售美奂电视机，直接开具增值税专用发票，如图8-43所示，填写销售专用发票。

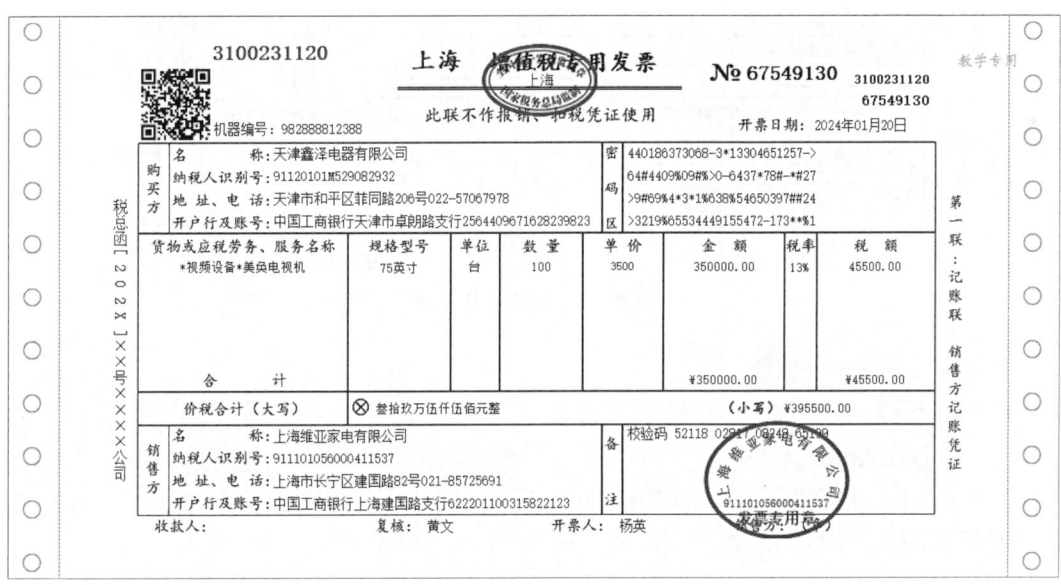

图8-43 增值税专用发票

（2）1月20日，销售过程中，销售部代垫了运输费500元，并以现金支付。

（3）1月20日，仓库向天津鑫泽发出全部货物，如图8-44所示，参照发货单生成销售出库单。

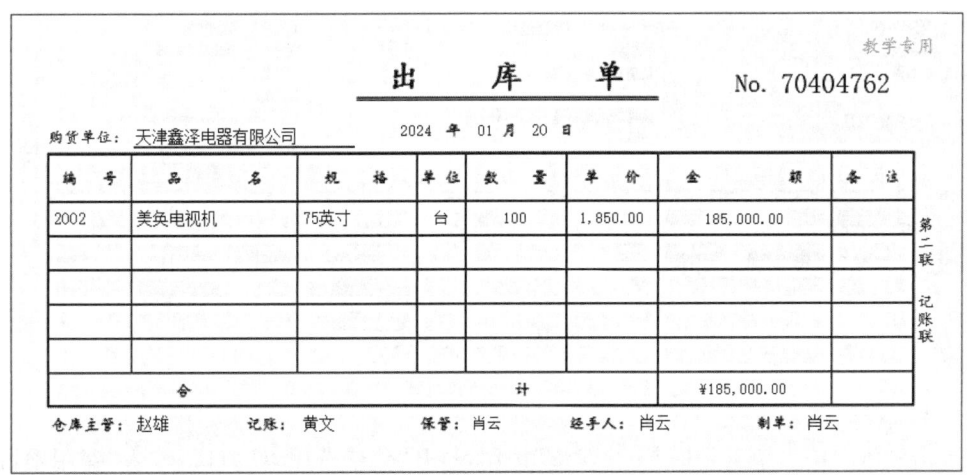

图8-44 出库单

(4) 财务部对销售发票、代垫运费、销售出库业务制单。

(5) 1月20日,财务部收到天津鑫泽商业承兑汇票一张,如图8-45所示,填写商业汇票。

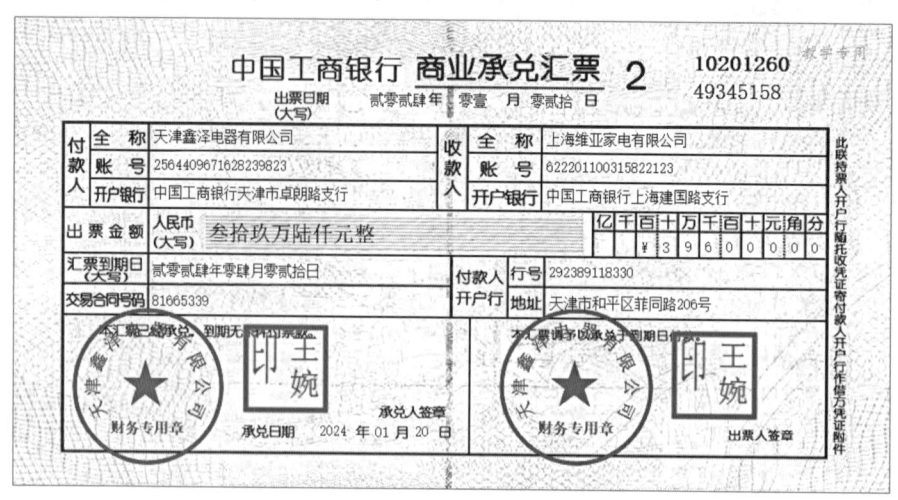

图8-45 商业承兑汇票

(6) 收款单制单并核销。

【操作步骤】

(1) 填写销售专用发票。

1月20日企业应用平台,执行"供应链→销售管理→销售开票→销售专用发票"命令,根据实验资料,填写销售专用发票,保存并复核,结果如图8-46所示。

图8-46 销售专用发票

(2) 垫付运费。

点击销售专用发票工具栏上的"代垫"按钮,打开"代垫费用单"窗口,输入"费用项目"为"运输费","代垫金额"为"500",点击"保存"按钮,再点击"审核"按钮,结果如图8-47所示。

项目八　销售与应收业务

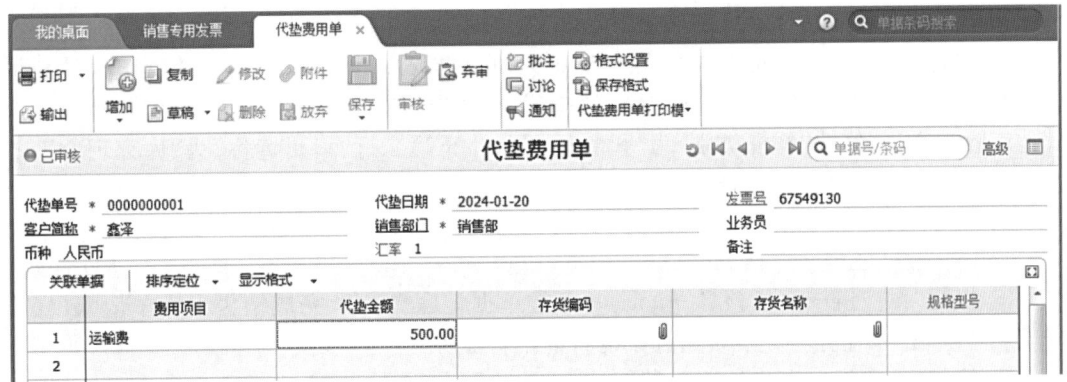

图 8-47　代垫费用单

> 温馨提示
>
> (1) 在销售业务中,代垫费用是指随货物销售所发生的,不通过发票处理而形成的,暂时代垫将来需向客户收取的费用项目,如运杂费和保险费等。
> (2) 代垫费用单可以在"销售管理→代垫费用→代垫费用单"直接录入,可分摊到具体的货物;也可以在销售发票、销售调拨单和零售日报中按"代垫"按钮录入,与发票建立关联,也可分摊到具体的货物。
> (3) 代垫费用实际上形成了对客户的应收款,单据审核后,在应收款管理系统生成其他应收单;弃审时删除生成的其他应收单。
> (4) 代垫费用的收款核销由应收款管理系统处理。

(3) 参照发货单生成销售出库单。

① 执行"供应链→销售管理→销售发货→发货单"命令,打开"发货单"窗口,点击" "按钮,找到由发票自动生成并审核的发货单。

② 执行"供应链→库存管理→销售出库→销售出库单"命令,找到销售出库单(操作步骤参考项目八/任务一先发货后开票的普通销售业务),点击"审核"按钮。

(4) 销售发票、代垫运费、销售出库业务制单。

① 执行"财务会计→应收款管理→应收处理→销售发票→销售发票审核"命令,审核销售专用发票(操作步骤参考项目八/任务一先发货后开票的普通销售业务)。

② 执行"财务会计→应收款管理→凭证处理→生成凭证"命令,打开"制单查询"对话框,勾选"发票"前的复选框,点击"确定"按钮,生成销售专用发票凭证(操作步骤参考项目八/任务一先发货后开票的普通销售业务)。相应会计分录如下:

借:应收账款　　　　　　　　　　　　　　　　　　　　　　　　　395 500.00
　　贷:主营业务收入　　　　　　　　　　　　　　　　　　　　　　350 000.00
　　　　应交税费——应交增值税——销项税额　　　　　　　　　　 45 500.00

③ 执行"财务会计→应收款管理→应收处理→应收单→应收单审核"命令,打开"应收单审核"窗口,点击"查询"按钮,勾选需要审核的其他应收单,点击"审核"按钮,弹出"本次审

核成功单据[1]张"对话框，点击"确定"按钮。

④ 执行"财务会计→应收款管理→凭证处理→生成凭证"命令，打开"制单查询"对话框，勾选"应收单"前的复选框，点击"确定"按钮，点击"全选"按钮，再点击"制单"按钮，生成其他应收单凭证，修改"凭证类别"为"付款凭证"，补充第二行"科目名称"为"库存现金"，点击"保存"按钮。相应会计分录如下：

借：应收账款　　　　　　　　　　　　　　　　　　　　　　　　　　500.00
　　贷：库存现金　　　　　　　　　　　　　　　　　　　　　　　　　　500.00

⑤ 执行"供应链→存货核算→记账→正常单据记账"命令，完成销售出库单记账（操作步骤参考项目八/任务一先发货后开票的普通销售业务）。

⑥ 执行"供应链→存货核算→凭证处理→生成凭证"命令，生成销售出库单凭证（操作步骤参考项目八/任务一先发货后开票的普通销售业务）。相应会计分录如下：

借：主营业务成本　　　　　　　　　　　　　　　　　　　　　　　185 000.00
　　贷：库存商品　　　　　　　　　　　　　　　　　　　　　　　　185 000.00

（5）填写商业汇票。

执行"财务会计→应收款管理→票据管理→票据录入"命令，根据实验资料，填写商业汇票并保存，结果如图 8-48 所示。

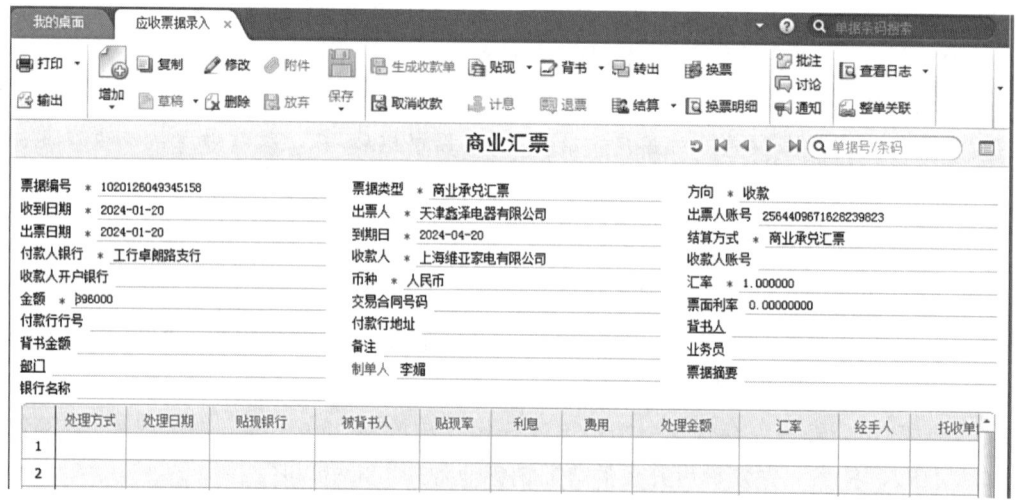

图 8-48　商业汇票

　温馨提示

(1) 商业汇票包括银行承兑汇票和商业承兑汇票。
(2) 如果要进行票据科目的管理，必须将应收票据科目设置为应收受控科目。
(3) 应收款管理系统选项中勾选了"应收票据直接生成收款单"，则在点击"保存"按钮后，系统同时生成一张收款单。如果该选项未选中，则需要点击工具栏上的"收款"按钮才生成收款单。

（6）收款单制单并核销。

① 执行"财务会计→应收款管理→收款处理→收款单审核"命令，审核收款单（操作步骤参考项目八/任务一先发货后开票的普通销售业务）。

② 执行"财务会计→应收款管理→凭证处理→生成凭证"命令，打开"制单查询"对话框，勾选"收付款单"前的复选框，点击"确定"按钮，生成收款单凭证（操作步骤参考项目八/任务一先发货后开票的普通销售业务）。相应会计分录如下：

借：应收票据　　　　　　　　　　　　　　　　　　　　　　　　　396 000.00
　　贷：应收账款　　　　　　　　　　　　　　　　　　　　　　　　396 000.00

③ 执行"财务会计→应收款管理→核销处理→手工核销"命令，打开"核销条件"对话框，输入"客户"为"04"，点击"确定"按钮，分别在单据编号为"0000000001"和"67549130"所在行，输入"本次结算"为"500"和"395 500"，如图 8-49 所示，点击"确认"按钮。

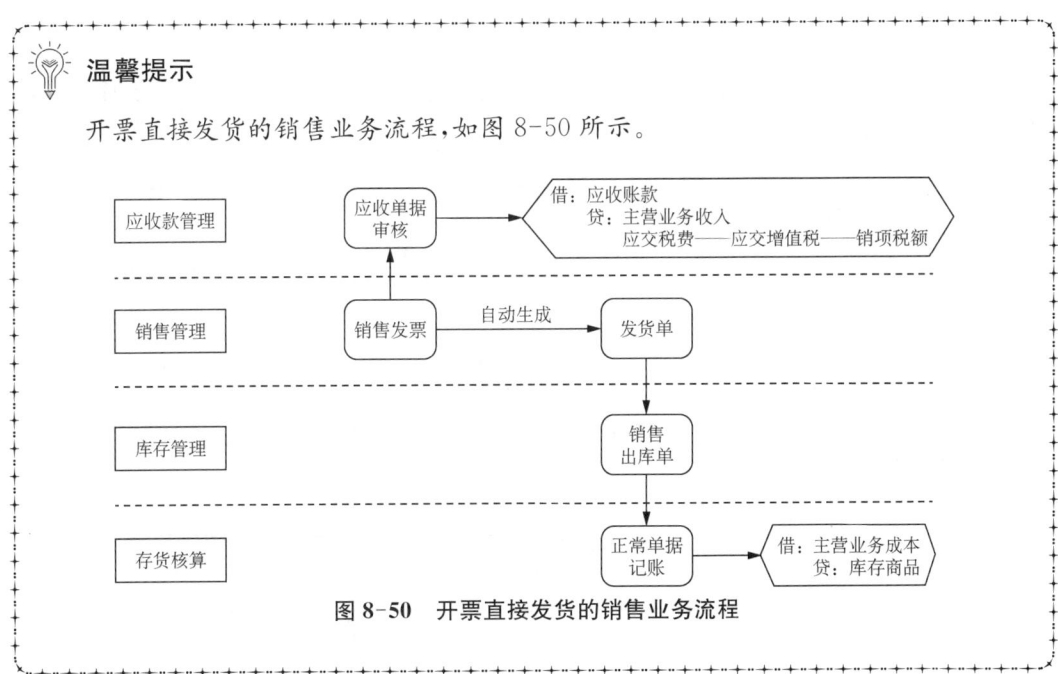

图 8-49　手工核销

> **温馨提示**
>
> 开票直接发货的销售业务流程，如图 8-50 所示。
>
> 图 8-50　开票直接发货的销售业务流程

任务五 销售退货业务

【实验资料】

（1）1月21日，销售部向上海新途电器有限公司出售美央电视机，无税单价为3500元，仓库发出全部货物，如图8-51所示，填写发货单并生成销售出库单。

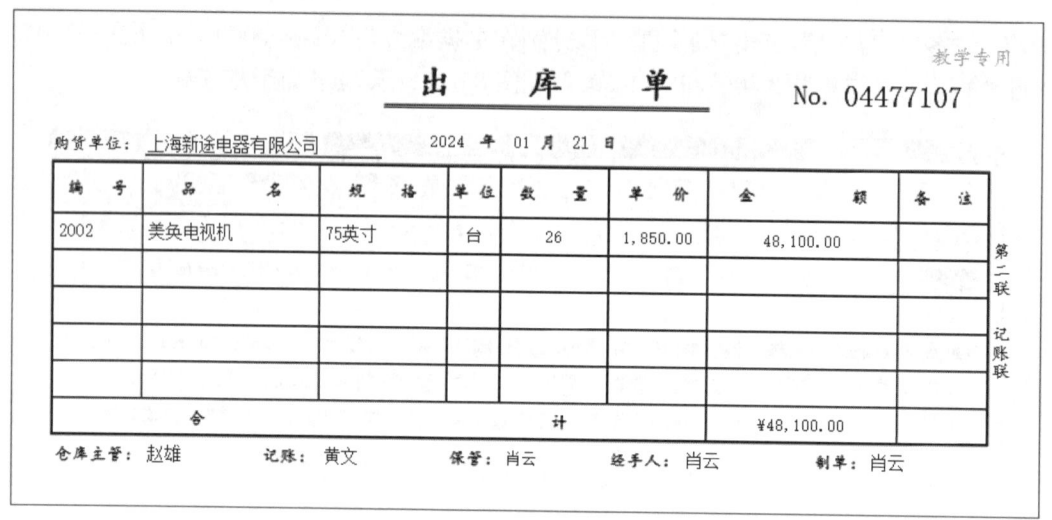

图8-51 出库单

（2）1月21日，因客户原因需要退回1台电视机，公司同意退货，如图8-52所示，填写销售退货单并生成红字销售出库单。

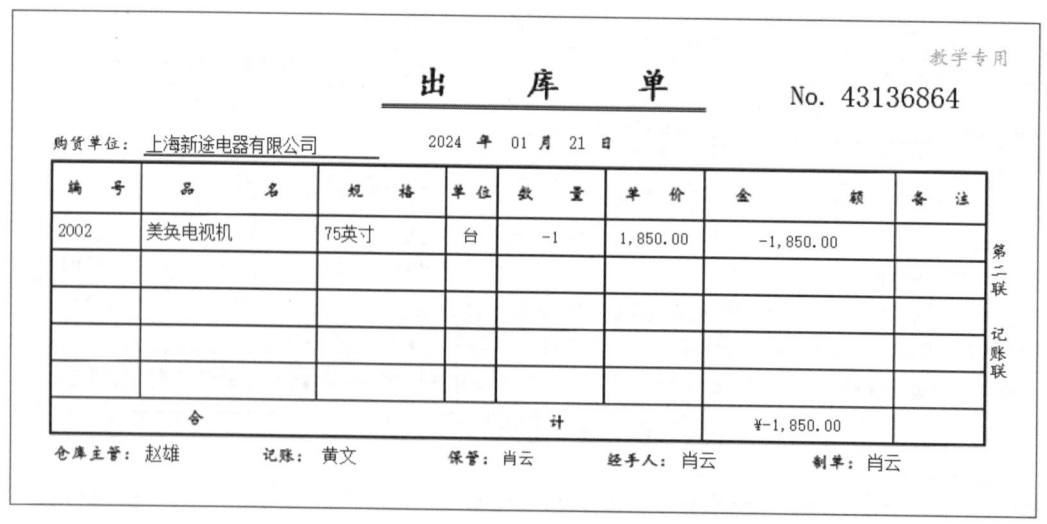

图8-52 红字出库单

(3) 1 月 21 日,向上海新途开具增值税专用发票,如图 8-53 所示,填写销售专用发票。

3100231120　　**上海　增值税专用发票**　　№ 47808466　3100231120　47808466

此联不作报销、扣税凭证使用

机器编号：982888812388　　开票日期：2024年01月21日

购买方	名　　称：上海新途电器有限公司 纳税人识别号：91310105M860455873 地 址、电 话：上海市长宁区诗通路557号021-82103262 开户行及账号：中国工商银行上海市兴虹路支行5067038088997110841	密码区	608-7956-90*80*%5*964%763442 ->68#747>6597*-%>-0%83-173>3 >#>5015%8487##4%5*707%>630%4 93-#-1#54%25037133—9**%545>

货物或应税劳务、服务名称	规格型号	单位	数量	单价	金额	税率	税额
*视频设备*美奂电视机	75英寸	台	25	3500	87500.00	13%	11375.00
合　　计					¥87500.00		¥11375.00
价税合计（大写）	⊗ 玖万捌仟捌佰柒拾伍元整				（小写）¥98875.00		

销售方	名　　称：上海维亚家电有限公司 纳税人识别号：911101056000411537 地 址、电 话：上海市长宁区建国路82号021-85725691 开户行及账号：中国工商银行上海建国路支行622201100315822123	备注	校验码 52118 02817 08248 65109

收款人：　　复核：黄文　　开票人：杨英　　销售方：（章）

税总函[202X]××号×××公司　　第一联：记账联　销售方记账凭证

图 8-53　增值税专用发票

(4) 1 月 23 日,上海新途又以七天无理由退货为由,退回 5 台电视机,公司同意退货,如图 8-54 所示,填写销售退货单并生成红字销售出库单。

教学专用

出　　库　　单　　No. 59919876

购货单位：上海新途电器有限公司　　2024 年 01 月 23 日

编号	品名	规格	单位	数量	单价	金额	备注
2002	美奂电视机	75英寸	台	-5	1,850.00	-9,250.00	
合				计		-¥9,250.00	

仓库主管：赵雄　　记账：黄文　　保管：肖云　　经手人：肖云　　制单：肖云

第二联　记账联

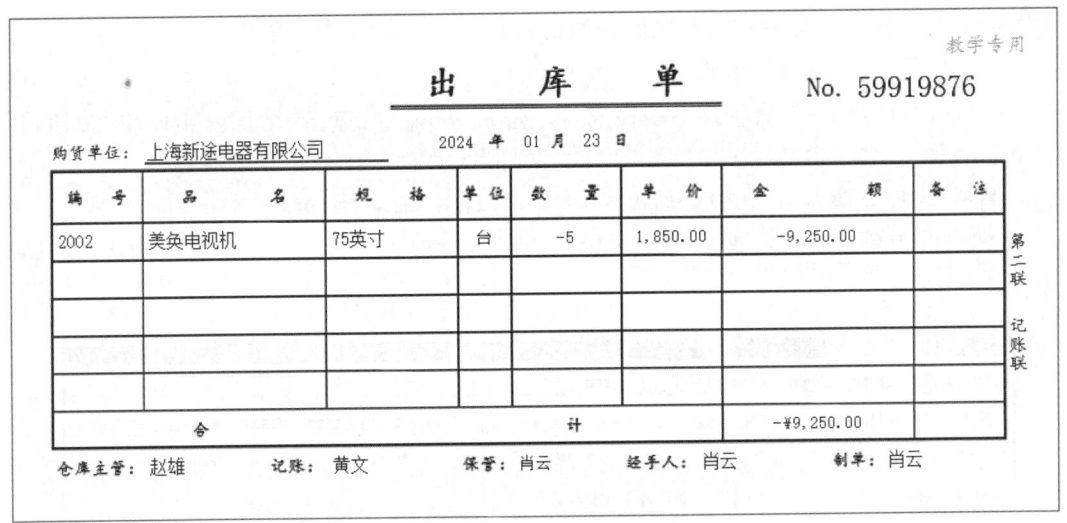

图 8-54　红字出库单

(5) 1 月 23 日,向上海新途开具红字增值税专用发票,如图 8-55 所示,填写红字销售专用发票。

(6) 财务部对销售发票、销售出库业务制单。

(7) 红票对冲并制单。

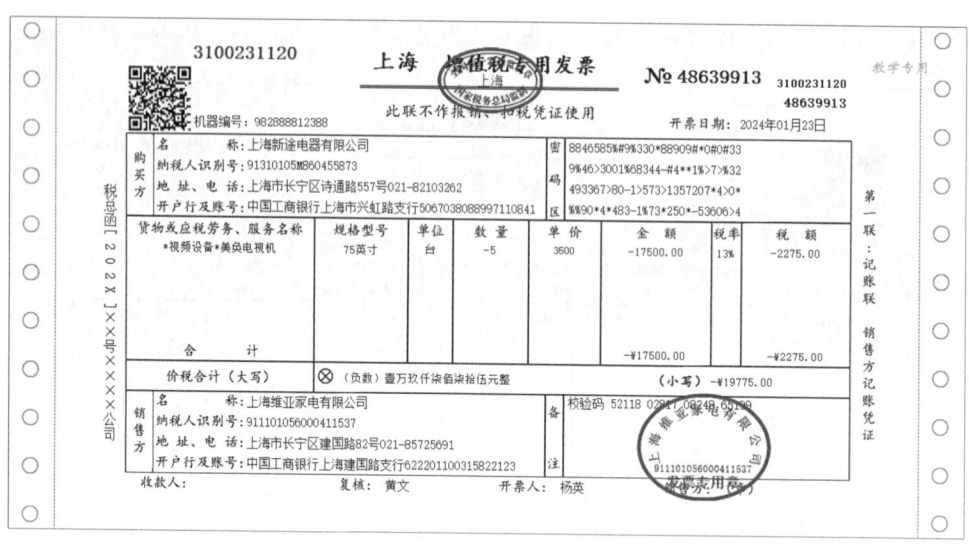

图 8-55 红字增值税专用发票

【操作步骤】

(1) 填写发货单并生成销售出库单。

① 1月21日登录企业应用平台,执行"供应链→销售管理→销售发货→发货单"命令,根据实验资料,填写发货单,保存并审核。

② 执行"供应链→库存管理→销售出库→销售出库单"命令,找到销售出库单(操作步骤参考项目八/任务一先发货后开票的普通销售业务),点击"审核"按钮。

(2) 填写销售退货单并生成红字销售出库单。

① 执行"供应链→销售管理→销售发货→退货单"命令,点击"增加→出库单"按钮,打开"查询条件-退货单参照出库单"对话框,选择"退货类型"为"未开发票退货",点击"确定"按钮,打开"参照生单"窗口,选择"新途"的出库单,点击"确定"按钮。

② 返回"退货单"窗口,修改"数量"为"-1",点击"保存"按钮,再点击"审核"按钮,结果如图 8-56 所示。

图 8-56 退货单

③ 执行"供应链→库存管理→销售出库→销售出库单"命令,找到红字销售出库单(操作步骤参考项目八/任务一先发货后开票的普通销售业务),点击"审核"按钮,结果如图8-57所示。

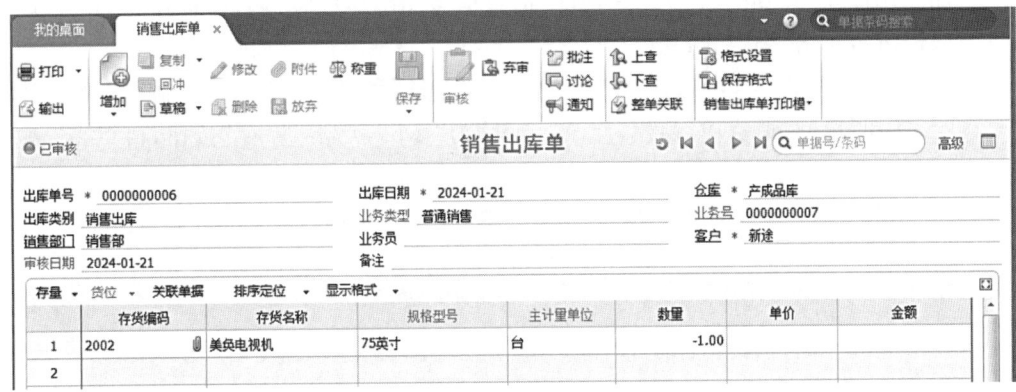

图 8-57 红字销售出库单

> 温馨提示
>
> (1) 退货单是发货单的红字单据,可以处理客户的退货业务。退货单也可以处理换货业务,货物发出后客户要求换货,则用户先按照客户要求退货的货物开退货单,然后按照客户所换的货物开发货单。
> (2) 先发货后开票模式下,参照销售订单、销售发货单、销售出库单和退货申请填制。
> (3) 开票直接发货模式下,根据红字销售发票自动生成。

(3) 填写销售专用发票。

执行"供应链→销售管理→销售开票→销售专用发票"命令,参照销售出库单生成销售专用发票(操作步骤参考项目八/任务一先发货后开票的普通销售业务),输入发票号,保存并复核,结果如图8-58所示。

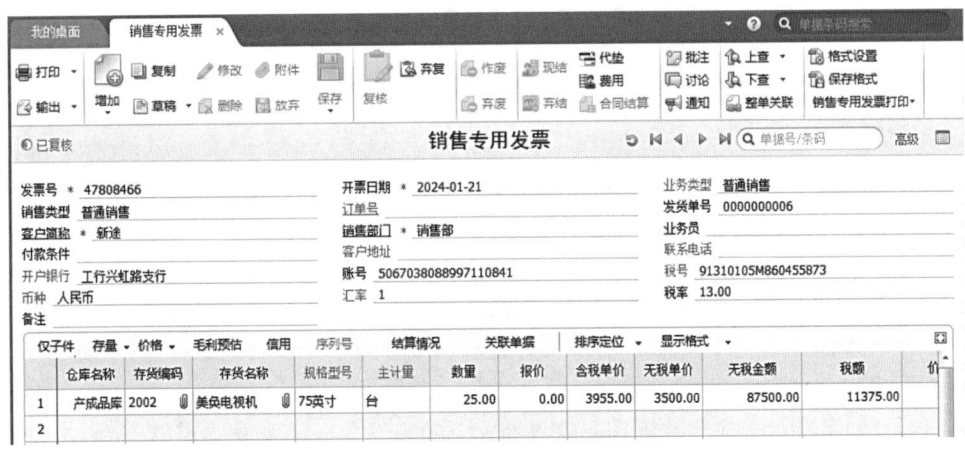

图 8-58 销售专用发票

(4) 填写销售退货单并生成红字销售出库单。

① 1月23日登录企业应用平台,执行"供应链→销售管理→销售发货→退货单"命令,点击"增加→出库单"按钮,打开"查询条件-退货单参照出库单"对话框,选择"退货类型"为"已开发票退货",点击"确定"按钮。

② 打开"参照生单"窗口,选择"日期"为"1月21日"和"客户简称"为"新途"的出库单,点击"确定"按钮,返回"退货单"窗口,修改"数量"为"-5",点击"保存"按钮,再点击"审核"按钮。

③ 执行"供应链→库存管理→销售出库→销售出库单"命令,找到红字销售出库单(操作步骤参考项目八/任务一先发货后开票的普通销售业务),点击"审核"按钮。

(5) 填写红字销售专用发票。

执行"供应链→销售管理→销售开票→红字专用销售发票"命令,点击"增加→出库单"按钮,打开"查询条件-发票参照销售出库单"对话框,选择"出库类型"为"红字记录",点击"确定"按钮,选择相应的出库单,点击"确定"按钮,返回"红字销售专用发票"窗口,输入发票号,保存并复核,结果如图8-59所示。

图8-59 红字销售专用发票

> 温馨提示
>
> (1) 红字销售发票是销售发票的逆向处理业务单据,当客户要求退货或销售折让,但用户已将原发票作账务处理时,需要向客户开具红字销售发票。
> (2) 先发货后开票模式下,参照销售发货单或退货单生成。
> (3) 开票直接发货模式下,参照原销售订单生成。

(6) 销售发票、销售出库业务制单。

① 执行"财务会计→应收款管理→应收处理→销售发票→销售发票审核"命令,审核销售专用发票和红字销售专用发票(操作步骤参考项目八/任务一先发货后开票的普通销售业务)。

② 执行"财务会计→应收款管理→凭证处理→生成凭证"命令,生成销售专用发票和红字销售专用发票凭证(操作步骤参考项目八/任务一先发货后开票的普通销售业务)。相应会计分录如下:

  借:应收账款   98 875.00
    贷:主营业务收入   87 500.00
      应交税费——应交增值税——销项税额   11 375.00
  借:应收账款   −19 775.00
    贷:主营业务收入   −17 500.00
      应交税费——应交增值税——销项税   −2 275.00

③ 执行"供应链→存货核算→记账→正常单据记账"命令,完成销售出库单和红字销售出库单记账(操作步骤参考项目八/任务一先发货后开票的普通销售业务),注意红字销售出库单记账时需要手动输入美奂电视机的单价为"1 850"。

④ 执行"供应链→存货核算→凭证处理→生成凭证"命令,生成销售出库单和红字销售出库单凭证(操作步骤参考项目八/任务一先发货后开票的普通销售业务)。相应会计分录如下:

  借:主营业务成本   48 100.00
    贷:库存商品   48 100.00
  借:主营业务成本   −1 850.00
    贷:库存商品   −1 850.00
  借:主营业务成本   −9 250.00
    贷:库存商品   −9 250.00

(7) 红票对冲并制单。

执行"财务会计→应收款管理→转账→红票对冲→手工对冲"命令,打开"红票对冲条件"窗口,选择"客户"为"新途",点击"确定"按钮,打开"手工对冲"窗口,在单据编号为"47808466"所在行,输入"对冲金额"为"19 775",如图 8-60 所示,点击"确认"按钮。

单据日期	单据类型	单据编号	客户	币种	原币金额	原币余额	对冲金额	部门	业务员	合同名称
2024-01-23	销售专用发票	48639913	新途	人民币	19,775.00	19,775.00	19,775.00	销售部		
合计						19,775.00	19,775.00	19,775.00			

单据日期	单据类型	单据编号	客户	币种	原币金额	原币余额	对冲金额	部门	业务员	合同名称
2024-01-21	销售专用发票	47808466	新途	人民币	98,875.00	98,875.00	19,775.00	销售部		
合计					98,875.00	98,875.00	19,775.00			

图 8-60 手工对冲

> **温馨提示**
>
> (1) 系统提供了两种处理方式:系统自动冲销和手工冲销。
>
> ① 自动对冲:可同时对多个客户依据红冲规则进行红票对冲,提高红票对冲的效率。自动红票对冲提供进度条,并提交自动红冲报告,用户可了解自动红冲的完成情况及失败原因。
>
> ② 手工对冲:对一个客户进行红票对冲,可自行选择红票对冲的单据,提高红票对冲的灵活性。
>
> (2) 在"应收款管理→其他处理→取消操作"中可取消红票对冲。

任务六 委托代销业务

【实验资料】

(1) 1月23日,销售部委托北京伟易电器有限公司代为销售美轮电视机,双方约定采用视同买断方式由代销货物,无税单价为1900元。同日,仓库发出全部货物,如图8-61所示,填写委托代销发货单并生成销售出库单。

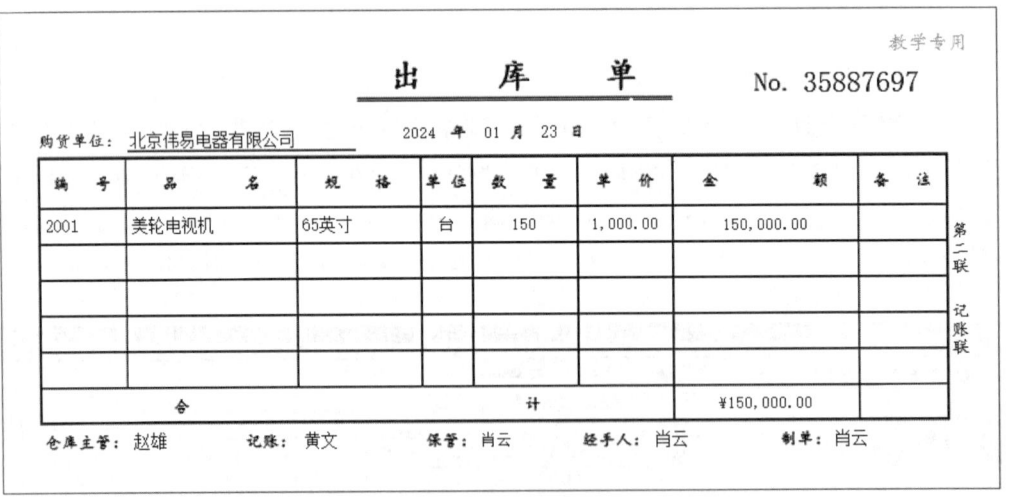

图 8-61 出库单

(2) 财务部对发出商品业务制单。

(3) 1月26日,收到北京伟易发来的商品代销清单,如图8-62所示,填写委托代销结算单。

(4) 1月26日,向北京伟易开具增值税专用发票,如图8-63所示,填写销售专用发票。

(5) 财务部对销售发票、代销结算业务制单。

项目八 销售与应收业务

图 8-62 商品代销清单

图 8-63 增值税专用发票

【操作步骤】

(1) 填写委托代销发货单并生成销售出库单。

① 2024 年 1 月 23 日登录企业应用平台,执行"供应链→销售管理→委托代销→委托代

销发货单"命令,根据实验资料,填写委托代销发货单,选择"销售类型"为"委托代销",保存并审核,结果如图 8-64 所示。

图 8-64 委托代销发货单

② 执行"供应链→库存管理→销售出库→销售出库单"命令,找到销售出库单(操作步骤参考项目八/任务一先发货后开票的普通销售业务),点击"审核"按钮。

(2) 发出商品业务制单。

① 执行"供应链→存货核算→记账→发出商品记账"命令,打开"未记账单据一览表"窗口,点击"查询"按钮,勾选需要记账的委托代销发货单,点击"记账"按钮,弹出"记账成功"对话框,点击"确定"按钮。

② 执行"供应链→存货核算→凭证处理→生成凭证"命令,生成销售出库单凭证(操作步骤参考项目八/任务一先发货后开票的普通销售业务),如图 8-65 所示,点击"保存"按钮。

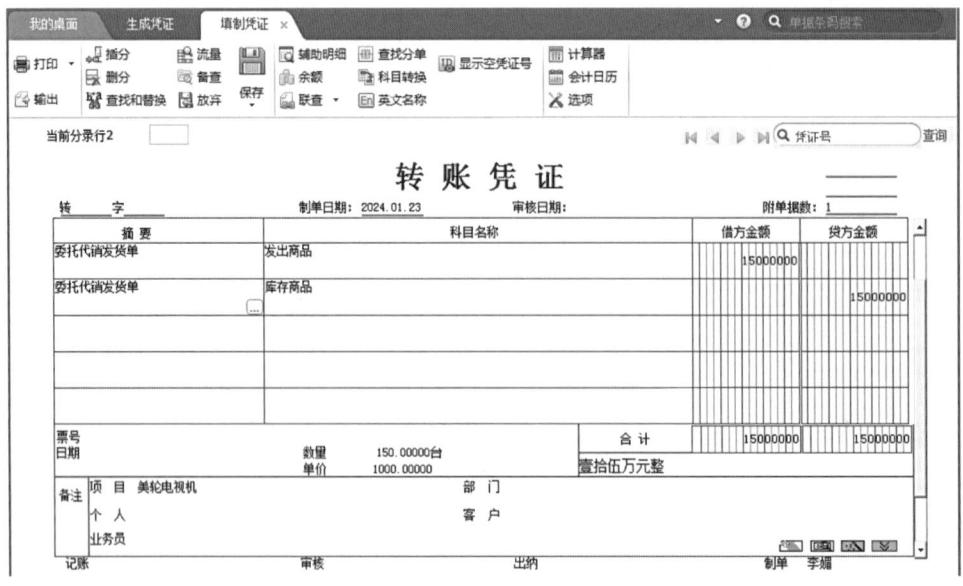

图 8-65 委托代销发货单凭证

(3) 填写委托代销结算单。

① 1月26日登录企业应用平台,执行"供应链→销售管理→委托代销→委托代销结算单"命令,参照委托代销发货单生成委托代销结算单,修改"数量"为"50",点击"保存"按钮,结果如图8-66所示。

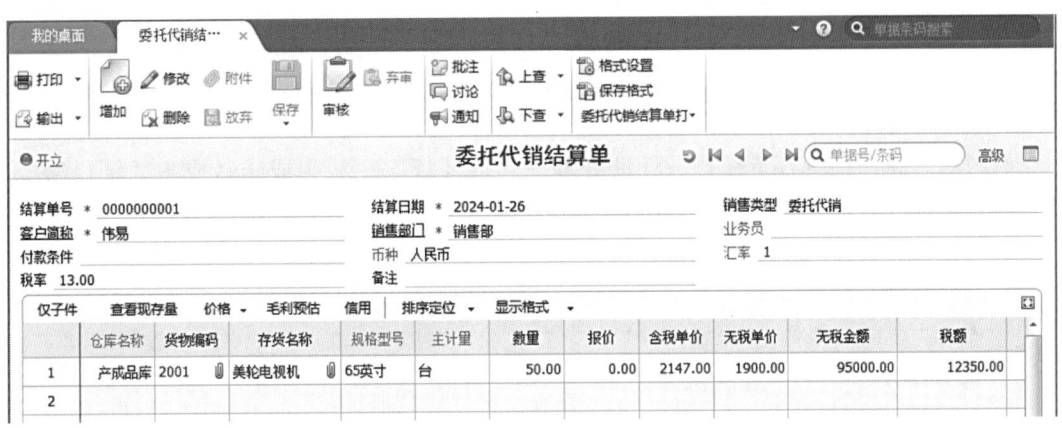

图8-66 委托代销结算单

② 点击"审核"按钮,弹出"请选择发票类型"对话框,点击选中"专用发票",再点击"确定"按钮,自动生成销售专用发票。

(4) 填写销售专用发票。

执行"供应链→销售管理→销售开票→专用销售发票"命令,找到生成的销售专用发票,点击"复核"按钮,结果如图8-67所示。

图8-67 销售专用发票

(5) 销售发票、代销结算业务制单。

① 执行"财务会计→应收款管理→应收处理→销售发票→销售发票审核"命令,审核销售专用发票(操作步骤参考项目八/任务一先发货后开票的普通销售业务)。

② 执行"财务会计→应收款管理→凭证处理→生成凭证"命令,生成销售专用发票凭证(操作步骤参考项目八/任务一先发货后开票的普通销售业务)。相应会计分录如下:

借:应收账款　　　　　　　　　　　　　　　　　　　　　　107 350.00
　　贷:主营业务收入　　　　　　　　　　　　　　　　　　　　95 000.00
　　　　应交税费——应交增值税——销项税额　　　　　　　　12 350.00

③ 执行"供应链→存货核算→记账→发出商品记账"命令,打开"未记账单据一览表"窗口,点击"查询"按钮,勾选需要记账的专用发票,点击"记账"按钮,弹出"记账成功"对话框,点击"确定"按钮。

④ 执行"供应链→存货核算→凭证处理→生成凭证"命令,生成结转成本凭证(操作步骤参考项目八/任务一先发货后开票的普通销售业务)。相应会计分录如下:

借:主营业务成本　　　　　　　　　　　　　　　　　　　　50 000.00
　　贷:发出商品　　　　　　　　　　　　　　　　　　　　　　50 000.00

> 温馨提示
>
> (1) 委托代销业务是指企业将商品委托他人进行销售,但商品所有权仍归本企业的销售方式。委托代销商品销售后,受托方与企业进行结算,并开具正式的销售发票,形成销售收入,商品所有权转移。
> (2) 委托代销业务只能先发货后开票,不能开票直接发货。
> (3) 业务类型选择"委托代销"。
> (4) 委托代销结算单审核后自动生成销售发票;弃审后删除生成的发票。
> (5) 委托代销业务流程,如图 8-68 所示。
>
>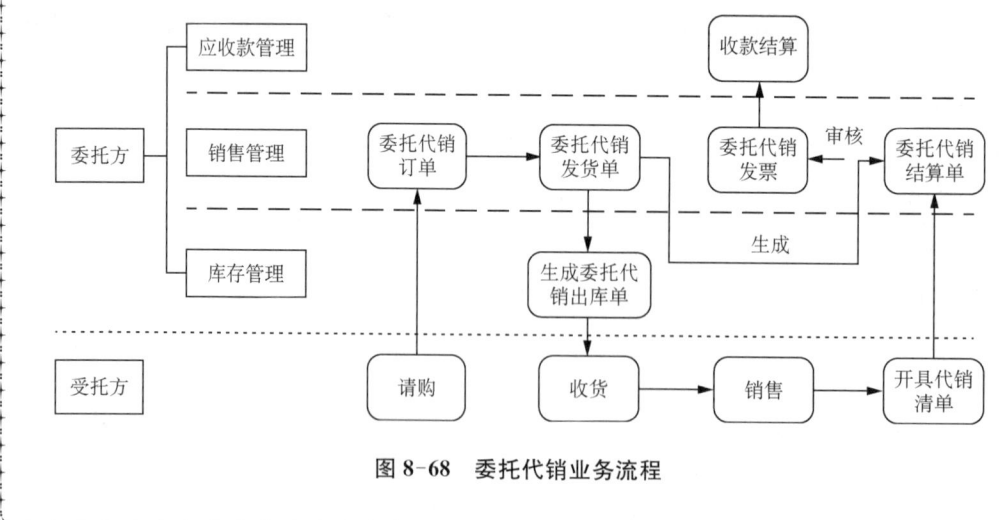
>
> 图 8-68　委托代销业务流程

任务七　分期收款业务

【实验资料】

（1）1月26日，销售部陈诚与天津鑫泽电器有限公司签订购销合同，由于此次销售金额较大，双方约定分两次支付货款，如图8-69所示，填写分期收款销售订单。

购销合同

合同编号：00778927

购货单位（甲方）：天津鑫泽电器有限公司
供货单位（乙方）：上海维亚家电有限公司

根据《中华人民共和国民法典》及国家相关法律、法规之规定，甲乙双方本着平等互利的原则，就甲方购买乙方货物一事达成以下协议。

一、货物的名称、数量及价格：

货物名称	规格型号	单位	数量	单价	金额	税率	价税合计
美轮电视机	65英寸	台	100	1,900.00	190,000.00	13%	214,700.00
美奂电视机	75英寸	台	50	3,500.00	175,000.00	13%	197,750.00
合计（大写）　肆拾壹万贰仟肆佰伍拾元整							¥412,450.00

二、交货方式和费用承担：交货方式：销货方送货　　　，交货时间：2024年01月26日　　前，
交货地点：天津市和平区菲同路206号　　　，运费由　供货方　承担。
三、付款时间与付款方式：甲方在收到货物及发票后3日内以银行转账方式支付40%货款，剩余货款在一个月内付清
四、质量异议期：订货方对供货方的货物质量有异议时，应在收到货物后　7日　　内提出，逾期视为货物质量合格。
五、未尽事宜经双方协商所作补充说明，与本合同具有同等效力。
六、本合同自双方签章、盖章之日起生效。本合同壹式贰份，甲乙双方各执壹份。

甲方（签章）：　　　　　　　　　　乙方（签章）：
授权代表：王娜　　　　　　　　　　授权代表：林秀
地　　址：天津市和平区菲同路206号　地　　址：上海市长宁区建国路82号
电　　话：022-57037978　　　　　　电　　话：021-85725691
日　　期：2024年01月26日　　　　　日　　期：2024年01月26日

图8-69　购销合同

（2）1月26日，仓库发出全部货物，如图8-70所示，填写分期收款发货单并生成销售出库单。

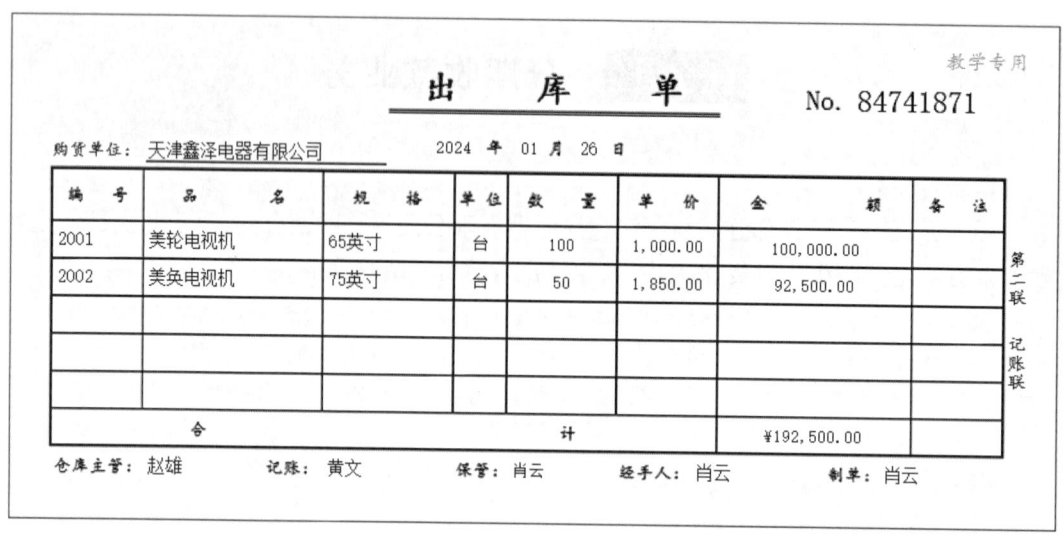

图 8-70　出库单

(3) 财务部对发出商品业务制单。

(4) 1月26日,向天津鑫泽开具第一次付款的增值税专用发票,如图 8-71 所示,填写销售专用发票。

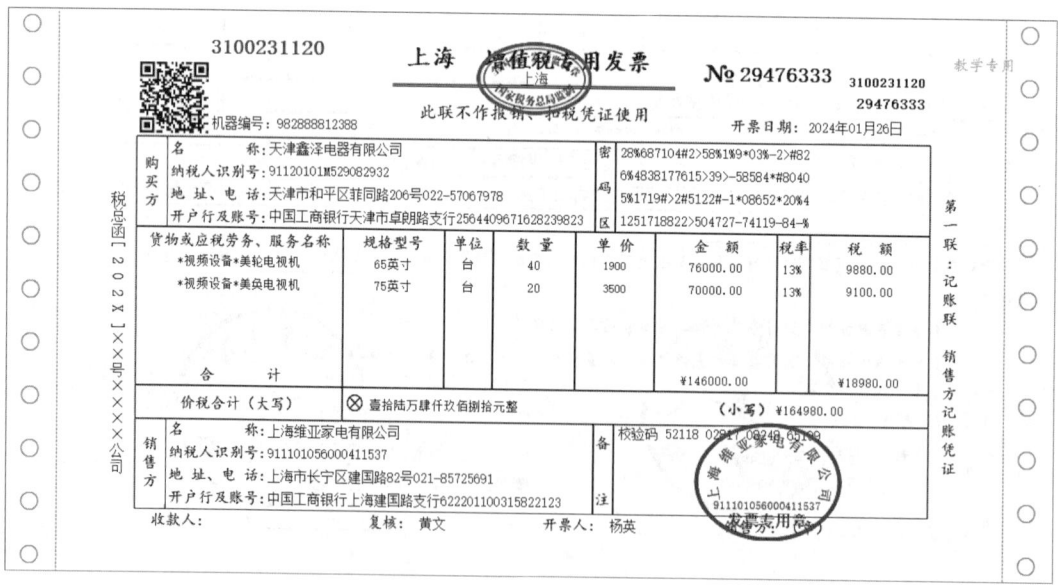

图 8-71　增值税专用发票

(5) 财务部对销售发票、分期收款业务制单。

(6) 1月27日,财务部收到天津鑫泽银行转账,如图 8-72 所示,填写收款单,对收款业务制单并核销。

项目八 销售与应收业务

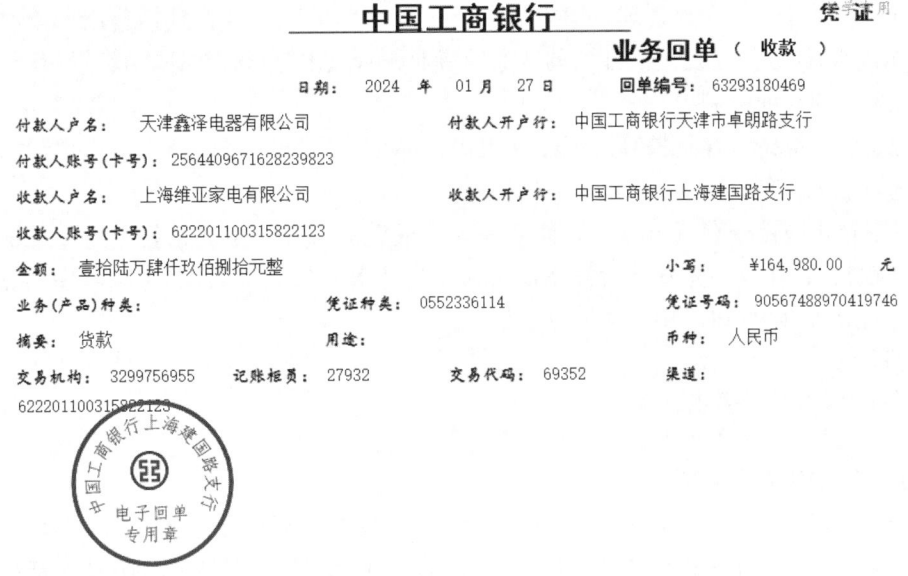

图 8-72 银行回单(收款)

【操作步骤】

(1) 填写分期收款销售订单。

1月26日登录企业应用平台,执行"供应链→销售管理→销售订货→销售订单"命令,根据实验资料,填写销售订单,注意"业务类型"选择"分期付款","销售类型"选择"分期收款销售",保存并审核,结果如图8-73所示。

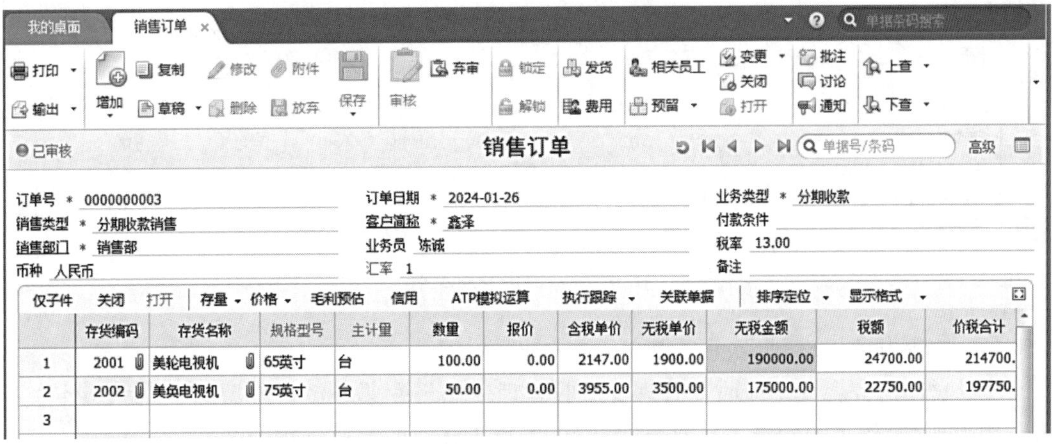

图 8-73 销售订单

(2) 填写分期收款发货单并生成销售出库单。

① 执行"供应链→销售管理→销售发货→发货单"命令,参照销售订单生成发货单(操

作步骤参考项目八/任务一先发货后开票的普通销售业务），填写仓库名称后保存并审核。

② 执行"供应链→库存管理→销售出库→销售出库单"命令，找到销售出库单（操作步骤参考项目八/任务一先发货后开票的普通销售业务），点击"审核"按钮。

（3）发出商品业务制单。

① 执行"供应链→存货核算→记账→发出商品记账"命令，完成销售出库单记账（操作步骤参考项目八/任务六委托代销业务）。

② 执行"供应链→存货核算→凭证处理→生成凭证"命令，生成销售出库单凭证（操作步骤参考项目八/任务一先发货后开票的普通销售业务），修改"科目名称"为"库存商品"的辅助项，点击"保存"按钮。相应会计分录如下：

借：发出商品　　　　　　　　　　　　　　　　　　　　　　192 500.00
　　贷：发出商品（美轮电视机）　　　　　　　　　　　　　　100 000.00
　　　　发出商品（美奂电视机）　　　　　　　　　　　　　　 92 500.00

（4）填写销售专用发票。

执行"供应链→销售管理→销售开票→销售专用发票"命令，打开"销售专用发票"窗口，点击工具栏上的"增加→出库单"按钮，打开"查询条件-发票参照销售出库单"对话框，选择"业务类型"为"分期收款"，点击"确定"按钮，参照销售出库单生成销售专用发票，输入发票号并修改数量，保存并复核，结果如图8-74所示。

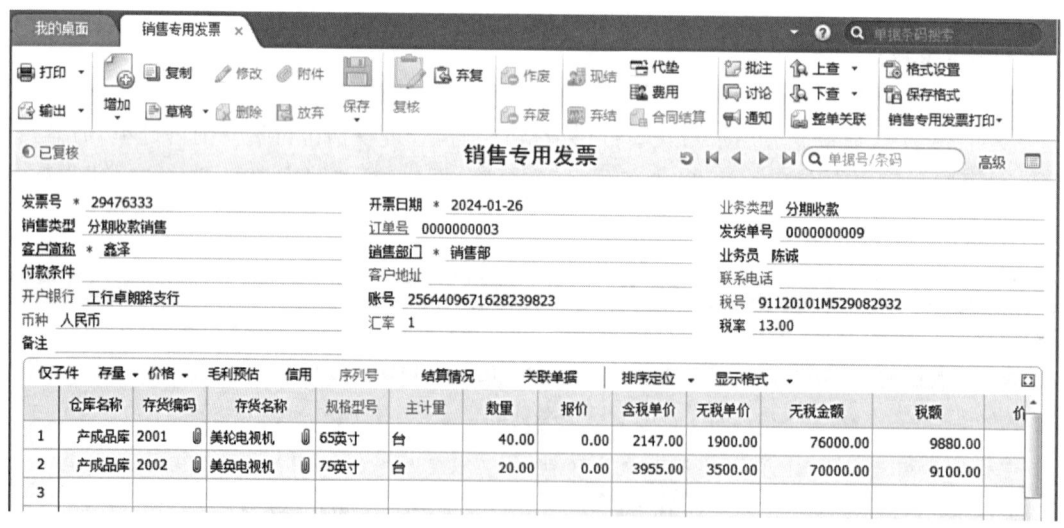

图8-74　销售专用发票

（5）销售发票、分期收款业务制单。

① 执行"财务会计→应收款管理→应收处理→销售发票→销售发票审核"命令，审核销售专用发票（操作步骤参考项目八/任务一先发货后开票的普通销售业务）。

② 执行"财务会计→应收款管理→凭证处理→生成凭证"命令，生成销售专用发票凭证（操作步骤参考项目八/任务一先发货后开票的普通销售业务），修改"科目名称"为"主营业务收入"的辅助项，点击"保存"按钮。相应会计分录如下：

借：应收账款 164 980.00
　　贷：主营业务收入（美轮电视机） 76 000.00
　　　　主营业务收入（美奂电视机） 70 000.00
　　　　应交税费——应交增值税——销项税额 18 980.00

③ 执行"供应链→存货核算→记账→发出商品记账"命令，完成发出商品记账（操作步骤参考项目八/任务六委托代销业务）。

④ 执行"供应链→存货核算→凭证处理→生成凭证"命令，生成结转成本凭证（操作步骤参考项目八/任务一先发货后开票的普通销售业务），修改"科目名称"为"主营业务成本"的辅助项，点击"保存"按钮。相应会计分录如下：

借：主营业务成本（美轮电视机） 40 000.00
　　主营业务成本（美奂电视机） 37 000.00
　　贷：发出商品 77 000.00

（6）填写收款单，制单并核销。

① 1月27日登录企业应用平台，执行"财务会计→应收款管理→收款处理→收款单据录入"命令，根据实验资料，填写收款单，保存、审核并制单。相应会计分录如下：

借：银行存款——中国工商银行 164 980.00
　　贷：应收账款 164 980.00

② 关闭"填制凭证"窗口，返回"收款单据录入"窗口，点击"核销"按钮，打开"手工核销"窗口，在"单据编号"为"29476333"所在行，输入"本次结算"为"164 980"，如图8-75所示，点击"确认"按钮。

图 8-75　手工核销

> 温馨提示
>
> （1）分期收款发出商品业务类似于委托代销业务，货物提前发给客户，分期收回货款。
> （2）分期收款销售的特点是：一次发货，当时不确认收入，分次确认收入，在确认收入的同时配比性地转成本。
> （3）分期收款业务只能先发货后开票，不能开票直接发货。
> （4）业务类型选择"分期收款"。
> （5）分期发货单、分期发票审核后转存货核算系统进行记账。

（6）分期收款业务流程，如图8-76所示。

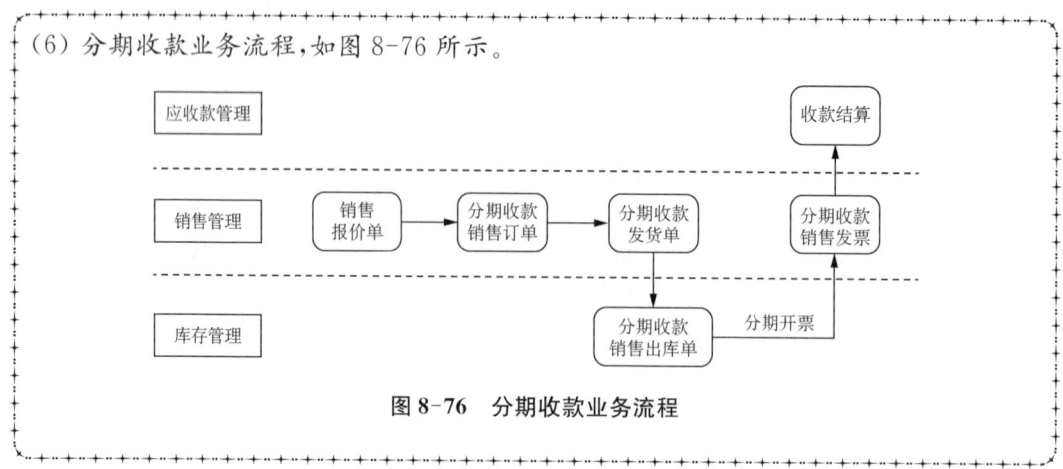

图8-76　分期收款业务流程

任务八　直运业务

【实验资料】

（1）1月28日，销售部何华与南京成玛设备有限公司签订直运销售合同，如图8-77所示，填写直运销售订单。

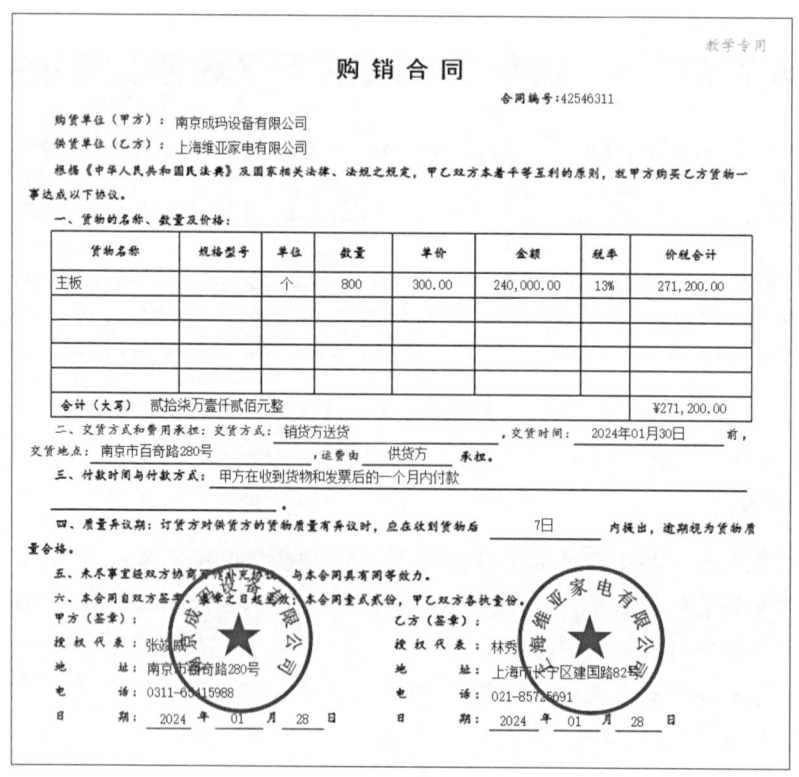

图8-77　购销合同

(2) 1月29日,采购部李欣怡与上海普爱电子有限公司签订直运采购合同,如图8-78所示,并要求将货物直接运输到南京成玛设备有限公司,填写直运采购订单。

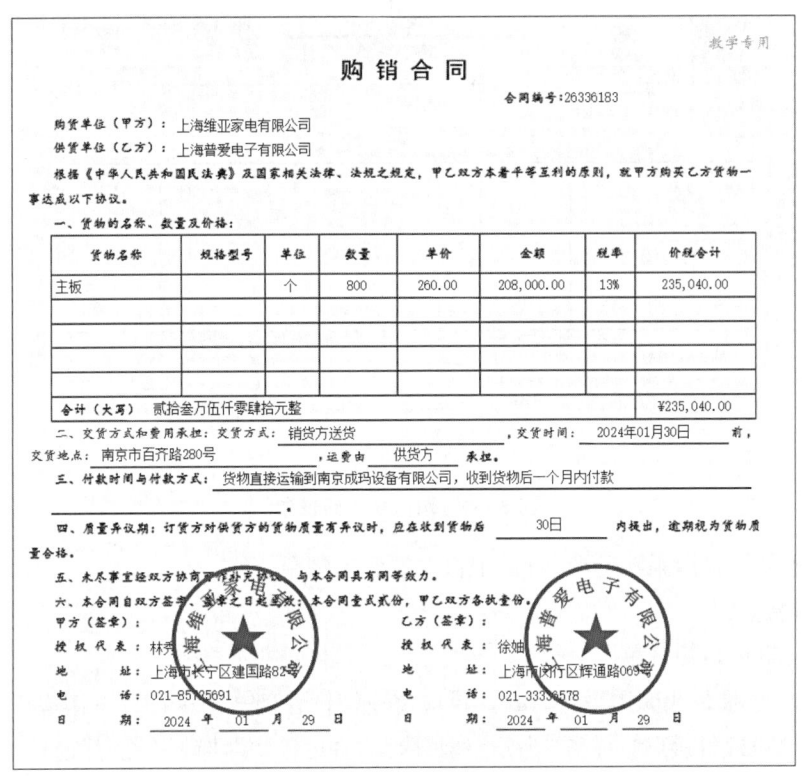

图8-78　购销合同

(3) 1月30日,货物送至南京成玛,采购部收到上海普爱开出的增值税专用发票,如图8-79所示,填写直运采购发票。

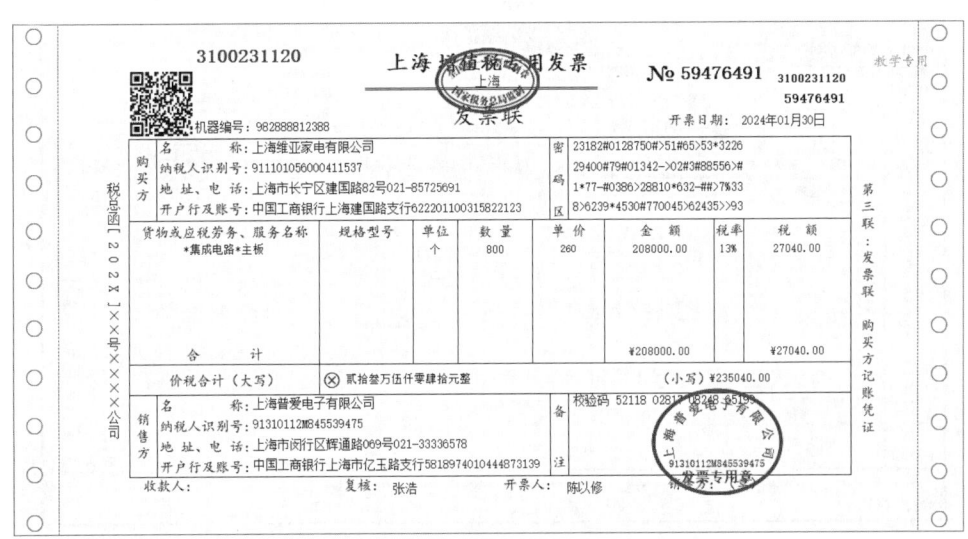

图8-79　增值税专用发票

(4) 1月30日,销售部向南京成玛开具增值税专用发票,如图8-80所示,填写直运销售发票。

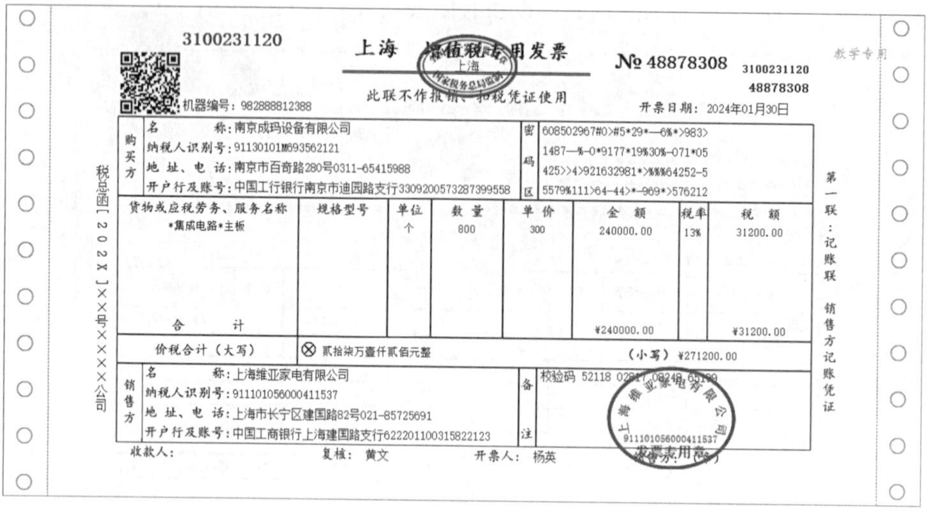

图 8-80 增值税专用发票

(5) 财务部对直运采购发票、直运销售发票业务制单。

【操作步骤】

(1) 填写直运销售订单。

1月28日登录企业应用平台,执行"供应链→销售管理→销售订货→销售订单"命令,根据实验资料,填写销售订单,注意"业务类型"选择"直运销售","销售类型"选择"直运销售",保存并审核,结果如图8-81所示。

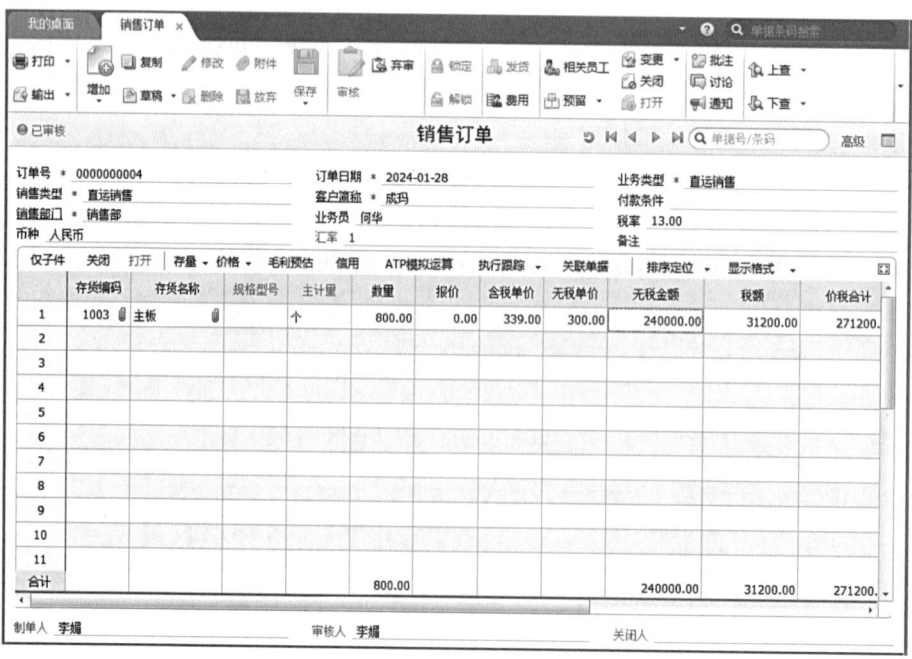

图 8-81 销售订单

(2) 填写直运采购订单。

1月29日登录企业应用平台，执行"供应链→采购管理→采购订货→采购订单"命令，点击"增加→销售订单"，打开"查询条件-单据列表过滤"对话框，点击"确定"按钮，参照销售订单生成采购订单，输入"供应商"为"普爱"，"部门"为"采购部"，"业务员"为"李欣怡"，"原币单价"为"260"，保存并审核，结果如图8-82所示。

图8-82 采购订单

(3) 填写直运采购发票。

1月30日登录企业应用平台，执行"供应链→采购管理→采购发票→专用采购发票"命令，参照采购订单生成采购专用发票，输入发票号，保存并复核，结果如图8-83所示。

图8-83 采购专用发票

(4) 填写直运销售发票。

执行"供应链→销售管理→销售开票→销售专用发票"命令，参照销售订单生成销售专用发票，输入发票号，保存并复核，结果如图8-84所示。

(5) 直运采购发票、直运销售发票业务制单。

图 8-84 销售专用发票

① 执行"财务会计→应付款管理→应付处理→采购发票→采购发票审核"命令,打开"采购发票审核"窗口,点击工具栏上的"查询"按钮,打开"查询条件-发票查询"对话框,选择"结算状态"为"未结算完",如图 8-85 所示,点击"确定"按钮,勾选需要审核的发票,点击"审核"按钮,再点击"确定"按钮。

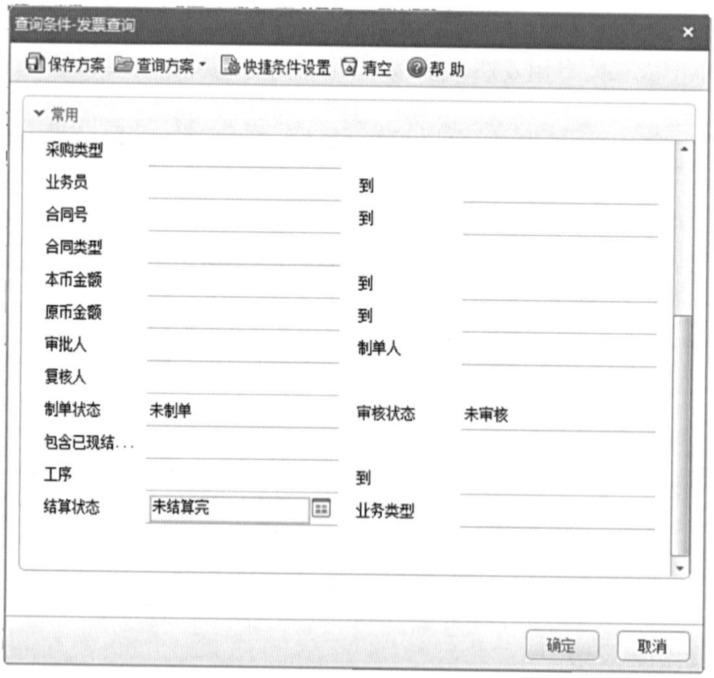

图 8-85 查询条件-发票查询

② 执行"财务会计→应付款管理→凭证处理→生成凭证"命令,生成采购专用发票凭证(操作步骤参考项目八/任务一先发货后开票的普通销售业务)。相应会计分录如下:

借：在途物资 208 000.00
　　应交税费——应交增值税——进项税额 27 040.00
　贷：应付账款——一般应付款 235 040.00

③ 执行"财务会计→应收款管理→应收处理→销售发票→销售发票审核"命令,审核销售专用发票(操作步骤参考项目八/任务一先发货后开票的普通销售业务)。

④ 执行"财务会计→应收款管理→凭证处理→生成凭证"命令,生成销售专用发票凭证(操作步骤参考项目八/任务一先发货后开票的普通销售业务),科目名称"主营业务收入"修改为"其他业务收入",点击"保存"按钮。相应会计分录如下：

借：应收账款 271 200.00
　贷：其他业务收入 240 000.00
　　应交税费——应交增值税——销项税额 31 200.00

⑤ 执行"供应链→存货核算→记账→直运销售记账"命令,点击"确定"按钮,全部勾选后,点击"记账"按钮。

⑥ 执行"供应链→存货核算→凭证处理→生成凭证"命令,生成直运销售凭证(操作步骤参考项目八/任务一先发货后开票的普通销售业务),注意输入存货科目为"1402",点击"保存"按钮。相应会计分录如下：

借：其他业务成本 208 000.00
　贷：在途物资 208 000.00

**温馨提示**

(1) 直运业务是指产品无需入库即可完成购销业务,由供应商直接将商品发给企业的客户；结算时,由购销双方分别与企业结算。
(2) 直运业务包括直运销售业务和直运采购业务,没有实物的出入库,货物流向是直接从供应商到客户,财务结算通过直运销售发票和直运采购发票解决。
(3) 业务类型选择"直运销售"。
(4) 直运采购发票和直运销售发票可以互相参照。
(5) 必有订单直运业务流程,如图 8-86 所示。

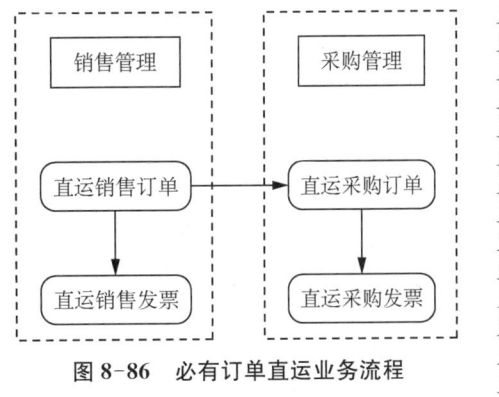

图 8-86　必有订单直运业务流程

【项目实验】

1. 普通销售业务

以账套主管[701]孙辉的身份,按业务日期登录企业应用平台。

(1) 1 月 14 日,广州雅泽商贸有限公司向销售部了解服饰的价格,准备购买卫衣 1 000 件,销售部李明杰向广州雅泽报价为 300 元/件,填写报价单。

(2) 1月15日,销售部与广州雅泽签订了购销合同,合同约定不含税单价280元,数量1 000件,填写销售订单。

(3) 1月15日,仓库从产成品库发出全部货物,填写发货单并生成销售出库单。

(4) 1月15日,向广州雅泽开具增值税专用发票金额280 000元,增值税额36 400元,填写销售专用发票。

(5) 财务部对销售发票和销售出库业务制单。

(6) 1月15日,财务部收到广州雅泽转账支票一张金额316 400元,支票号298454,填写收款单。

(7) 收款单制单并核销。

2. 预收货款并现结销售业务

(1) 1月16日,销售部李明杰与珠海美志服饰有限公司签订购销合同,销售衬衫800件,不含税单价190元,合同约定合同签订当日以银行转账方式支付30%货款,剩余货款在收到货物后以同样方式支付,填写销售订单。

(2) 1月16日,财务部收到珠海美志通过银行转账方式支付的部分货款45 600元,回单号6322,填写收款单并制单。

(3) 1月18日,仓库从产成品库发出全部货物,填写发货单并生成销售出库单。

(4) 1月18日,向珠海美志开具增值税专用发票金额152 000元,增值税额19 760元,并收到尾款,回单号6323,填写销售专用发票并现结。

(5) 财务部对销售现结、销售出库业务制单。

(6) 预收冲应收并制单。

3. 分期发货且分次开票销售业务

(1) 1月18日,销售部蔡欣怡与南宁聚帅服饰有限公司签订购销合同,销售卫衣2 000件,不含税单价280元,合同约定分两批发货,合同签订发出货物的50%,剩余货物月底前全部发出,填写销售订单。

(2) 1月18日,仓库从产成品库发出1 000件卫衣,填写发货单并生成销售出库单。

(3) 1月18日,向南宁聚帅开具增值税专用发票金额280 000元,增值税额36 400元,填写销售专用发票。

(4) 1月20日,销售部通知仓库向南宁聚帅发出第二批1 000件卫衣,填写发货单并生成销售出库单。

(5) 1月20日,向南宁聚帅开具第二批货物的增值税专用发票金额280 000元,增值税额36 400元,填写销售专用发票。

(6) 财务部对销售发票和销售出库业务制单。

(7) 1月20日,财务收到全部货款632 800元,回单号6324,填写收款单。

(8) 收款单制单并核销。

4. 开票直接发货且代垫运费销售业务

(1) 1月20日,销售部蔡欣怡向北京诗骏商贸有限公司出售衬衫1 500件,不含税单价95元,直接开具增值税专用发票金额142 500元,增值税额18 525元,填写销售专用发票。

(2) 1月20日,销售过程中,销售部代垫了运输费300元,并以现金支付。

(3) 1月20日,仓库从产成品库发出全部货物,参照发货单生成销售出库单。

(4) 财务部对销售发票、代垫运费、销售出库业务制单。

(5) 1月20日,财务部收到北京诗骏银行承兑汇票一张,出票金额161 025元,到期日2024年4月20日,票号7788950,填写商业汇票。

(6) 收款单制单并核销。

5. 销售退货业务

(1) 1月21日,销售部李明杰向广州雅泽商贸有限公司出售衬衫500件,不含税单价190元,仓库从产成品库发出全部货物,填写发货单并生成销售出库单。

(2) 1月21日,因客户原因需要退回10件衬衫,公司同意退货,填写销售退货单并生成红字销售出库单。

(3) 1月21日,向广州雅泽开具增值税专用发票金额93 100元,增值税额12 103元,填写销售专用发票。

(4) 1月23日,广州雅泽又以七天无理由退货为由,退回20件衬衫,公司同意退货,填写销售退货单并生成红字销售出库单。

(5) 1月23日,向广州雅泽开具红字增值税专用发票金额—3 800元,增值税额—494元,填写红字销售专用发票。

(6) 财务部对销售发票、销售出库业务制单。

(7) 红票对冲并制单。

6. 委托代销业务

(1) 1月24日,销售部李明杰委托珠海美志服饰有限公司代为销售卫衣2 500件,双方约定采用视同买断方式由代销货物,不含税单价260元。同日,仓库从产成品库发出全部货物,填写委托代销发货单并生成销售出库单。

(2) 财务部对发出商品业务制单。

(3) 1月26日,收到珠海美志发来的商品代销清单,销售卫衣1 200件,不含税单价260元,填写委托代销结算单。

(4) 1月26日,向珠海美志开具增值税专用发票金额312 000元,增值税额40 560元,填写销售专用发票。

(5) 财务部对销售发票、代销结算业务制单。

7. 分期收款业务

(1) 1月26日,销售部蔡欣怡与北京诗骏商贸有限公司签订购销合同,销售卫衣2 200件,不含税单价280元,合同约定分2次支付货款,客户在收到货物及发票后3日内以银行转账方式支付50%货款,剩余货款在1个月内付清,填写分期收款销售订单。

(2) 1月26日,仓库从产成品库发出全部货物,填写分期收款发货单并生成销售出库单。

(3) 财务部对发出商品业务制单。

(4) 1月26日,向北京诗骏开具第一次付款的增值税专用发票金额308 000元,增值税额 40 040 元,数量 1 100 件,填写销售专用发票。

(5) 财务部对销售发票、分期收款业务制单。

(6) 1 月 27 日,财务收到货款 348 040 元,填写收款单。

(7) 收款单制单并核销。

8. 直运业务

(1) 1 月 29 日,销售部蔡欣怡与南宁聚帅服饰有限公司签订直运销售合同,销售拉链 10 000 条,不含税单价 20 元,填写直运销售订单。

(2) 1 月 29 日,采购部李国芳与广州蓝致纺织有限公司签订直运采购合同,订购拉链 10 000 条,不含税单价 10 元,并要求将货物在 1 月 30 日前直接运输到南宁聚帅服饰有限公司,填写直运采购订单。

(3) 1 月 30 日,货物送至南宁聚帅,采购部收到广州蓝致开出的增值税专用发票金额 100 000 元,增值税额 13 000 元,填写直运采购发票。

(4) 1 月 30 日,销售部向南宁聚帅开具增值税专用发票金额 200 000 元,增值税额 26 000 元,填写直运销售发票。

(5) 财务部对直运采购发票、直运销售发票业务制单。

思政小课堂

诚信是社会最普遍也是最基本的伦理价值需要。古人云:"诚招天下客,誉从信中来。"在现代社会中,诚信已经成为企业生存发展的根本,更是市场经济条件下企业的通行证,是企业参与市场竞争的有力武器,是企业自我创造、建立、形成的强大的无形资产。

项目九 月末结账与 UFO 报表

项目概述

UFO 报表系统是用友开发的电子表格软件,可单独使用,用于处理日常办公事务,包括制作表格、数据运算、图形制作和打印等电子表的所有功能;也可以和其他模块结合使用,作为通用财务报表系统使用,广泛使用于各行业的财务、会计、人事、计划、统计和税务等部门。

UFO 报表系统以固定的格式管理大量不同的表页,能将多达 99 999 张具有相同格式的报表资料统一在一个报表文件中管理,并且在每张表页之间建立有机的联系。UFO 报表系统提供了排序、审核、舍位平衡和汇总功能;提供了绝对单元公式和相对单元公式,可以方便、迅速地定义计算公式;提供了种类丰富的函数,可以从总账、应收、应付、薪资、固定资产、销售、采购、库存和存货等用友产品中提取数据,生成财务报表。

UFO 报表系统还提供了包括直方图、立体图、圆饼图和折线图等十余种图式的分析表,提供了 33 个行业的标准财务报表模板,可轻松生成复杂报表,还提供自定义模板的功能,可以根据单位的实际需要定制模板。

UFO 报表系统操作流程,如图 9-1 所示。

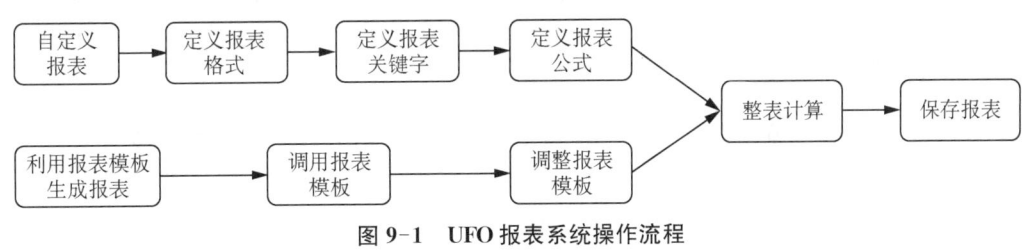

图 9-1 UFO 报表系统操作流程

任务一 月末结账

1. 采购管理期末业务

【实验资料】

以账套主管[001]李媚的身份登录企业应用平台,登录时间为 2024 年 1 月 31 日。

1月31日对采购管理系统进行月末结账。

【操作步骤】

执行“供应链→采购管理→月末结账→月末结账”命令，打开“结账”对话框，点击“结账”按钮，弹出“是否关闭订单?”对话框，点击“否”按钮，完成结账，确认2024年1月“是否结账”栏显示为“是”，如图9-2所示，点击“退出”按钮。

会计月份	起始日期	结束日期	是否结账
1	2024-01-01	2024-01-31	是
2	2024-02-01	2024-02-29	否
3	2024-03-01	2024-03-31	否
4	2024-04-01	2024-04-30	否
5	2024-05-01	2024-05-31	否
6	2024-06-01	2024-06-30	否
7	2024-07-01	2024-07-31	否
8	2024-08-01	2024-08-31	否
9	2024-09-01	2024-09-30	否
10	2024-10-01	2024-10-31	否
11	2024-11-01	2024-11-30	否
12	2024-12-01	2024-12-31	否

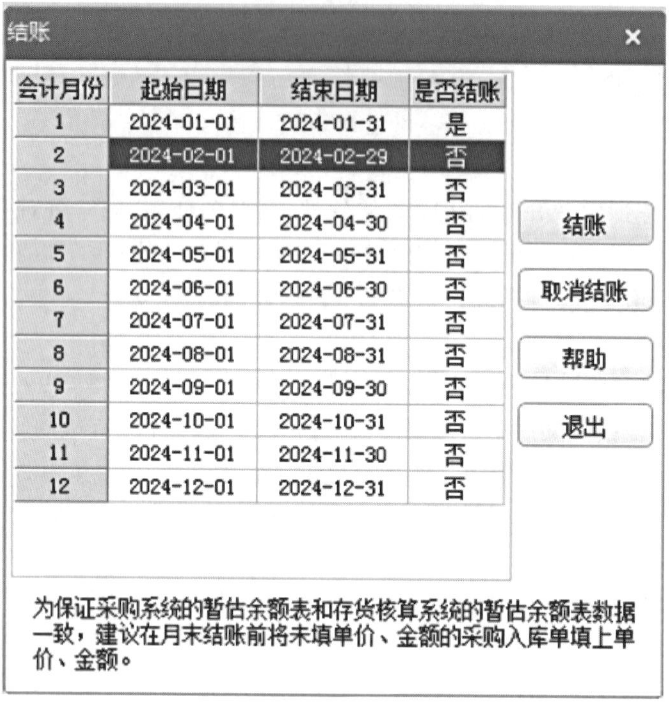

图9-2 结账

温馨提示

(1) 结账前用户应检查本会计月工作是否已全部完成，只有在当前会计月所有工作全部完成的前提下，才能进行月末结账，否则会遗漏某些业务。

(2) 月末结账后，已结账月份的采购入库单、采购发票不可修改、删除。

(3) 月末结账后，可逐月取消结账，选中已结账最后月份，点击“取消结账”按钮，则取消该月的月末结账。

2. 销售管理期末业务

【实验资料】

1月31日对销售管理系统进行月末结账。

【操作步骤】

执行“供应链→销售管理→月末结账→月末结账”命令，打开“结账”对话框，点击“结账”

按钮,弹出"是否关闭订单?"对话框,点击"否"按钮,结账完成,"是否结账"栏显示为"是",点击"退出"按钮。

 温馨提示

(1) 月末结账后,选中已结账最后月份,可点击"取消结账"按钮,取消该月的月末结账。

(2) 采购管理、销售管理系统月末结账后,才能进行库存管理、存货核算、应付款管理、应收款管理系统的月末结账。

3. 应收款管理期末业务

1) 账表查询

【实验资料】

以账套主管[001]李娟的身份登录企业应用平台,登录时间为 2024 年 1 月 31 日。

(1) 凭证查询。

(2) 业务明细账查询。

(3) 科目余额表查询。

(4) 账龄分析。

【操作步骤】

(1) 执行"财务会计→应收款管理→凭证处理→查询凭证"命令,可查询凭证。

(2) 执行"财务会计→应收款管理→账表管理→业务账表→业务明细账"命令,可查询应收明细账。

(3) 执行"财务会计→应收款管理→账表管理→科目账查询→科目余额表"命令,可查询科目余额表。

(4) 执行"财务会计→应收款管理→应收处理→账龄分析→应收账龄分析"命令,可查询应收账龄分析。

2) 应收款管理期末处理

【实验资料】

1 月 31 日对应收款管理系统进行月末结账。

【操作步骤】

(1) 执行"财务会计→应收款管理→期末处理→月末结账"命令,打开"月末结账"对话框,双击 1 月份的"结账标志"栏,如图 9-3 所示。

(2) 点击"下一步"按钮,显示各处理类型的处理情况,在处理情况都是"是"的情况下,点击"完成"按钮,系统弹出"1 月份结账成功!"对话框,如图 9-4 所示,点击"确定"按钮。

图 9-3 月末处理

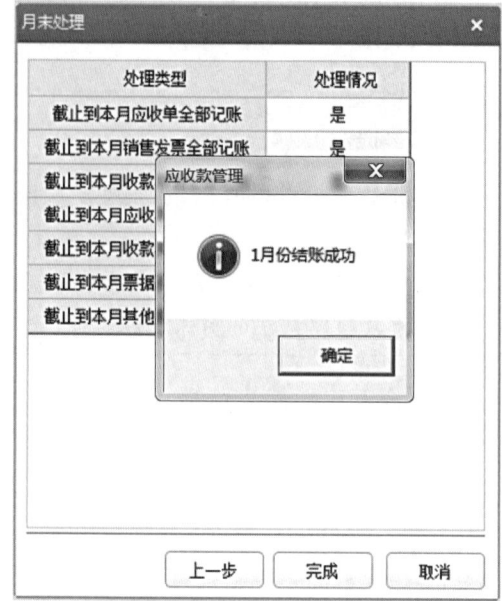

图 9-4 1月份结账成功!

 温馨提示

(1) 当选项中设置审核日期为单据日期时,本月的单据(发票和应收单)在结账前应该全部审核。

(2) 当选项中设置审核日期为业务日期时,截至本月末还有未审核单据(发票和应收单),照样可以进行月结处理。

(3) 如果本月的收款单还有未审核的,不能结账。

(4) 当选项中设置月结时必须将当月单据以及处理业务全部制单,则月结时若检查当月有未制单的记录时不能进行月结处理。

(5) 若需取消月末结账,可执行"应收款管理→期末处理→取消月结"命令,选择需要取消结账月份,双击结账标志一栏,点击"确认"按钮,系统执行取消结账功能。

---

4. 应付款管理期末业务

1) 账表查询

【实验资料】

(1) 凭证查询。

(2) 业务明细账查询。

(3) 科目余额表查询。

(4) 账龄分析。

【操作步骤】

(1) 执行"财务会计→应付款管理→凭证处理→查询凭证"命令,可查询凭证。

(2) 执行"财务会计→应付款管理→账表管理→业务账表→业务明细账"命令,可查询应付明细账。

(3) 执行"财务会计→应付款管理→账表管理→科目账查询→科目余额表"命令,可查询科目余额表。

(4) 执行"财务会计→应付款管理→应付处理→账龄分析→应付账龄分析"命令,可查询应付账龄分析。

2) 应付款管理期末处理

【实验资料】

1月31日对应付款管理系统进行月末结账。

【操作步骤】

执行"财务会计→应付款管理→期末处理→月末结账"命令,打开"月末结账"对话框,双击1月份的"结账标志"栏,点击"下一步"按钮,显示各处理类型的处理情况,在处理情况都是"是"的情况下,点击"完成"按钮,结账后,系统弹出"1月份结账成功!"对话框,点击"确定"按钮。

温馨提示

(1) 当选项中设置审核日期为单据日期时,本月的单据(发票和应付单)在结账前应该全部审核。

(2) 当选项中设置审核日期为业务日期时,截至本月末还有未审核单据(发票和应付单),照样可以进行月结处理。

(3) 如果本月的付款单还有未审核的,不能结账。

(4) 当选项中设置月结时必须将当月单据以及处理业务全部制单,则月结时若检查当月有未制单的记录时不能进行月结处理。

(5) 若需取消月末结账,可执行"应付款管理→期末处理→取消月结"命令,选择需要取消结账月份,双击结账标志一栏,点击"确认"按钮,系统执行取消结账功能。

5. 库存管理期末业务

【实验资料】

1月31日对库存管理系统进行月末结账。

【操作步骤】

执行"供应链→库存管理→月末处理→月末结账"命令,打开"结账"对话框,点击"结账"按钮,弹出"库存启用月份结账后将不能修改期初数据,是否继续结账?"对话框,点击"是"按钮,结账完成,"是否结账"栏显示为"是",如图9-5所示,点击"退出"按钮。

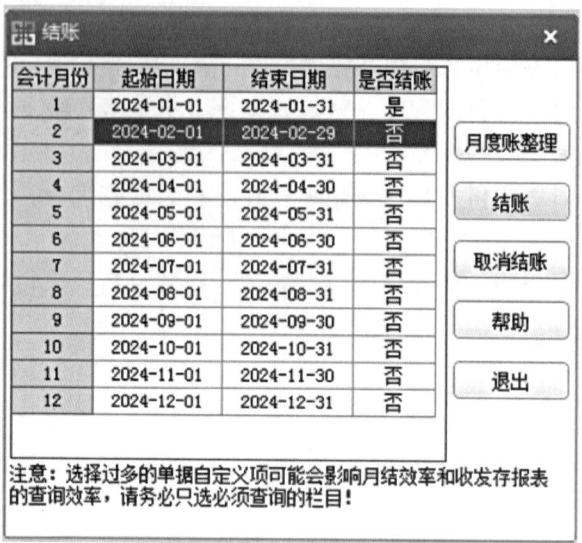

图 9-5 结账

6. 存货核算期末业务

【实验资料】

1 月 31 日对存货核算系统进行期末处理并月末结账。

【操作步骤】

（1）执行"供应链→存货核算→记账→期末处理"命令，打开"期末处理-1月"对话框，点击"处理"按钮，打开"仓库平均单价计算表"窗口，点击"确定"按钮，弹出"期末处理完毕！"对话框，如图 9-6 所示，点击"确定"按钮，关闭对话框。

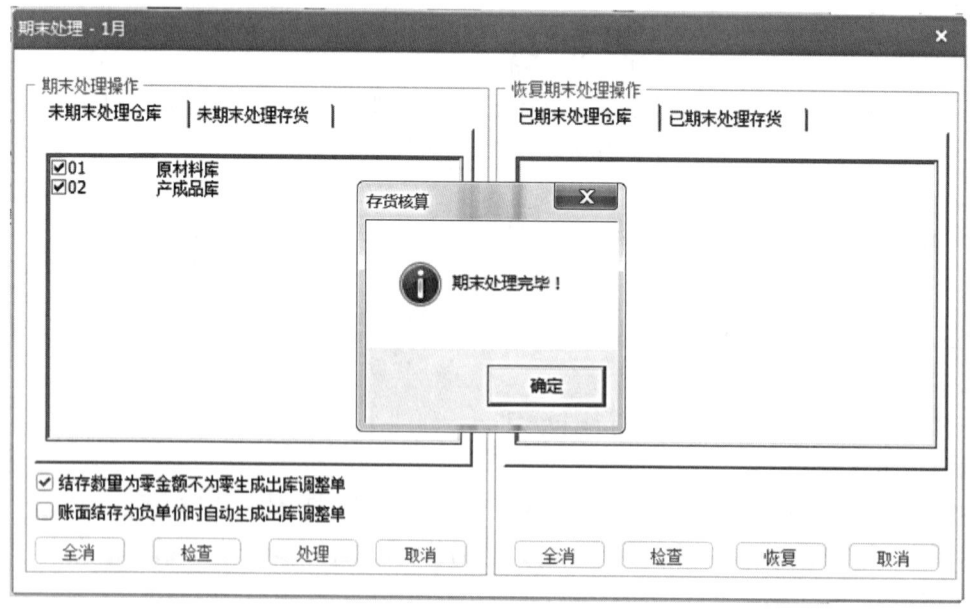

图 9-6 期末处理完毕！

(2) 执行"供应链→存货核算→记账→月末结账"命令，打开"结账"对话框，点击"结账"按钮，弹出"月末结账完成！"对话框，点击"确定"按钮，结账完成。

 温馨提示

(1) 当日常业务全部完成后，进行期末处理的目的是：
① 计算按全月平均方式核算的存货的全月平均单价及其本月出库成本。
② 计算按计划价/售价方式核算的存货的差异率/差价率及其本月的分摊差异/差价。
③ 对已完成日常业务的仓库、部门和存货做处理标志。
(2) 结账前应仔细检查是否本月业务还有未记账的单据，只有做完本月的全部日常业务后，才能做期末处理工作。
(3) 存货核算系统月末结账，必须在库存管理、采购管理和销售管理系统结账后，才能进行结账。

7. 总账期末业务

【实验资料】

(1) 对所有凭证进行出纳签字、审核和记账。
(2) 对总账系统进行期末对账、结账业务处理。

【操作步骤】

(1) 参考项目三/任务二/3.出纳签字、审核凭证和记账。
(2) 参考项目三/任务三/3.期末结账/1)对账、结账。

 温馨提示

(1) 还有未记账凭证的月份不能结账。
(2) 每月对账正确后才能结账。
(3) 其他系统均已结账，才能进行总账的结账。

任务二　自定义报表

【实验资料】

设计货币资金表，如表 9-1 所示。

表 9-1　货币资金表

单位名称：　　　　　　　　　　年　　月　　日　　　　　　　　　　　　单位：元

项目	行次	期初数	借方发生额	贷方发生额	期末数
库存现金	1				
银行存款	2				
合计	3				

制单人：

基本制表要求：

(1) 表尺寸为 7 行 6 列。
(2) 第 1 行整体组合，行高 15 毫米，字体为黑体，字号 24，水平、垂直居中。
(3) 对 A3:F6 进行区域画线，列宽 40 毫米，水平居中。
(4) 设置关键字"单位名称""年""月"和"日"，调整到合适位置。
(5) 录入表内其他文字信息。
(6) 在空白单元格处插入相应公式。
(7) 整表计算。
(8) 保存"货币资金表"。

【操作步骤】

(1) 表尺寸为 7 行 6 列。

① 执行"财务会计→UFO 报表"命令，打开"UFO 报表"窗口，弹出"日积月累"对话框，点击"关闭"按钮。在菜单栏点击"文件→新建"，新建一张空白报表。

② 在菜单栏点击"格式→表尺寸"，打开"表尺寸"对话框，输入"行数"为"7"，"列数"为"6"，如图 9-7 所示，点击"确认"按钮。

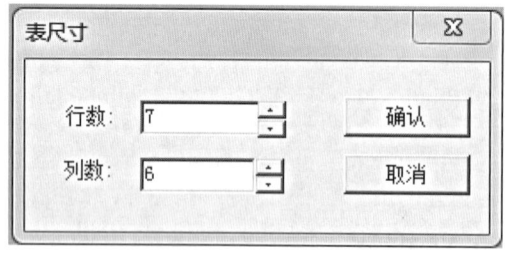

图 9-7　表尺寸

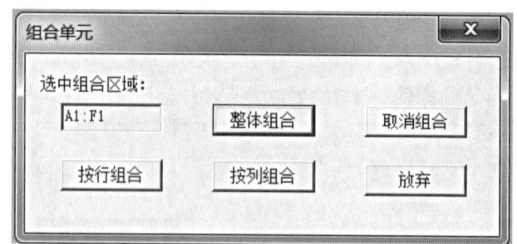

图 9-8　组合单元

(2) 第 1 行整体组合，行高 15 毫米，字体为黑体，字号 24，水平居中。

① 选中 A1:F1 单元区域，在菜单栏点击"格式→组合单元"，打开"组合单元"对话框，如图 9-8 所示，点击"整体组合"按钮。

② 选中第一行，在菜单栏点击"格式→行高"，打开"行高"对话框，输入"行高"为"15"，

如图 9-9 所示,点击"确认"按钮。

③ 选中第一行,在菜单栏点击"格式→单元属性",打开"单元格属性"对话框,点击"字体图案"选项卡,选择"字体"为"黑体","字号"为"24",如图 9-10 所示。

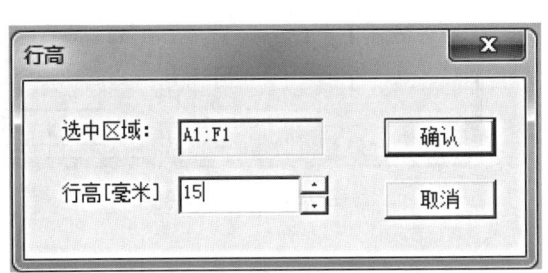
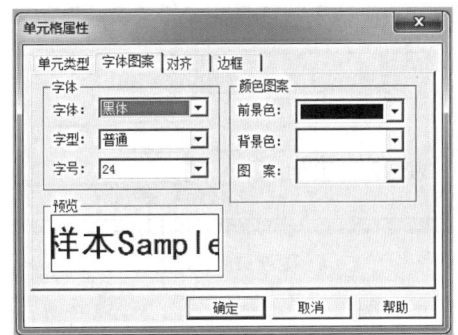

图 9-9　行高　　　　　　　　　图 9-10　单元格属性-字体图案

④ 点击"对齐"选项卡,选择"水平方向"为"居中","垂直方向"为"居中",如图 9-11 所示,点击"确定"按钮。

(3) 对 A3:F6 进行区域画线,列宽 50 毫米,水平居中。

① 选中 A3:F6 单元区域,在菜单栏点击"格式→区域画线",打开"区域画线"对话框,如图 9-12 所示,点击"确认"按钮。

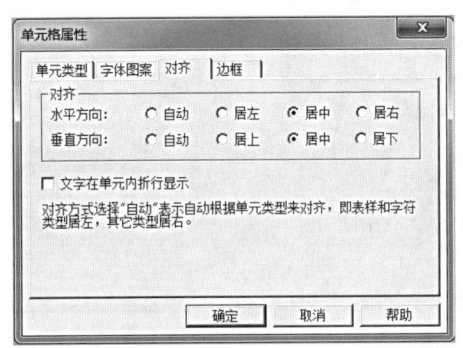
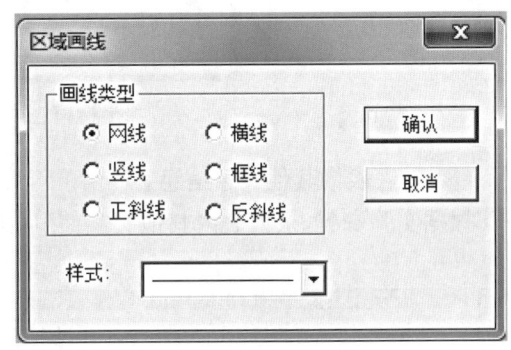

图 9-11　单元格属性-对齐　　　　　图 9-12　区域画线

② 选中 A3:F6 单元区域,在菜单栏点击"格式→列宽",打开"列宽"对话框,输入"列宽"为"40",如图 9-13 所示,点击"确认"按钮。

③ 选中 A3:F6 单元区域,在菜单栏点击"格式→单元属性",打开"单元格属性"对话框,点击"对齐"选项卡,选择"水平方向"为"居中",点击"确定"按钮。

(4) 设置关键字"单位名称""年""月"和"日",调整到合适位置。

① 选中 A2 单元格,在菜单栏点击"数据→关键字→设置",打开"设置关键字"对话框,选中"单位名称"单选框,如图 9-14 所示,点击"确定"按钮。用同样方法依次在 C2 单元格设置"年"、在 D2 单元格设置"月",在 E2 单元格设置"日"。

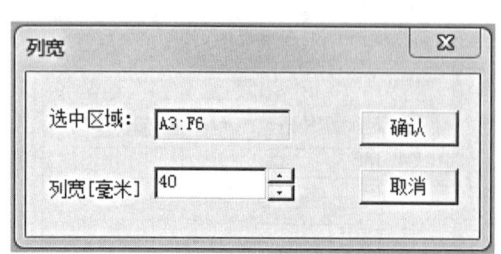

图 9-13 列宽

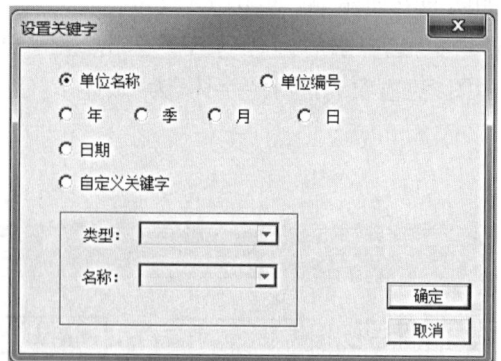

图 9-14 设置关键字

② 在菜单栏点击"数据→关键字→偏移",打开"定义关键字偏移"对话框,在"年""月"和"日"栏输入偏移量,如图 9-15 所示,点击"确定"按钮。

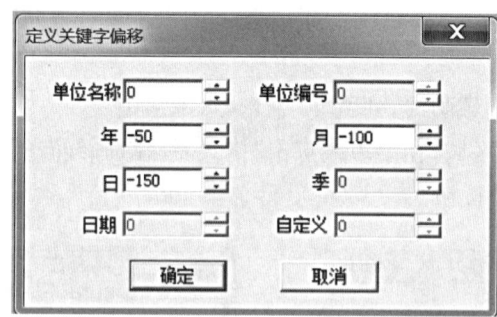

图 9-15 定义关键字偏移

(5) 录入表内其他文字信息。

根据实验资料,录入表内其他文字信息,结果如图 9-16 所示。

	货币资金表					
单位名称：xxxxxxxxxxxxxxxxxxxxxx		xxxx 年	xx 月	xx 日		单位：元
项目	行次	期初数	借方发生额	贷方发生额		期末数
库存现金	1					
银行存款	2					
演示数据合计	3					
						制单人：

图 9-16 货币资金表

(6) 在空白单元格处插入相应公式。

① 选中 C4 单元格,在菜单栏点击"数据→编辑公式→单元公式",打开"定义公式"对话框,点击"函数向导"按钮,打开"函数向导"对话框,在"函数分类"列表中选择"用友账务函数",在"函数名"列表中选中"期初(QC)",如图 9-17 所示。

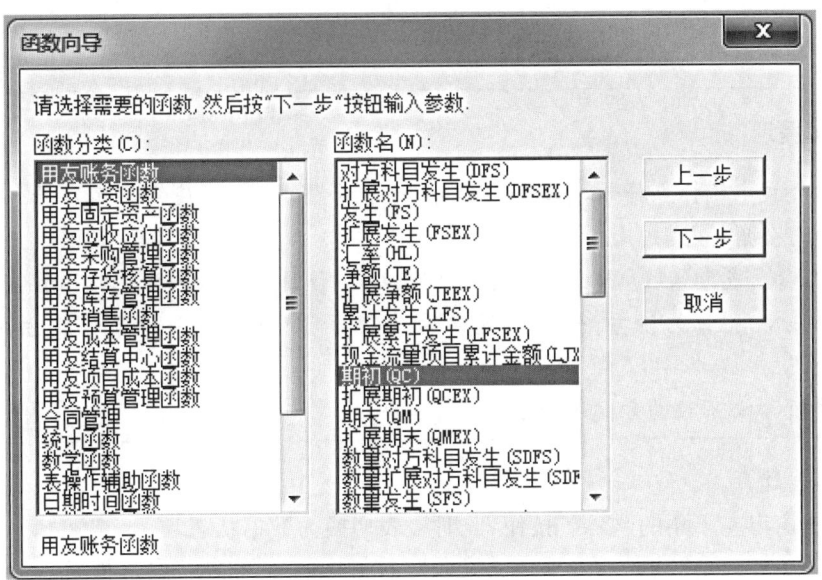

图 9-17 函数向导

② 点击"下一步"按钮,打开"用友账务函数"对话框,点击"参照"按钮,打开"账务函数"对话框,修改"科目"为"1001","方向"为"默认",点击"确定"按钮,返回"用友账务函数"对话框,再点击"确定"按钮,返回"定义公式"对话框,如图 9-18 所示,点击"确认"按钮,完成 C4 单元格公式设置。

图 9-18 定义公式

③ 参照上述方式完成其他单元格公式设置。

D4＝FS("1001",月,"借",,,,,)

E4＝FS("1001",月,"贷",,,,,)

F4＝QM("1001",月,,,,,,,,)

C5＝QC("1002",月,,,,,,,,)

D5＝FS("1002",月,"借",,,,,)

E5＝FS("1002",月,"贷",,,,,)

F5＝QM("1002",月,,,,,,,,)

C6＝C4＋C5

D6＝D4＋D5

E6=E4+E5
F6=F4+F5

> **温馨提示**
> (1) 单元公式中的标点符号,如括号、引号、逗号和冒号等,请使用半角符号(西文),不要使用全角符号(中文)。
> (2) 期初(QC)或期末(QM)函数的方向为默认,若科目为借方科目,则返回的余额为借方余额,若科目为贷方科目,则返回的余额为贷方余额,若设置相反方向则返回负数。
> (3) 发生额(FS)函数的方向不能缺省。

(7) 整表计算。

① 点击窗口左下角的"格式"按钮,此时报表切换为数据状态。

② 在菜单栏点击"数据→关键字→录入",打开"录入关键字"对话框,输入"单位名称"为"上海维亚家电有限公司","年"为"2024","月"为"1","日"为"31",如图9-19所示,点击"确认"按钮。

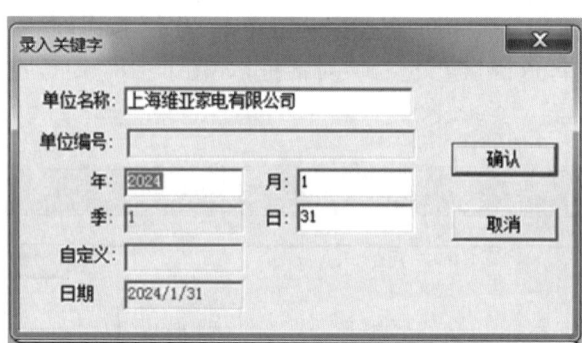

图9-19 录入关键字

③ 弹出"是否重算第1页"对话框,点击"是"按钮,结果如图9-20所示。

	A	B	C	D	E	F
1			货币资金表			
2	单位名称:上海维亚家电有限公司		2024年	1月 31日		
3	项目	行次	期初数	借方发生额	贷方发生额	期末数
4	库存现金	1	36468.00		1234.50	35233.50
5	银行存款	2	1155907.08	1906250.00	1362610.90	1699546.18
6	合计	3	1192375.08	1906250.00	1363845.40	1734779.68
7						制单人:

图9-20 货币资金表

(8) 保存"货币资金表"。

在菜单栏点击"文件→保存",打开"另存为"对话框,存储位置选择D盘根目录,输入"文件名"为"1月份货币资金表",如图9-21所示,点击"另存为"按钮,保存完毕。

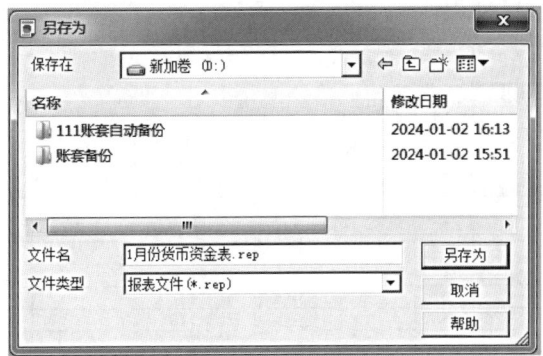

图 9-21 另存为

任务三 利用报表模板生成报表

1. 生成资产负债表

【实验资料】

2024年1月31日,利用报表模板生成资产负债表并保存。

【操作步骤】

(1) 执行"财务会计→UFO报表"命令,打开"UFO报表"窗口,在菜单栏点击"文件→新建",新建一张空白报表。

(2) 在菜单栏点击"格式→报表模板",打开"报表模板"对话框,选择"您所在的行业"为"2007年新会计制度科目","财务报表"为"资产负债表",如图9-22所示,点击"确认"按钮。

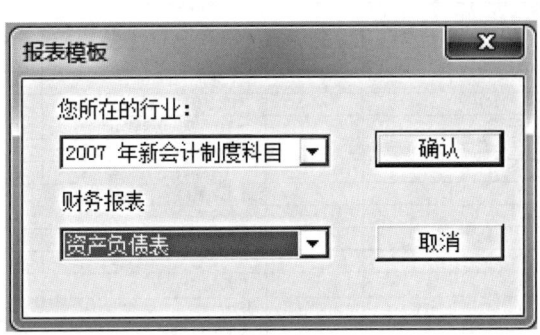

图 9-22 报表模板

(3) 弹出"模板格式将覆盖本表格式!是否继续?"对话框,点击"确定"按钮,生成资产负债表,如图9-23所示。

345

资产负债表

会企01表

编制单位: xxxx 年 xx 月 xx 日 单位:元

资　产	行次	期末余额	年初余额	负债和所有者权益(或股东权益)	行次	期末余额	年初余额
流动资产:				流动负债:			
货币资金	1	公式单元	公式单元	短期借款	32	公式单元	公式单元
交易性金融资产	2	公式单元	公式单元	交易性金融负债	33	公式单元	公式单元
应收票据	3	公式单元	公式单元	应付票据	34	公式单元	公式单元
应收账款	4	公式单元	公式单元	应付账款	35	公式单元	公式单元
预付款项	5	公式单元	公式单元	预收款项	36	公式单元	公式单元
应收利息	6	公式单元	公式单元	应付职工薪酬	37	公式单元	公式单元
应收股利	7	公式单元	公式单元	应交税费	38	公式单元	公式单元
其他应收款	8	公式单元	公式单元	应付利息	39	公式单元	公式单元
存货	9	公式单元	公式单元	应付股利	40	公式单元	公式单元
一年内到期的非流动资产	10			其他应付款	41	公式单元	公式单元
其他流动资产	11			一年内到期的非流动负债	42		
流动资产合计	12	公式单元	公式单元	其他流动负债	43		

图 9-23　格式状态下的资产负债表(局部)

(4) 点击窗口左下角的“格式”按钮,将报表切换为数据状态。

(5) 在菜单栏点击“数据→关键字→录入”,打开“录入关键字”对话框,输入“年”为“2024”,“月”为“1”,“日”为“31”,点击“确认”按钮,弹出“是否重算第 1 页”对话框,点击“是”按钮,结果如图 9-24 所示。

资产负债表

演示数据

会企01表

编制单位: 2024 年 1 月 31 日 单位:元

资　产	行次	期末余额	年初余额	负债和所有者权益(或股东权益)	行次	期末余额	年初余额
流动资产:				流动负债:			
货币资金	1	1,734,779.68	1,192,375.08	短期借款	32	1,200,000.00	
交易性金融资产	2			交易性金融负债	33		
应收票据	3	396,000.00		应付票据	34		
应收账款	4	457,650.00		应付账款	35	533,879.15	85,980.00
预付款项	5			预收款项	36		
应收利息	6			应付职工薪酬	37	325,595.70	137,864.84
应收股利	7			应交税费	38	168,080.91	298,942.01
其他应收款	8			应付利息	39	4,350.00	
存货	9	3,377,360.00	3,025,000.00	应付股利	40		
一年内到期的非流动资产	10			其他应付款	41	13,459.20	13,459.20
其他流动资产	11			一年内到期的非流动负债	42		
流动资产合计	12	5,965,789.68	4,217,375.08	其他流动负债	43		
非流动资产:				流动负债合计	44	2,245,364.96	536,246.05
可供出售金融资产	13			非流动负债:			
持有至到期投资	14			长期借款	45		
长期应收款	15			应付债券	46		
长期股权投资	16			长期应付款	47		
投资性房地产	17			专项应付款	48		
固定资产	18	1,933,207.80	1,616,046.25	预计负债	49		
在建工程	19			递延所得税负债	50		
工程物资	20			其他非流动负债	51		
固定资产清理	21	4,609.25		非流动负债合计	52		
生产性生物资产	22			负债合计	53	2245364.96	536246.05

图 9-24　资产负债表(局部)

(6) 在菜单栏点击"文件→保存",打开"另存为"对话框,存储位置选择 D 盘根目录,输入"文件名"为"1月份资产负债表",点击"另存为"按钮,保存完毕。

2. 生成利润表

【实验资料】

2024 年 1 月 31 日,利用报表模板生成利润表并保存。

【操作步骤】

操作步骤同上,结果如图 9-25 所示。

	A	B	C	D
1		利润表		
2				会企02表
3	编制单位:	2024 年	1 月	单位:元
4	项 目	行数	本期金额	上期金额
5	一、营业收入	1	1,380,000.00	
6	减:营业成本	2	779,500.00	
7	营业税金及附加	3		
8	销售费用	4	57,751.66	
9	管理费用	5	136,957.90	
10	财务费用	6	2,314.20	
11	资产减值损失	7	10,000.00	
12	加:公允价值变动收益(损失以"-"号填列)	8		
13	投资收益(损失以"-"号填列)	9		
14	其中:对联营企业和合营企业的投资收益	10		
15	二、营业利润(亏损以"-"号填列)	11	393,476.24	
16	加:营业外收入	12		
17	减:营业外支出	13		
18	其中:非流动资产处置损失	14		
19	三、利润总额(亏损总额以"-"号填列)	15	393,476.24	
20	减:所得税费用	16		
21	四、净利润(净亏损以"-"号填列)	17	393,476.24	
22	五、每股收益:	18		
23	(一)基本每股收益	19		
24	(二)稀释每股收益	20		

图 9-25 利润表

【项目实验】

1. 月末结账

以账套主管[701]孙辉的身份登录企业应用平台,登录时间为 2024 年 1 月 31 日。

1) 采购管理期末业务

1 月 31 日对采购管理系统进行月末结账。

2) 销售管理期末业务

1 月 31 日对销售管理系统进行月末结账。

3) 应收款管理期末业务

(1) 账表查询。

① 凭证查询。

② 业务明细账查询。

③ 科目余额表查询。

④ 账龄分析。

(2) 应收款管理期末处理。

1月31日对应收款管理系统进行月末结账。

4) 应付款管理期末业务

(1) 账表查询。

① 凭证查询。

② 业务明细账查询。

③ 科目余额表查询。

④ 账龄分析。

(2) 应付款管理期末处理。

1月31日对应付款管理系统进行月末结账。

5) 库存管理期末业务

1月31日对库存管理系统进行月末结账。

6) 存货核算期末业务

1月31日对存货核算系统进行期末处理并月末结账。

7) 总账期末业务

(1) 对所有凭证进行出纳签字、审核和记账。

(2) 对总账系统进行期末对账、结账业务处理。

2. 自定义报表

设计固定资产净值计算表,如表9-2所示。

表9-2 固定资产净值计算表

单位名称： 　　　　　　　年 月 日 　　　　　　　单位:元

项目	行次	期初数	借方发生额	贷方发生额	期末数
固定资产	1				
累计折旧	2				
净值	3				

制单人：

基本制表要求：

(1) 表尺寸为7行6列。

(2) 第1行整体组合,行高15毫米,字体为宋体,字号24,水平居中。

(3) 对 A3:F6 进行区域画线,列宽 40 毫米,水平居中。

(4) 设置关键字"单位名称""年""月"和"日",调整到合适位置。

(5) 录入表内其他文字信息。

(6) 在空白单元格处插入相应公式。

(7) 整表计算。

(8) 保存"固定资产净值计算表"。

3. 利用报表模板生成报表

1) 生成资产负债表

2024 年 1 月 31 日,利用报表模板生成资产负债表并保存。

2) 生成利润表

2024 年 1 月 31 日,利用报表模板生成利润表并保存。

思政小课堂

　　财务报告作为全面反映企业经营成果、财务状况以及现金流量等会计信息的文件,对于信息使用者具有重大意义。对随意改变财务会计报告的编制基础、编制依据、编制原则和方法的,应由县级以上人民政府财政部门责令限期改正,并可以对企业处以罚款。

参 考 文 献

[1] 新道科技股份有限公司. 业财一体信息化应用(中级)[M]. 北京:高等教育出版社,2020.

[2] 毛华扬,李帅,李圆蕊. 会计信息系统原理与应用——基于用友新道 U8＋V15.0 版[M]. 2 版. 北京:中国人民大学出版社,2021.

[3] 王新玲,汪刚. 会计信息系统实验教程(用友新道 U8＋V15.0)(微课版)[M]. 北京:清华大学出版社,2022.

[4] 王新玲. 用友 ERP 财务管理系统实验教程(用友新道 U8＋V15.0)(微课版)[M]. 北京:清华大学出版社,2022.

[5] 张瑞君,殷建红,蒋砚章. 会计信息系统——基于用友新道 U8＋V15.0[M]. 9 版. 北京:中国人民大学出版社,2021.

[6] 宋红尔,吴爽. 会计信息系统——业财一体化应用(用友 ERP-U8 V15.0)(微课版)[M]. 北京:人民邮电出版社,2022.

[7] 宋红尔. 会计信息系统:业财融合篇——基于用友新道 U8＋V15.0 版[M]. 北京:中国人民大学出版社,2023.

[8] 郑秀丽,戚艺馨. 会计信息系统[M]. 上海:立信会计出版社,2023.

[9] 毛华扬,张砾,田甜. 用友 ERP 业财一体化应用——新道 U8＋V15.0 版[M]. 北京:人民邮电出版社,2022.

[10] 姜明霞,刘轶卿,胡生夕. 会计信息化实务——用友 U8-V13.0 版本[M]. 大连:东北财经大学出版社,2019.

[11] 王伯平,陈自洪,陈聪. 业财一体信息化应用教程(用友 ERP-U8＋版)[M]. 北京:清华大学出版社,2022.

[12] 李爱红. ERP 财务供应链一体化实训教程(用友 U8V10.1)[M]. 北京:高等教育出版社,2016.